후회 없음

칩 히스 Chip Heath

스탠퍼드대학교 경영대학원 조직행동 교수로서 조직행동, 협상, 전략, 국제 전략, 사회적 기업가 정신 강의를 하고 있다. 텍사스A&M대학교에서 산업공학을 전공하고 스탠퍼드대학교에서 심리학 박사 학위를 받았으며, 시카고대학교 경영대학원(1991~1997)과 듀크대학교 경영대학원(1997~2000) 교수를 지냈다. 주요 연구 영역은 2가지다. 첫째, 아이디어 사회 시장에서 아이디어를 성공시키는 요인은 무엇이며 메시지를 디자인해 아이디어가 사람들 뇌리에 달라붙게 할 수 있는 방법은 무엇인가? 둘째, 개인, 집단, 조직은 어떻게 중요한 결정을 내리고 어떤 실수를 하는가? 스탠퍼드대학교에서 개설한 '스티커 메시지 만드는 법' 수업은 최고 인기 강의가 되어 관리자, 교사, 비영리 단체 리더, 의사, 저널리스트, 벤처 자본가, 제품 디자이너, 영화 제작자 등 수많은 이들이 수강해왔으며 카피라이터, 기자, 작가, 마케터 등에게 폭발적인 반응을 얻고 있다. 또한 마이크로소프트, 나이키, 국제자연보존협회, 아이데오, 미국심장협회 등 유수의 조직에서 이 주제에 관한 강연과 컨설팅을 하고 있다. 《인지심리학》《심리과학》《조직행동의사결정과정》《소비자행동저널》《전략경영저널》등 세계적 학술지에 논문을 발표해왔으며, 이 연구 성과는 《사이언티픽아메리칸》《파이낸셜타임스》《비즈니스위크》《워싱턴포스트》《사이콜로지투데이》《배너티페어》, NPR, 내셔널지오그래픽 TV 등 다양한 매체에 소개되어왔다. 2007년 동생 댄 히스와 함께 쓴 《스틱!》은 '비즈니스 3대 필독서'로 불리며 28개국에서 베스트셀러가 되었다. 2010년 '행동설계의 힘'을 다룬 《스위치》역시 25개국에 출간되어 히스 형제의 힘을 보여주었다. 2013년 출간한 의사결정 프로세스를 다룬 이 책 《후회 없음》은 최고의 결정장애 탈출 책으로 꼽히며 베스트셀러에 올랐다. 2017년 출간한 《순간의 힘》도 독자들의 뜨거운 사랑을 받았다. 2022년에는 숫자와 데이터 이해 및 전달을 다룬 단독 저서 《메이킹 넘버스 카운트: 숫자 의사소통의 기술과 과학Making Numbers Count: The Art and Science of Communicating Numbers》을 출간했다.

댄 히스 Dan Heath

듀크대학교 케이스센터 수석 연구원으로 일하며 공익을 추구하는 사회적 기업가를 지원하고 있다. 텍사스대학교와 하버드대학교 경영대학원을 졸업하고 아스펜연구소 정책 프로그램 컨설턴트로 일했다. 마이크로소프트, 닛산 등 세계적인 기업의 컨설팅을 담당했으며, 《포춘》 선정 500인 경영자를 위한 리더십 프로그램을 기획 및 진행했다. 2007년 형 칩 히스와 함께 쓴 책 《스틱!》으로 세계적인 베스트셀러 작가 반열에 올랐다. 이후 2010년 출간한 《스위치》는 아마존 편집자들이 선정한 '올해 최고의 논픽션'으로 뽑혔고, 2013년 출간한 의사결정 프로세스를 다룬 이 책 《후회 없음》은 최고의 결정장애 탈출 책으로 꼽히며 베스트셀러에 올랐다. 2017년 출간한 《순간의 힘》역시 독자들의 뜨거운 사랑을 받았다. 2020년에는 단독 저서 《업스트림》을 출간해 《월스트리트저널》베스트셀러에 올랐다. 마케팅에 특출난 능력을 발휘해 수많은 홍보 캠페인을 성공으로 이끌었으며, 미국광고협회에서 수여하는 애디상과 뉴미디어인비전상을 받았다. 2013년에는 세계 최고의 경영 사상가들인 '싱커스 50'에 선정되었다.

"인생 선택"을 만드는 4가지 기술

후회 없음

DECISIVE

CHIP HEATH x DAN HEATH

칩 히스, 댄 히스 지음 | 김정아 옮김

부·키

옮긴이 김정아

생각과 말이 글이 되고, 글이 글로 옮겨지는 과정이 좋다. 번역가로서 그 과정의 든든한 통로가 되고 싶다. 고려대학교 영어영문학과를 졸업했고, 좋은 책을 찾아 읽고 옮기는 몰입의 시간을 즐기며 전문 번역가로 활동하고 있다. 옮긴 책으로《올에이 우등생들의 똑똑한 공부 습관》《피크 퍼포먼스》《설탕, 커피 그리고 폭력》이 있다.

후회 없음

2022년 9월 20일 초판 1쇄 발행 | 2024년 7월 1일 초판 3쇄 발행

지은이 칩 히스, 댄 히스
옮긴이 김정아
발행인 박윤우
편집 김송은 김유진 박영서 성한경 장미숙
마케팅 박서연 정미진 정시원
디자인 서혜진 이세연
저작권 백은영 유은지
경영지원 이지영 주진호

발행처 부키(주)
출판신고 2012년 9월 27일
주소 서울시 마포구 양화로 125 경남관광빌딩 7층
전화 02-325-0846
팩스 02-325-0841
이메일 webmaster@bookie.co.kr
ISBN 978-89-6051-941-1 03190

만든 사람들
편집 성한경
디자인 studio forb

우리가 한 최고의 선택인 우리 두 사람의 아내
수전과 어맨다에게 이 책을 바친다.

이 책에 대한 찬사

당신의 결정력을 개선해주는 훌륭한 팁과 깔끔한 4단계 프로세스. 의사결정에 관한 책은 널렸다. 하지만 히스 형제의 이 책이 단연 최고다. 행동경제학 연구뿐 아니라 성공한 의사결정자와 실패한 의사결정자의 다양한 사례와 실전 솔루션을 곁들여 의사결정을 방해하는 4가지 악당을 물리치는 탁월한 비법을 전수한다.

―《글로브앤드메일The Globe and Mail》

전략적 의사결정에 관한 중요한 지침서. 이 책은 의사결정을 명확하게 표현하고 행동으로 실천하기 위한 핵심 원칙과 방법을 알려준다. 의사결정권자, 임원진, 기획자에서부터 공직자에 이르기까지 수많은 조직의 리더들에게 도움을 줄 것이다. 대단히 간단명료하고 이해하기 쉽다.

―《시애틀포스트인텔리전서Seattle Post-Intelligencer》

《스위치》에서 그랬던 것처럼 이 책에서 히스 형제는 의사결정이라는 난제를 다시한 번 멋지게 풀어낸다. 이 문제를 오랫동안 탐구해온 전문가인 히스 형제가 그간의 연구 성과를 하나로 집약해낸 결과물이 바로 이 책이다. 중요한 결정을 내리는 데 어려움을 겪는 사람이라면 누구나 읽어야 할 유용한 책이다. 세세한 실전 행동 지침과 흥미진진한 일화가 절묘하게 어우러져 있다. ―《USA투데이USA Today》

이 책에서 히스 형제는 의사결정 문제와 그에 따른 모든 실패를 속 시원히 해결해준다. 그들은 "WRAP 모델"이라는 4가지 원칙과 이를 실전에 적용하기 위한 다채로운 접근법을 알려준다. 예를 들어 편협한 사고틀에서 벗어나기 위한 선택지 넓히기에는 기회비용 따지기 및 선택지 백지화 기법이 적용된다. 재미와 놀라운 깨달음을 동시에 안겨주는 책이다.　　　　　－《퍼블리셔스위클리Publishers Weekly》

리더의 가장 중요한 임무는 올바른 결정을 내리는 것이다. 하지만 이를 일관되게 해내기는 대단히 어렵다. 미래를 완벽하게 예측하기란 불가능하기 때문이다. 히스 형제는 이 책에서 우리의 비합리적인 뇌가 깔아놓은 지뢰를 하나하나 제거하면서 좋은 선택의 결과를 높이는 비결을 명쾌하게 알려준다.　　　　　－《잉크Inc.》

내가 읽어본 의사결정 책 중 최고다. 나는 몇 글자로 알려주는 간단한 프로세스를 좋아한다. 히스 형제는 잘 기억할 수 있도록 약어로 간단한 프로세스를 만들었다. 그런 다음 이 프로세스를 작동시키는 데 유용한 구체적인 툴을 제공한다. 의사결정을 개선하고 싶은 사람이라면, 심지어 그럴 필요가 없다고 생각하는 사람이라도 이 책은 반드시 읽어봐야 한다.　　　　　－ 월리 보크Wally Bock, 아마존 독자 직장과 개인 생활에서 어려운 결정에 직면했을 때 더 합리적으로 사고하고 행동하는 방법을 알려주는 매뉴얼이다. 이 책에서 히스 형제는 비즈니스 및 개인 생활의 다양한 의사결정 상황, 즉 누구를 고용할지, 어떤 직업을 가질지, 어떤 학교에 지원할지, 누구와 연애할지 등 다채로운 사례를 조사한다. 그리고 성과를 이끌어내는 데는 결정 자체보다 의사결정의 프로세스가 더 중요함을 보여준다. 그러면서 인간의 무의식적 행동에 뿌리를 둔 결정의 4가지 "적"과 좋은 의사결정을 위한 솔루션인 "WRAP" 프로세스를 알려준다. 이 책의 워크숍 방식은 의사결정 능력을 향상시키려는 모든 사람에게 큰 도움을 줄 것이다.   —《커커스리뷰Kirkus Reviews》

직장에서, 가정에서, 일상에서 더 현명해지고 싶다면 이 책에 담긴 위대한 통찰을 붙잡아라.   — 리치버키RichBurkey, 반스앤드노블 독자

나는 이 책을 사랑한다! 이 책은 이해하기 쉽다. 그리고 우리가 직장과 개인 생활에서 의사결정을 내릴 때 빠질 수 있는 많은 함정을 알려준다. 미세먼지로 뒤덮인 듯한 상황에서 올바른 행동 방침을 결정하느라 밤을 지새운 적이 있는 사람이라면 이 책을 추천한다. 이 책은 비즈니스와 개인 생활 모두에서 매우 귀중한 힘이 되어줄 것이다.   — 지G, 아마존 독자

링크드인의 크레디트유니언리더스북클럽Credit Union Leaders Book Club의 토론 리더이자 중재자 역할을 할 때 이 책을 읽고 큰 도움을 받았다. 의사결정 프로세스를 개선하려는 모든 개인이나 조직에 이 책을 추천한다.

　　　　　　　　　　　　　　　　　　　　　　－ 케이시 휠러Casey Wheeler, 아마존 독자

처음에는 그저 그런 책 같고, 이른바 "WRAP"은 뭔가 억지스럽고 부실해 보였다. 그런데 아니었다. 이 책은 모든 종류의 결정에 대해 실용적인 조언을 제공하는 정말 훌륭한 책이었다.　　　　　　　　　　　　　　　　　　－ 에바Eva, 굿리즈 독자

사실 대부분의 경우 망설이고 미루기보다 설사 잘못되더라도 결정을 내리고 행동하는 편이 더 낫다. 우리는 날마다 다양한 수준의 중요도를 지닌 수많은 결정의 순간을 맞이한다. 이 책은 그럴 때 더 확실하고 훌륭한 선택에 도달할 수 있는 최고의 툴을 제공한다.　　　　　　　　　　　－ 대니얼 테일러Daniel Taylor, 굿리즈 독자

차 례

PART 1 | 무엇이 당신의 결정을 방해하는가

CHAPTER 1 결정을 가로막는 4가지 악당

PART 2 | 선택지를 넓혀라

CHAPTER 2 편협한 사고틀에서 벗어나라

PART 3 | 가정을 검증하라

PART 4 | 결정과 거리를 두라

PART 5 | 틀릴 때를 대비하라

CHAPTER 10 미래를 위한 지지대를 설정하라

CHAPTER 11 인계철선을 마련하라

CHAPTER 12 프로세스를 신뢰하라

당신의 선택에 후회는 없는가

보이는 것이 전부: 스포트라이트 효과

작은 컨설팅 회사의 대표 섀넌Shannon은 IT 책임자 클라이브Clive를 해고할지 말지 고민스럽다.

지난 1년간 클라이브는 줄곧 맡은 일이 아니면 손가락 하나 까딱하지 않았다. 능력이 모자란 사람도 아닌데 뭐든 나서서 하는 법이 좀체 없었다. 똑똑한 데다 기술적인 문제가 생기면 저렴한 솔루션을 뚝딱 만들어낼 줄 아는 사람이 말이다. 더 큰 문제는 태도가 형편없다는 점이다. 그는 회의 시간에 다른 사람의 아이디어를 비난하기 일쑤고 간혹 비아냥대기까지 한다. 그런데 그가 없으면 당분간은 문제가 될 테니 난처하다. 사실 클라이브만큼 회사의 고객 데이터베이스를 제대로 관리할 줄 아는 사람은 없다.

당신이라면 어떻게 조언하겠는가? 클라이브를 해고해야 할까, 하지 말아야 할까?

지난 몇 초간 당신 머릿속에는 어떤 일이 일어났는가? 신기하게 그 짧은 틈에 벌써 의견이 형성되기 시작했을 것이다. 클라이브의 이야기를 들으면 사람들은 대부분 조언을 시작할 만큼 상황을 충분히 안다고 느낀다. 그를 해고하자는 쪽이든 그에게 한 번 더 기회를 주자는 쪽이든 당신은 어느 한 방향으로 생각이 기울었을 것이다. 그러나 이 문제를 놓고 곤혹스러워하지는 않았을 가능성이 높다.

"우리 생각mental life(정신 활동)의 놀라운 측면은 어쩔 줄 몰라 하는 일이 드물다는 것이다." 대니얼 카너먼Daniel Kahneman의 말이다. 카너먼은 경제학자들의 추정과 달리 인간의 결정은 합리적으로만 이루어지지 않는다는 점을 밝혀낸 연구로 노벨 경제학상을 받은 심리학자다.

그는 흥미로운 저서 《생각에 관한 생각Thinking, Fast and Slow》(한국어판: 김영사, 2012)에서 우리가 얼마나 쉽게 결론을 이끌어내는지를 다음과 같이 설명한다. "정상인 정신 상태에서 사람은 마주하는 대부분의 상황에 대해 직관적인 느낌과 의견을 갖기 마련이다. 우리는 누군가를 깊이 알기 전에 그 사람을 좋아하거나 싫어하고, 아무 이유 없이 낯선 사람을 믿거나 믿지 않으며, 분석 한번 해보지 않고 한 회사가 대박을 터뜨릴 것이라 믿는다."[1]

우리가 이렇게 쉽사리 결론을 향해 뛰어드는 건 눈앞에 놓인 정보에만 골몰해 눈에서 벗어난 정보는 생각하지 못하기 때문이라고 카너먼은 말한다. 그는 이 성향을 "보이는 것이 전부what you see is all there is"라고 불렀다. 같은 맥락에서 이 책에서는 이와 같은 성향을 "스포트라이트 효과_spotlight effect"라고 부를 것이다(무대에서 스포트라이트가 어떻게 사람의 관심을 유도하는지 생각해보라. 스포트라이트가 비치면 한 부분만 선명하게 보인다).

처음에 소개한 클라이브 해고 상황이 바로 스포트라이트 효과 사례다. 사람들은 클라이브에 관한 정보(할 일만 겨우 한다, 나서려 하지 않는다, 태도가 형편없다, 대표가 해고하려고 한다 등)를 얻으면 이 손쉽게 입수한 정보로부터 쉽게 결론을 이끌어내려고 든다.

하지만 당연히 스포트라이트가 비추는 곳은 한 지점뿐이다. 이 지점을 벗어난 나머지는 전부 가려져 있다. 이런 스포트라이트 효과 탓에 우리는 여러 가지 당연한 질문을 던질 수 있다는 생각을 바로 떠올리지 못한다. 해고하는 대신 강점을 살리기 좋은 다른 직책으로 그를 보낼 수는 없을까?(어쨌든 저렴한 솔루션을 신속하게 만들 줄 아는 사람 아닌가!) 멘토를 붙여보면 어떨까? 그러면 목표는 더 야심 차게 갖되 신랄한 비난은 덜 하게 도울 수 있지 않을까?

게다가 좀 더 파고들자 무뚝뚝하고 직설적인 그의 화법을 동료들이 좋아한다는 사실을 알게 되었다면 어떨까? 클라이브는 IT 업계의 하우스 박사일지 모른다(하우스 박사는 미국 드라마 〈하우스_House M.D.〉의 주인공으로 성격은 괴팍하고 비뚤어졌지만 진단의학계에서는 타의 추종을 불허하는 실력자다-옮긴이). 또한 우리는 무엇 때문에 클라이브에 대한 섀넌의 판단이 절대 틀릴 리 없다고 생각하는 것일까? 사실은 섀넌이 끔찍한 상사일 수 있지 않을까? 스포트라이트를 이리저리 옮겨보면 그때부터 상황은 판이해진다. 스포트라이트를 옮기지 않았을 때는 클라이브에 관해 올바른 결정을 내릴 수가 없다. 그러나 어떤 의견을 내기는 아주 쉽다.

의사결정에서 가장 큰 어려움이 바로 이것이다. 스포트라이트 속 정보만으로는 올바른 결정에 필요한 것을 다 갖추었다고 할 수 없다. 그런데 우리는 스포트라이트를 옮겨봐야 한다는 사실을 잊어버린다. 그런가 하면 스포트라이트의 존재 자체를 까맣게 잊어버리기까지 한다. 너무 오랫동안 손톱만 한 동그라미 속에 머물다보니 그 너머에 훨씬 더 많은 것이 있음은 망각하고 만다.

불완전한 뇌, 믿지 못할 직감

사람들이 내리는 결정과 그 결과가 어떤지를 살펴보면 우리 인간이 결정 면에서 성적이 별로 좋지 않음을 알 수 있다.

예를 들어 사람들은 흔히 자신이 선택한 커리어를 후회하거나 포기한다. 미국변호사협회American Bar Association 조사에서는 변호사 중 44퍼센트가 젊은이들에게 법조계 일자리를 권하지 않는다고 답했다. 기업 간부 2만 명을 조사한 연구에서는 그중 40퍼센트가 "18개월 안에 자리에서 밀려나거나 업무 실패를 겪거나 사표를 냈다"라는 결과가 나왔다. 교사들은 절반 이상이 4년 안에 일을 그만둔다. 실제로 필라델피아 학교들을 대상으로 한 조사에 따르면 학생이 자퇴할 가능성보다 교사가 퇴직할 가능성이 2배 가까이 높았다.[2]

비즈니스에서 잘못된 결정은 자주 발생한다. 기업 M&A(인수 합병)는 경영진이 가장 높은 위험 부담을 안고 내리는 결정에 해당한다. 이 분야를 다룬 한 연구에 따르면 기업 M&A 사례 중 83퍼센트가 주주들에게 아무런 이익이 되지 않았던 것으로 드러났다. 또 다른 연구에서는 2207명의 임원에게 각자 이끄는 조직에서 이루어지는 의사결정을 평가해달라고 하자 60퍼센트가 나쁜 결정이 좋은 결정만큼 잦다고 답했다.[3]

개인적인 결정이라고 그다지 낫지는 않다. 사람들은 은퇴 자금을 충분히 모으지 않으며, 모은다 한들 매번 비싸게 산 주식을 그보다 싸게 팔며 운용 자금을 깎아 먹는다. 청년들은 좋지 않은 사람들과 관계를 맺고, 중년들은 일 때문에 가정에 집중하지 못하며, 노년층은 한 살이라도 젊을 때 여유롭게 삶을 즐기지 못한 것을 후회한다.[4]

"좋은 선택은 왜 이토록 어려울까?"

최근 몇 년 사이에 많은 흥미로운 책과 기사가 편향bias과 비합리성 등 의사결정과 관련된 문제들을 깊이 탐구하면서 이 질문을 다루었다.* 결정 면에서 우리 뇌는 결함 있는 도구임이 분명하다. 그런데 지금까지 사람들이 관심을 덜 기울인 정말 흥미로운 질문이 하나 있다.

"인간은 때로 바보 같은 짓을 할 수밖에 없는 존재인데, 그렇다면 어떻게 해야 더 잘 행동할 수 있을까?"

가끔 우리는 중요한 결정을 내릴 때 직감gut을 믿으라는 조언을 듣는다. 그러나 직감은 미심쩍은 조언만 던질 뿐이다. 미국의 프랜차이즈 레스토랑인 더치즈케이크팩토리The Cheesecake Factory의 정말 맛

---

* 이 책 뒤쪽 '추천 도서'를 참고하라. 가장 먼저 읽어볼 책은 대니얼 커너먼의 《생각에 관한 생각》과 댄 애리얼리Dan Ariely의 《상식 밖의 경제학Predictably Irrational》(한국어판: 청림출판, 2008)이다. 리처드 H. 탈러Richard H. Thaler와 캐스 R. 선스타인Cass R. Sunstein의 《넛지Nudge》(한국어판: 리더스북, 2009) 역시 더 나은 결정을 다룬 책으로 손꼽힌다. 《넛지》는 기업과 정부에서 퇴직 연금이나 장기 기증 정책 등의 의사결정 체계를 구축하는 "선택 설계자choice architects"를 위한 책으로, 미국과 영국 등 많은 나라에서 정부 정책 개선에 참고한다.

있는 디저트 "얼티미트레드벨벳치즈케이크Ultimate Red Velvet Cheesecake"를 생각해보자. 이 디저트는 맥도날드 더블치즈버거 3개에 스키틀스 Skittles 사탕 1봉지를 더한 것과 맞먹는 1540칼로리의 열량을 자랑한다. 아무리 봐도 끼니를 제대로 챙겨 먹은 뒤에 손댈 음식은 아니다.

그런데 직감에 따르면 얼티미트레드벨벳치즈케이크만큼 설레는 음식이 없다. 그렇다 한들 누구도 이 직감적 끌림을 현명한 생각으로 치지는 않을 것이다. 신중하게 따져 음식을 주문한 뒤 치즈케이크를 추가해야겠다고 생각하는 사람이 어디 있을까!

직감은 중요한 결정을 내릴 때 못 미더운 존재다. 배우 엘리자베스 테일러Elizabeth Taylor와 리처드 버턴Richard Burton은 1975년 10월 10일 행복한 결혼식을 올렸다. 테일러는 여섯 번째, 버턴은 세 번째 결혼이었다. 영국 시인 새뮤얼 존슨Samuel Johnson은 재혼을 가리켜 "경험에 대한 희망의 승리"라고 말했다. 그러나 테일러와 버턴이 세운 기록을 보면 이들의 결합은 그보다 더 많은 점을 시사한다. 말하자면 쌓이고 쌓인 경험조차 무릎 꿇게 한 희망의 승리였다고나 할까(이들의 결혼 생활은 10개월 만에 종지부를 찍었다).[5]

직감은 많은 경우 결정에 도움이 되지 않는다. 가령 2009년 미국에서는 6만 1535개에 달하는 문신이 제거되었다. 영국에서는 3000명을 대상으로 조사한 결과 88퍼센트가 새해 결심을 지키지 못했다고 했다. 그중 68퍼센트의 새해 결심은 "인생을 좀 더 즐기겠다"였다.[6] 미식축구 선수 브렛 파브Brett Favre는 은퇴했다 복귀한 뒤 다시 은퇴했다. 우리가 이 책을 쓰는 지금 그는 다시 복귀한 상태다.

분석보다 더 중요한 것은 의사결정 프로세스다

직감은 도무지 믿을 수 없다면 대체 무엇을 믿어야 할까? 사업가 중에는 세심한 분석을 신뢰하는 사람이 많다. 시드니대학교 교수 댄 러발로Dan Lovallo와 매킨지앤드컴퍼니의 디렉터 올리비에 시보니Olivier Sibony(현재는 국제 경영대학원인 HEC파리 교수다-옮긴이)는 분석에 대한 사업가의 신뢰를 알아보기 위해 5년 동안 비즈니스 의사결정 1048건을 조사했다. 그들은 각 의사결정이 어떤 방식으로 이루어졌고 그 결과 매출, 수익, 점유율 면에서 어떤 결과가 나왔는지를 추적했다. 이러한 결정의 대상이 된 주제는 새 제품이나 서비스 출시, 조직 구조 개편, 신규 국가 진출, M&A 등 기업에서 가장 중요하게 다루는 문제들이었다.

두 연구자에 따르면 조사에서 살펴본 모든 팀은 대부분의 의사결정 상황에서 철저한 분석을 시도했다. 다들 빈틈없이 재무 모델을 만들고 계획에 대한 투자자들의 반응을 미리 가늠했다.

한편 그들은 각 팀의 분석만이 아니라 의사결정 "프로세스process"에 관해서도 알아보았다. 이를테면 결정에 사용한 소프트웨어(덜 분석적인 측면)를 파악한 셈이다. 이 점을 살피기 위해 한 질문은 다음과 같았다. "결정과 관련해 아직 확실하지 않은 부분을 분명하게 논의했는가?" "고위 간부의 관점과 상반되는 관점을 반영했는가?" "견해가 많이 다른 사람들을 참여시켰는가?"

러발로와 시보니는 (매출, 수익, 점유율을 높이는) 좋은 결정이 나오려면 분석과 프로세스 중 무엇이 더 중요한지 비교했다. 그 결과 "프로세스가 분석보다 6배 더 결정적인 역할을 한다"라는 사실을 알아냈다. 예컨대 프로세스가 좋으면 잘못된 논리를 찾아내기가 수월해 분석의 질이 향상되는 일이 많다. 그러나 반대 경우는 드물다. "아무리 훌륭한 분석이라 한들 프로세스에서 제대로 부각되지 않으면 무용지물이다."

올리비에 시보니는 대다수 조직에서 일어나는 의사결정 프로세스의 허점을 법정 이야기에 빗대 설명했다.

법정에 걸어 들어간다고 상상해보자. 재판에서 검사는 파워포인트 슬라이드를 사용한다. 눈을 뗄 수 없을 만큼 화려한 도표를 스무 장씩 띄워가며 피고가 유죄인 이유를 말한다. 판사는 검사가 제시한 몇 가지 사항에 의문을 제기하지만 검사는 그 각각에 훌륭하게 답변한다. 판사는 이 과정을 통해 결정을 내리고 피고에게 형을 선고한다. 그런데 이것이 정당한 프로세스라고 할 수 있을까? 이런 일이 실제로 법정에서 일어난다면 충격적일 텐데 왜 투자를 결정하는 자리에서는 괜찮다고 여기는 것일까?

물론 이것은 지나치게 단순화한 이야기다. 그러나 기업들 대부분은 의사결정에서 본질적으로 이와 다르지 않은 프로세스를 따른다. 한쪽 의견만 말하는 팀이 있고, 이 팀은 지향점과 그것을 이룰 방법에 대한 선택권을 갖는다. 오직 최고 결정자만 이 팀의 의견에 반론을 제기하고 최후의 결정을 내린다. 하지만 프로세스를 구축하면 이런 문제를 대체로 방지할 수 있다.

댄 러발로에 따르면 그가 프로세스에 관해 이야기할 때마다 기업리더들은 보통 회의적인 반응을 보인다고 한다. "리더들은 프로세스가 분석보다 중요하다는 것을 믿지 않으려고 해요. 프로세스에는 별로 시간을 들이지 않죠. 다들 그런 것쯤은 거뜬히 다룰 줄 안다고 생각하거든요." 그러나 프로세스에 제대로 집중하는 사람에게는 큰 보상이 돌아간다. 결정 프로세스가 나아지면 결정의 결과 역시 한층 좋아진다. 결과에 따라 금전적 이익이 커지는 것은 말할 것 없다.[7]

기업의 훌륭한 의사결정자들은 대안 관점을 살피고, 불확실성을 인식하며, 자신의 믿음과 모순되는 근거를 찾는다. 결정에 관한 이러한 규칙은 가족과 친구들 사이에서도 적용할 수 있다. 견고한 프로세스는 회사만이 아니라 인생 전반에서 유용하기 때문이다.

그렇다면 프로세스가 중요한 이유는 무엇일까? 이해만으로는 결함을 고칠 수 없기 때문이다. 내가 근시라는 걸 알면 눈이 더 잘 보일까? 조급한 사람이란 걸 알면 갑자기 느긋한 사람이 될까? 편향을 고칠 때도 마찬가지다. 머릿속 편향을 알아차린다고 해서 편향이 바로잡히지는 않는다.

가장 흔한 프로세스, 장단점 비교법과 한계

우리는 중요한 결정을 내리면서 "프로세스"에 따라 생각하는 일이 드물다. 이직에 따른 이사 문제나 노쇠한 부모님 부양 문제를 맞닥뜨릴 때도 클라이브 해고 문제를 고민할 때처럼 프로세스는 떠올리지 못한다.

그나마 널리 쓰이는 유일한 결정 프로세스가 "장단점 비교법pros-and-cons list"이다. 장단점 비교법은 의식적으로 문제에 접근할 수 있다는 이점이 있다. 장점과 단점을 고민하면 클라이브 해고 문제에서처럼 곧바로 결정에 뛰어드는 대신 스포트라이트를 이리저리 옮겨본 뒤 준비되었다는 느낌이 들 때 결정에 돌입할 수 있다.

장단점 비교법에 자랑스러운 역사적 계보가 있다는 사실을 아는지 모르겠다. 1772년 벤저민 프랭클린Benjamin Franklin은 흔치 않은 일자리를 제안받은 동료에게서 조언을 부탁받았다. 그러나 프랭클린은 상황을 충분히 알지 못했다. 그래서 그 일을 하라 말라 이야기할 수는 없다고 답장을 보냈다. 하지만 대신에 결정에 쓸 프로세스를 알려주겠다고 했다. 그는 일단 "종이 한 장을 놓고 한가운데 줄을 그어 양쪽으로 나눈 뒤 한쪽에는 '장점'을 다른 쪽에는 '단점'을 써"넣으라고 했다. 그런 다음 제안받은 일의 장단점을 앞으로 사나흘 동안 떠오르는 대로 적으면 된다고 했다. 이어지는 편지 내용은 다음과 같다.

나는 이렇게 장단점을 모아 한눈에 보면서 각각의 상대적인 비중을 따져봅니다. 장점과 단점에서 비중이 같은 것을 1가지씩 찾았다면 둘 다 지우는 식으로요. 장점 1가지가 단점 2가지와 비중이 같다면 같이 지웁니다. 단점 2가지가 장점 3가지와 맞먹으면 그 5가지를 한 번에 지웁니다. 이렇게 하다보면 어느 쪽으로 균형이 기우는지 알게 됩니다. 그런 다음 하루 이틀 더 생각해봅니다. 중요한 장단점이 더 이상 나타나지 않으면 이제 여기까지를 바탕으로 결정을 내립니다.[8]

프랭클린은 이 기법을 "심리 대수학moral algebra"이라고 불렀다. 그가 이 편지를 쓴 지 200년 넘게 흘렀지만 사람들은 결정을 내릴 때

(즉 자신의 직감을 신뢰하기 힘들 때) 여전히 대체로 이 접근법을 사용한다. 비슷한 비중의 장단점을 지워가라는 프랭클린의 조언을 그대로 따르지 않을 수는 있지만 이 프로세스의 골자는 활용한다. 우리에게 선택권이 주어지면 우리는 선택지$_{option}$를 두고 각각의 장단점을 비교한 뒤 가장 좋은 쪽을 고른다.

장단점 비교법은 익숙하고 상식적인 접근법이다. 하지만 동시에 큰 결함이 있다.

심리학 분야에서 지난 40년간 이루어진 연구에 따르면 우리의 사고 과정에는 일련의 편향이 존재한다. 장단점 비교법은 이러한 편향 때문에 실패할 수밖에 없다. 정말로 더 나은 선택을 하고 싶다면 편향의 작동 방식과 편향 극복 방법을 배워야 한다. 다시 말해 장단점 비교법보다 더 강력한 방법이 필요하다!

이제 의사결정을 가장 심하게 방해하는 네 악당을 만나볼 차례다. 물론 그것들을 무찌르는 데 쓸 프로세스 역시 준비되어 있다!

무엇이 당신의
결정을 방해하는가

DECISIVE

CHAPTER 1

결정을 가로막는 4가지 악당

첫 번째 악당, 편협한 사고틀

호프랩HopeLab은 과학 기술을 기반으로 어린이들의 건강을 증진하고자 힘쓰는 비영리 단체다. 호프랩의 연구개발팀 부팀장 스티브 콜Steve Cole은 말한다. "'이것을 할까 저것을 할까'라는 생각이 든다면 그때마다 이렇게 질문을 바꿔보세요. '이것도 하고 저것도 하려면 어떻게 해야 할까?' 2가지를 다 할 수 있는 경우가 의외로 많거든요."[1]

콜의 팀은 큰 프로젝트를 진행하면서 설계 파트너를 구한 적이 있다. 팀에서 아이들 운동량을 측정하는 휴대 기기를 구상하는데 설계를 도와줄 회사가 필요했다. 샌프란시스코베이에어리어San Francisco

Bay Area에서 이 일을 할 수 있는 업체는 최소한 일고여덟 군데가 넘었다. 일반적인 계약 상황이었다면 호프랩은 각 업체에 연락해 제안서를 보내달라고 한 뒤 승자가 된 한 업체에 거액의 계약을 내주었을 것이다.

그런데 콜은 승자 한 곳을 고르는 대신 "경마horse race"라고 이름 붙인 방법을 써보기로 했다. 그는 먼저 일의 범위를 프로젝트의 첫 번째 단계만으로 축소했다. 그런 뒤 5개 업체를 고용해 이 한 단계를 각각 개별 진행하게 했다. 예산을 5배로 늘리지는 않았다. 비영리 단체인 호프랩은 무궁무진한 재원을 보유한 곳이 아니었다. 콜은 이 첫 번째 단계에서 여러 가지 사항을 파악하면 다음 단계들을 훨씬 효율적으로 진행할 수 있다고 확신했다.

그는 경마 방식을 통해 기기 설계와 관련된 여러 선택지를 확보할 생각이었다. 그런 뒤 그중 가장 마음에 드는 1가지를 고르거나 몇 가지를 결합하는 것이다. 적합하지 않거나 뒤처진다 싶은 업체는 그다음 단계에서 거르면 되었다.

콜은 결정을 가로막는 첫 번째 악당과 싸우고 있다. 바로 "편협한 사고틀narrow framing"이다. 편협한 사고틀이란 선택지를 너무 좁은 틀 안에 가두고 이분법으로 바라보는 것을 가리킨다. 예컨대 사람들은 "여자 친구랑 헤어질까 말까?" 대신 "여자 친구와 관계가 더 나아지려면 어떻게 해야 할까?" 또 "새 차를 살까 말까?" 대신 "우리 가족이 더 안락하게 생활하려면 어떻게 돈을 쓰는 게 최선일까?"라고 생각할 수 있음을 알아차리지 못한다.

머리말에서 "섀넌은 클라이브를 해고해야 할까 하지 말아야 할까?"라고 질문했을 때 우리는 편협한 사고틀에 갇혔다. 한 곳에만 스포트라이트를 비추느라 다른 모든 가능성을 덮어버렸기 때문이다.

콜은 경마 방식을 이용해 편협한 사고틀의 함정을 빠져나간다. 그러나 시작부터 이 일이 당연했던 건 아니다. 그는 이 방식을 시도하기 위해 동료들과 갈등을 겪어야 했다. "처음에 동료들은 내가 미쳤다고 생각했어요. 경마 방식을 사용하면 초기에는 비용과 시간이 많이 들어가거든요. 하지만 이제 호프랩에서는 다들 이 방식을 거치죠. 많은 사람을 만나면서 업계의 여러 다른 면들을 알아갈 수 있으니까요. 문제에 대해 업체들의 의견이 한쪽으로 수렴되면 그게 맞는다는 확신이 생겨요. 물론 그 과정에서 각 업체의 차별성과 특수성까지 파악할 수 있고요. 이런 건 전부 한 사람과만 얘기해선 알 수가 없어요. 경마에 참여하는 5개 업체도 각각 나머지 4곳의 존재를 인지하는 덕분에 나름의 최고치를 끌어낼 수 있죠."

콜의 경마 방식과 장단점 비교법은 어떻게 다를까? 콜은 각 업체의 장단점을 따진 뒤 분석 결과를 근거로 결정을 내릴 수도 있었다. 그러나 그런 방식은 편협한 사고틀을 답습하는 것과 다르지 않았다. 이는 곧 완벽한 솔루션을 만들 수 있는 업체는 1곳뿐이며 제안서만 받아보면 그 업체를 알아볼 수 있다고 확신한다는 의미였다.[2]

두 번째 악당, 확증 편향

결정에는 좀 더 미묘한 요인이 영향을 미친다. 이를테면 콜은 여러 업체를 접하는 과정에서 당연히 마음이 더 끌리는 곳을 만날 수 있다. 그렇다면 개인적으로 마음에 든다고 제품을 제일 잘 만들리라는 법은 없음을 알지만 이 업체에 유리한 쪽으로 장단점을 비교한 뒤 결론을 내고 싶은 생각이 들 것이다. 콜은 자신의 이런 행동을 의식하지 못하겠지만 장단점을 비교하는 일은 머릿속에서만 일어나므로 각 비교 항목을 편향되게 바라보기란 너무나 쉬운 일이다. 사실 우리가 아주 냉정하게 비교한다고 생각할 때조차 두뇌는 직감을 따라가곤 한다.

생활 속에서 우리는 흔히 상황을 속단한 뒤 그 믿음을 뒷받침할 정보를 찾는다. "확증 편향confirmation bias"이라는 이 문제적 습관이 바로 결정을 가로막는 두 번째 악당이다.

이 주제를 다룬 많은 연구에서는 전형적인 결과가 도출되곤 한다. 예를 들어 1960년대에는 의학계에서 흡연의 폐해를 지금만큼 명확히 밝히지 못했다. 당시에는 신문 기사 제목이 "흡연은 폐암의 원인이다"일 때보다 "흡연은 폐암의 원인이 아니다"일 때 흡연자들이 더 관심을 보였다고 한다.(이런 방식이 어떻게 잘못된 결정으로 이어질 수 있는지 보려면 다음과 같은 상황을 상상해보면 된다. 하나는 상사의 생각을 지지하는 보고서, 다른 하나는 상사의 생각과 반대되는 보고서를 상사가 살펴보고 있다면 상사는 회의에서 둘 중 어느 쪽을 인용하겠는가?)

지금껏 많은 연구에서 이런 결과가 거듭 밝혀졌다. 사람들은 주변에서 정보를 수집할 기회가 있을 때 기존의 태도와 신념, 행동을 뒷받침하는 것들에 집중하기 쉽다. 특정 정당을 지지하는 사람은 지지 정당에 유리한 기사만 읽으려 하지 반대 정당의 관점을 알아보며 신념을 흔드는 일은 되도록 하지 않는다. 새 차나 새 컴퓨터에 눈독 들이는 사람은 소비가 옳은 이유를 찾으려 하지 소비를 미루어야 하는 이유를 찾느라 부지런 떨지 않는다.

확증 편향은 아주 과학적으로 보인다는 함정을 숨기고 있다. 어쨌든 정보를 수집하는 것 아닌가. 머리말에서 소개한 대학 교수 겸 의사결정 연구자 댄 러발로는 이렇게 말한다. "사업에서 확증 편향만큼 큰 문제는 없어요. 가장 지적이라는 사람조차 빠지고 마는 함정이죠. 사람들은 곳곳에서 정보를 끌어 오지만 자신이 그런 식으로 정보를 조작하고 있다는 사실은 깨닫지 못합니다."[3]

우리는 일에서나 생활에서나 겉으로는 진실을 바라는 척하면서 속으로는 확신(안심)을 추구할 때가 많다. "이 청바지 입으면 뚱뚱해 보일까?" "내가 쓴 시 어떻게 생각해?" 이런 말들은 솔직한 대답을 바라는 질문이 아니다.

음치가 틀림없는데 TV 오디션 프로그램에 나와서 기를 쓰고 노래하는 참가자들은 또 얼마나 안타까운가. 그들은 심사위원들에게 혹평을 받은 뒤 충격에 빠진 얼굴이 된다. 그야말로 망연자실한다. 맞다. 살면서 이렇게 솔직한 평가는 처음 들어본다. 확신을 얻겠다는 일념으로 그들은 친구와 가족의 칭찬과 응원에만 스포트라이트를 비추었을 것이다. 이런 식으로 얻은 확신이 있기에 그들이 왜 이제는 내가 스타가 될 차례라고 생각하는지 이해가 간다. 그러나 그들에게는 합리적으로 보이는 이 생각은 사실은 심하게 왜곡된 데이터 풀에서 끌어낸 결론에 지나지 않는다.

확증 편향에서 살짝 소름 끼치는 대목이 바로 이 점이다. 우리는 뭔가가 진실이기를 바랄 때 그것을 뒷받침하는 것들에만 스포트라이트를 비춘다. 그런 뒤 그런 것들만을 바탕으로 결론을 도출해내고는 합리적인 결정을 내렸다고 자신을 칭찬해 마지않는다. 세상에나!

세 번째 악당, 단기 감정

앤드루 그로브Andrew Grove는 회고록《편집광만이 살아남는다Only the Paranoid Survive》(한국어판: 부키, 2021)에서 인텔 사장으로서 1985년에 겪었던 어려운 딜레마에 관해 이야기했다. 당시 그로브는 회사의 메모리 분야를 포기할지 말지 고민하고 있었다. 인텔은 메모리를 기반으로 사업을 일으킨 회사다. 실제로 세상에 메모리를 공급하는 회사는 인텔뿐이던 시절도 있었다. 그러나 1970년대 말이 되자 시장에는 10여 개의 경쟁사가 등장해 있었다.

그러는 동안 인텔의 소규모 개발팀에서는 메모리 외에 또 다른 제품인 마이크로프로세서microprocessor를 만들어냈다. 그리고 1981년 이 팀에 호재가 된 사건이 일어났다. IBM이 인텔의 마이크로프로세서를 자기네 새 PC의 중앙 처리 장치CPU로 채택한 것이다. 인텔은 칩 생산에 필요한 제조 설비를 서둘러 갖추어나갔다.

이제 인텔은 메모리와 마이크로프로세서라는 두 제품을 축으로 운영되는 회사였다. 그러나 여전히 회사의 가장 큰 수입원이던 메모리 분야는 1980년대 초반 들어 기존의 화려한 입지를 위협받고 있었다. 경쟁 관계에 있는 일본 기업들 때문이었다. "일본에 다녀온 사람들이 무서운 이야기를 늘어놓았다." 회고록에서 그로브가 한 말이다. 일본 기업 중에는 여러 세대의 메모리를 동시에 설계하는 회사까지 있다고 했다. 1층에서 16K 메모리를 만들면 2층에서는 64K, 3층에서는 256K 메모리를 한꺼번에 만든다는 이야기였다.

인텔의 고객사들은 일본 메모리의 품질을 극찬하기 시작했다. 회고록에서 그로브는 말했다. "실제로 일본산 메모리의 품질은 우리가 가능하다고 생각했던 수준보다 훨씬 높았다. 처음에 우리는 이 사실을 부정했다. 전부 틀린 말이어야 했다. 이런 상황이면 사람들이 으레 그러듯이 우리는 그런 데이터를 맹렬히 공격했다. 그러고는 그런 주장들이 거의 틀리지 않는다는 것을 제대로 확인한 뒤에야 겨우 품질 개선을 시도하기 시작했다. 인텔은 분명 한참 뒤처져 있었다.”

1978년부터 1988년 사이에 일본 기업의 시장 점유율은 30퍼센트에서 60퍼센트로 2배가 되었다. 인텔 내부 리더들은 일본과 경쟁에 어떻게 대응할지를 놓고 격렬하게 갑론을박을 벌였다. 한쪽에서는 일본의 생산량을 뛰어넘어야 한다며 어마어마하게 큰 새 메모리 칩 공장을 짓자고 했고, 다른 쪽에서는 일본 기업은 절대 못 따라올 최첨단 기술에 투자하자고 했다. 그리고 나머지 한쪽에서는 특수 메모리 시장을 공략하는 전략에 더 힘을 싣자고 했다.

아무런 해결책도 찾지 못한 채 공방만 오가는 동안 회사는 점점 더 많은 돈을 잃기 시작했다. 마이크로프로세서 사업은 놀라운 속도로 성장세를 달렸지만, 그러는 중에 메모리 사업이 실패하면서 이윤을 깎아 먹고 있었기 때문이다. 그로브는 1984년 한 해를 이렇게 요약한다. “암울하고 막막한 해였다. 다들 내내 열심히 일했지만 상황을 개선할 방법에 관해서는 뚜렷한 생각이 없었다. 방향이 보이지 않았다.”

아무 결실 없이 논쟁만 오가며 몇 달이 지났다. 그리고 1985년 중반 어느 날, 그로브는 당시 인텔의 회장 겸 CEO였던 고든 무어Gordon Moore와 함께 사무실에 앉아서 진퇴양난에 처한 메모리 사업 문제를 이야기하고 있었다. 둘 다 끝도 없이 토론만 오가는 내부 상황에 지쳐 있었다. 그러다 그로브는 한 가지 생각이 떠올랐다.

창밖을 보니 멀리 그레이트아메리카 놀이공원에서 대관람차가 돌아가고 있었다. 나는 무어 회장을 돌아보며 물었다. "이사회가 우리를 쫓아내고 새 CEO를 데려온다면 그 사람은 어떻게 할까요?" 회장은 잠시도 고민하지 않고 말했다. "메모리를 접게 하겠지."

나는 멍하니 그를 바라보다가 말했다. "그럼 저랑 같이 사무실 문밖으로 나갔다가 다시 들어오시죠. 우리가 새 CEO라고 생각하고 메모리를 접으면 되지 않겠습니까?'

그 순간 모든 것이 명확해졌다. 역사적 유산과 내부 이해 다툼을 고려하지 않는 외부 누군가의 눈에는 메모리 사업을 포기하는 것이 당연했다. 무어와 그로브는 "후임자라면 어떻게 할까?"로 관점을 바꾼 뒤 더 명확하게 큰 그림을 볼 수 있었다.

물론 메모리 사업을 포기하기는 쉽지 않았다. 많은 동료가 분노하며 반기를 들었다. 메모리는 인텔이 구축한 전문 기술의 모태라면서 메모리 없이는 다른 연구 분야마저 전부 시들해질 것이라고 그들은 주장했다. 그런가 하면 메모리와 마이크로프로세서 제품 라인을 모두 갖추지 않고서는 영업에서 고객의 관심을 끌 수 없다는 주장도 나왔다.

그로브는 "참을 만큼 참은" 뒤 영업팀에 지시했다. 인텔은 이제부터 메모리 제품을 취급하지 않는다는 사실을 고객사들에 알리도록 말이다. 그런데 우려와 달리 고객사들은 대체로 별것 아니라는 반응을 보였다. 심지어 어떤 고객사는 이렇게 말했다. "오래도 걸렸네요."

1985년 메모리 사업을 포기하기로 한 뒤 인텔은 마이크로프로세서 시장의 절대 강자로 자리매김했다. 그로브가 이 생각을 떠올렸던 날 인텔에 1000달러를 투자했다면 지금쯤 4만 7000달러가 되어 있을 것이다(대기업 주식으로 구성된 S&P500 지수에 이 돈을 투자했다면 2013년 현재 가치는 7600달러에 그쳤을 것이다). 그러니 그로브의 결정은 분명 옳았던 셈이다.[4]

그로브의 이야기에는 많은 전문가가 결정을 고민할 때 저지르는 한 가지 잘못이 나타난다. 결정을 다룬 글들을 살펴보면 많은 의사결정 모델이 기본적으로 그럴듯하게 미화된 "스프레드시트"에 지나지 않음을 알 수 있다. 예컨대 집을 사려 할 때 당신은 이런 조언을 들을지 모른다. 먼저 찾은 곳 여덟 군데를 늘어놓고, 몇 가지 결정적인 요인(가격, 위치, 크기 등)을 기준으로 순위를 매긴 다음, 각 요인의 중요도에 따라(예를 들어 가격이 크기보다 우선이라는 등) 가중치를 반영해 숫자를 더하고 빼서 답을 찾으면 된다는 식이다(음, 그냥 부모님이랑 같이 사는 편이 나올 수도 있다).[5]

그런데 이런 분석에서는 한 가지 중요한 요소가 고려되지 않는다. 바로 "감정"이다. 그로브가 결정을 어려워했던 이유는 선택지나 정보가 부족해서가 아니었다. 그가 결정을 힘들어한 것은 갈등을 느꼈기 때문이다. 단기간의 압박감과 주변의 이해 다툼 때문에 정신이 흐려진 나머지 메모리 사업에서 철수해야 한다는 장기 필요성을 제대로 알아보지 못한 것이다.

이 "단기 감정short-term emotion"이 결정을 가로막는 세 번째 악당이다. 우리는 어려운 결정을 해야 할 때 감정이 마구 날뛴다. 머릿속으로 같은 쟁점을 짚고 또 되짚으며 마주한 상황에 괴로워한다. 그리고 수없이 마음을 바꾼다. 이럴 때 스프레드시트를 이용해 결정을 내린다고 해보자. 새로 추가된 정보가 없으니 각 선택지의 순위는 달라지지 않는다. 그러나 마음으로는 이건 아닌데 싶다. 이처럼 생각에 너무 많은 먼지를 일으킨 나머지 앞이 보이지 않을 때 가장 필요한 것이 "관점 바꾸기"다.

벤저민 프랭클린은 단기 감정의 영향을 인지하고 있었다. 그는 현명하게도 심리 대수학을 쓸 때 며칠에 걸쳐 장단점을 더해 넣으라고 했다. 그러면 특정 아이디어에 관해 흥미가 높아지거나 낮아짐에 따라 결정에 중요하게 작용할 요인을 새로 추가할 수 있다. 그러나 아무리 이런 식으로 눈을 부릅뜨고 선택지를 비교해봤자 더 큰 그림이 보이지는 않는다.

앤드루 그로브 역시 당연히 메모리 사업을 접을지 말지를 두고 몇 년 동안 장단점을 추가하고 또 추가했을 것이다. 하지만 이런 분석 탓에 오히려 그는 옴짝달싹 못 하게 되었다. 그가 이 상태를 벗어나게 된 것은 후임자의 관점으로 바라보며 잠시 문제와 거리를 둔 덕분이었다.

네 번째 악당, 과신

원자로에서 유독성 방사능이 유출되어 심각한 사고로 이어지는 것은 1만 년에 한 번이나 일어날 일이다.[6]

— 우크라이나 전력자원부 장관 비탈리 스클랴로프Vitali Sklyarov,

체르노빌 원전 사고 2개월 전

대체 누가 배우의 목소리를 듣고 싶어 한단 말인가?[7]

— 워너브라더스 공동 설립자 해리 워너Harry Warner, 1927년

우리 회사가 전기 장난감 따위를 만들어서 어디에 쓴단 말인가?[8]
— 웨스턴유니언텔레그래프컴퍼니 대표 윌리엄 오턴William Orton,
알렉산더 그레이엄 벨의 전화기 특허 구매를 거부했던 1876년

이제 결정을 가로막는 마지막 악당에 관해 알아보기 위해 1962
년 1월 1일로 시간을 거슬러 올라가보자. 이날 4명의 젊은이로 구성
된 로큰롤 밴드 비틀스는 영국에서 가장 큰 두 음반사 중 한 곳인 데
카레코즈Decca Records의 초청으로 런던 오디션에 참가했다. 존 레넌John
Lennon은 당시를 이렇게 회상했다. "우리는 다들 무척 흥분해 있었다.
데카라니!" 비틀스는 1시간 동안 오디션을 치르며 모두 15곡을 불렀
다. 주로 자작곡이 아닌 곡들이었다. 비틀스와 매니저 브라이언 엡스
타인Brian Epstein은 부디 계약이 성사되기를 바라며 초조하게 소식을
기다렸다.

마침내 결과를 알리는 편지가 도착했다. 비틀스와 계약하지 않겠
다는 내용이었다. 데카에서 일하던 저명한 스카우터 딕 로Dick Rowe는
엡스타인에게 보낸 편지에 이렇게 썼다. "우리는 비틀스의 사운드가
마음에 들지 않습니다. 그룹의 시대는 끝났어요. 특히 기타가 들어간
4인조 밴드는 절대 가망이 없습니다."[9]

그러나 얼마 후 딕 로는 자신이 결정을 가로막는 네 번째 악당의
덫에 빠졌음을 깨달았다. 바로 "과신overconfidence"이다. 딕 로처럼 사람
들은 앞으로 펼쳐질 미래를 실제로 자신이 아는 것보다 더 많이 안
다고 생각한다.

앤드루 그로브의 동료들이 인텔이 메모리 칩 생산을 중단한다면 벌어질 일을 두고 내놓았던 암울한 예견을 떠올려보자. "연구 개발의 모태를 잃을 것이다." "제품 라인을 모두 갖추지 않으면 영업팀이 성과를 낼 수 없다." 그러나 역사는 그들이 틀렸음을 증명한다. 인텔은 연구 개발과 세일즈 면에서 여전히 막강하다. 흥미로운 점은 그로브의 동료들은 이런 전망을 이야기할 때 전혀 불확실성을 느끼지 않았다는 것이다. 그들은 "이럴 가능성이 있다" "이런 일이 벌어질까 우려된다"라는 식으로 여지를 두지 않았다. 다들 자신이 옳다고 생각했고 절대 틀릴 리 없다고 생각했다.

한 연구에 따르면 의사가 진단을 "100퍼센트 확신"할 때 그중 40퍼센트가 사실은 틀린 진단이었다. 또 학생이 문제를 푼 뒤 틀릴 확률을 1퍼센트 정도로 생각할 때 사실은 27퍼센트가 틀린 답이었다.

사람들은 자신의 예측을 너무나 과신한다. 미래를 고민한다면서 당장 손에 쥔 정보에만 스포트라이트를 비춘 뒤 딱 그만큼만 보고 결론을 내린다.

1992년 한 여행사 대표가 이런 생각을 했다고 해보자. "피닉스에서 우리만큼 잘나가는 여행사는 없어. 고객과 관계도 최고지. 지역이 이렇게 빨리 성장하고 있으니 앞으로 10년 동안 우리가 2배로 커지는 건 일도 아니야. 그러니 남들보다 서둘러서 지점을 더 내야겠어." 그런데 문제는 이 여행사 대표가 자신이 무엇을 모르는지 모른다는 것이다. 그는 자신이 이렇게 생각할 때가 오리란 것을 알지 못했다. "아, 망할 인터넷! 우리 지점이 아무리 많아봤자 당할 재간이 없잖아."

미래는 지금은 알 수 없는 힘으로 사람을 놀라게 한다. 그러므로 과신에 사로잡혀서 지금은 존재 여부조차 알지 못하는 곳에다 스포트라이트를 비추는 것은 가당치 않다.

의사결정 프로세스의 기본 단계

지금까지 이야기한 내용을 간략히 정리해보자. 평범한 결정 프로세스는 보통 다음과 같이 4단계로 진행된다.

- 선택 직면
- 선택지 분석
- 선택
- 선택 실행[10]

그런데 앞서 살펴보았다시피 각 단계에는 결정을 훼방 놓는 악당들이 있다.

- 선택 직면: 그러나 편협한 사고틀에 갇혀 다양한 선택지를 놓친다
- 선택지 분석: 그러나 확증 편향 탓에 구미에 맞는 정보만 모은다
- 선택: 그러나 단기 감정 탓에 틀린 결정에 끌릴 때가 많다
- 선택 실행: 그러나 미래에 벌어질 상황을 과신하기 쉽다

이것이 바로 결정을 앞두고 우리가 직면하는 상황이다. 우리는 결정을 가로막는 네 악당을 파악했다. 그리고 지금까지처럼 장단점

을 비교해서는 네 악당을 이겨낼 수 없음을 알았다. 사실 장단점 비교법은 이 네 악당 중 어느 것에도 유의미한 대처법이 아니다.

그렇다면 이제 더 긍정적인 다음 질문에 집중할 차례다.

"결정을 가로막는 악당들을 물리치고 더 나은 선택을 하고 싶다면 어떤 프로세스를 밟아야 할까?"

조지프 프리스틀리의 현명한 일자리 결정 과정

1772년 가을 조지프 프리스틀리Joseph Prestley는 일자리를 제안받은 뒤 결정을 고심하고 있었다. 그가 이 문제를 결정짓기까지 과정을 살펴보면 더 나은 결정 프로세스를 구축하는 해결 방안이 드러난다.

프리스틀리는 놀라울 만큼 재주가 많고 똑똑한 사람으로 일자리와 관련해 선택지가 없는 상황은 아니었다. 우선 그는 그 무렵 잉글랜드 리즈의 한 비국교도 교회에서 목사로 일하고 있었다(비국교도는 영국 국교인 성공회 이외의 프로테스탄트 교파를 말한다). 프리스틀리는 취미가 많았다. 그리고 많은 취미는 나중에 전부 역사적 의미를 지니게 된 듯 보인다.

우선 그는 종교적 관용을 옹호하는 사람으로서 잉글랜드에서 유니테리언파Unitarian Church가 설립되는 과정을 도왔다. 또한 철학자로서 형이상학을 주제로 글을 썼는데 존 스튜어트 밀과 제러미 벤담은 중요한 영향을 받은 문헌으로 그의 글을 인용했다. 프리스틀리는 뛰어난 업적을 자랑하는 과학자이기도 했다. 암모니아와 일산화탄소를 비롯한 10가지 기체를 발견했고, 무엇보다 가장 중요한 기체인

산소를 발견한 것으로 유명하다.*

한편 그는 정치 논쟁을 몰고 다니는 선동가였다. 공공연히 프랑스혁명을 지지했고, 그래서 시민들에게 의혹을 받았다. 나중에는 분노한 폭도들이 그의 집과 교회를 불살라버렸다. 결국 그는 떠날 것을 종용받고 런던으로 갔다가 다시 미국으로 가서 여생을 보냈다.

프리스틀리는 신학자, 화학자, 교육자, 정치 이론가였고 남편이자 아버지였다. 전기electricity의 역사에서부터 중요 영문법 연구까지 망라하는 방대한 주제로 150여 권의 책을 출간했고, 심지어 탄산수를 발명하기까지 했다. 다들 다이어트 콜라를 마실 때마다 프리스틀리에게 감사해야 한다.

그러니까 그는 18세기 판 포레스트 검프Forrest Gump라고 할 수 있다. 검프가 그만큼 똑똑하지 않았다는 것만 빼면 둘은 비슷한 길을 걸었다. 역사나 과학에서 중요한 움직임이 있었던 수많은 순간을 따라가보면 프리스틀리의 생애와 겹치는 지점이 보인다. 그러나 1772년 가을 그는 훨씬 더 현실적인 문제와 맞닥뜨렸다. 바로 돈이었다.

프리스틀리는 여느 아버지와 마찬가지로 불어나는 가족의 경제 안정이 걱정이었다. 목사로 받는 연봉 100파운드로는 마침내 8명까지 늘어난 자녀를 부양할 돈을 모을 여력이 되지 않았다. 그래서 다른 대안을 찾기 시작했고 동료들을 통해 셸번 백작Earl of Shelburne을 소개받았다. 과학 애호가인 셸번 백작은 잉글랜드 상원에서 비국교도 그룹들을 후원하고 있었다. 그는 얼마 전에 부인을 잃었는데 지적으

---

* 프리스틀리는 밀폐된 용기에 산화수은 표본을 넣고 태양광을 집중시켰는데 놀랍게도 그 결과 발생한 기체 속에서 생쥐가 무사히 살아남는 것을 관찰했다. 나중에 그는 직접 이 기체를 마셔본 뒤 "일반적인 공기보다 대여섯 배 정도" 숨쉬기가 좋았다고 말했다.

로 교류하며 자녀 교육도 도와줄 사람을 찾는 중이었다.

백작은 프리스틀리에게 가정교사 겸 고문 자리를 제안했다. 1년에 250파운드를 줄 테니 자녀들의 교육을 관리하면서 정치와 행정에 관해 자신에게 조언을 해주었으면 한다고 했다. 프리스틀리는 솔깃했다. 무엇보다 봉급 때문이었다. 그러나 정확한 계약 조건에 관해서는 신중하게 접근하려고 했다. 그는 자신이 존경하는 여러 동료에게 조언을 구하는 편지를 썼다.

그중 한 사람이 그가 전기의 역사에 관한 책을 쓰면서 알게 된 현명한 지략가 벤저민 프랭클린이었다. 프랭클린은 머리말에서 소개한 심리 대수학을 언급하며 장단점 비교법을 통해 결정을 내려보라고 조언하는 답장을 보냈다. 프리스틀리가 동료들에게 보낸 편지가 남아 있는 덕분에 우리는 그가 어떤 과정으로 심리 대수학 프로세스를 거쳤는지 상상해볼 수 있다.

이 일자리의 장점은 벌이가 좋아지고 집안 경제 사정이 더 나아진다는 점이었을 것이다. 단점은 그보다 더 많아 보였다. 우선 백작이 제안한 일을 하려면 런던으로 가야 했다. 그러나 자칭 "가정적인 남자"였던 프리스틀리는 가족과 떨어져 지낸다는 건 생각조차 하기 싫었다. 백작과 관계도 걱정이었다. 주인과 하인의 관계로 느껴지지는 않을까? 처음은 좋더라도 나중에 가서 백작이 싫증을 낸다면? 마지막으로 책무를 다하느라 더 중요한 일을 하지 못하게 될 것이 마음에 걸렸다. 아이들한테 곱셈이나 가르치느라 종교와 과학에서 새로운 지적 경로를 제시하는 일은 뒷전이 되고 마는 것 아닐까?

장단점 비교법의 관점에서는 백작의 제안을 받아들이는 것이 몹시 잘못된 결정으로 보인다. 기본적으로 돈이라는 커다란 장점 하나가 있지만 그에 못지않은 심각한 단점이 너무 많기 때문이다. 그러나 다행히 프리스틀리는 프랭클린의 조언을 대체로 밀어둔 채 결정을 가로막는 네 악당을 잘 피해 갈 방법을 찾았다.

첫째, 그는 "이 제안을 받아들일까 말까?"와 같은 편협한 사고틀에 갇히지 않았다. 대신 더 나은 새 선택지를 탐색하기 시작했다. 더 큰 벌이가 될 만한 대안을 생각했고, 그러자 자신이 과학자로서 다루는 주제로 순회 강연을 하는 등의 방안이 보였다. 또한 당시는 귀족에게 이의를 제기하는 사람이 흔치 않던 시절이었지만 "둘 중 하나가 아닌 둘 다"를 염두에 두고 더 나은 거래를 목표로 백작과 협상을 진행했다. 자신이 아닌 다른 가정교사가 백작 자녀들의 교육을 관리해야 한다는 조건을 달았고 주로 가족과 함께 시골에 머물다가 백작이 정말 필요할 때만 런던으로 가겠다고 했다.

둘째, 확증 편향을 피했다. 이 일을 두고 정보를 찾기 시작할 무렵 한 친구가 백작의 제안을 격하게 반대하는 편지를 보내왔다. 친구는 이 제안을 받아들이는 건 자존심 상하는 일이며 결국 그는 귀족의 자선에 의존해 살아가야 할 것이라고 말했다. 프리스틀리는 이 의견을 진지하게 받아들여 잠시 제안을 거절하려고 한 적도 있었다. 그러나 곧 혼자서 장단점을 비교하며 고민하는 데서 벗어나 더 넓은 범위에서 더 많은 정보를 수집하기 시작했다. 특히 백작을 잘 아는 사람들에게 조언을 구했다. 그들의 의견은 한결같았다. 그가 쓴 편지에는 이런 내용이 있다. "셸번 경을 잘 아는 사람들은 제안을 받아들이라고 하더군요. 하지만 세상의 일반적인 상황만 알지 셸번 경은 모르는 사람들은 제안을 거절하라고 합니다." 즉 백작을 제일 잘 아는 사람들은 누구보다 이 제안을 긍정적으로 여겼다. 이렇게 의견이 모이자 그는 제안을 더 긍정적으로 생각하기 시작했다.

셋째, 단기 감정과 거리를 둘 줄 알았다. 그는 가까운 친구들만이 아니라 프랭클린처럼 좀 더 중립적일 수 있는 동료들에게 조언을 구했다. 또한 직감으로 사고를 흐리지 않았다. 150퍼센트나 높은 연봉을 제안받고 무조건 기뻐하거나, 의존적인 삶을 살게 될 거라는 친구의 말을 듣고 사회적 수치심을 느끼거나 하지 않았다. 대신에 장기 관점에서 자신에게 가장 중요한 2가지 우선순위인 가족의 안녕과 학문적 독립을 기준으로 결정을 내렸다.

마지막으로 넷째, 과신을 피해 갔다. 그는 긍정적인 관계가 될 수 있다고 기대하는 한편 자신이 틀릴 수 있음을 잊지 않았다. 특히 그는 합의한 사항에 관해 갑자기 백작이 마음을 바꾸면 가족이 경제 문제에 노출될 수 있다는 점이 우려스러웠다. 그래서 일종의 보험성 조건을 협상에 포함시켰다. 두 사람의 관계가 끝나더라도 평생 동안 연봉 150파운드를 지급해달라고 했다. 백작은 프리스틀리가 내건 조건에 동의했다.

결국 프리스틀리는 제안을 받아들여 7년간 셸번 경을 위해 일했다. 그리고 이 기간에 자신의 커리어를 통틀어 가장 많은 결실을 냈다. 자기 평생에 가장 중요한 의미가 있는 철학서 집필, 산소 발견 등이 바로 이 7년 사이에 일어난 일이다.

나중에 백작과 프리스틀리는 결국 갈라서는 시점을 맞는다. 이유는 분명하지 않다. 하지만 프리스틀리에 따르면 둘은 "원만하게" 헤어졌으며 백작은 독립한 프리스틀리에게 합의대로 평생 매년 150파운드를 지급했다.[11]

후회 없는 선택을 위한 WRAP 프로세스

프리스틀리가 백작과 일하기로 한 것은 잘한 결정이었던 듯하다. 물론 이에 관해 정확히 말하기는 불가능하다. 프리스틀리가 셸번 백작과 함께하느라 세계 역사에 더 공헌하지 못했을 가능성을 배제할 수는 없으니 말이다.(프리스틀리가 시간이 더 많았더라면 시나몬롤 빵이나 일렉트릭 슬라이드Electric Slide 춤도 그의 작품이 되지 않았을까?) 그러나 분명한 것은 그가 결정에 사용한 "프로세스"에 본받을 점이 많다는 사실이다. 그는 결정을 가로막는 네 악당을 극복하는 것이 가능함을 몸소 보여주었다!

이런 승리를 거둔 사람은 프리스틀리만이 아니다. 호프랩의 스티브 콜은 "둘 중 하나가 아닌 둘 다"를 고민함으로써 편협한 사고틀을 물리쳤다. 앤드루 그로브는 "우리의 후임자라면 어떻게 할까?"라고 자문함으로써 단기 감정을 극복했다. 편향을 잠재우기는 불가능하다. 그러나 이들의 일화에서는 올바른 규칙이 있으면 편향에 제대로 "대처"할 수 있음이 드러난다.

이제 네 악당의 본질에서 실마리를 얻어 그 각각을 이겨낼 전략을 알아볼 차례다.

WRAP 1단계: 선택지를 넓혀라

선택 직면. 그러나 편협한 사고틀에 갇혀 다양한 선택지를 놓친다면?

"선택지를 넓혀라Widen Your Options."

선택의 범위를 넓히려면 어떻게 해야 할까? 새로운 선택지를 유독 잘 찾아내는 사람들은 어떤 습관이 있는지 알아보도록 하자. 2부에서는 대입 전문 컨설턴트, 세계적인 경기 침체기에 무사히 살아남은(심지어 더 성장한) 기업들의 경영진, 그리고 블랙베리나 펜티엄 같은 세계 최고 브랜드명을 탄생시킨 부티크 기업boutique firm(금융, 투자, 법률, 마케팅 등에서 전문 서비스를 제공하는 소규모 회사-옮긴이) 등을 차례차례 만나본다.

WRAP 2단계: 가정을 검증하라

선택지 분석. 그러나 확증 편향 탓에 구미에 맞는 정보만 모은다면?

"가정을 검증하라Reality-Test Your Assumptions."

내 머릿속에서 빠져나와 신뢰할 만한 정보를 모으려면 어떻게 해야 할까? 3부에서는 더 똑똑하게 질문하는 법과 함께, 논쟁만 오가는 회의를 30초 만에 생산적인 회의로 바꾸는 법 등을 알아보도록 하자. 의심해야 할 전문가의 조언에는 어떤 것이 있는지도 살펴볼 것이다.

WRAP 3단계: 결정과 거리를 두라

선택. 그러나 단기 감정 탓에 틀린 결정에 끌릴 때가 많다면?

"결정과 거리를 두라Attain Distance Before Deciding."

단기 감정과 혼란스러운 마음을 이기고 최고의 선택을 하려면 어떻게 해야 할까? 4부에서는 교활한 자동차 판매원에게 넘어가지 않는 법과 50달러를 잃는 것이 얻는 것보다 고통스러운 이유, 그리고 괴로운 결정을 가뿐한 결정으로 탈바꿈시키는 간단한 질문 등에 관해 알아볼 것이다.

WRAP 4단계: 틀릴 때를 대비하라

선택 실행. 그러나 미래에 벌어질 상황을 과신하기 쉽다면?

"틀릴 때를 대비하라Prepare to Be Wrong."

불확실한 미래에 대비해 결정이 성공으로 가는 최고의 기회가 되게 하려면 어떻게 계획해야 할까? 5부에서는 임금 협상 상황을 미리 머릿속에 그려봄으로써 임금 인상에 성공한 여성의 이야기를 살펴볼 것이다. 배우자가 터무니없는 사업 아이디어를 구상하고 있을 때는 어떻게 해야 상황을 통제할 수 있는지, 신입 사원에게 일이 힘들다는 사실을 알려주는 것이 왜 현명한지도 알아볼 것이다.

더 나은 선택을 위한 4단계 프로세스를 소개하고 이 프로세스에 통달하도록 돕는 것, 이것이 이 책의 목표다. 각 단계의 영문 머리글자를 딴 "WRAP"이란 말에 주목하자. 앞으로 이야기할 "WRAP 프로세스"는 일상의 결정에서 "보호막wrap" 구실을 하며 우리가 지금까지 파악한 여러 편향을 물리쳐줄 것이다.

WRAP 프로세스의 각 단계는 순차적으로 진행된다. 보통은 글자의 순서를 그대로 따르면 되지만 반드시 그럴 필요는 없다. 때에 따라 중간 결과를 바탕으로 앞으로 돌아가야 할 수 있다. 예를 들어 머릿속 가정을 검증하는 단계에서 정보를 모으다보면 전에는 생각하지 못했던 새 선택지가 나타나기도 한다. 4단계가 전부 필요하지 않을 때도 있다. 오랜 기다림 끝에 승진 제안을 받았는데 수락을 결정하고 샴페인을 터뜨리기까지 굳이 거리를 두고 생각할 필요는 없다.

WRAP 프로세스의 핵심은 "자동 스포트라이트auto spotlight"에서 벗어나 "수동 스포트라이트manual spotlight"로 전환하는 것이다. 직감, 구미에 맞는 정보, 과신에서 비롯된 예측 등 무의식적으로 마음이 끌리는 것들에 선택의 근거를 두어서는 안 된다. 대신 더욱 전략적인 지점을 향해 의식적으로 스포트라이트를 비추어보자. 더 넓은 풍경을 비추며 숨겨진 구석구석을 짚어봐야 한다.

WRAP 프로세스는 무엇이 다른가

이쯤 왔으면 당신은 우리에게서 뭔가 약속을 기대할 것이다. 이 4단계를 잘 따라간다면 더없이 만족스러운 인생을 누리게 된다든지, 무엇 하나 부족하지 않은 삶을 살게 된다든지, 동료들이나 주위 사람들 사이에서 당신의 지혜를 칭송하는 소리가 자자할 것이라든지 하는 그런 그림 말이다. 이런! 그렇지는 않다. 우리 경험으로 볼 때 당신은 여전히 잘못된 결정을 적당히 하며 살아갈 것이다.

우리의 진짜 목표는 다음과 같다. 우리는 당신이 조금이나마 더 좋은 결정을 하기를 바란다. 그리고 좋은 결정을 좀 더 자신 있게 하기를 바란다(적절한 자신감은 과신과 완전히 다르다). 또한 대체로 다른 사람의 편향을 알아보기는 더 쉬우므로, 동료나 사랑하는 사람이 결정을 앞두고 있을 때 당신이 더 나은 조언자 역할을 해내기를 바란다. 우리는 그 일을 돕고 싶다.

이 책에서는 5분 이상 시간이 필요한 결정들을 다룰 것이다. 예컨대 새 차를 살 때, 직장을 옮길 때, 연인과 헤어지려고 할 때, 까다로운 동료와 일할 때, 각 부서에 예산을 배정해야 할 때, 새로운 사업이나 창업을 고민할 때 등이 전부 우리가 다룰 상황들이다.

몇 초 안에 끝나야 하는 결정에 관해 알고 싶다면 이 책은 도움이 되지 않는다. 가령 NFL(미국 프로미식축구) 경기 중 쿼터백이 공을 누구에게 패스할지 선택하는 문제 같은 것은 여기서 답을 찾을 수 없다.

지난 몇 년 사이에 직관적 결정을 다루는 책이 많이 나왔다. 그런 책에서는 직관적 결정이 속도와 정확도를 놀랄 만큼 높일 수 있다고 말한다. 그러나("그러나"라고 말할 수밖에 없다) 직관intuition은 세심하게 훈련해온 영역에서만 정확하게 발휘된다. 또한 직관을 훈련하려면 예측 가능한 환경이 필요하다. 이를테면 수없이 선택을 반복하고 즉각 피드백이 이루어지는 상황이라야 한다(이 주제와 관련한 더 자세한 내용은 '미주'를 참조하라).[12]

체스 그랜드마스터는 직감을 믿어야 한다(말을 움직일 때마다 피드백을 받으며 수천 시간을 공부하고 연습하기 때문이다). 그러나 채용 결정권자라면 절대 그렇게 해서는 안 된다(몇 년 동안 채용하는 인원은 분명 한정되어 있을 테니 각 채용 건에 관한 피드백이 바로 돌아오지 않고 다른 요인들 탓에 피드백 자체가 정확하지 않은 경우가 많기 때문이다).

부디 이 책에 제시된 프로세스를 받아들이고 연습해 제2의 본성으로 만들기 바란다. 간략하게 장보기 목록을 만든다고 생각하면 쉽다. 우리처럼 뭐든 잘 잊어버리는 사람은 필요한 것을 미리 적지 않고는 장을 보기가 힘들다. 이 루틴은 시간이 가면서 분명하게 다듬어진다. 살 것이 불쑥 떠오를 때마다 바로바로 적는 일이 수월해지고, 시장에 갈 때면 살 것은 전부 목록에 적혀 있다는 믿음이 들기 시작한다. 장보기 목록은 건망증 때문에 생기는 결함을 보완해준다.

무엇보다 잊지 않으려고 안간힘을 쓰는 것보다는 훨씬 나은 해결책이다.

우리는 WRAP 프로세스가 사용하기도 기억하기도 좋은 수단이 되기를 바랐다. 그런 의미에서 이 책의 모든 내용을 단순하게 하려고 최선을 다했지만 절대 쉽지 않았다. 의사결정에 관한 자료가 워낙 방대하고 복잡한 탓이다. 따라서 가장 유용한 부분이 빛을 발하도록 매우 흥미롭지만 생략해야만 했던 내용이 있다(그런 내용이 궁금하다면 책 뒤쪽에 실어둔 '추천 도서'를 참고하기 바란다).

어떤 면에서 WRAP 프로세스는 홈런 같은 통찰을 안겨주는 때가 있을 것이다. 스티브 콜의 "경마" 방식과 앤드루 그로브의 "후임자라면 어떻게 할까?" 같은 질문이 단적인 예다. 그러나 작지만 꾸준하게 결정 방식이 나아지는 때가 그보다 더 많을 것이다. 사실 이 또한 매우 중요하다. 야구 선수의 타율을 생각해보자. 한 시즌 동안 매 경기에서 4타수 1안타(평균 타율 0.250)를 기록하면 평균쯤 되는 선수라고 본다. 이 선수가 3타수 1안타(평균 타율 0.333)로 타율을 올리면 올스타가 된다. 그리고 이 기록을 선수 생활 내내 유지하면 명예의 전당에 오른다. 그러나 이 셋의 기량 차는 크지 않다. 선수의 위상이 달라지려면 12타수당 1안타만 더 나오면 되는 셈이니 말이다.

이렇게 꾸준한 개선을 이루어내려면 기술과 연습이 필요하다. 즉 "프로세스"가 있어야 한다. WRAP 프로세스를 따르면 그러지 않았을 때 간과했을 부분에 확실히 집중할 수 있다. 즉 더 넓은 선택지를 확보하고, 확증 편향을 피할 수 있으며, 중요한 준비를 무시하지 않을 수 있다. WRAP 프로세스의 가치는 여기서 빛을 발한다.

한편 이만큼 확실히 눈에 띄지는 않겠지만, WRAP 프로세스는 또한 결정의 필요성을 각인시킴으로써 도움을 준다. 이 점은 데이비드 리 로스David Lee Roth의 이야기에 잘 나타난다.

밴 헤일런 밴드의 기행: 갈색 초콜릿 절대 금지

로스는 1970년대 중반부터 1980년대 중반까지 록 밴드 밴 헤일런Van Halen의 리드 싱어로 활동했다. 그 무렵 밴 헤일런은 줄줄이 히트곡을 쏟아냈다. 〈러닝 위드 더 데빌Runnin' with the Devil〉〈댄스 더 나이트 어웨이Dance the Night Away〉〈점프Jump〉〈핫 포 티처Hot for Teacher〉 등이 다 그때 나온 곡들이다. 밴 헤일런은 1984년 한 해에만 100여 차례 공연을 열 만큼 지칠 줄 모르고 순회공연을 다녔다. 그러나 이들이 헤드뱅잉으로 관객을 사로잡은 이면에는 공연을 탁월하게 운영할 줄 아는 진지한 면모가 있었다. 밴 헤일런은 대도시의 큰 무대에서만 이루어지던 공연을 처음으로 소규모 시장에서 선보인 록 밴드 중 하나였다. 로스는 자서전에서 이렇게 회고했다. "공연이 있을 때면 장비를 잔뜩 실은 18륜 트럭 9대가 같이 다녔다. 보통은 많아봤자 3대면 충분하던 시절이었다."

밴 헤일런의 공연은 혀를 내두를 만큼 복잡하게 설계되어 있었다. 계약서에는 필요한 준비 사항을 꼼꼼하게 명시했는데 로스의 말마따나 계약서는 마치 "중국어로 된 전화번호부"처럼 보였다. 기술적인 내용이 많고 너무 복잡해 외국어를 읽는 것이나 다름없었기 때문이다. 이를테면 계약서는 다음과 같은 구절로 가득했다. "15암페어짜리 소켓들을 20피트 공간 안에 고르게 설치해 19암페어 전류를 공급하고……."

밴 헤일런은 필요한 제작 인력을 항상 동행했지만 그렇더라도 대부분의 준비 작업은 사전에 완료되어야 했다. 18륜 트럭 9대가 공연 장소에 도착하기 전에 말이다. 밴 헤일런과 제작진은 공연장 무대 담당자들의 실수로 밴드 멤버들이 다치기라도 할까봐 늘 노심초사했다(그 무렵 마이클 잭슨은 펩시 광고를 찍던 중 무대용 불꽃놀이의 불씨가 잘못 날아들어 머리에 불이 붙는 사고를 당했다). 그러나 그들은 살인적인 공연 일정을 소화하느라 공연 때마다 하나부터 열까지 무대 준비 상황을 챙길 여유가 없었다.

그러던 중 밴 헤일런이 무대 뒤에서 희한한 일을 벌인다는 소문이 돌았다. 밴드 멤버들은 파티광으로 악명이 높았다. 물론 록 밴드가 파티를 좋아한다는 게 특별히 주목할 일은 아니었다. 그러나 이들은 파티 때면 예술의 경지까지 끌어올린 기괴한 행동에 유독 열을 올렸다. 로스의 자서전에는 이런 대목이 나온다. "TV를 창밖으로 던진다는 얘기를 들었다. 익스텐션 코드가 더 필요하겠단 생각이 들었다. …… 바닥에 떨어져도 화면은 나와야 하니까."

그런가 하면 이들은 장난기 대신 병적인 자기중심주의에 가까운 행동을 보이는 때도 있었다. 밴 헤일런에 얽힌 가장 지독한 소문은 역시 계약서에 관한 것이었다. 이들의 계약서에는 엠앤엠즈M&Ms 초콜릿 한 그릇을 무대 뒤에 갖다 두되 갈색 초콜릿은 절대 들어 있으면 안 된다는 조항이 있었다. 무대 뒤로 걸어간 로스가 갈색 앰엔앰즈 초콜릿 한 알을 보고 미친 듯이 날뛰며 탈의실을 난장판으로 만들어버렸다는 이야기가 돌았다.

소문은 사실이었다. 갈색이 한 알도 들어가지 않은 엠앤엠즈 초콜릿 그릇은 기고만장한 록스타의 모습을 여실히 드러내는 끔찍한 상징이 되었다. 그렇다. 그들은 단지 할 수 있다는 이유만으로 터무니없는 요구를 하는 밴드였다.

인계철선 설치하기: 엠앤엠즈 조항의 진정한 비밀

하지만 여기까지가 이야기의 전부는 아니다.

밴 헤일런의 계약서에 들어간 "엠앤엠즈 조항"에는 아주 특수한 목적이 있었다. "126조"로 불리는 이 조항의 내용은 다음과 같다. "무대 뒤 공간에는 갈색 엠앤엠즈 초콜릿이 한 알도 있어서는 안 된다. 이를 어길 시 공연을 취소하고 밴 헤일런은 비용 전액을 보상받는다." 이 조항은 기술적 준비 사항을 다루는 셀 수 없이 많은 조항 한가운데 "숨어" 있었다.

로스는 공연장에 도착하면 곧바로 무대 뒤로 가서 엠앤엠즈 그릇을 살폈다. 그러다 갈색 초콜릿이 한 알이라도 보이면 준비 사항을 처음부터 끝까지 전부 확인하도록 지시했다. "갈색 엠앤엠즈 초콜릿이 있다는 건 분명 기술적 오류가 발생하리라는 뜻이었다. 담당자들은 계약서를 읽지 않은 것이고 그렇다면 때에 따라 공연 전체에 위협이 될 수 있었다."

다시 말해 데이비드 리 로스는 스타 가수가 아니라 공연 운영의 달인이었다.

그는 각 공연장의 무대 담당자들이 주의를 기울여 계약서를 꼼꼼하게 읽고 내용을 진지하게 받아들였는지 신속하게 확인할 방법이 필요했다. 즉 "사고 자동 조종 시스템mental autopilot"에서 벗어나 결정이 필요하다는 사실을 재빨리 인식할 수단이 있어야 했다. 밴 헤일런의 세계에서 갈색 엠앤엠즈 초콜릿 한 알은 말하자면 "인계철선tripwire"(폭탄과 연결되어 건드리면 폭발하도록 설치된 가느다란 선-옮긴이)이었던 셈이다.[13]

우리도 삶에서 몇 개쯤 인계철선을 사용해보면 어떨까? 가령 일정 몸무게가 되면 그때부터는 운동을 더 해야 한다는 뜻으로 받아들여보자. 일정 날짜가 되면 관계에 충분히 투자했는지 생각할 때가 되었다는 신호로 여겨보자. 좋은 결정에서 때로 가장 어려운 일은 결정 자체의 필요성 깨닫기다.

우리는 삶의 시간 대부분을 "자동 조종 시스템autopilot"에 맡겨두고 판에 박힌 듯 살아간다. 하루 중 깊이 생각하며 주의를 기울여 선택하는 때는 손에 꼽을 정도다. 그런데 이런 결정들은 시간상 비중은 적지만 삶에 어마어마한 영향을 끼친다.

심리학자 로이 바우마이스터Roy Baumeister는 이 점을 운전에 비유했다. 차를 운전할 때는 95퍼센트의 시간을 직진하는 데 쓰지만 도착 지점은 나머지 시간 동안의 회전으로 결정된다.[14]

이 책은 "회전"에 관한 이야기다.

이제 당신이 원하는 지점에 도달하고자 할 때 우리의 4단계 프로세스가 어떻게 그 가능성을 높여주는지 알아보도록 하자.

PART 1 무엇이 당신의 결정을 방해하는가

ONE PAGE:
INTRODUCTION and CHAPTER 1

1. **대니얼 카너먼: "생각은 어쩔 줄 몰라 하는 일이 드물다."**
   - 섀넌은 클라이브를 해고해야 할까? 의견은 쉽게 형성된다.

2. **스포트라이트가 비추는 것 = 가장 접근성 좋은 정보 + 이 정보에 대한 내 해석**
   - 그러나 웬만해서는 이것만으로 좋은 결정에 이를 수 없다.

3. **사람은 결정 면에서 "성적"이 좋지 않다.**
   - 직감을 믿거나 분석만 열심히 해서는 이 점을 개선할 수 없다.
   - 필요한 것은 좋은 프로세스다.
   - 연구 결과: "분석보다 프로세스가 '6배' 중요하다."

4. **스포트라이트 옮기는 법을 배우면 결정을 가로막는 네 악당을 이길 수 있다.**

5. **악당 1: 편협한 사고틀(선택지를 지나치게 제한한다)**
   - 호프랩은 프로젝트의 첫 번째 단계에 5개 업체를 동시에 참여시켰다.

- "이것도 하고 저것도 하려면 어떻게 해야 할까?" 사고법

6. **악당 2: 확증 편향(내 믿음을 뒷받침하는 정보만 찾는다)**
   - 오디션 프로그램에 나온 음치 참가자
   - 댄 러밸로: "비즈니스에서 확증 편향만큼 큰 문제는 없다."

7. **악당 3: 단기 감정(금세 사라질 감정에 휘둘린다)**
   - 인텔의 앤드루 그로브: "후임자라면 어떻게 할까?"라는 질문으로 문제와 거리를 두었다.

8. **악당 4: 과신(자신의 전망을 지나치게 믿는다)**
   - 비틀스에 대한 평가: "기타가 들어간 4인조 밴드는 절대 가망이 없다."

9. **장단점 비교법으로는 이 문제들을 고칠 수 없다.**
   - WRAP 프로세스가 필요하다.
   - 조지프 프리스틀리는 네 악당을 모두 정복했다.

10. **더 나은 결정을 하려면 WRAP 프로세스를 사용하자.**
    - W: 선택지를 넓혀라
    - R: 가정을 검증하라
    - A: 결정과 거리를 두라
    - P: 틀릴 때를 대비하라

선택지를 넓혀라

DECISIVE

CHAPTER 2

편협한 사고틀에서 벗어나라

10대들의 편협한 의사결정 유형: 결심 진술형, 가부 판정형

2012년 7월 웹사이트 애스크닷컴Ask.com의 'Q&A 커뮤니티' 게시판에 claireabelle이라는 사용자가 딜레마에 관한 질문을 올렸다.

claireabelle: 남자친구랑 헤어질까요 말까요? 어떡할지 모르겠어요. 남친 집에 놀러 가거나 그 가족들이랑 있을 때면 다들 나를 이리 재고 저리 재기 바빠요. 여동생은 나랑 동갑인데 잘해주었다 못해주었다 종잡을 수가 없어요. 형은 날 싫어해요. 부를 때도 욕을 붙이죠. 엄마는 너무 무례해요. 대놓고 기분 나쁜 농담을 하거든요. 어쩌죠? 남친은 좋은 데, 평가당하는 것도 우울해지는 것도 진짜 싫어요.

하루 만에 다음과 같은 댓글을 포함해 여남은 개의 댓글이 달렸다.

• Shalie333: 남친만 안 그러면 난 안 헤어질 거 같아요. 남친 식구들이
랑은 되도록 많이 놀지 마세요!

• eimis74523: 말도 안 돼요. 남친이 님을 사랑한다면 님 편을 들어야죠.
우리 가족이 내 여친한테 그러면 난 제발 좀 그만하라고 할 거예요.
가족 땜에 안 되겠으니 헤어지자고 하세요. 그러고 나서 남친의 반응
을 지켜보세요. 님을 정말 사랑하는지 알 수 있을 거예요.

• yoyo1212: 맘대로 하심 됩니다.

• 14weetie: 남자친구가 잘해준다면 헤어지는 건 답이 아니라고 봐요.
데이트는 딴 데 가서 하고 남자친구한테 이유를 설명하세요. 그런데도
남자친구가 식구들한테 휘둘리기만 하고 님 마음은 못 알아주면 그건
그 사람이 영 아닌 거예요.

• lovealwayz: 분명한 건요, 남친이 가족들한테 암 말 안 하고 있으면 헤어
져야 한다는 거예요. 말을 안 한다는 건 신경을 안 쓴다는 거니까요.:(

• kukleburg: ……도망가세요 ……빨리 도망가세요. 그 사람들 미친 거
아녜요?

"남자친구와 헤어질까 말까?" 같은 고민은 10대들의 의사결정 세계에서 고전 사례다. "무슨 옷을 입을까?" "누구랑 어울릴까?" "어떤 차를 살까?" "그 차를 얼마나 오래 타다가 바꿀까?" 등이 전부 같은 부류의 딜레마다.

그런데 질문을 올린 claireabelle은 "남자친구랑 헤어질까요 말까요?"라는 말로 자신의 결정을 편협한 사고틀에 가두었다. "도망가세요"라고 한 경우처럼 댓글을 단 사람 중 일부는 이 틀을 그대로 받아들였다. 반면에 어떤 사람들은 그녀가 고려할 선택지를 넓혀보려고 시도했다. "데이트 딱 네 데 가서 하고 남자친구한테 이유를 설명하세요"라는 댓글이 그런 예다.

카네기멜런대학교 바루크 피시호프Baruch Fischhoff 교수는 10대들의 의사결정 과정을 더 자세히 알아보고 싶었다. 그는 동료들과 연구팀을 꾸려 펜실베이니아주 피츠버그와 오리건주 유진에 사는 10대 소녀 105명을 인터뷰했다. 그리고 이들에게 학교, 부모, 옷, 친구, 건강, 돈, 여가 등 7가지 영역에서 최근에 내린 결정을 구체적으로 설명해달라고 했다.

인터뷰에서 10대들이 이야기한 결정 가운데는 특이한 것들이 있었다. "결정"이라고 하면 우리는 대부분 2가지 이상의 선택지를 놓고 뭔가를 골라야 하는 상황을 떠올린다. 부리토를 먹을지 샌드위치를 먹을지, 남색 검은색 흰색 중에서 어떤 색 셔츠를 살지 등이 주로 결정의 대상이 된다. 그러나 10대들의 결정에서는 좀처럼 이런 구조가 나타나지 않았다.

피시호프는 이들의 결정을 분류하면서 10대에게 가장 흔한 형태의 결정에는 선택이 전혀 포함되지 않는다는 사실을 알아냈다. 그는 이런 결정을 가리켜 "결심 진술형statement of resolve" 결정이라고 불렀다. 예컨대 "앞으로 남 탓을 하지 않겠어"가 그런 경우다.

10대들의 결정에서 그다음으로 흔하게 나타나는 형태는 1가지 선택지만 가늠하는 것이었다. 가령 "친구랑 아이스크림을 먹을까 말까?"나 claireabelle의 "남자친구랑 헤어질까 말까?"가 선택지를 하나만 고려하는 결정이라고 할 수 있다. 이런 결정을 우리는 "가부 판정형whether or not" 결정이라고 부를 것이다. 이것은 "부리토를 먹을까 샌드위치를 먹을까?"처럼 여럿 중 하나를 고르는 문제가 아니다. 단순히 하나를 두고 ○인지 ×인지 가리는 데 지나지 않는다.

결심 진술형 결정과 가부 판정형 결정은 10대들의 결정에서 65퍼센트를 차지한다. 다시 말해 10대들의 결정은 진짜 선택이 아닐 가능성이 크다!

우리는 피시호프의 연구를 처음 보았을 때 10대들이 선택지를 이렇게 좁은 틀에서 생각한다는 사실에 정말 깜짝 놀랐다. 하지만 10대 둘을 기른 우리 누나는 이 이야기를 듣더니 시큰둥하게 말했다. "뭘 기대한 거니? 그 나이 땐 호르몬이 폭발해서 몇 년 동안 전두엽이 아예 작동하지 않는다고."

10대는 선택의 가능성을 보지 못한다. 그저 "파티에 갈까 말까?" 같은 질문을 수없이 곱씹을 뿐이다. 그들은 파티에 스포트라이트를 비추며 딱 그것만 생각할 뿐 다른 선택지는 거들떠볼 생각조차 하지 않는다. 그러나 좀 더 생각이 깬 10대라면 스포트라이트를 이리저리 옮겨보기 시작한다. "밤늦게까지 파티장에 있는 게 나을까, 친구들이랑 영화 보러 가는 게 나을까? 아니면 농구 경기 보러 갔다가 오는 길에 파티에는 잠깐 얼굴만 비칠까?"

한마디로 10대들은 결정을 가로막는 첫 번째 악당인 "편협한 사고틀"에 갇히기가 쉽다. 그들은 드넓은 선택의 스펙트럼에서 딱 한 지점에만 시선을 둔다. 그리고 이어서 이야기하겠지만 조직 역시 의사결정에 맞닥뜨리면 10대들과 아주 흡사한 모습을 보인다.[1]

퀘이커의 막무가내 스내플 인수: 원천 봉쇄형 결정

1983년 식품 기업 퀘이커Quaker Oats Company의 CEO 윌리엄 스미스버그William Smithburg는 대범한 결정을 내렸다. 게토레이Gatorade 브랜드 모기업을 2억 2000만 달러에 인수하기로 한 것이다. 한 보고서에는 당시 상황이 다음과 같이 요약되어 있다. "스미스버그는 미각에 근거해 충동적으로 게토레이를 인수했다. 한번 마셔보니 입에 맞았던 것이다." 그런데 스미스버그의 입맛은 제법 쓸모가 있었던 것으로 드러났다. 퀘이커의 공격적인 마케팅에 힘입어 게토레이가 무섭게 커버렸기 때문이다. 2억 2000만 달러에 산 게토레이는 약 30억 달러까지 가치가 치솟았다.

10여 년이 지난 1994년 스미스버그는 또 다른 음료 브랜드 스내플Snapple을 18억 달러에 인수할 것을 제안했다. 일부 전문가들은 거기서 10억 달러는 빼도 될 만큼 인수가가 지나치게 높다며 아우성쳤지만, 퀘이커 이사회는 게토레이의 눈부신 성공을 지켜본 터라 전혀 토를 달지 않았다.

스미스버그에게 스내플 인수는 게토레이 성공담을 되풀이하는 과정으로 보였을 것이다. 그야말로 대담한 모험의 기회가 또 한 번

찾아온 셈이었다. 의사결정 연구자인 폴 너트Paul Nutt가 썼듯이 게토
레이 인수 건으로 "찬사"를 경험한 스미스버그는 "한 번 더 화려하게
인수를 성사시키고 싶었다." 스내플은 대량 판매 시장으로 넘어갈
가능성이 엿보이는 또 다른 틈새 브랜드였다.

스미스버그는 스내플을 고액에 인수하면 퀘이커가 큰 부채를 떠
안게 될 것을 알았다. 그러나 이 부채는 사실상 보너스와 다르지 않
았다. 퀘이커가 적대적 M&A의 대상이 될 상황을 걱정한 그는 부채
가 많으면 퀘이커를 노리는 기업 사냥꾼들을 단념시킬 수 있다고 믿
었다. 이사회는 스미스버그를 지지했다. 스미스버그는 발 빠르게 움
직여 1994년 거래를 성사시켰다.

그러나 이 일은 결국 실패작이 되었다.

퀘이커의 스내플 인수는 비즈니스 역사상 최악의 결정으로 손꼽
힌다. 퀘이커는 결국 스내플과 게토레이가 완전히 다르다는 사실을
깨달았다. 스내플의 차와 주스는 제조와 유통에서 전혀 다른 방식이
필요했다. 게다가 퀘이커는 스내플이 성공하는 데 발판이 되었던 독
특하고 진정성 넘치는 개성을 버리고 브랜드 이미지를 엉망으로 만
들어버렸다(퀘이커 경영진이 신경 써 알아보았더라면 이런 문제는 인수
전에 충분히 표면화되었을 수 있다).

스내플이 게토레이만 한 성과를 내지 못하자 퀘이커 경영진은 발
등에 불이 떨어졌다. 부채에 발목 잡혀 회사는 무너질 위기에 처했
다. 3년 뒤 퀘이커는 3억 달러를 받고 트라이아크Triarc Corporation에 스
내플을 긴급 매각했다. 본래 인수가의 6분의 1밖에 안 되는 금액이
었다. 결국 스미스버그는 치욕스럽게 CEO 자리에서 물러났다.

나중에 그는 당시를 이렇게 회상했다. "새로운 브랜드를 사들인

다고 하니 다들 무척 흥분했다. 스내플은 불티나게 팔리는 브랜드였다. 그때 우리 중 한두 사람은 이 문제에 대해 반대 의견을 말했어야 했다.”

정말 충격적인 고백이 아닐 수 없다. 스미스버그의 리더십 아래 퀘이커는 창사 이래 가장 큰 규모의 기업 인수를 고려하고 있었다. 거래 조건을 두고 업계의 대다수 분석가가 비판을 쏟아냈다. 그런데 믿기지 않지만 퀘이커 내부에서는 누구 하나 의문을 제기하지 않았다.

당시 퀘이커가 한 일은 1가지를 두고 할까 말까를 고민하는 “가부 판정형” 결정조차 아니었다. 무조건 하고 만다는 식의 “원천 봉쇄형yes or yes” 결정이었다.[2]

1가지뿐인 선택지: 조직의 의사결정이 실패하는 이유

퀘이커가 정말 형편없는 결정을 한 것은 사실이지만 무분별하게 다른 회사를 인수하는 기업은 퀘어커만이 아니다. 세계 4대 회계 법인 중 하나인 KPMG가 기업 M&A 700여 건을 조사한 결과에 따르면 (머리말에서 언급했듯이) 그중 83퍼센트는 주주에게 아무런 이익이 되지 못한 것으로 나타났다. 기업 리더들은 여기서 생생한 교훈을 얻을 수 있다. M&A을 염두에 두고 어떤 회사를 여러 주, 여러 달 분석한 결과 거래를 제안해야겠다는 확신이 든다면 인수는 접자! 6번 중 5번은 이렇게 하는 편이 옳다고 장담한다.[3]

물론 기업 인수는 자존심과 감정, 경쟁이 얽힌 문제이므로 조직의 일반적인 의사결정과 유사하리라고 생각해서는 안 된다. 그렇다면 거래의 성립과 관계없는 평범한 의사결정을 다루는 보통의 관리자manager라면 어떨까? 10대들이 빠지고 마는 덫쯤은 쉽게 피해야 마땅하지 않을까?

폴 너트에게서 답을 찾아보자. 너트는 관리자들의 의사결정에 관해서라면 이 시대 어느 누구보다 훤한 사람이다. 그는 2010년 오하이오주립대학교 경영대학원 교수직에서 은퇴했다. 교수로 생활한 30년 동안 너트는 마치 우표를 모으듯 의사결정 사례를 수집했고, 그러면서 기업(새 점포 디자인을 고민하는 맥도날드 등), 비영리 단체(약물 중독 치료 병동 신설 문제를 고민하는 250개 병상 규모의 지방 병원 등), 정부 기관(관리 시스템 부정 문제의 개선을 고민하는 플로리다주의 메디케이드Medicaid 프로그램 등)의 의사결정을 분석했다(메디케이드는 65세 미만 저소득층과 장애인을 위한 의료 보장 제도다-옮긴이).

그는 각 사례를 연구하며 자료를 모을 때마다 정해진 방법을 따랐다. 우선 CEO나 COO(최고운영책임자) 같은 최고 의사결정권자를 인터뷰한 뒤 인터뷰 내용을 다른 두 "정보 제공자informant"의 말과 비교했다. 두 정보 제공자란 보통 의사결정 과정을 전부 지켜본 고위 관리자senior manager를 뜻했다. 그런 다음 마지막으로 자신이 해당 의사결정의 성공 여부를 평가했다. 최고 의사결정권자는 확증 편향에 휘둘릴 염려가 있으므로 너트는 이들의 판단을 믿지 않았다. 정보 제공자들에게 결정이 옳았는지 판단을 맡긴 것은 그래서였다. 이들이 결정의 질을 판단할 때는 해당 의사결정의 결과가 성공을 거두었는지, 또 성공이 오래 지속되었는지 따져보게 했다.

너트는 이런 복잡한 과정을 통해 168건의 의사결정 사례를 분석한 뒤 정말 놀라운 결론에 이르렀다. 1993년 발표한 이 연구에 따르면 그가 검토한 팀 가운데 2가지 이상의 선택지를 고민한 곳은 29퍼센트에 불과했다. 피시호프가 만난 10대들조차 2가지 이상 선택지를 고민한 경우가 30퍼센트는 되었는데 말이다.*

폴 너트의 연구에 따르면 대부분의 조직 역시 호르몬에 취한 10대들의 의사결정 프로세스를 따르는 모양새다.

조직 또한 10대들과 마찬가지로 다양한 선택의 가능성을 보지 못한다. 그리고 이는 심각한 결과로 이어진다. 너트는 가부 판정형 결정의 52퍼센트가 길게 보아 실패했음을 알아냈다. 그러나 2가지 이상 선택지를 고민한 결정의 실패율은 32퍼센트에 그쳤다.

가부 판정형 결정은 왜 실패율이 높을까? 너트에 따르면 관리자는 1가지 선택지만 좇을 때 대부분의 시간 동안 이렇게 고민한다고 한다. "이 일을 해내려면 어떻게 해야 할까? 동료들에게 지지받으려면 어떻게 해야 하지?" 그러는 동안 "더 나은 방법은 없을까? 이 외에 또 할 수 있는 일은 뭘까?" 같은 다른 중요한 질문들은 무시되고 만다.[4]

이런 다른 중요한 질문의 답을 찾는 것이 WRAP 프로세스 중 2부에서 다루는 W, 즉 "선택지 넓히기"의 목표다. 편협한 사고틀에서 벗어나 나에게 더 도움이 될 선택지를 찾으려면 어떻게 해야 할까?

이 목표를 이루어낼 첫 번째 단계는 가부 판정형 결정을 신뢰하지 않는 법 배우기다. 실제로 우리는 "……을 할까 말까?"란 말을 하거나 보거나 들을 때마다 당신의 머릿속에서 작은 경고음이 울리기

---

* 가부 판정형 결정은 1가지 선택지만 고려한다는 점에 주목하자. 1가지 선택지를 놓고 받아들일지 말지를 결정한다는 뜻이다.

를 바란다. 그래서 자신이 편협한 사고틀에 갇힌 것은 아닌지 당신 스스로 돌아보기를 바란다.

더 폭넓게 보려고 기꺼이 노력해보라. 그러면 처음에 생각했던 것보다 훨씬 많은 선택지가 있음을 깨닫게 될 것이다.

어떤 대학을 가야 할까

하이디 프라이스Heidi Price는 자신의 가족에게 닥친 문제를 결정하다 좌절한 경험이 있다. 그래서 다른 가족들은 그런 좌절감을 맛보지 않도록 돕겠다는 마음으로 사업을 시작했다. 2003년 그녀는 고등학교 졸업반이던 딸과 함께 알맞은 대학을 고르고 있었다. 그런데 믿을 만한 정보를 찾기가 너무 어려웠다. 대학 안내 책자들은 천편일률이었다. 심지어 다양한 인종의 학생들이 나무 아래서 책을 읽는 사진까지 판에 박은 듯 똑같았다(요즘 시대에 맞게 여러 인종의 학생들이 스마트폰으로 위키피디아에 들어가 과제를 베끼는 모습으로 사진이나마 바꾸는 게 좋을 듯하다).

딸은 여러 달 고민한 끝에 결국 캔자스대학교 우수 학생 프로그램에 등록하기로 했다. 그러나 어쨌든 프라이스는 정보를 찾느라 골머리를 앓은 터였다. 사실 정보는 넘쳐났지만 중요한 정보를 가려내기가 어려웠다. 프라이스는 호기심에 학부 과정 교육을 파헤쳐보기 시작했다. 대학에서 학생들에게 정말로 영향을 미치는 요인은 과연 무엇일지 궁금했다. 그녀는 이렇게 해서 알게 된 점들을 친구들과 공유하기 시작했고 주변에서는 각자 자기 아이한테 맞는 대학교를 알아볼 때 그녀에게 조언을 구하곤 했다.

프라이스는 대학 선택 프로세스가 개선되어야 함을 확신하고 파트너와 함께 캔자스주에 칼리지매치College Match라는 작은 회사를 설립했다. 그녀가 여기서 하는 일은 학생들이 각자에게 맞는 대학을 찾도록 돕는 것이다.

이 회사의 초창기 고객 중 한 사람은 프라이스의 조카 코필드 슈너그Caufield Schnug였다. 슈너그는 텍사스주에서 자랐지만 그 지역에서 흔히 볼 수 있는 10대는 아니었다. 그는 운동을 안 했고 미식축구 팬도 아니었다. 그러나 자유분방하고 똑똑하고 개성 넘치는 학생이었다. 고등학교 때는 기타를 좋아해서 밴드 활동을 했고 글짓기 대회에서 상을 탔으며 아버지의 시나리오 작업을 돕기도 했다.

그러나 학교는 대체로 따분해서 성적이 좋지는 않았다. 텍사스대학교나 텍사스A&M대학교 같은 주내 상위권 대학교를 넘보기는 어려울 것 같았다. 슈너그의 아버지는 아들을 데리고 다니며 텍사스주 안에서 갈 수 있는 다른 대학들을 보여주려고 했다. 그러나 그때마다 차에서 그를 끌어내느라 애를 먹어야 했다.

그러다 한번은 어느 대학에 갔다가 사교 동아리 학생들이 파티를 벌이는 모습을 보게 되었다. 학생들은 술에 취해서 호스로 서로 물을 뿌려대고 있었다. 슈너그는 말했다. "재밌어 보이긴 했지만 한편으로는 무슨 동물의 세계 같았어요." 동물원과 다를 것 없는 대학의 모습에 슈너그는 전혀 마음이 동하지 않았다. "나는 왜 그런 게 싫은지 알고 싶었어요. 그런 것 말고 잘할 수 있는 게 있을 텐데 그게 뭘지 궁금했죠. 난 내가 똑똑한 사람이라고 생각했어요. 뭔지는 모르지만 분명 관심거리가 있을 것 같았고요. 하지만 술만 마시고 싶지는 않았어요. 내가 할 일은 아닌 것 같았거든요."

프라이스는 조카를 위한 대안이 몇 가지 떠올랐다. 그중 가장 괜찮아 보인 선택지가 헨드릭스칼리지Hendrix College였다. 헨드릭스칼리지는 아칸소주 콘웨이에 있는 리버럴 아츠 칼리지liberal arts college(학부 중심 대학)로 예술적이고 자유로운 문화로 유명했다. 슈너그는 들어본 적 없는 학교였지만 일단 한번 가서 보자는 데는 동의했다. 그는 사뭇 다른 그곳의 분위기가 마음에 들었다. 유행에 민감한 대도시 오스틴을 떠나 "쿨"하지 않은 아칸소주 시골로 간다는 게 좋았다. 슈너그는 당시를 이렇게 회상한다. "여기서는 '수도자'처럼 살아도 될 것 같았어요. 공부에 집중할 수 있을 것 같았죠."

슈너그는 헨드릭스칼리지에서 꽃을 피웠다. 그에게 정말 딱 맞는 곳이었다. "1학년 때는 일주일에 서너 권씩 책을 읽고 매일 두세 편씩 외국어 영화를 봤어요. 철학 수업도 들었죠. 알고 보니 난 학구파였던가봐요." 슈너그의 말이다.

슈너그는 화학과 영문학을 복수 전공하며 우수한 성적을 받았다. 두 학기는 해외에서 공부했는데 그중 가을 한 학기는 영국 옥스퍼드대학교에서 보냈다. 바르셀로나를 여행하면서는 가우디의 건축을 다룬 다큐멘터리를 만들었다. 슈너그는 사교 동아리에 모이는 주당들과는 완전히 다른 모습으로 대학을 다녔다.

나중에 그는 영화학 박사 학위를 따기로 했다(가족들은 헨드릭스 이전까지는 아들이 박사 학위를 받는다는 건 상상조차 해본 적이 없었다). 여러 대학의 박사 과정에 합격한 뒤 그가 고른 곳은 하버드대학교였다. 슈너그는 2012년 하버드대학교 영화시각예술연구Film & Visual Studies 박사 과정에 최종 선발된 세 학생 중 한 사람이었다.[5]

성공은 대학 서열에 달려 있지 않다

하이디 프라이스는 학생들과 부모들이 눈가리개를 벗도록 돕고 있다. 그렇게 해서 미국에는 상위권 20개 대학교만이 아니라 나머지 2719개 학교가 있다는 사실을 확인시키는 중이다. 이 학교들은 모두 4년제 학사 학위를 제공하며 지원자 대다수에게 입학을 허가한다. 상위권 대학들은 의심할 여지 없이 좋은 학교지만 대학 서열은 보기보다 의미가 없다.

《U.S.뉴스앤드월드리포트U. S. News & World Report》가 매기는 대학 순위의 근거는 교수진의 연봉과 기부금을 낸 졸업생의 비율 같은 통계일 뿐이다. 그리고 이런 점은 학생들이 대학에서 경험하는 내용과 거의 관계가 없다. 이런 사실을 알면 부모들은 매우 놀라워한다(학생들이 대학에서 하는 경험을 즐기고 있는지, 학교에서 배우는 것이 있는지에 대한 평가는 대학 순위에 반영되지 않는다).

부모들이 또 놀라는 때가 있다. 바로 일단 적성을 찾고 나면 어느 대학에 다녔는지에 따라 평생의 벌이가 달라지지는 않는다는 말을 들을 때다. 다시 말해 예일대학교에 들어갈 만큼 똑똑한 학생이라면 (장래의 수입을 생각해) 예일대학교에 가든 훨씬 등록금이 싼 주립대학교에 가든 크게 상관이 없다.

그러므로 프라이스에 따르면 대입을 앞둔 고3들이 해야 할 질문은 "내가 들어갈 수 있는 가장 높은 순위의 대학은 어딜까?"가 아니다. 대신 이렇게 질문해야 한다. "내가 삶에서 원하는 건 무엇이고 그 것을 이룰 가장 좋은 선택지는 무엇일까?" 이 두 질문은 완전히 다르다. 두 번째 질문을 두고 고민하기 시작할 때 가능하다고 생각하던

것보다 더 많은 선택지가 있음을 깨닫게 된다.[6]

성직자들 역시 비슷한 맥락에서 "사고를 재구성하기reframing"를 하라고 조언해야 할 때가 많다. 미국 가톨릭주교회의 부사무총장인 J. 브라이언 브랜스필드J. Brian Bransfield 신부는 조언을 구하는 신도들이 하이디 프라이스를 찾는 고객들처럼 선택지를 지나치게 좁히는 경향이 있다고 말했다. 사람들은 보통 딜레마를 안고 그를 찾아와 묻는다. "이 사람하고 결혼해야 할까요?" "다른 도시에서 일자리를 제안받았는데 그 일을 하는 게 좋을까요?" "제가 신부가 되는 게 맞을까요?"

그들은 조바심을 내비치며 이렇게 말한다. "하느님이 저한테 원하시는 게 뭔지 모르겠어요." 그러고는 신의 뜻을 그대로 전달해주기를 바라며 기대에 부풀어 브랜스필드 신부를 바라본다. "사람들에게는 잘못된 믿음이 있어요. 하느님이 자신에게 바라시는 건 오직 1가지뿐이라고 생각하죠. 그러면서 그 하나를 알기 위해 많은 시간을 들여요. 행여 실수라도 할까봐 겁을 내면서요." 브랜스필드 신부는 이런 사람들에게 관점을 넓혀보라고 말한다.

사실 하느님이 좋아하실 선택은 18가지쯤 될 겁니다. 신부가 될지 말지, 이 사람과 결혼할지 말지를 놓고 꼭 하나를 골라야 하는 건 아닙니다. 전 세계에는 60억 인구가 삽니다. 그런데 사람들은 하느님이 자신더러 이렇게 말씀하신다고 합니다. "삶에서 네가 할 수 있는 일은 1가지뿐이다. 내게 그 답이 있으니 넌 그걸 알아맞혀야 한다." 그러니 하느님께 제약을 가하는 쪽은 바로 우리 자신이 아닐까요?

신도들은 이런 말을 들으면 보통 깜짝 놀라서 "정말요?"라고 묻는다. 그러고는 자신들이 궁지에 몰린 것이 아님을 알고 안도한다. 그들은 그저 눈가리개를 쓰고 있었을 뿐이다.[7]

더 큰 그림을 보는 것이 모두에게 이토록 어려운 이유는 무엇일까? 우리가 편협한 사고틀에 갇히고 마는 이유를 이해하기 위해 일단 좀 쉬워 보이는 결정부터 자세히 살펴보도록 하자. 그런 다음 그 이면의 복잡한 사정을 밝혀보도록 하자. 스피커를 골라야 하는 한 고객의 이야기를 들어보자.

똑똑한 구매 결정: 기회비용을 따져라

1990년대 초 대학원생 셰인 프레더릭Shane Frederick은 밴쿠버에서 스피커를 고르고 있었다. 그는 1000달러짜리 파이오니아 스피커와 700달러짜리 소니 스피커 사이에서 "갈팡질팡하는 중"이었다. 1시간 가까이 결정을 보지 못하고 괴로워하고 있을 때 매장 직원이 다가와 말했다. "이렇게 생각해보세요. 파이오니아를 살까, 아니면 소니를 사고 300달러어치 음반을 살까?" 이 말을 듣자 프레더릭은 머릿속이 환해지는 것 같았다. 그는 소니를 사기로 했다. 파이오니아의 부가 기능은 물론 훌륭했지만 새 음반을 무더기로 사는 데 비교할 정도는 아니었다.

그날 프레더릭은 전자 상가에서 새 스피커를 샀을 뿐 아니라 훗날 자신이 이어갈 연구의 불씨까지 얻었다. 그는 스피커를 사러 가던 당시만 해도 환경학 석사 과정을 밟던 중이었지만 나중에는 의사결정학decision sciences으로 분야를 전환해 박사 과정을 밟았다. 그리고 박사 과정 첫 번째 실험에서 전자 상가 경험을 돌아보며 "기회비용 opportunity cost"에 대한 소비자의 사고방식을 탐구했다.

경제 용어인 "기회비용"은 하나를 결정함으로써 포기하게 되는 가치를 가리키는 말이다. 예컨대 배우자와 함께 금요일 밤 식당에 가서 멕시코 음식(40달러)을 먹은 뒤 영화(20달러)를 보러 간다면 이때의 기회비용은 집에서 60달러어치 초밥을 먹고 TV를 보는 것이 될 수 있다. 초밥과 TV 시청의 조합은 같은 시간과 비용으로 시도할 만한 "차선책"이다. 쇼핑과 하이킹을 좋아하는데 토요일 오후에 쇼핑몰에 가는 쪽을 선택했다면 가까운 공원 하이킹은 포기했으므로 그것이 곧 기회비용이다. 그런가 하면 선택지에 아주 높은 기회비용이 포함되는 일도 있다. 예컨대 슈퍼볼Super Bowl(프로미식축구 결승전)이 있는 날 밤에 동네에서 열리는 작은 콘서트에 초대받았다고 하자. 그러나 제정신인 사람이라면 콘서트 초대에는 응하지 않을 것이다. 기회비용이 너무 크기 때문이다.

스피커 판매원의 질문은 기회비용을 생각하게 하는 대표적인 유형의 자극이었다. 1000달러짜리 파이오니아 스피커를 산다는 것은 700달러짜리 소니 스피커와 300달러어치 음반을 살 기회가 없어진다는 의미였다. 프레더릭은 자신이 그런 생각을 전혀 하지 못했다는 점이 흥미로웠다. 어떤 경제학자들은 소비자라면 당연히 기회비용을 계산한다고 생각한다. 한 학술지의 논문에서는 이 전형적인 사고를 다음과 같이 요약했다. "진열대에서 캐비어를 보고 살지 말지를 결정해야 할 때 사람들은 같은 돈으로 햄버거는 몇 개 살 수 있을지를 계산한다. 사람은 직관적으로 기회비용을 고려한다."

그러나 프레더릭은 판매원이 개입하기 전까지는 자신이 이런 분석을 시도하지 못했다는 사실을 깨달았다. 다른 소비자들 역시 그런 덫에 빠지기가 쉬울 터였다. 그래서 그는 동료들과 함께 실험을 계획하고 소비자들이 과연 자발적으로 기회비용을 고려하는지 알아보기로 했다.

다음은 이 실험에서 제시한 질문의 예시다.

당신은 뭔가를 사기 위해 여윳돈을 모아왔다. 그런데 바로 얼마 전 비디오 가게에 갔더니 새로 나온 비디오를 특별 할인가에 팔고 있었다. 좋아하는 배우들이 나오고 장르도 딱 마음에 드는 데다 오랫동안 사려고 했던 비디오였다. 특별 할인가는 14.99달러라고 한다.

이런 상황이라면 어떻게 하겠는가? 아래 보기 중 하나를 선택하라.

(1) 비디오를 산다.

(2) 비디오를 사지 않는다.

이 질문에 답한 참가자 중 75퍼센트는 비디오를 사겠다고 했고, 사지 않겠다고 한 사람은 25퍼센트에 불과했다. 당신 역시 같은 결정을 했을 것이다. 어쨌든 당신이 좋아하는 배우(리어나도 디캐프리오!)가 나오는 좋아하는 장르(타이타닉이 침몰한다!)의 영화인 데다 오랫동안 사고 싶었던 비디오 아닌가.

다음으로 연구진은 또 한 그룹의 참가자들에게 똑같은 질문을 했다. 단 뒤에 살짝 덧붙인 내용이 있었다. 아래를 보자.

(1) 비디오를 산다.

(2) 비디오를 사지 않는다. 14.99달러는 가지고 있다가 다른 것을 산다.

물론 (2)번 보기에 덧붙인 내용은 굳이 적어 넣을 필요가 없었다. 당연한 말인 데다 조금 무례한 감마저 있다. 이 돈으로 비디오 대신 다른 것을 살 수 있다는 사실을 굳이 알려줘야 할까?

그러나 이렇게 간단하고 바보 같은 말로 사실을 짚어주었을 뿐인데 비디오를 사지 않겠다고 답한 참가자가 45퍼센트로 늘었다. 사실을 알게 된 것만으로 거의 2배나 되는 사람이 비디오를 사지 않기로 한 것이다! 그렇다면 퀘이커는 어떨까? 스내플 인수 문제를 놓고 고민할 때 선택에 관해 아래와 같이 말만 조금 바꾸었더라면 큰 손해를 피할 수 있지 않았을까?

(1) 스내플을 인수한다.
(2) 스내플을 인수하지 않는다. 18억 달러는 보유하고 있다가 다른 기업을 인수한다.

이 연구에서는 우리 모두에게 아주 반가운 사실이 드러난다. 다른 대안에 대한 작은 힌트("원한다면 이 돈으로 다른 것을 살 수 있다!")만으로 구매 결정이 개선될 수 있다는 점이다.*

---

* 비디오를 사는 것은 좋지 못한 생각이라고 말하려는 게 아니다. 은행 잔고와 영화에 대한 열정에 따라 비디오를 사는 것은 옳을 수도 있고 아닐 수도 있다. 그러나 분명한 사실이 있다. "같은 돈으로 살 수 있는 다른 것들은 젖혀두고 무턱대고 비디오부터 사기로 하는 것"은 형편없는 결정이라는 것이다.

같은 시간과 비용으로 또 무엇을 할 수 있을까

결정을 이렇게 쉽게 개선할 수 있다는 말이 다소 미덥지 못하게 들린다는 점은 이해한다. 인지 편향cognitive bias은 절대 쉽게 고칠 수 없다. 그러니 조류독감에 걸렸을 때 손뼉을 치면 낫는다는 말을 들은 기분일 것이다.

그러나 요점은 이렇다. 일단 조류독감에 걸렸다는 사실을 깨닫지 못하면 손뼉을 쳐보려는 생각조차 하지 않을 것이다. 결정을 개선하는 문제 역시 마찬가지다. 다른 선택지를 무시하고 있음을 알아차리지 못하면 더 많은 선택지를 생각해내기란 아예 불가능하다. 단순히 우리는 자신이 편협한 사고틀에 갇혀 있음을 인식하지 못할 때가 정말 많다.

스피커를 고르며 곤란해하던 프레더릭의 상황을 생각해보자. 프레더릭의 스포트라이트 안에는 무엇이 있었는가? 2가지 브랜드의 스피커가 있었다. 그는 그것들을 들여다보며 머릿속으로 둘의 모양새와 기능, 가격을 비교했다. 비교는 쉽지 않았다. 음역이 더 넓게 잡히고 디자인이 살짝 더 세련되었다는 걸 어떻게 그가 정확히 돈으로 환산할 수 있겠는가? 그가 이렇게 스포트라이트 안에 든 것만 가지고 골몰하는 동안 그의 두뇌는 당연하다는 듯 스포트라이트 바깥에 놓인 것들을 무시했다. 예컨대 더 저렴한 스피커를 사면 원하는 음반을 살 수 있음은 생각하지 못한 것이다. 이 점에서 그는 집중력이 좋아서 손해를 보았다.

집중력은 선택지를 분석할 때는 훌륭한 도구다. 하지만 선택지를 찾아야 할 때는 끔찍한 걸림돌이 된다. 이렇게 생각해보자. 사람들은 한 곳을 집중해서 바라볼 때 그 주변은 생각하지 못한다. 이 점은 그냥 나아지지 않는다. 집중하던 대상에서 벗어나 다른 모든 선택지로 눈을 돌리는 일은 삶에서 절대 저절로 일어나지 않는다.

프레더릭이 간 전자 상가의 스피커 매장 직원은 놀라울 만치 마음씨 좋은 사람이었다. 이 사람 덕분에 프레더릭은 집중 상태에서 벗어나 기회비용을 떠올렸다. 돈 버는 데 더 관심이 많고 최대한 수수료를 많이 챙기려는 직원이었다면 절대 그러지 않았을 것이다. 오히려 프레더릭의 스포트라이트가 비싼 스피커를 벗어나지 못하게 하려고 안달했을 것이다. "결국 질이 중요한 건 아시잖아요. 돈을 좀 더 쓰더라도 좋아하는 밴드의 노래를 더 깨끗한 음질로 듣는 게 낫지 않으시겠어요?" 자동차 판매원도 마찬가지다. 그들은 절대 이렇게 말하지 않는다. "차는 기본 모델로 사고 아낀 돈으로 가족들이랑 휴가를 가시죠!"

사실 우리는 기회비용에 주의를 게을리할 때가 너무 많다. 그래서 기회비용의 존재를 깨달으면 몹시 당황스러워한다. 프레더릭 연구팀은 장군 출신 공화당 대통령 드와이트 아이젠하워Dwight D. Eisenhower의 연설을 강조했다. 1953년 그의 임기 첫 번째 분기가 끝나갈 무렵에 한 연설이었다. "현대식 중폭격기 1대 값으로 할 수 있는 일들을 말씀드리겠습니다. 그 돈이면 30여 개 도시에 현대식 벽돌 건물로 학교를 세울 수 있습니다. 발전소 2개를 건설해 6만 명 규모의 도시에 전력을 공급할 수 있습니다. 정교한 시설이 완비된 병원 2곳을 신설할 수 있습니다. 80여 킬로미터 길이의 콘크리트 고속도로를 건설할 수 있습니다. 우리는 밀 1700여 톤을 살 수 있는 돈을 전투기 1대에 들이고 있습니다. 8000여 명에게 새집을 마련해줄 돈을 구축함 1척에 쓰고 있습니다."

아이젠하워처럼 적극적으로 기회비용을 고려한다면 우리는 훨씬 더 나은 결정을 할 수 있다. 그러니 결정을 시작할 때마다 이렇게 간단한 질문들을 던져보라. "이것을 선택할 때 포기하게 되는 것은 무엇일까?" "같은 시간과 비용으로 또 무엇을 할 수 있을까?"[8]

괴짜 지니의 마법: 선택지를 백지화하라

편협한 사고틀을 깨뜨리려고 할 때 쓸 수 있는 또 다른 기술은 "선택지 백지화하기Vanishing Options"다. 이를테면 〈알라딘과 요술 램프〉 속 요정 지니한테 괴짜 형이 있다고 해보자. 이 괴짜 지니는 3가지 소원을 들어주는 데는 관심이 없고 선택지를 멋대로 빼앗아 가버리는 데만 열을 올린다. 선택지를 백지화하는 법은 일반적으로 아래와 같다. 방법은 나름의 상황에 맞게 조정할 수 있다.

- 지금 고려하고 있는 선택지는 하나도 쓸 수가 없다.
- 그렇다면 이것들 외에 무엇을 할 수 있을까?

선택지 백지화가 편협한 사고틀을 피하는 데 어떻게 도움이 될까? 우리가 마거릿 샌더스Margaret Sanders와 나눈 이야기를 통해 알아보기로 하자(프라이버시 보호를 위해 사례에 등장하는 인물들 이름은 모두 가명을 사용했다).

한 행정대학원의 커리어 서비스 부서 책임자인 샌더스는 어려운 결정을 놓고 고심하고 있었다. 성과가 미진한 직원을 그대로 두고 보는 편이 나을까, 아니면 터무니없이 길고 지루한 프로세스를 밟아 성과가 저조하다는 사실을 문서화해 결국 해고하는 편이 나을까?

문제의 직원은 샌더스의 행정 비서 애나Anna였다. 애나가 주로 하는 일은 2가지였다. 첫째, 행정 업무를 처리하며 경비를 추적하고 부서의 데이터베이스를 관리해야 했다. 둘째, 사무실을 대표하며 "안내"를 맡아야 했다. 직장을 찾는 학생들이나 학생을 찾는 채용 담당자들이 사무실에서 맨 처음 접하는 사람이 애나였다. 애나는 첫 번째 역할인 행정 업무는 잘 해냈지만 사교성을 발휘해야 하는 두 번째 역할은 어려워했다. 그녀는 샌더스가 채용 면접 때 생각했던 것보다 훨씬 더 내향적인 사람이었다. 샌더스는 말했다. "애나는 사람들과 말하는 걸 힘들어해요." 그러나 안타깝게도 이 일은 반드시 사교성이 좋아야만 할 수 있었다. 그런데 애나가 수줍음을 타니 부서 업무에 효율성이 떨어졌다.

그러나 애나를 해고하기는 쉽지 않았다. 이 대학에서는 직원을 해고할 때 엄격한 절차를 따라야 했다. 애나가 완전히 해고되기까지는 여러 달이 걸릴 터였다. 그런데 그동안 인원이 5명밖에 안 되는 작은 사무실에서 애나와 같이 근무한다면 정말 어색할 것 같았다.

샌더스가 애나를 해고할지 말지를 두고 괴롭게 고민할 무렵 댄 히스는 샌더스와 이야기할 기회가 있었다. 여기서 잠깐! "해고할지 말지"라는 구절을 읽었을 때 당신 머릿속에 편협한 사고틀을 알리는 경고음이 울렸기를 바란다. 우리 관찰에 따르면 "할지 말지"라는 말은 모든 선택지를 탐색하지 않았음을 알리는 전형적인 신호다.

경고음을 염두에 두고 이어지는 이야기를 따라가보자. 댄 히스는 샌더스가 선택지 백지화를 시도하도록 도와주려 했다.

> 댄: 애나와 평생 함께 일해야 하며 애나에게 절대로 안내 역할을 맡길
> 수 없는 상황이라고 상상해보세요. 애나는 사무실을 대표해 사람
> 만나는 일은 할 수 없어요. 어떻게 하실래요?
> 샌더스: 음 …… 애나를 다른 자리로 옮기고 딴 직원이 대신 맡게 하면
> 돼요. 아니면 다른 직원들이 1시간씩 돌아가면서 맡고 나머지 시간
> 은 근로 학생이 채우게 할 수 있어요.
> 댄: 실행할 수 있는 대안인가요? 근로 학생 고용은 가능한가요?
> 샌더스: 근로 학생 고용 비용은 아주 싸요. 시급의 25퍼센트만 지급하
> 면 되니까 1시간에 2.5달러인 셈이죠.

옆에서 조금만 도와주었을 뿐인데 샌더스가 얼마나 쉽게 편협한 사고틀을 무너뜨리는지 보이는가? 샌더스는 1분이 채 되지 않아서 다른 합리적인 방안(애나는 행정 업무만 보게 하고 안내는 근로 학생에게 맡긴다)을 떠올렸다. 이 방법이면 하루 20달러밖에 안 되는 비용으로 문제를 해결할 수 있었다(애나가 데이터베이스 관리와 행정 업무 처리에 더 시간을 쓸 수 있게 되는 건 말할 것 없다).[9]

마거릿 샌더스처럼 문제 해결의 돌파구를 찾는 일은 제법 자주 일어난다. 사람들은 선택지가 없다고 상상할 때 어쩔 수 없이 머릿속 스포트라이트를 다른 곳으로 옮긴다. 정말 오랜만에 처음으로 스포트라이트를 옮겨보는 경험을 한다.(이와 반대로 "다른 선택지를 떠올려보세요"라고 하면 기존 선택지를 살짝 변형해 대충 아주 조금만 스포트라이트를 옮기곤 한다.)

"필요는 발명의 어머니"라는 격언은 이럴 때를 두고 하는 말이지 싶다. 새로운 선택지를 발굴해야만 하는 상황이 되지 않으면 흔히 사람들은 이미 가지고 있는 선택지에만 집착한다. 그러므로 선택지를 모조리 빼앗아버려서 처음에는 좀 잔인한 듯싶던 우리의 괴짜 지니는 썩 인정 많은 친구일지 모른다.

사실 선택지를 완전히 지우고 나면 더 도움이 되는 측면이 있다. 그럴 때 사람들은 자신이 드넓은 풍경 속 한 뼘 공간에 갇혀 있다는 사실을 인식하게 되기 때문이다(물론 정말로 선택지를 없애버리기보다는 머릿속 상상과 비유로 선택지를 지우게 할 때 사람들은 훨씬 더 기분 좋게 스포트라이트를 옮긴다).

* * *

댄 히스는 마거릿 샌더스와 대화하면서 결정을 돕는 조언자 역할을 하려고 했다. 하이디 프라이스가 대입을 앞둔 학생들에게 그랬고 브랜스필드 신부가 신도들에게 그랬던 것처럼 말이다. 우리는 당신이 동료들과 사랑하는 이들 사이에서 그런 조언자 역할을 해내기를 바란다.

사람들이 결정을 놓고 "할까 말까?"를 고민하거나 똑같이 제한된 선택지를 두고 끝없이 논쟁만 재탕한다면, 다시 말해 편협한 사고틀에 갇힌 것이 분명하다면 선택지를 넓히도록 당신이 도와줄 수 있다.

그들이 기회비용을 떠올리도록 옆구리를 살짝 찔러주자. 그래서 같은 시간과 비용으로 또 어떤 일을 할 수 있는지를 생각해보게 하자. 또 선택지 백지화를 하게 해보자. 지금 눈앞에 있는 대안들이 전부 사라진다면 과연 무엇을 할 것인지 물어보자.

편협한 사고틀에 갇혀 있음을 알아차리기란 어려운 일이다. 하지만 그건 그 안에 갇혀 있을 때만 그렇다. 조언자가 되어 밖에서 들여다보면 이야기가 달라진다. 동료나 자녀가 지나치게 선택을 제한하고 있음을 똑똑히 볼 수 있다. 이처럼 때로 시야가 넓어지면 큰 차이를 만들어낼 수 있다.

ONE PAGE:
CHAPTER 2

1. **10대들은 편협한 사고틀에 갇혀 다양한 선택의 가능성을 보지 못한다.**
   - "파티에 갈까 말까?"

2. **대부분의 조직 역시 10대들처럼 결정하는 경향이 있다.**
   - 퀘이커는 스내플을 인수하고 3년 만에 15억 달러에 달하는 손해를 보았다.
   - 폴 너트의 연구: 조직 중 29퍼센트만이 2가지 이상의 대안을 고민한다 (10대들조차 2가지 이상의 대안을 고민하는 비율이 30퍼센트는 된다).

3. **대개 선택지는 생각보다 훨씬 많다.**
   - 대입 전문 컨설턴트 하이디 프라이스는 학생들이 모든 선택지를 탐색하도록 돕는다.

4. **왜 우리는 편협한 사고틀에 갇히고 말까?**
   - 현재 가진 선택지에만 집중한다는 것은 다른 선택지들이 스포트라이트 밖으로 밀려나 있다는 뜻이다.
   - 프레더릭은 2가지 스피커 중 하나를 고르지 못하고 있었다. 다른 선

택지를 생각하지 못한 탓이다.

5. **편협한 사고틀에서 벗어나려면 어떻게 해야 할까?**
   - 자신이 편협한 사고틀에 갇혀 있음을 인식하자.
   - 가부 판단형 결정 상황과 맞닥뜨리면 머릿속에서 경고음이 울려야 한다.

6. **기회비용을 생각하라.**
   - 프레더릭: 14.99달러는 가지고 있다가 다른 것을 산다.
   - 아이젠하워: 중폭격기 1대 가격=30여 개 도시에 현대식 벽돌 건물 학교 신설 비용

7. **선택지를 백지화하라: 지금 있는 선택지가 모두 사라진다면 어떻게 해야 할까?**
   - 마거릿 샌더스: 내향적인 안내 담당 직원 애나를 해고하는 것보다 더 나은 선택지가 있음을 깨달았다.
   - 선택지가 사라지면 어쩔 수 없이 스포트라이트를 옮겨야만 한다.

8. **결정 조언자가 되라: 한 걸음 물러나서 보면 편협한 사고틀을 알아차리기가 쉬워진다. 결정 조언자가 되어 주변 사람들이 편협한 사고틀에 갇혀 있는지 살피고 돕는다.**

CHAPTER 3

멀티트래킹하라

브랜드명 "블랙베리"는 어떻게 탄생했나

렉시콘Lexicon Branding은 캘리포니아주 소살리토에 있는 작은 브랜드 작명 회사다. 블랙베리BlackBerry, 다사니Dasani, 페브리즈Febreze, 온스타OnStar, 펜티엄Pentium, 사이언Scion, 스위퍼Swiffer 등 총 150억 달러 규모의 제품명이 이 회사에서 나왔다.

이 이름들은 브레인스토밍을 하다가 번개처럼 떠오른 통찰의 결과물이 아니었다(물론 번개를 15번씩이나 맞을 수는 없다). 대신 렉시콘의 마법은 창의적인 프로세스에서 나온다. 렉시콘 사람들은 이 프로세스 덕분에 편협한 사고틀을 피해 간다.

렉시콘이 2006년 콜게이트Colgate의 한 제품명을 만든 과정을 살펴보자. 당시 콜게이트는 일회용 미니 칫솔을 출시하려던 참이었다. 이 칫솔은 칫솔모 사이 중앙에 특수한 치약이 들어 있어서 입을 헹굴 필요가 없었다. 가지고 다니다 택시에서든 비행기 화장실에서든 양치를 한 뒤 버리면 그만이었다.

렉시콘의 설립자 겸 CEO 데이비드 플라섹David Placek은 콜게이트의 칫솔을 처음 보았을 때 깜찍한 크기가 먼저 눈에 들어왔다고 했다. 그러므로 렉시콘 사람들은 칫솔이 자그맣다는 사실에 미릿속 스포트라이트를 비추며 크기를 강조한 이름을 던져보고 싶었을 것이다. 그랬다면 프티브러시Petite Brush, 미니브러시Mini-brush, 브러슐릿Brushlet 같은 이름이 나왔을 터다. 하지만 알아두자. 만일 이런 식으로 브레인스토밍을 한다면 이미 편협한 사고틀에 갇혀버린 셈이다. 작다는 의미가 이름에서 나타나야 하고 "브러시"란 말이 이름에 들어가야 한다는 2가지 생각이 머릿속을 온통 채우고 만다.

그러나 렉시콘은 초기부터 편협한 사고틀에 갇히는 것을 경계하며 이 위험과 싸우는 법을 익혀온 회사다. 고객들은 주로 좋은 제품명을 두고 좁은 틀의 개념만 궁리하며 렉시콘을 찾아온다. 예컨대 인텔은 펜티엄에 "프로칩ProChip"이란 이름을 원했고, P&G(프록터앤드갬블)는 스위퍼에 "이지몹EZMop"이란 이름을 원했다. 렉시콘은 가장 좋은 이름은 "멀티트래킹multitracking"에서 나온다는 것을 알게 되었다. 멀티트래킹이란 여러 선택지를 동시에 고민하는 방식을 말한다.

렉시콘의 플라섹 팀은 콜게이트의 새 칫솔과 익숙해지기 위해 일상에서 제품을 사용하기 시작했다. 처음에 팀원들이 인상 깊게 느낀 것은 칫솔에서 나온 치약을 뱉지 않아도 된다는 점이었다. 사실 정말 이상했다.(치약은 "무조건" 뱉는 것 아닌가!) 다행히 보통 칫솔을 쓸 때와 달리 이 칫솔을 쓰면 박하향 거품이 생기지 않았다. 칫솔질 후에는 입안이 상쾌하고 깔끔했고, 치약보다는 입안에서 녹는 구강 청정 필름breath strip을 쓴 느낌이었다. 그러니까 이 칫솔의 가장 뚜렷한 특징은 거품이 나지 않는다는 것이었다. 팀원들은 칫솔의 이름에 드러나야 할 특징은 작은 크기가 아님을 깨달았다. 이름에서 강조될 점은 상쾌하고 깨끗하고 순한 사용감이었다.

플라섹은 이 깨달음을 바탕으로 멀티트래킹을 시작했다. 우선 50개국의 언어 능통자 70명으로 꾸린 자문팀에 가볍다는 의미가 들어간 상징, 소리, 단어 등을 모아달라고 요청했다. 자문팀은 각자 임무를 수행하며 광범위하게 제품명 후보군을 늘려갔다.

그러는 동안 플라섹은 렉시콘에서 일하는 다른 두 동료에게 도움을 요청했다. 그러나 이 두 사람에게는 고객사와 제품을 제대로 밝히지 않았다. 대신 이들을 "일탈팀excursion team"이라 부르며 이 팀에 허구의 임무를 주었다. 플라섹은 이들에게 화장품 브랜드 올레이Olay가 구강 관리용 신제품 라인을 선보이려 한다고 말했다. 그들의 임무는 올레이가 만들 제품에 관한 아이디어 구상을 돕는 일이었다.

플라섹이 올레이를 선택한 것은 미적인 측면 때문이었다. 당장 뚜렷하게 드러나지는 않지만 그는 미적인 측면이야말로 새 칫솔을 판매할 때 강조할 핵심이라고 믿었다. "구강 관리가 잘 된다는 건 이가 하얗다는 뜻이죠. 하얀 이는 보기가 좋고요." 플라섹의 말이다. 일탈팀은 일정 기간 탐색을 거쳐 제품에 관해 몇 가지 흥미로운 아이디어를 내놓았다. 그중에는 "올레이스파클링린스Olay Sparkling Rinse"라는 이름의 치아 광택제 기능을 겸한 구강 세정제가 있었다.

그러나 최종적으로는 상쾌한 느낌에 관한 통찰이 미적인 측면을 눌렀다. 언어 능통자 자문팀은 후보가 될 만한 단어와 문구를 어마어마하게 만들어냈는데, 플라섹 팀은 그중 한 단어에 유독 관심이 갔다. 바로 "위스프wisp"(작고 가느다란 바람, 구름, 연기 등을 가리킬 때 쓰는 말-옮긴이)였다. 이 칫솔로 양치한 뒤의 느낌을 이보다 완벽하게 설명할 말은 없었다. 위스프는 거품 많은 끈적끈적한 느낌과는 거리가 멀었다. 이 칫솔은 '위스프' 그 자체였다.

렉시콘의 프로세스에는 무엇이 없는지 주목하자. 그들은 모두가 회의 책상에 둘러앉아 칫솔을 들여다보며 머리를 맞대고 고민하는 과정을 거치지 않았다("투프브러치ToofBrutch는 어때? 웹 주소로도 쓸 수 있는데!" 이런 식의 고민은 하지 않았다).

렉시콘은 하나의 각도로만 접근하는 프로세스를 거부한다. 실제로 그들은 대부분의 프로젝트에서 2인 1조씩 3개 팀을 구성해 각기 다른 각도로 문제에 접근하게 한다. 이럴 때 보통 일탈팀은 고객사와 제품을 전혀 알지 못한 채 그저 관련된 영역에서 유사점을 따라가며 과제를 풀어간다. 리바이스가 출시할 체형 맞춤형 청바지에 "커브 IDCurve ID"라는 이름을 붙이는 과정에서 이 팀은 측량과 건축 분야 자료를 파고들기도 했다.

렉시콘의 멀티트래킹 프로세스에서는 "버려지는" 아이디어가 많다. 가령 "위스프"라는 이름이 나오기까지 일탈팀은 결국 아무 소득 없이 허구의 임무를 마무리했다. 그러나 이렇게 각자 다른 각도에서 동시에 업무를 진행하며 비효율적인 과정조차 감수하겠다는 의지야말로 각 프로젝트에서 돌파구를 만들 때가 많다. 렉시콘이 맡았던 가장 유명한 프로젝트 역시 이렇게 해서 성공을 거둔 경우다.

RIM_{Research In Motion}의 "블랙베리"가 나오기까지 이야기를 보자.

RIM이 렉시콘에 프로젝트를 의뢰했을 때 플라섹 팀은 RIM이 PDA(개인용 정보 단말기)의 부정적인 인식을 끊어내려고 고군분투 중임을 알고 있었다. PDA는 흔히 알림음과 진동이 요란하고 사람을 성가시게 하며 스트레스를 유발하는 기기로 여겨졌다. 플라섹은 이 때도 진짜 고객사는 비밀에 부친 채 일탈팀에 과제를 주었다. 이들이 받은 과제는 사람에게 기쁨과 여유, 편안함을 가져다주는 것들을 전부 추려보는 것이었다. PDA의 부정적인 인상을 걷어낼 이름을 찾기 위해서였다.

일탈팀은 금세 여러 단어를 가져왔다. 캠핑, 자전거 타기, 금요일 밤 마시는 마티니 한 잔, 거품 목욕, 플라잉 낚시, 요리, 그리고 목요일 밤 마시는 마티니 한 잔 등 좋은 것은 많고 많았다. 그러다 누군가 이 목록에 "딸기 따기_{picking strawberries}"를 추가했다. 또 다른 사람이 거기서 "스트로베리_{strawberry}"란 단어를 끄집어냈다. 그러나 렉시콘의 언어 자문팀 한 사람이 말했다. "안 됩니다. 스트로베리라는 발음은 축축 처지는 느낌을 풍겨요." 비슷한 모음이 들어간 다른 단어들도 그런 느낌이 든다. drawl(느릿느릿 말하다), dawdle(꾸물거리다), stall(지연시키다)이 그 예다.

얼마 뒤 스트로베리는 목록의 바로 아래 있던 "블랙베리"로 대체되었다. 그러자 또 누군가가 이 기기의 자판이 블랙베리 열매처럼 생겼다는 걸 알아챘다. 유레카!

그러나 이야기는 이렇게 마무리되지 않는다. RIM은 처음에 블랙베리라는 이름이 내키지 않았다. 자신들이 처음에 생각한 틀과는 거리가 있었기 때문이다. 그들은 "이지메일_{EasyMail}"처럼 제품의 성격이 더 드러나는 이름으로 생각이 기울어 있었다. 플라섹은 말했다. "고객들은 대부분 제품을 보기 무섭게 완벽한 이름이 떠오를 것으로 생각합니다. 하지만 그런 일은 드물죠."

결국 이 기기의 이름은 "블랙베리"로 결정되었고, 그 후의 일은 굳이 말할 필요가 없을 것이다.[1]

그러나 RIM이 처음부터 선뜻 결정을 받아들이지 못했다는 사실에서 배울 점이 있다. 우리는 문제와 직면하는 즉시 옳은 선택지를 떠올릴 때도 있지만 그렇지 못할 때도 있다. 그러나 이번 장에서는 다른 선택지를 표면화하는 단순한 행위만으로(결국 그것을 선택하지 않을지라도) 선택을 개선하는 데 도움이 됨을 보게 될 것이다.

앞서 우리는 편협한 사고틀의 위험성과 선택지 확장의 가치에 관해 살펴보았다. 지금부터는 새로운 이야기를 하려고 한다. 여러 가지 대안을 "동시에" 고려할 때 생기는 예상치 못한 힘이 바로 그것이다.

멀티트래킹: 동시에 여러 선택지 고민하기의 위력

그래픽 디자이너들을 대상으로 한 어떤 연구에서는 멀티트래킹의 가치가 고스란히 드러난다. 이 디자이너들은 인터넷 잡지의 광고 배너를 만들기로 하고 2가지 창의적 프로세스 중 하나에 무작위로 배정되었다. 우선 참가자의 절반인 A그룹 디자이너들은 "순차" 프로세스를 따랐다. 이들은 배너 1개를 만든 뒤 피드백을 받고, 피드백에 근거해 배너를 수정하는 과정을 5번 거쳐서 총 6개의 배너를 만들었다. 나머지 절반인 B그룹 디자이너들은 "동시" 프로세스를 따랐다.

이들은 우선 한꺼번에 3가지 배너를 만들고 3가지 모두에 대해 피드백을 받았다. 그런 뒤 피드백을 바탕으로 2개의 배너를 만들고, 다시이 둘에 대한 피드백을 근거로 최종 하나를 완성했다.

모든 디자이너는 결국 같은 수(6개)의 배너를 만들고 같은 양(5회)의 피드백을 받았다. 다른 것은 프로세스뿐이었다. 프로세스에 따라 한쪽은 동시에 여러 개의 배너를 만들었고, 다른 쪽은 한 번에 하나씩 배너를 만들었다.

결과적으로 프로세스는 아주 중요한 차이로 이어졌다. 잡지 편집자들과 독립 광고사 경영자들의 평가에서 B그룹 디자이너들의 배너가 훨씬 높은 점수를 받은 것이다. 이들이 만든 배너는 실제 웹사이트에서 실험했을 때도 더 높은 클릭 수를 기록했다. 왜 그랬을까?

이 실험의 연구진은 B그룹이 더 좋은 성과를 낸 이유를 논문에서 다음과 같이 설명했다. "동시 프로세스를 따른 참가자들은 피드백에서 한 번에 다양한 아이디어를 얻었다. 그래서 여러 평가를 나란히 놓고 한꺼번에 읽으며 분석할 수 있었다. 이들은 이런 내용을 직접 비교하면서 디자인의 핵심 원리를 더 잘 이해했을 테고, 결국 이어진 수정 작업에서 더욱더 원칙에 맞는 선택을 했을 것이다."

즉 동시 프로세스로 작업한 디자이너들은 멀티트래킹을 통해 문제점을 수정하는 데 유용한 사실을 배워나갔다. 그들은 처음 만든 3개의 배너를 통해 3가지 관점을 확보했고, 이 과정에서 장점은 모으고 단점은 지워냈다.

1장에서 스티브 콜이 같은 논리를 사용했음을 기억할 것이다. 콜은 "둘 중 하나가 아닌 둘 다"를 고민했다. 그는 한 프로젝트에 여러 업체를 고용하면 도움이 된다는 점을 이 논리로 설명했다. "문제에 대해 업체들의 의견이 한쪽으로 수렴되면 그게 맞는다는 확신이 생겨요. 물론 그 과정에서 각 업체의 차별성과 특수성도 파악할 수 있고요. 이 모든 건 한 사람과만 얘기해선 알 수가 없어요."

멀티트래킹에는 이 외에도 아주 의외의 장점이 있다. 바로 "기분"을 더 좋게 한다는 것이다. 연구진은 배너 광고 실험이 끝난 뒤 2가지 다른 방식으로 작업한 디자이너들을 인터뷰했다. 디자인 과정에서 받은 피드백이 얼마나 유용했는지 묻자 동시 프로세스를 따른 B그룹 디자이너들은 80퍼센트 이상이 피드백을 긍정적으로 평가했다. 그러나 순차 프로세스를 따른 A그룹 디자이너들은 35퍼센트만 피드백이 도움이 되었다고 했고, 절반은 피드백을 통해 자신이 비난을 받았다고 생각했다(B그룹에서는 아무도 그렇게 느끼지 않았다). 또한 B그룹 디자이너들은 이 경험 덕분에 디자인 능력에 더 자신감이 생겼다고 했다. 그러나 A그룹 디자이너들은 이 말에 동의하지 않았다.

순차 프로세스를 따른 디자이너들이 실험에서 이런 좌절감을 느낀 이유는 무엇일까? 실험을 진행한 연구진에 따르면 1가지 길만 가진 사람은 일을 지나치게 개인적인 것으로 여기게 된다. 그래서 그들은 비판을 "자신의 유일한 선택지에 대한 모욕"으로 받아들이는 경향이 있다. 연구진 중 한 사람인 스콧 클레머Scott Klemmer는 말했다. "디자인을 딱 하나만 가진 디자이너는 디자인을 곧 자기 자신으로 여깁니다. 그러나 디자인을 여러 개 가진 디자이너는 디자인과 자신을 분리할 수 있어요."[2]

중요한 핵심을 짚은 말이다. 멀티트래킹에서는 자아가 과도하게 드러나는 것을 막을 수 있다. 만일 상사가 3개의 프로젝트에 특별히 관심을 쏟고 있다면 있는 그대로 피드백을 하더라도 열린 마음으로 들을 것이다. 그러나 딱 하나의 프로젝트에만 정성을 들이고 있다면 솔직한 피드백을 듣는 것이 힘들 수 있다. 프로젝트와 자신을 완전히 동일시하게 되는 탓이다.

이렇게 장점이 분명한데 왜 대부분의 조직에서는 멀티트래킹 프로세스를 적용하지 못할까? 기업의 많은 경영진은 여러 선택지를 살피면 시간이 너무 많이 걸릴 것을 우려한다. 이는 합리적인 두려움이지만 캐슬린 아이젠하트Kathleen Eisenhardt는 오히려 그 반대가 옳다는 사실을 알아냈다. 아이젠하트는 속도를 가장 중시하는 환경인 실리콘밸리의 최고 리더들을 대상으로 연구를 진행했다. 그 결과 더 다양한 선택지를 따지는 경영진일수록 결정이 오히려 더 빨랐다는 것을 알아냈다. 직관에 어긋나는 사실이었지만 아이젠하트는 여기에 3가지 이유를 제시한다.

첫째, 경영진은 선택지를 비교함으로써 "큰 그림"을 이해할 수 있다. 무엇이 가능하고 가능하지 않으며, 어떤 변수가 있는지 알게 된다. 이런 부분을 이해하면 신속한 결정에 필요한 확신이 생긴다.

둘째, 여러 선택지를 고려하면 이해타산 행동을 줄일 수 있다. 사람들은 선택지가 많을 때 어느 하나에만 집착하지 않으며, 상황을 더 알아감에 따라 입장을 쉽게 바꿀 수 있다. 배너 광고 연구에서 보았듯 멀티트래킹은 자아를 통제하는 데 도움이 되는 것으로 보인다.

셋째, 리더들은 다양한 선택지를 가늠할 때 그 안에서 스스로 실패에 대한 대비책을 마련해냈다. 예컨대 아이젠하트가 검토한 기업 중에는 여러 협력사와 동시에 협상을 진행하는 회사가 있었다. 이 회사의 회장은 1순위 협력사와 협상이 결렬되자 곧바로 2순위 협력사와 계약을 맺었다. 그런데 만일 처음부터 한 선택지만 고민했더라면 회장은 그 하나를 지켜내기 위해 안간힘을 썼을 테고 그러는 동안 협상은 한없이 늘어졌을 것이다(또한 회장은 어쨌든 협상을 성사시켜야 하니 아무리 많은 것도 양보하고 싶은 유혹을 느꼈을 것이다).[3]

선택지는 몇 가지가 적당할까

한편 선택지를 더 확보하기가 쉬운 결정이 있다. 이런 경우에는 단순히 탐색 범위만 넓히면 된다. 가령 채용 면접에서는 1명 대신 3명을 만나고, 집을 살 때는 5곳 대신 10곳을 가본다. 결국 꿈의 집이 내 집이 되려면 그 집에 직접 가봐야 한다.

집은 몇 군데를 가봐야 하고 채용 후보는 몇 명을 면접해야 하는지 "정확한 숫자"가 정해져 있는 건 아니다. 그러나 경험으로 볼 때 마음에 드는 집이나 사람이 둘 이상 나타날 때까지는 계속 선택지를 찾는 것이 좋다. 예컨대 채용 면접에서 마음에 드는 후보를 한 사람 찾으면 이 사람을 채용하는 쪽으로 결정하고 싶은 충동이 강하게 일 것이다. 그러나 이 충동을 따르다보면 결국 확증 편향에 발목이 잡힌다. 그때부터는 이 사람에게서 결점이 보이더라도 변명이 나오기 시작한다. "전 직장 상사한테 전화하지 말아달라고 하던데, 굳이 거기까지 확인할 필요는 없을 거야. 들어보니 상사가 진짜 이상한 사람이던데 뭘……."

차를 살 때, 대학이나 직장을 고를 때 역시 탐색의 범위를 넓혀야 한다. 결혼 상대를 고를 때도 마찬가지다. 일단 마음에 드는 사람이 둘 이상 보이면 그때부터 선택은 신이 도와줄 것이다. 물론 확장에 관해 상식적인 한계는 있다. 예를 들어 헤어드라이어를 고르는 데 마음에 드는 모델을 2개까지 찾을 필요는 없다.

지금까지 멀티트래킹 방식으로 선택지를 확장할 때의 이점을 강조했다. 은연중에 선택지는 많을수록 좋다는 이야기를 해온 셈이다. 그러나 아이스크림 가게에 들어갔다가 길게 늘어선 선택지를 놓고 좌절한 경험이 있다면 "다다익선"에 한계가 있음을 인정할 것이다.

이제 멀티트래킹에 관해 더 중요한 고민을 만나보자. 그동안 배리 슈워츠Barry Schwartz를 비롯한 많은 심리학자가 "선택 과부하choice overload"의 위험성을 다루었다. 선택 과부하란 선택지가 너무 많으면 오히려 아무것도 선택하지 못하는 것을 가리키는 말이다. 혹시 멀티트래킹이 선택 과부하를 일으키지는 않을까?

극단적인 멀티트래킹은 오히려 결정에 장애가 된다는 연구가 있다. 이 고전 격 연구를 진행한 사람은 컬럼비아대학교의 시나 아이엔가Sheena Iyengar와 마크 레퍼Mark Lepper다. 두 사람은 식료품점에서 소비자가 보이는 행동을 관찰하기 위해 상점에 시식대를 마련했다. 하루는 6가지 다른 종류의 잼을 올려놓았는데 고객의 반응이 아주 좋았다. 또 하루는 24가지 잼을 올려놓았는데 그보다 더 폭발적인 반응이 돌아왔다. 그런데 계산대에서는 예상치 못한 일이 일어났다. 고객들이 실제로 잼을 사갈 확률은 시식대에 24가지 잼이 있을 때보다 6가지 잼이 있을 때 10배나 높았던 것이다! 다들 24가지 잼을 시식하는 건 좋지만 그중에서 원하는 잼을 고르는 일은 너무 괴로웠던 모양이다. 그럴 때 그들은 오히려 아무것도 고르지 못하는 "결정 마비"를 경험했다.[4]

그러나 24가지 선택지 중 하나를 골라야만 하는 상황은 거의 없다. 2장에서 이야기한 내용을 떠올려보자. 사람이든 조직이든 결정을 앞에 두고 1가지 잼만 놓고 고민하는 일(이 딸기 잼을 "살까 말까"?)이 훨씬 많다.

그래서 우리는 이 점을 말하고 싶다. 시식대에 올릴 잼을 하나 더 늘리면(결정에서 검토할 선택지를 하나 더 늘리면) 훨씬 더 나은 결정을 할 수 있다. 또한 그 정도로는 절대 결정 마비가 일어나지 않는다(더 나은 결정을 바라는 독자라면 '미주'에 언급한 학술 자료를 더 찾아보기 바란다. 우리가 멀티트래킹은 결정 마비를 일으키지 않으리라고 생각하는 이유를 더 깊이 이해할 수 있을 것이다).[5]

선택지를 하나 더 늘리면 왜 결정의 질이 높아질까? 이 근거를 보여주는 한 연구 사례를 살펴보자. 독일 킬대학교 교수들은 독일계 비상장 중소기업 한 곳을 대상으로 이 기업의 모든 주요 의사결정을 검토했다. 교수들은 기술 기업인 이 회사가 의사결정 심의를 포함한 모든 회의에서 아주 자세한 기록(중요 투자자에게 회사 상황을 꼼꼼하게 보고할 목적의 기록)을 남긴다는 사실을 알았다.

교수들은 18개월을 특정하고 이 기간에 모인 기록을 검토했는데 이사회가 논의를 거쳐 결정한 주요 사안은 모두 83건이었다. 이 가운데 4가지 이상의 선택지를 논의하고 결정한 경우는 없었으며, 95퍼센트는 가부 판정형 결정(40퍼센트)과 양자 택일형 결정(55퍼센트)에 해당했다(이 회사의 의사결정권자들은 앞에서 소개한 폴 너트의 연구에서 다룬 일반 기업 사람들보다는 눈에 띌 만큼 요령 있게 편협한 사고를 피해 간 셈이다).

한편 알고 보니 검토 대상에 포함된 의사결정은 여러 해 전 기록이라고 했다. 교수들은 이사회의 도움을 받아 해당 프로젝트의 성공

여부를 기준으로 각 의사결정에 점수를 매겨보기로 했다. 이사회는 엄격한 평가 절차 속에서 여러 시간 논의를 거듭한 끝에 총 83건의 의사결정을 각각 매우 좋음, 보통, 나쁨으로 분류했다.

연구진은 이렇게 나온 결과를 분석한 뒤 멀티트래킹의 이점을 뒷받침하는 놀라운 근거를 발견했다. 이사회가 2가지 이상의 선택지를 고민한 사안은 그러지 않은 사안보다 "매우 좋음"을 받은 경우가 6배 많았다(여러 선택지를 고려한 경우는 40퍼센트, 가부 판정형 결정이 적용된 경우는 6퍼센트가 "매우 좋음"을 받았다).[6]

우리 두 사람이 대부분의 상황에서 결정 마비는 걸림돌이 되기 어렵다고 생각하는 것은 바로 이 때문이다. 선택지가 어마어마하게 많아진다고 해서 더 좋은 결정이 나오지는 않는다. 따라서 당신이 할 일은 지금 가진 선택지에서 한두 가지를 더 늘리는 것이다. 24가지나 되는 잼은 잊어버리자. 2~3가지면 충분하다.

가짜 선택지를 끼워 넣지 마라

모든 선택지가 다 같은 것은 아니다. 예컨대 배너 광고 연구에서 동시 프로세스를 따른 디자이너들이 서체의 크기만 바꿔가며 배너를 만들었다고 해보자. 11포인트와 12포인트 중에 어느 것이 나은지를 비교하는 식으로 말이다. 하지만 이런 방식은 진정한 멀티트래킹이라 할 수 없다. 살짝 비틀기만 했을 뿐 실제로 접근한 방향은 1가지뿐이기 때문이다. 멀티트래킹의 장점을 살리려면 의미 있게 구별되는 선택지를 만들어내야 한다.

또 하나 주의를 기울일 부분은 "가짜" 선택지를 피하는 것이다. 가짜 선택지는 "진짜" 선택지를 돋보이게 할 목적으로 만들어진다. 가령 제법 많은 부동산 중개인이 고객에게 매물을 소개할 때 형편없는 곳을 먼저 보여준다고 인정한다. 나중에 가는 곳들이 더 좋아 보이게 하기 위해서다.

가짜 선택지를 끼워 넣는 기술은 정치적이고 이해타산적인 행동에 사용될 때가 많다. 예컨대 상사들은 선택지를 더 내놓으라고 하면서 모든 선택지를 항상 신중하게 평가하지는 않는다. 이 점을 더 알아보기 위해 가히 조작 기술의 대가라고 할 전 미국 국무장관 헨리 키신저Henry Kissinger의 사례를 살펴보자.

키신저는 회고록《백악관 시절White House Years》에서 리처드 닉슨 대통령에게 사용한 관료주의식 속임수의 전형적인 예를 언급한다. 당시 닉슨 대통령은 유럽의 특정 사안에 적용할 정책을 고심하고 있었다. 국무부는 3가지 선택지가 담긴 건의서를 대통령에게 제출했다. 키신저는 그중 2가지는 분명 언급할 가치가 없고 나머지 하나만 말이 되는 선택지라고 했다.

> 이는 의사결정권자에게 하나의 진짜 선택지만 제시하려는 속셈일 때 사용되는 전형적인 관료주의식 장치였다. 이런 경우 진짜 선택지는 보통 눈에 띄기 쉽도록 한가운데에 들어간다. 나는 정책 결정권자한테 핵전쟁, 현 정책 유지, 항복 중 하나를 고르라고 하는 상황이 이런 장치가 쓰이는 대표적인 예라고 농담 삼아 말하곤 했다.[7]

닉슨 대통령은 그때 자신이 여러 선택지를 가졌다고 생각했겠지만 그것들은 진짜가 아니었다. 사실 그는 내내 편협한 사고틀에 갇혀 있었다.

대통령이 속아 넘어갔다면 우리 역시 당연히 속을 수 있다. 팀장은 팀원들이 가짜 선택지가 아닌 "타당한" 선택지를 내놓도록 요구해야 한다. 팀원들이 진짜 선택지를 내놓았는지 가짜 선택지를 내놓았는지 판단하려면 선호도를 조사해보면 된다. 의견이 일치하지 않는다면 선택지들이 진짜임을 알리는 좋은 신호다. 반대로 의견이 쉽게 한쪽으로 모인다면 위험 신호일 수 있다.

물론 확연히 다른 선택지를 만들기가 항상 쉽지만은 않다. 부분적으로는 스포트라이트 효과 탓이다. 예를 들어 집에 원목 마루를 깔 생각이라면 당연히 여러 목재 중 어떤 것이 좋을지 고민하기 마련이다. 이때 고정관념을 벗어난다면 생활을 개선할 다른 방법을 고민할 수 있다. 하지만 뚜렷하게 다른 선택지가 떠오를 가능성은 크지 않다. 바닥에 카펫을 더 깐다거나, 칠만 새로 하고 남는 돈으로 하와이 여행을 간다거나, 마루 공사 대신 차를 산다는 생각은 쉽게 떠올리지 못한다. 이런 생각을 하려면 스포트라이트를 더 넓게 움직여야 하기 때문이다.

예방 마인드셋과 향상 마인드셋을 결합하라

특히 마음이 익숙한 틀에 붙박여 있으면 다른 선택지를 만들기는 더 어려워진다. 여러 학자의 연구에 따르면 우리는 2가지 틀의 마음 상태를 흔히 경험하며, 대부분의 의사결정이 이 2가지에 영향받는다. 하나는 나쁜 것을 피하려고 할 때, 다른 하나는 좋은 것을 얻으려고 할 때 촉발된다. 우리는 이 두 마음 상태 중 하나에 있을 때 다른 하나는 무시하는 경향이 있다.

이 중 나쁜 것 피하기를 이해하기 위해 다음과 같은 아침을 상상해보자. 봉사 동아리 회장인 10대 아들이 자신이 맡은 의무를 이야기한다. 자랑스럽기는 하지만 아들이 그 일의 의미를 제대로 이해하면 좋겠다는 생각이 든다. 집 앞 진입로에 나갔다가 옆집 사람을 만났다. 이웃은 길 저쪽 집이 6개월 만에 팔렸다고 말한다. 원하던 액수에 한참 못 미치는 값을 받은 모양이다. 출근길에 라디오 프로그램을 듣는다. 요즘 떠오르는 기술이 얼마나 위험한지 이야기하는 내용이다.

1시간 뒤 사무실에 도착했다. 상사가 당신을 따로 부르더니 회사에 자리 하나가 막 새로 생겼다고 말한다. 신제품을 만들고 출시하는 작은 팀의 팀장 역할이란다. 제품의 콘셉트가 그다지 안정적이지는 않지만 잠재력은 확실하다는 게 상사의 생각이다. 그는 혹 당신이 이 자리에 관심이 있는지 묻는다. 그쪽으로 간다면 직급은 유지되지만 직속 부하 직원은 줄어든다. 하지만 잘만 되면 얻을 것은 더 많을지 모른다.

새 팀장 자리에 대해 어떤 생각이 드는가? 우선 약간은 경계심이 들었을 것이다. 승진도 아닌데 팀원들과 함께 프로젝트를 완수해야 할 책임이 따른다. 그러다 그 프로젝트가 실패하면 어떻게 될까? 앞으로 커리어에 장애가 되지 않을까? 당신은 이 자리에 대해 아주 신중하게 생각하고 싶다. 나중에 후회하기보다는 안전한 편이 낫다.

이번에는 다른 아침을 상상해보자. 아들이 학교에서 들어간 동아리에 대해 포부를 말한다. 당신은 부모로서 아들이 큰 목표를 꿈꾼다는 사실이 자랑스럽다. 이웃이 자기 집 텃밭이 정말 마음에 든다고 이야기한다. 이 말을 들으니 뒤뜰을 어떻게 가꿀지 아이디어가 떠오른다. 출근길에 라디오 프로그램을 듣는데 요즘 새로 나온 기술 덕분에 기회가 많아졌다고 한다. 1시간 뒤 회사에 도착했다. 상사가 새 팀장 자리에 관해 (위의 내용을 그대로) 이야기한다.

이제는 어떤 생각이 드는가? 좀 더 마음이 열리고 일에 대한 열정이 생기는 것 같지 않은가? 당신은 잠재성 있는 신제품 프로젝트를 이끌어갈 만한 사람으로 신임받았다! 모험하지 않으면 얻는 것도 없을 것이다.

요컨대 새 팀장 자리를 제안받고 당신이 보이는 반응은 그 순간의 마인드셋mindset(마음가짐, 사고방식)에 따라 크게 달라진다. 심리학자들은 새로운 기회에 대한 동기와 수용에 영향을 미치는 2가지 상반된 마인드셋을 밝혀냈다. 부정적인 결과를 피하려고 하는 "예방 초점prevention focus"(안정 지향)과 긍정적인 결과를 좇으려 하는 "향상 초점promotion focus"(성취 지향)이 그것이다.

위 첫 번째 시나리오에서 당신은 예방 초점으로 회사에 도착한다. 즉 경계심이 올라간 상태다. 아들이 의무를 제대로 해내지 못할까봐, 집값이 내려갈까봐, 정책 입안자들이 신기술의 위험에 대처하지 못할까봐 걱정이 된다. 그러므로 새 팀장 자리를 생각하면 잘못되거나 잃을지 모를 것에만 스포트라이트를 비추게 된다. 반면 두 번째 시나리오에서 당신은 향상 초점을 취한다. 경계심보다는 의욕이 앞서고 새로운 아이디어와 경험을 열린 마음으로 받아들인다.

예방 초점과 향상 초점은 모두 유용하다. 우리는 삶에서 여러 결정을 고민할 때 이 둘 사이를 오가곤 한다. 그러나 둘은 쉽게 공존하지 못한다. 둘을 한꺼번에 적용하기는 어려운 일이다.[8]

그러나 가장 현명한 결정은 예방 마인드셋의 조심성과 향상 마인드셋의 열의가 합해질 때 나온다. 4700개 상장 기업이 지난 세 차례의 글로벌 경제 침체기(1980~1982년, 1990~1991년, 2000~2001년)에 어떻게 대처했는지를 다룬 연구가 있다. 하버드대학교의 연구진 란제이 굴라티Ranjay Gulati, 니틴 노리아Nitin Nohria, 프란츠 볼게조겐Franz Wohlgezogen은 각 기업의 재무제표를 뜯어보며 각각이 어려운 시장 상황에 어떻게 대응했는지 분석했다. 그리고 이 최고의 학자들은 놀라운 사실을 알게 되었다. 상장 기업의 17퍼센트가 경기 침체에서 살아남지 못했고, 40퍼센트는 경기 침체가 끝나고 3년이 지나도록 이전의 매출과 수익 수준을 회복하지 못했다.

연구진은 경기 침체에 대응한 방식을 기준으로 기업들을 분류했다. 이 기준에는 기업이 향상과 예방 중 어느 쪽에 집중했는지가 포함되었다. 예방에 집중한 기업들은 주로 방어적인 자세로 움직였다. 이들은 허리띠를 졸라매고 위험을 줄이려고 애썼다. 향상에 집중한 기업들은 공격적인 자세를 보였다. 그들은 전략적 투자를 멈추지 않았다.

두 범주의 기업들은 결국 모두 어려운 상황에 놓였다. 한쪽에만 집중한 탓이었다. 연구진에 따르면 예방에 치중한 기업들은 비용 절감에 집중하며 "피포위 심리siege mentality"(항상 적들에게 둘러싸여 있다고 믿는 강박 관념-옮긴이)에 사로잡히는 경향이 있었다. 연구진은 이러한 기업의 내부 상황을 다음과 같이 묘사했다. "조직 곳곳에 비관주의가 스며들어 있다. 권력은 소수에게 집중되어 있고, 모든 것이

엄격하게 통제되며, 비용을 더 절감해야 한다는 위협이 계속된다. 그런 가운데 직원들은 모두 무기력한 상태다. 이런 기업에서는 개인이나 조직이나 전부 생존이 목표다."

반면 향상에 치중한 기업들은 물정 모르고 넋 놓고 있다가 상황에 늑장 대응을 하는 경향이 있었다. 연구진에 따르면 이런 기업들은 "낙관적인 분위기가 만연해 있어서 오랫동안 위기의 심각성을 부정하곤 했다."

경기 침체에 가장 성공적으로 대처한 기업들은 멀티트래킹 방식을 택한 것으로 나타났다. 즉 이들은 향상 초점과 예방 초점의 가장 좋은 요소들을 결합해 상황에 대처했다. 예컨대 2000년 경기 침체 당시 사무용품 전문 회사 스테이플스Staples는 실적이 저조한 지점들을 폐쇄해 운영비를 절감했다. 그러는 한편 인력은 10퍼센트 확충해 고급 서비스 출시에 힘을 보탰다. 반면 스테이플스의 최대 경쟁사인 오피스디포Office Depot는 예방에만 집중하는 접근법을 택했다. 인력을 6퍼센트 감축했고 새로운 사업에 스테이플스만큼 투자하지 않았다. 접근법의 차이는 결국 순익의 차이로 이어졌다. 경기 침체 후 3년이 지나자 스테이플스는 오피스디포보다 30퍼센트 더 많은 수익을 내기에 이르렀다.

스테이플스 같은 최고의 멀티트래커들은 직원을 해고하기보다는 효율을 높임으로써 비용을 절감했다. 또한 연구 개발 및 새로운 사업의 기회에 꾸준히 투자를 이어갔다. 조심스러우면서도 열의가 있었던 이런 기업들은 양방향 접근법을 통해 성장과 발전의 기회를 높였다.

연구진은 매출과 수익 모두에서 경쟁사를 10퍼센트 이상 따돌리고 침체기 이후 강하게 반등한 기업들 위주로 이런 기업들의 성공담을 수치화해보았다. 그 결과 멀티트래킹을 따른 기업들은 향상에만 집중한 기업들보다 42퍼센트 높은 비율로, 예방에만 집중한 기업보다는 76퍼센트 높은 비율로 강력하게 재기에 성공했다. "둘 중 하나가 아닌 둘 다"의 태도는 기업에도 유용한 전략임이 분명하다.[9]

주변 사람에게 털어놓고 조언을 구하라

요컨대 2가지 마인드셋(예방 마인드셋과 향상 마인드셋)을 결합할 때 우리는 더욱 현명한 결정을 기대할 수 있다. 그러므로 초점이 한쪽으로 치우쳐 있다면 경계해야 마땅하다.

예를 들어 예산을 삭감하는 자리에서는 예방에 치중하는 마인드셋이 지배적이기 마련이다. "이 정도 예산을 줄여야 하는데 피해를 최소화하려면 어떻게 해야 할까?" "어떻게 하면 최악의 사태는 막을 수 있을까?" 같은 생각을 피하기가 어렵다. 이런 상황에서 우리는 결정 조언자가 되어 동료들에게 힘을 보탤 수 있다. 가령 향상 면에도 초점을 맞추도록 이렇게 제안해보면 어떨까? "예산을 5퍼센트 삭감해야 한다는 건 다 아는 사실입니다. 그런데 만일 8퍼센트를 삭감하고 그 돈을 가장 유망한 기회에 투자하면 어떨까요? 회사가 가장 크게 도약하려면 어떤 기회를 잡아야 할까요?"

반면에 무한한 기회를 꿈꾸며 막 LA로 이사한 야심 찬 시나리오 작가가 있다고 해보자. 그는 새로운 곳에서 흥미진진한 이야기들을 새로 접하고, 매력적인 새 친구들과 어울리고, 높은 금액에 계약을 성사시키고, 업계 사람들과 멋진 파티를 즐길 날을 기대하고 있다. 그런데 친구라면 이를 딱하게 여기고 예방에도 초점을 맞추도록 사고를 환기해줄 수 있다. "그런 멋진 기회를 기다리는 동안 경제적으로 시달리지 않아야 하겠지? 그러려면 버팀목이 필요할 텐데 좋은 방법이 없을까?"

양쪽 마인드셋 결합은 개인의 결정은 물론 기업의 결정에 꼭 필요한 일이다. 그러나 이는 혼자서만 할 수 있는 일이 아니다. 미시간 대학교의 심리학자 수잔 놀렌-혹스마Susan Nolen-Hoeksema가 언급한 도린Doreen과 프랭크Frank의 이야기를 생각해보자. LA카운티의 복지과에서 일하는 도린은 아주 헌신적인 사회복지사였다. 그러나 그녀는 이 일을 하면서 감정적으로 쉽지 않은 상황과 맞닥뜨리곤 했다. 자립할 의지가 보이지 않고 그저 심드렁한 사람을 만날 때면 도린은 화가 났다. 또 도움이 필요한데 복지 대상에서 밀려난 사람을 보면 가슴이 무너졌다.

도린은 감정 기복이 심하다보니 점점 스트레스를 받았고, 스트레스는 가족들과 관계에 장애가 되었다. 놀렌-혹스마는 이렇게 썼다. "도린은 사소한 일(저녁 먹기 전에 TV를 끄지 않았다는 등)로 아이한테 화를 내는가 하면, 저녁 내내 방에 처박혀 있기도 했다. 집 안에 눈에 띄는 온갖 거슬리는 일들로 폭발하고 싶지 않아서였다. 저녁이면 이런 일이 비일비재했다."

도린은 지푸라기라도 잡는 심정으로 같은 교회에 다니는 멘토를 찾아갔다. 멘토는 스트레스를 미리 더 적극적으로 관리해보라고 했다. 도린은 곧 가능한 해결 방안을 몇 가지 적어보았다.

1. 일을 그만둔다.

2. 반일 근무를 한다.

3. 아이들이 신경을 덜 거슬리게 할 방법을 찾는다.

4. 남편에게 아이들을 더 통제해달라고 한다.

5. 스트레스가 덜한 일을 찾는다.

6. 스트레스를 푼 뒤 집에 올 방법을 찾는다.

도린은 장하게 여러 가지 선택지를 만들어냈다. 사람들은 이런 상황에서 항상 편협한 사고틀에 빠져들고 싶은 유혹을 느낀다. 예컨 대 "일을 그만둘까 말까?(또는 아이들한테 입마개를 씌울까 말까?)" 같 은 1가지 선택지로 상황을 축소하곤 한다.

그러나 안타깝게도 도린이 만든 선택지 중에는 쓸 수 없는 것들 이 많다. 일단 이 가족은 도린이 버는 만큼 수입이 필요하므로 1번과 2번은 지워야 한다. 3번과 4번 역시 가능한 선택지가 아니다. 아이들 이 갑자기 조용조용 고분고분해질 리 없고 (이미 최선을 다하고 있는) 남편한테 육아의 짐을 더 주는 것도 옳지 않아 보인다. 근본적인 문 제는 아이들이나 남편이 아님을 도린은 깨닫는다. 문제는 삶에서 정 상 범위에 들어가는 짜증스러운 일들에 자신이 과민하게 반응하는 것이었다.

그렇다면 5번에 집중해 스트레스가 덜한 일을 찾아볼 수 있었다. 감정적으로 부담이 덜한 일을 찾으면 바로 스트레스가 사라질 터였 다. 하지만 그렇게 하면 자신의 종교에서 말하는 핵심 믿음을 저버 리는 것 같았다. 도린의 종교에서는 불우한 사람들을 위해 봉사해야 한다고 했다.

갈팡질팡하던 도린은 남편 프랭크에게 마지막 선택지(집으로 돌아오기 전에 스트레스를 풀 방법을 찾는다)에 관해 이야기했다. 프랭크는 몇 가지 아이디어를 떠올렸다. 우선 퇴근길에 마음이 진정될 음악을 들으면 어떻겠느냐고 했다(도린은 보통 뉴스 채널을 들었다. 세상에 일어나는 여러 문제와 부정부패에 관해 들을 때면 더욱더 속이 탔다). 또 조금 일찍 퇴근해 WMCA에 들러 운동을 해보라고 했다.

모두 간단한 방법이고 많이들 비슷한 아이디어를 떠올릴 수 있을 것이다. 그런데 여기서 강조하고 싶은 것은 도린이 본능적으로 일상의 지혜를 발휘해 자신이 생각한 선택지를 놓고 남편(그리고 교회의 멘토)과 이야기를 나누었다는 점이다. 또한 남편 프랭크가 도린이 집중하던 방향을 절묘하게 바꾸어주었다는 점도 중요하다. 도린이 스트레스를 예방하거나 최소화할 방법(일을 그만둔다, 육아 책임을 줄인다)만 찾았다면, 프랭크는 더 행복해질 방법을 고민하게 했다(운동을 한다, 좋은 음악을 듣는다). 프랭크는 예방에 집중하던 도린에게 향상의 관점을 더해주었다.[10]

사랑하는 이들과 동료들이 이 2가지 태도를 결합하도록 도와준다면 그들은 감정의 사면초가 상태를 벗어날 수 있을 것이다.

* * *

삶에서 "둘 중 하나"를 고르라는 상황을 만날 때는 사실은 "둘 다"가 정답이 아닌지 묻는 대담성이 필요하다.

앞 장에서 우리는 더 많은 선택지를 찾으며 편협한 사고틀을 무너뜨리는 일의 가치를 이야기했다. 이번 장에서는 거기에 1가지를 더해보았다. 여러 선택지를 동시에 고민하는 것은 가치 있는 일이다. 독일 기술 회사 사례에서 보았듯 결정을 고민할 때는 선택지가 하나가 아닌 여럿일 때 훨씬 더 나은 결과로 이어지곤 한다.

우리 경험에 따르면 관리자 중에는 1가지 방식으로만 결정에 접근하는 싱글트래킹을 하면서 이렇게 평계를 대는 사람이 있다. "지금은 1가지 선택지만 고려하고 있지만 이건 '가부 판정형' 결정이 아닙니다. 우리는 이미 지난 몇 해 동안 다른 선택지를 여럿 고민해왔거든요."

그러나 안타깝게도 배너 광고 연구에서 말하듯 아이디어를 순차적으로 탐구하는 것은 (시간이 지나면서 결국 여러 선택지로 이어지더라도) 동시에 탐구하는 것만큼 효과적이지 않다. 멀티트래킹을 하면 직면한 상황을 더 잘 이해할 수 있다. 또한 거기서 가장 좋은 부분들을 한데 모을 수 있고, 자아가 두드러지는 상황까지 막을 수 있다.

다양한 선택지 만들기는 때로 어려운 일이다. 항상 "이것과 저것"을 모두 떠올리는 건 불가능하기 때문이다. 예컨대 우리는 예방과 향상 중 "하나"에만 갇히는 일이 많다. 그런데 2가지 태도를 다 포용해 피해는 최소화하고 기회는 최대화할 선택지를 찾는다면 모든 선택지를 눈앞에 펼쳐볼 가능성이 높아진다.

그런데 아직 말하지 않은 문제가 있다. 이번 장에서는 여러 선택지를 두고 고민한 사례들을 이야기했다. 렉시콘은 여남은 개의 제품명을 고민했고 배너 광고 디자이너들은 6개의 배너를 만들었으며 도린은 6가지(프랭크가 제안한 아이디어는 제외하고)의 가능한 선택지를 마련했다.

그러나 새로운 선택지를 만들기가 쉽지 않은 상황이라면 어떻게 해야 할까? 그야말로 막다른 길에 갇혀버렸다면?

다음 장에서는 이런 상황에 관해 이야기하려고 한다. 어떻게 하면 새 선택지를 찾을 수 있을까?

ONE PAGE:
CHAPTER 3

1. **멀티트래킹: 둘 이상의 선택지를 동시에 고려하는 것.**
    - 제품명을 만드는 회사 렉시콘은 작은 팀 여러 개에 과제를 부여함으로써 선택지를 넓힌다.
    - 이때 "일탈팀"은 완전히 다른 영역에서 관련 과제를 고민한다.

2. **다양한 선택지를 동시에 고민하면 문제의 "정체"를 파악할 수 있다.**
    - 디자이너들은 여러 개의 배너를 동시에 만들 때 창의성과 효율성이 더 높아졌다.

3. **멀티트래킹은 자아가 두드러지는 것을 막는 데 도움이 되며 일의 속도를 더 높일 수 있다.**
    - 선택지가 하나뿐이면 선택지가 곧 자아가 된다.
    - 실리콘밸리 기업들을 대상으로 한 아이젠하트의 연구: 멀티트래킹 방식을 따르면 이해타산적 행동을 줄이고 내부적으로 실패에 대한 대비책을 마련할 수 있다.

4. **사람들은 선택지가 많으면 결정 마비가 올 수 있다고 우려한다. 그러나**

한두 가지만 더 선택지를 늘려보라. 어마어마한 보상이 뒤따를 것이다.

- 잼을 고를 때 24개나 선택지가 필요하지는 않다.
- 독일 기업은 2가지 이상의 선택지를 고민하고 결정한 경우 6배 높은 "매우 좋음" 평가를 받았다.

5. **"가짜 선택지"를 조심하라.**

- 헨리 키신저의 선택지 속임수: "핵전쟁, 현 정책 유지, 항복."
- 가짜 선택지가 들어갔는지 확인하는 법: 선택지에 대해 팀원들의 의견이 갈리면 선택지가 진짜라는 뜻이다.

6. **예방과 향상 마인드셋을 결합하라.**

- 예방 초점: 부정적인 결과를 피한다.
- 향상 초점: 긍정적인 결과를 좇는다.
- 경제 침체기에 2가지 마인드셋을 결합해 대처한 회사가 나중에 더 좋은 성과를 냈다.
- 도린의 남편 프랭크는 도린이 스트레스를 줄이는 데 그치지 않고 더 행복해질 방법을 생각하게 했다.

7. **"둘 중 하나" 대신 "둘 다" 할 방법을 찾자.**

CHAPTER 4

같은 문제 해결자를 찾아라

월마트 설립자 샘 월턴의 성공 공식

월마트의 거대한 규모를 생각하면 경외심과 두려움, 감탄과 혐오가 뒤섞인 복잡한 감정이 든다(2012년 월마트의 매출액 4440억 달러는 전 세계 모든 사람에게 각각 64달러씩 나누어줄 수 있는 금액이다).[1] 그러나 사람들이 쉽게 잊어버리는 사실이 있다. 아칸소주 벤턴빌에서 작은 상점으로 출발한 월마트는 시작만큼은 그렇게 대단하지 않았다. 월마트 설립자 샘 월턴Sam Walton은 본래 작은 상점의 주인이었다. 나중에는 글로벌 골리앗이 되었지만 말이다.

월마트가 생기기 한참 전인 1954년 월턴은 벤턴빌에서 잡화점을 운영하고 있었다. 그는 좋은 아이디어를 찾으며 끊임없이 다른 상점들을 찾아다니곤 했다. 그러던 중 미네소타주에 있는 벤프랭클린Ben Franklin 잡화점 몇 곳에서 새로운 방식으로 계산대를 운영한다는 소문을 들었다. 당연히 월턴은 직접 가서 봐야만 했다. 그는 버스에 올라타 1000킬로미터 가까운 거리를 달려 미네소타주 파이프스톤으로 갔다.

마침내 목적지에 도착한(벤치마킹 좀 하겠다고 12시간이나 버스를 타고) 월턴은 눈앞에 펼쳐진 광경을 보고 놀라지 않을 수 없었다. 상점 안 모든 고객이 전면의 중앙 계산대를 통과하고 있었던 것이다. 이는 품목별로 계산대를 운영하던 업계의 일반적인 규범에서 벗어난 방식이었다. 그 당시 월턴의 매장을 비롯한 대부분의 상점에서는 주방용품은 주방용품 계산대에서, 욕실용품은 욕실용품 계산대에서 따로따로 값을 치러야 했다.

그런데 한곳에서 모든 물건을 한 번에 계산하면 여러 가지 중요한 이점이 생긴다는 것을 월턴은 알아차렸다. 일단 필요한 계산원이 줄어드니 인건비가 줄었다. 돈을 처리하는 과정이 간소해져서 오류와 횡령을 최소화할 수 있었다. 고객들은 물건값을 한 번만 치르면 되었다.

벤프랭클린의 점포 운영 프로세스가 월등하다고 확신한 월턴은 이 아이디어를 곧바로 자신의 매장에 적용했다. 월마트는 다른 대형 유통업체들과 마찬가지로 오늘날까지 같은 방식을 사용하고 있다.

월턴은 사업가로 살아가는 내내 좋은 아이디어를 찾아다녔다. 그는 이렇게 말했다. "내가 한 일 대부분은 다른 사람이 한 일을 따라 한 것이다." 체인 형태의 할인점이 막 생겨나던 시기에 그는 더 좋은 아이디어를 찾아 온 나라를 종횡무진하며 북동부의 스파튼Spartan과 매머드Mammoth부터 캘리포니아주의 페드마트FedMArt까지 모든 할인 점을 훑고 다녔다. 월턴은 페드마트 리더와 대화를 통해 유통에 관한 생각을 명확하게 정리했으며, 이는 결국 월마트의 결정적인 강점이 되었다. 그는 S. S. 크레스지S. S. Kresge가 미시간주 가든시티에 설립한 케이마트Kmart의 상품 혼합 및 진열 방식을 아주 좋아했다. "장담컨대 케이마트에 나보다 더 많이 가본 사람은 없을 것이다."

월턴이 평생 끊임없이 영리한 해결책을 찾아낼 수 있었던 것은 스스로 다음과 같이 질문한 덕분이었다. "나 말고 또 어떤 사람이 비슷한 문제로 고심하고 있을까? 나는 거기서 뭘 배워야 할까?"[2]

내부에서 문제 해결자를 찾아라

편협한 사고틀을 깨뜨리려면 선택지가 더 필요하다. 새로운 선택지를 만드는 가장 기본적인 방법 하나는 "내 문제를 해결해본 다른 사람 찾기"다. 술 문제를 겪는 친척을 어떻게 도와야 할지 모르겠다면 비슷한 상황을 이겨낸 다른 사람과 이야기를 나누어보자(알코올 중독자의 가족들이 서로 돕고 격려하는 모임인 "익명의 알코올 중독자들 Alcoholics Anonymous, Al-Anon, AA" 같은 조직이 그래서 존재한다). 특정 재단에 지원금을 신청해야 하는데 방법을 잘 모른다면 먼저 같은 과정을 겪어본 사람과 이야기하면 도움이 된다.

샘 월턴은 자신이 가진 것보다 더 좋은 아이디어를 찾아 습관처럼 경쟁 상점들의 정보를 알아보고 다녔다. 오늘날 기업에서는 대다

수 경영진이 당연하다는 듯 월턴의 적극적이고 경쟁적인 분석 방식을 따른다. 그들은 이미 오래전부터 경쟁사를 "벤치마킹"하고 "모범 사례"를 흡수하는 법을 익혀왔다.

이런 습관은 유용하긴 하지만 큰 변화의 힘을 불러오기는 힘들다. 좋은 아이디어들은 어디서든 빠르게 흡수되기 때문이다. 모든 소매업체가 중앙 집중식 계산 방식을 모범 사례로 흡수해버리면 그때부터 이 방식은 어느 한 회사만의 경쟁력이 될 수 없다.

그런가 하면 이 조직에서 쓰는 방식을 다른 조직에 그대로 적용할 수 없을 때가 있다. 마치 장기를 이식하려고 하지만 몸이 거부하는 경우처럼 말이다(맥도날드가 영화관에서처럼 12달러짜리 콜라를 팔기 시작했다고 상상해보라). 따라서 잊지 말아야 할 점이 있다. 새 선택지를 찾을 때는 조직 내부를 먼저 살펴야 한다. 때로는 우리가 당면한 문제를 풀어본 사람이 조직 안에 존재할 수 있다. 약 9만 명의 회원을 보유한 미국 최대 의료 체인 카이저퍼머넌트Kaiser Permanente의 리더들은 용케 이 점을 놓치지 않았다.

2008년 초 캘리포니아주 북부 지역 카이저퍼머넌트메디컬그룹에서 의료 품질과 안전 책임자로 일하던 얼란 위피Alan Whippy(Alan을 이렇게 발음한다고 한다)는 깜짝 놀랄 만한 자료를 들여다보고 있었다. 위피 팀은 그룹의 병원들을 꾸준히 개선할 목적으로 담당 지역 21개 병원의 리더들에게 각 병원에서 최근 사망한 환자들 50명을 추려 자세한 사례 연구를 수행하도록 요청한 터였다. 그룹의 병원들은 그동안 심장마비에 공격적으로 대처한 덕분에 심장마비로 인한 사망자는 전체 사망자의 3.5퍼센트에 그친 것으로 나타났다. 그런데 생각지 못한 이유로 그보다 거의 10배 많은 사람이 목숨을 잃고 있었

PART 2 선택지를 넓혀라

다. 카이저그룹이나 그들이 아는 다른 대부분의 병원 역시 알아차리지 못한 "패혈증"이 바로 사망 원인이었다.

위피 박사는 패혈증을 이렇게 설명했다. "피부가 감염되면 염증이 생깁니다. 붓고 붉게 달아오르죠. 피부가 붉어지는 건 감염 탓이 아니에요. 감염이 생기면 몸이 알아차리고 그런 반응을 하는 겁니다." 패혈증은 혈류에 생긴 감염에 대한 몸의 반응으로 볼 수 있다. 염증 반응은 염증이 일어난 자리에서 멀리 떨어진 부위로 퍼진다. 가령 폐에 염증(폐렴)이 생겼는데 신부전이나 뇌 손상이 올 수 있다.

위피 박사 팀은 의사들이 폐렴 등의 감염 질환에는 매우 주의를 기울이지만 이와 관련된 패혈증은 공격적으로 다루지 않는다는 사실을 파악했다. 그러나 패혈증이야말로 환자가 사망하는 진짜 원인일 때가 많았다.

위피는 눈앞이 캄캄했다. 이 문제는 반드시 해결해야만 했다. 그룹의 패혈증 치료를 개선할 선택지가 필요했다. 그런데 어디서 찾아야 할까?

위피는 카이저그룹 안에서 중요한 연결 고리 하나를 찾아냈다. 샌타클래라 카이저 병원의 의사 다이앤 크레이그Diane Craig 박사라면 답을 같이 고민할 수 있을 것 같았다. 크레이그와 동료들은 여러 해동안 패혈증 치료에 공을 들였고 샌타클래라 병원에서는 패혈증 사망률이 이미 어느 정도 낮아진 상태였다. 그러나 그들 역시 더는 속도가 나지 않아 좌절감을 느끼고 있었다. 특히 패혈증 치료법은 이미 확실히 알려진 터라 정말 답답할 노릇이었다. 2002년 《뉴잉글랜드의학저널New England Journal of Medicine》에 흥미로운 논문이 실린 적이 있었다. 이 논문에 따르면 패혈증 진단 직후 신속히 집중 치료를 실시하면 환자가 사망할 확률이 현저히 낮아질 수 있다고 했다.

그러나 현실은 말만큼 쉽지 않았다. 크레이그가 개인적으로 경험했듯 신속한 집중 치료는 2가지 이유로 실현이 어려웠다. 첫째, 패혈증은 발견이 어렵다. 아침에는 괜찮아 보이던 환자가 점심 무렵 위급해지고, 그때부터는 무서운 속도로 장기가 손상되어서 문제를 바로잡기가 더 어렵다. 둘째, 패혈증 치료를 다룬 논문에서 권장하는 프로토콜에서는 환자에게 다량의 항생제와 수액을 투여하라고 한다. 그러나 이 프로토콜은 그 자체로 위험을 수반한다.

크레이그는 말했다. "의사들이 고민 없이 프로토콜을 따르기까지는 한참 시간이 걸립니다. 어느 정도가 지나야만 이렇게 생각할 수 있어요. '환자가 겉으로는 괜찮아 보이지만 난 일단 목에 커다란 정맥 주사 카테터를 삽입할 거야. 그런 뒤 중환자실로 보내서 어마어마한 양의 수액을 투여해야 해. 지금은 이상 징후가 전혀 보이지 않지만 그럼에도 난 이 조치를 빠짐없이 다 할 거야.'"《뉴잉글랜드의학저널》논문에 따르면 패혈증 치료에서 초기 개입은 위험을 감수할 만큼 효과가 크다고 했다. 그러나 의사들은 "환자에게 해를 가해서는 안 된다"라는 정신으로 일하는 사람들이다. 그래서 그들은 논문에서 권고하는 만큼 신속하고 단호하게 움직이기가 쉽지 않았다.

크레이그와 위피는 깨달았다. 패혈증과 싸우기 위해 이 2가지 문제를 극복하려면 쉽게 패혈증을 진단하는 장치를 만들고 의료진에게 "행동하지 않는 것"의 위험을 제대로 인식시켜야 했다.

크레이그 팀은 위피의 지원을 등에 업고 샌타클래라에서 문제에 대한 새로운 접근법을 궁리하기 시작했다. 그러다가 단순하지만 효과 좋은 아이디어를 찾아냈다. 의사들이 혈액 배양 검사를 요청(혈액

매개 감염이 우려된다는 신호)할 때마다 젖산(패혈증 진단의 중요한 지표) 검사가 자동으로 추가되게 한 것이다. 그러자 환자의 활력 징후가 달라지기 한참 전에 패혈증이 발견되기 시작했다.

샌타클래라 의료진이 패혈증에 더 주의를 기울이게 할 목적으로 시행한 변화도 있었다. 패혈증 증상들을 강조한 포스터와 휴대용 카드를 만든 것이다. 포스터나 카드에는 환자 상황에 따른 사망 위험을 표로 나타냈다. "의사들은 표를 보면서 지금 눈앞의 환자가 겉으로는 괜찮아 보여도 사실은 사망할 확률이 20퍼센트나 된다는 사실을 인지할 수 있었습니다. 효과가 대단했죠." 크레이그의 말이다.

또한 의사나 간호사는 패혈증 증상을 발견하는 즉시 "패혈증 경보"를 내보내게 했다. 환자에게 심정지가 일어나 "코드 블루code blue" 경보가 나올 때만큼 상황이 위급하다는 의미였다. 패혈증 경보가 울리면 환자 상태를 판단할 수 있는 팀이 달려와 필요에 따라 패혈증 집중 프로토콜을 시작했다.

혁신적인 이 방안들은 금세 효과를 나타냈다. 패혈증으로 사망하는 환자가 줄기 시작한 것이다. 위피는 이 모든 과정을 지켜보며 샌타클래라 팀이 만들어가는 의료 개입 문화를 그룹 내 다른 병원들로 확대할 수 있겠다고 생각했다. 그러는 동안 나름의 해결책을 찾던 다른 병원들은 마치 퍼즐 조각을 맞추듯 또 다른 중요한 요소들을 더해갔다. 가령 풍선처럼 생긴 "압력 주머니"로 정맥 주사를 감싸면 환자에게 신속히 충분한 수액을 공급할 수 있다는 등의 아이디어가 나왔다.

몇 달이 지나자 위피의 지휘 아래 그룹 내 다른 병원들 또한 패혈증 프로토콜을 적극 시행하고 있었다. 2012년 여름 무렵 330만 명의 환자를 돌보는 캘리포니아주 북부 지역 21개 카이저 병원은 이렇게 위험을 관리한 뒤 전국 평균보다 28퍼센트 낮은 수치의 패혈증 사망률을 기록했다.

이 해결 방안에는 놀라운 잠재력이 있었다. 만일 모든 병원이 카이저 그룹처럼 패혈증 사망률을 전국 평균보다 28퍼센트 낮춘다면, 매년 전립선암으로 사망하는 모든 남성과 유방암으로 사망하는 모든 여성의 숫자를 합한 만큼 사망자를 줄이는 셈이었기 때문이다.[3]

플레이리스트 기법: "밝은 점"과 모범 사례를 기록해두라

카이저그룹의 리더들은 내부의 "밝은 점bright spots"연구를 매우 중요하게 여긴다. 밝은 점이란 데이터 분포상 가장 긍정적으로 나타나는 지점을 뜻한다. 예컨대 패혈증 치료에 관해서는 패혈증 사망률이 상대적으로 낮았던 크레이그 박사 팀이 밝은 점에 해당했다.*

그러나 이보다 훨씬 더 평범한 일 역시 밝은 점이 될 수 있다. 만일 운동 방법을 바꾸고 꾸준히 유지하려고 한다면 지난달에 4번이나 헬스장에 갔다는 사실이 곧 밝은 점이다. 그 나흘 동안 정확히 무엇을 했기에 헬스장에 갔는지를 살피며 밝은 점을 연구하고 이해하면 생각지 못했던 해결책이 나타난다. 예를 들어 헬스장에 간 4번 중 3번은 점심시간을 이용했음을 파악했다고 해보자. 그렇다면 점심시

---

* "밝은 점"은 변화를 유발하는 법을 다룬 우리의 전작《스위치》에서 소개한 용어다. 이 내용을 더 알고 싶다면 다음 사이트에서 무료 자료를 참고하기 바란다. http://www.fastcompany.com/1514493/switch-dont-solve-problems-copy-success.

간은 아주 편하게 쓸 수 있는 편이니 다른 일정을 잡지 않고 운동을 위해 비워두기로 하는 등의 규칙을 정할 수 있다.

내부의 밝은 점을 이용할 때 장점은 외부에서 찾은 방법을 그대로 적용하려 할 때 일어나는 거부 반응으로 괴로워할 필요가 없다는 것이다. 밝은 점은 내부의 경계 안에서 일어난 일이므로 적용이 쉽다. 내부에서 이룬 성공을 다시 이루어내면 그만이다.

밝은 점과 모범 사례는 그야말로 아이디어 창고다. 딜레마에 빠졌거나 새 선택지가 필요하다면 새 아이디어를 찾아 샘 월턴처럼 바깥으로 나갈 수도 있고 카이저의 리더들처럼 안을 들여다볼 수도 있다. 2가지 상황 모두 문제가 생긴 다음에 프로세스가 작동했음을 주목하자. 즉 딜레마가 해결책의 탐색을 유발한 것이다. 이런 결과를 모아서 기록해두면 나중에 큰 도움이 된다. 사후 대응을 위한 탐색이 사전 대책을 위한 지침이 될 수 있다.

이렇게 생각해보자. 재능 있고 열정 많은 부하 직원을 둔 팀장이 있다고 하자. 이 부하 직원은 승진해서 더 큰 책임을 맡고 싶어 한다. 그러나 이 직원의 열정에 답해줄 방법이 마땅치 않다. 승진을 보장해줄 수도 없고 쉽게 보수를 올려줄 수도 없다. 이 사람의 열의를 꺾지 않으려면 어떻게 해야 할까? 최악의 경우 자칫 이 사람의 장점을 모두 잃는 일이 생기지 않으려면 어떻게 하는 것이 좋을까?

팀장은 먼저 모범 사례에서 선택지를 찾아본다. 세상에 존재하는 수많은 조직 중에는 분명 이 문제를 풀어본 사람이 있을 것이다. 다음으로는 자신이 속한 조직 내에서 밝은 점을 찾아본다. 오랫동안 팀장으로 일했던 두어 사람과 이야기하며 그들에게 통찰을 구한다.

그런데 여기서 한 걸음 더 나가보면 어떨까? 후임 팀장이 비슷한 상황에서 참고하도록 자신이 모범 사례와 밝은 점을 통해 알게 된 내용을 글로 기록해두는 것이다. 1개월 후든 1년 후든 다음에 올 팀장이 똑같은 어려움을 만나면 그 사람은 전 팀장이 미리 마련해둔 아이디어를 찾아볼 수 있다. 여기에 들어갈 법한 내용은 다음과 같다. "팀장이 하는 일을 직원에게 일부 위임할 방법을 찾는다. 직원들이 주도할 만한 프로젝트를 만든다. 직원이 한 일을 공개적으로 인정받게 할 방법을 찾는다."

이렇게 조언을 문서화하는 일은 최고의 히트곡들을 모아 "플레이리스트"를 만드는 것과 같다. 여기에는 필요한 질문, 참고할 원리, 고려할 아이디어가 모두 포함된다.

이 플레이리스트가 있으면 사후 대응에서 비롯된 탐색(누가 이 문제를 풀어보았을까?)의 결과를 사전 대책 방안(이 문제를 풀어본 사람들이 말한 내용이 여기 있으니 참고하세요!)으로 탈바꿈시킬 수 있다.

디온 휴스Dion Hughes와 마크 존슨Mark Johnson은 플레이리스트 기법을 사용해 광고계에서 많은 성공을 거두었다. 두 사람은 퍼스웨이전 아츠앤드사이언스Persuasion Arts & Science라는 회사의 설립자다. 이들은 창의력을 발휘해야 할 때 걸림돌을 만난 광고 대행사들의 구원 투수 역할을 자처한다. 중요한 시점이 목전에 있을 때 마지막 순간에 나타나 신선한 아이디어를 던지곤 한다.

두 사람은 모두 일류 광고 회사에서 일한 커리어가 있다. 존슨은 "울트라 드라이빙 머신ultra driving machine"이란 문구로 BMW 광고를 만든 팀의 일원이었고, 휴스는 포스터스Foster's 맥주 광고인 "호주어 말하는 법how to speak Australian"을 만들어 다수의 상을 휩쓸었다(포스터스 맥주 광고판의 예: 단검 사진과 포스터스 맥주 사진이 나란히 붙어 있고 단검 사진 밑에는 "호주어로 치실을 뜻하는 말", 포스터스 맥주 사진 밑에는 "호주어로 맥주를 뜻하는 말"이라는 문구가 실려 있다).

디온 휴스는 말했다. "창의적인 사람들은 자기 아이디어를 애지 중지하죠. 이런 사람들은 열정을 느끼는 아이디어를 찾아서 엄청난 감정적 에너지를 쏟아요. 또 대부분의 시간 동안 한두 가지 아이디어를 깊숙이 파고드는 편이지 여러 가지 아이디어를 떠올리려고 하진 않죠. 그래서 생각했어요. 우리는 반대로 해보자!" 광고 대행사 책임자들의 요청이 들어오면 휴스와 존슨은 일주일 안에 여남은 개의 아이디어를 보내주려고 한다(멀티트래킹 방식).

두 사람은 이 많은 아이디어를 만들어낼 때마다 매번 똑같은 플레이리스트의 질문들을 재활용한다. 가령 이런 질문들이다. "브랜드 안에 유용하게 쓸 만한 시각적 장치가 있는가? 그 장치를 광고에서 어떻게 구체화할 수 있을까?"

예컨대 국제 물류 회사 UPS 프로젝트에서는 방패 모양 로고와 UPS 배달원들이 입는 전형적인 갈색 유니폼, 상자 모양의 친숙한 배달 트럭 등이 그런 시각적 장치였다.

그 외에 이들의 플레이리스트에는 다음과 같은 질문이 있다.

- 이 브랜드 하면 떠오르는 색깔이 있는가?
- 이 제품의 경쟁 제품은 무엇인가?
- 이 브랜드가 시장 점유율 1위를 차지한다면 어떨까?
- 이 회사가 급성장한다면 어떨까?
- 이 제품을 사람으로 표현한다면?

2008년 다이애나스버내나스_{Diana's Bananas}라는 작은 가족 기업이 퍼스웨이전아츠앤드사이언스의 문을 두드렸다. 다이애나스버내나스는 초콜릿을 입힌 얼린 바나나 딱 한 제품만 파는 회사였다. 설립자는 시카고의 한 여성이었는데 그녀가 사망한 뒤 남편이 "손바닥만 한 회사와 생산 직원 한 조로 돌아가는 역시 손바닥만 한 공장"을 맡고 있다고 했다.

이야기를 듣고 마음이 움직인 휴스와 존슨은 다이애나스의 작은 프로젝트를 맡아서 진행하기로 했다. 그러나 사장은 이 프로젝트에 들일 수 있는 돈이 8만 달러뿐이라고 했다. 휴스와 존슨은 그 금액으로 TV 광고를 크게 하는 건 불가능하단 말을 조심스럽게 꺼내야 했다. 두 사람이 보기에 지금 극복할 문제는 2가지였다. 첫째, 장보기 목록에 "얼린 바나나"를 적어서 마트에 가는 사람은 거의 없다. 둘째, 지나가다 얼린 바나나가 눈에 들어와 충동적으로 사 가는 사람은 더더욱 없다. 예산이 부족한 다이애나스는 냉동식품 판매대에서 좋은 자리를 차지할 수 없었기 때문이다. 다이애나스의 얼린 바나나는 주로 선반 맨 아래 칸에 밀려나 있었다.

휴스와 존슨은 이 2가지를 중심으로 문제를 고민하기 시작했다. "이건 주로 아이들이 먹는 거야. 아이들이 부모한테 사달라고 조르게 해야 해. 그런데 아이들은 이런 게 있다는 것조차 모르지. 그러니까 아이들이 제품이 진열된 자리까지 가게 해야 해. 그런데 어떻게?"

두 사람은 플레이리스트를 훑어보던 중 한 질문에 눈이 갔다. "브랜드 안에 유용하게 쓸 만한 시각적 장치가 있는가? 그 장치를 광고에서 어떻게 구체화할 수 있을까?" 그러고 보니 제품 포장에 기저귀 찬 아기 원숭이 그림이 있었다. 두 사람은 원숭이와 바나나를 두고 고민하다가 아이디어를 떠올렸다. "원숭이가 바나나를 먹으면서 빵 부스러기 흘리듯 바나나 껍질로 흔적을 남겼다고 하면 어떨까?"

휴스와 존슨은 신이 나서 샛노란 바나나 껍질 형태의 도안을 여러 개 디자인했다. 이것들을 마트 바닥에 붙여두면 아기 원숭이의 흔적처럼 다이애나스 제품이 진열된 냉동식품 판매대까지 길잡이 역할을 해줄 터였다. 아이들은 금세 놀이를 알아보았고 보물찾기하듯 바닥에 붙은 길잡이 도안들을 따라가기 시작했다.

마트 체인점들에 바나나 껍질 도안이 붙은 뒤 휴스와 존슨은 전화로 광고의 진행 상황을 확인했다. 사장은 말했다. "물량을 대느라 생산 조를 두 팀이나 늘렸습니다!" 바나나 껍질 따라가기 놀이가 마법을 부린 셈이었다.

휴스와 존슨이 지금껏 가장 큰 성공을 거둔 것은 이름을 밝힐 수 없는 고객사를 대상으로 한 프로젝트에서였다. 《포춘》 100대 기업 중 하나인 이 회사는 당시 자사 광고를 담당하던 광고 대행사에 통보를 해왔다. 더 신선한 광고를 내놓지 못하면 아홉 자리 액수의 광고비는 다른 대행사로 넘어간다고 말이다. 혼비백산한 이 대행사는 대규모 산업 도시 외곽의 공항 호텔로 40명의 광고 크리에이터를 불러 모았다. 휴스와 존슨도 이 그룹에 합류했다. 이들은 세간의 이목을 끄는 살인 사건의 배심원들처럼 비밀리에 격리되었다. 심지어 호텔 근처에 사는 대행사 직원들조차 이 기간에는 귀가가 허락되지 않았다.

휴스는 말했다. "방 안을 둘러보며 생각했습니다. '이 방엔 재능 있는 사람이 많아. 어떻게 하면 우리가 저 사람들을 이길 수 있을까?'" 다른 팀들은 며칠 동안 한두 가지 아이디어를 세심하게 다듬어

정리해 올 터였다. 휴스와 존슨은 이 점을 염두에 두고 늘 그렇듯 플레이리스트의 질문들로 돌아갔다. 속도와 양으로 덤비면 승산이 있으리라고 생각했기 때문이다.

둘은 바로 이튿날 광고 대행사의 책임자를 만나기로 했다. 휴스는 당시 상황을 이렇게 전했다. "TV나 전단지 광고는 계획에 없었습니다. 대신 이렇게 말하려고 했어요. '우리는 이번 브리핑에서 이것들을 전부 다룰 겁니다.' 칸을 여러 개 그리고 칸마다 하나씩 아이디어를 집어넣을 생각이었죠. 그런 다음 우리가 그 아이디어들의 주인노릇을 하려는 셈이었어요. 일주일 뒤 다른 크리에이터들이 각자 아이디어를 들고 오면 책임자는 이렇게 말하겠죠. '이런, 디온과 마크가 이미 제출한 아이디어로군요.'"

계획은 딱 맞아떨어졌다. 나중에 광고 대행사는 6가지의 아이디어를 "최종 후보"로 고객사에 제출했다. 그중 4가지가 휴스와 존슨의 아이디어였고 그중 하나가 광고로 채택되었다. 플레이리스트가 거둔 승리였다.[4]

플레이리스트 만들기의 활용법과 장점

휴스와 존슨이 사용한 전략은 "무작위 대입 공격brute-force attack"(무차별 대입 공격. 암호를 풀기 위해 모든 경우의 수를 대입하는 방법-옮긴이) 같은 측면이 있다. 두 사람은 처방전 삼아 쓰는 질문들을 하나씩 살펴보며 새로운 선택지를 만들어냈다. 미리 만들어 "보관"했던 자극제가 신선한 통찰을 유발한 셈이다. 특히 놀라운 것은 이 무작위 대입 공격 접근법이 창의력과 신선함을 최고로 치는 광고의 영역에서 효과를 낼 수 있다는 점이다. 그렇다면 이 방법은 우리에게도 효과가 있을 것이다.

동료들이 선택지를 찾는 데 힘을 보태기 위해 당신 역시 나름의 플레이리스트를 만들어보면 어떨까? 당신의 조직에서 지금껏 흔하게 다루어온 결정에는 어떤 것들이 있는지 생각해보자. 예컨대 유쾌하지는 않지만 자주 결정해야 하는 문제 중 하나는 "예산을 어떻게 줄일 것인가?"다. 만일 조직 내 현명한 사람들이 이 상황에 도움이 될 질문이나 주제를 미리 만들어두었다면 어떤 내용일까?

- 기존 지출을 줄이는 대신 계획된 지출을 늦추는 방법으로 예산을 줄일 수 있는가?
- 예산 절감의 필요성을 낮추어도 될 다른 잠재 수입원이 남아 있는가?
- 모든 비용을 정한 한도만큼 절감해야 한다는 강박을 내려놓는다. 더 전략적으로 예산을 절감할 방법을 생각한다.
- 필요한 정도보다 더 예산을 줄이고 그렇게 확보한 자금으로 전망 좋은 새로운 기회에 투자할 수 있는가?

휴스와 존슨이 쓰는 형태의 플레이리스트가 마련되어 있다면 관리자는 잠재 선택지를 신속히 선별할 수 있다.

한 지방 정부 공무원이 도서관 예산을 10퍼센트 절감해야 해서 고심하는 중이라고 해보자. 본래 이 공무원은 2가지 선택지를 놓고 고민하고 있었다. 모든 도서관의 운영 시간을 10퍼센트 단축하는 것과 도서관 1곳을 완전히 폐쇄하는 것 중 어느 쪽이 나을까? 이 담당 공무원은 플레이리스트를 이용해 선택지의 범위를 넓힐 수 있다.

- "기존 지출을 줄이는 대신 계획된 지출을 늦추는 방법으로 예산을 줄일 수 있는가?" IT 계통 직원 채용을 연기할 수 있지만 큰 도움은 안 될 것 같다.
- "예산 절감의 필요성을 낮추어도 될 다른 잠재 수입원이 남아 있는가?" 장담은 못 한다. 지금 분위기에서 세금을 올리는 건 불가능하다. 기업에 후원을 요청할 수 있겠지만 효과는 내년에야 나타날 것이다.
- "모든 비용을 정한 한도만큼 절감해야 한다는 강박을 내려놓는다. 더 전략적으로 예산을 절감할 방법을 생각한다." 도서관 이용 제한 시간에 관해서는 전략적으로 접근하는 편이 현명하다. 가령 대학교 근처 도서관은 저녁 시간은 기존대로 운영하고 아침에 여는 시간을 늦춘다. 은퇴자들이 많이 사는 주택가 도서관은 여는 시간은 그대로 유지하고 닫는 시간을 당긴다.
- "필요한 정도보다 더 예산을 줄이고 그렇게 확보한 자금으로 전망 좋은 새로운 기회에 투자할 수 있는가?" 옳은 말이다. 활용도가 가장 낮은 도서관을 폐쇄하고 운영 시간을 단축하면 200만 달러를 확보할 수 있다. 이 돈을 온라인 설비에 투자하면 지역 주민 모두가 1년 365일 혜택을 볼 수 있다.

이렇게 결정을 위한 보조 장치가 있다면 사실상 모든 조직에 힘이 될 것이다.(장담한다!) 플레이리스트는 체크리스트만큼 유용하게 쓰여야 마땅하다. 그러나 우리의 조직들에는 체크리스트는 많지만 플레이리스트는 전무하다. 체크리스트는 매번 같은 행동을 반복해야 하는 상황에서 유용하다. 이것은 규범을 제시하고 실수를 방지한다. 반면에 플레이리스트는 자극이 필요한 상황에서 유용하다. 새로운 아이디어를 만들어내는 도구가 된다. 플레이리스트는 선택지를 만들 뿐 아니라 선택지가 간과되는 상황을 방지하기까지 한다(스포트라이트를 이리저리 비추어보게 한다).

또한 플레이리스트는 멀티트래킹의 원동력이 된다. 3장에서 예방 마인드셋과 향상 마인드셋 사이를 오가는 것이 중요하다고 했다. 플레이리스트를 사용하면 이 두 마인드셋 사이를 오가야만 하는 상황이 된다. 앞서 언급한 예산 절감 플레이리스트의 마지막 항목(예산을 절감해서 확보한 자금으로 전망이 밝은 새로운 기회에 투자할 수 있는가?)은 향상 마인드셋을 유발해 명백한 자극제 구실을 한다는 데 주목하자. 예산 절감을 고심하는 결정권자들은 대부분 (피해를 막아야 한다는 생각에) 예방 마인드셋에 갇히기가 쉬우므로 이 질문은 정말 유용한 자극을 선사한다.

물론 플레이리스트는 만병통치약이 아니다. 예컨대 아주 새로운 문제를 결정해야 할 때는 적절한 플레이리스트를 확보하기가 어렵다. 이때는 가차없이 변화가 이어지므로 결정 상황을 너무 자주 맞닥뜨리게 된다는 문제도 있다.

그렇다면 플레이리스트, 모범 사례, 밝은 점 등을 참고할 수 없는 상황에서 뭔가를 선택해야 한다면 어떻게 해야 할까? 다시 말해 어디서도 도움을 받을 수 없다면?

유추 기법: 이미 해결된 다른 문제와 비교하라

케빈 던바Kevin Dunbar는 과학자들이 생각하는 방식을 알아보기로 하고 연구에 돌입했다. 과학자들은 어떻게 문제를 해결할까? 그들은 어디서 돌파구를 찾을까? 과학적 사고에 관한 던바의 관심은 과학(학부 시절 5년간 분자생물학 공부)과 사고(심리학 교수로 재직)에 관한 개인적인 연구 경험이 적절히 혼합된 결과였다.

그러나 그는 곧 심리학 도구들이 새로운 문제의 해결 과정을 연구하는 데는 적합하지 않다는 사실을 깨달았다. 새로운 문제의 해결이야말로 현실 속 과학의 가장 큰 특징인데 말이다. 일반적인 심리학 실험에서는 학부생들(심리학 실험에서 실험 쥐)을 데려다 10분 동안 문제를 풀게 한다. 전문 지식이 전무하더라도 스무 살 정도면 충분히 해치울 만한 것들이다. 그러나 과학은 몇 분이 아니라 몇 달, 몇 년에 걸쳐 서서히 전개되는 분야며 과학자들은 자신의 분야를 아주 깊이 아는 사람들이다. 던바는 10분이면 해결될 문제 몇 개를 만들어서는 당연히 과학자들의 머릿속을 알아볼 수 없다고 생각했다.

그래서 던바는 마치 전쟁터에서 군인들과 같이 생활하는 종군 기자처럼 분자생물학을 선도하는 연구소 4곳의 과학자들과 1년을 보내며 가까이서 그들의 연구를 관찰하고 기록했다. 관찰 중 가장 집중적으로 살펴본 것은 4개 연구소에서 공통으로 열리는 연구 회의 시간이었다. 보통 일주일에 한 차례 열리는 이 회의에서는 박사 과정이나 박사 후 과정 1명이 진행 중인 프로젝트에 관해 논의했다.

던바는 수많은 시간 동안 옆에서 이들의 이야기를 듣고 이들을 인터뷰하고 여러 내용을 종합한 끝에 한 가지 중요한 사실을 알게 되었다. 과학적 사고를 든든하게 받쳐주지만 과학자들은 미처 깨닫지 못하는 기둥 중 하나가 바로 "유추analogy"라는 것이었다.

과학자들이 실험을 하다 흔히 부딪히는 문제에는 "좁은 유추local analogy"가 도움이 되었다. 좁은 유추란 현재 진행하는 실험을 비슷한 대상을 다룬 다른 실험과 비교하는 것을 말한다. 가령 파지 바이러스phage virus 실험이 실패했다고 한탄하는 과학자가 있다고 하자. 이때 동료 하나가 실험 방법을 살짝 바꾸어서 비슷한 문제를 극복했던 경험을 들려준다면 좁은 유추가 이루어진 셈이다. 던바는 말했다. "내가 관찰한 '모든' 회의에서 과학자들은 이런 형태로 문제에 접근했습니다. 한 회의에서 이런 일이 여러 번 나타나는 때가 자주 있었습니다."

과학자들은 또한 더 큰 문제로 고심하는 경우가 있었다. 한 차례 실험만이 아니라 연속된 여러 차례 실험에서 계속 예상치 못한 결과가 나타나는 경우였다. 회의에서 이런 문제를 다룰 때면 과학자들은 좁은 유추에서 "넓은 유추regional analogy"로 프로세스를 전환하곤 했다. 이럴 때는 보통 연구 대상과 크게는 같은 계통에 속하지만 전혀 다른 대상에 관한 이야기가 등장했다. 가령 새로운 바이러스의 복제 방식을 알아보려는 과학자가 이 바이러스를 천연두처럼 잘 알려진 바이러스와 비교한다면 넓은 유추가 이루어진 셈이다.

던바는 유추가 "연구를 진척시키는 주요 메커니즘 중 하나"라고 말했다. 그리고 유추를 성공적으로 활용하려면 "당면한 문제의 중요한 특징"을 뽑아낼 수 있어야 한다고 덧붙였다. 그러려면 문제를 더 추상적이고 일반적인 시각에서 바라본 뒤 "이미 해결된 다른 문제를 찾아내야 한다."(같은 문제를 해결해본 사람을 찾아야 한다!)

그런데 흥미롭게도 문제 해결 과정에서 유추가 두드러진 역할을 한다는 사실을 과학자들은 보통 알아차리지 못했다. 한번은 연구 회의 뒤 며칠이 지나서 던바가 그들을 인터뷰했다. 그런데 그들은 회의 끝에 나온 결론은 기억했지만 그러기까지 길게 이어진 유추 과정은 떠올리지 못했다(던바는 그때부터 과학 분야 교육자들을 대상으로 글을 쓰고 있다. 유추의 힘을 더 확실히 사용하는 방법을 젊은 과학자들에게 가르치도록 독려하는 내용이다).

던바는 연구를 진행하며 또 한 가지 놀라운 점을 알게 되었다. 연구소 3곳은 꾸준히 유추를 활용했지만 나머지 1곳은 그러지 않았다. 그는 그 결과를 다음과 같이 설명한다.

유추를 사용하지 않는 실험실의 과학자들은 연구 중 문제에 봉착하면 다른 전략을 썼다. 실험이 성공하도록 온도를 올리거나 농도를 다르게 하는 등으로 여러 변수를 바꾸어보는 방식이었다. 그 결과 비슷한 경험을 들어보거나(좁은 유추) 완전히 다른 대상과 비교하면(넓은 유추) 해결되었을 문제가 여기서는 해결되지 않았다. 이곳에는 단기로든 장기로든 항상 풀어야 할 문제가 남아 있었다.

사실 나머지 3곳 역시 연구 중에 맞닥뜨리는 문제들은 비슷했다. 그러나 그곳 과학자들은 좁은 유추와 넓은 유추를 통해 훨씬 빠르게 문제를 해결했다.

유추를 활용하지 않는 연구소에서는 무작위 대입 공격 방식으로 문제에 더디게 접근할 수밖에 없었다. 유추를 시도하면, 즉 내 문제를 풀어본 사람을 찾으면 뷔페에서 음식을 고르듯 다양한 해결책 중 하나를 고를 수 있다.

그러나 이런 방식으로 찾는 과정을 번거로워한다면 항상 혼자 힘으로 답을 알아내야만 한다. 물론 가능하지만 현명한 방법은 아니며 그렇게 해서는 절대 신속히 답을 찾을 수 없다.[5]

사다리 오르기 프로세스를 사용하라

던바는 자잘하고 구체적인 문제에는 좁은 유추가 유용하고, 포괄적이고 개념적인 문제에는 넓은 유추가 유용함을 알게 되었다. 실제로 "중요한 특징"을 뽑아내는 역량이 커질수록 유추에 사용할 수 있는 대상의 폭은 넓어진다.

의료용 플라스틱 제품을 디자인하는 그룹을 대상으로 보 크리스텐슨Bo T. Christensen과 크리스천 션Christian D. Schunn이 진행한 또 다른 연구에 따르면 이 그룹의 디자이너들은 유추 과정에서 진정 곡예를 부릴 줄 알았다. 이들은 지퍼, 신용 카드, 화장지, 신발, 우유병, 크리스마스 장식, 물레바퀴, 그림 퍼즐, 블라인드, 속옷 등 온갖 물건을 유추에 사용했다.[6]

답이 보이지 않는 문제로 고심할 때 해결점을 찾고 싶다면 "사다리 오르기laddering up" 프로세스를 사용해보자. 사다리의 아래층에 있으면 내 상황과 흡사한 상황을 볼 수 있다. 거기서 눈에 띄는 해결책이 있다면 성공으로 이어질 가능성이 커진다. 상황이 매우 유사하기 때문이다. 한편 사다리 위층으로 올라갈수록 다른 영역에 해당하는 선택지가 더 많이 눈에 들어온다. 그러나 이 선택지를 얻어가려면 상상력을 발휘해야 한다. 사다리 위층에서는 예상치 못한 돌파구를 찾을 확률만큼 실패할 확률 또한 커진다. 가령 의료용 플라스틱 제품과 속옷 사이에서 통하는 지점을 찾으려면 벽에 둘러싸인 기분일 것이다(아주 딱딱하고 불편한 브래지어를 착용한 느낌이 들지도 모르겠다).

사다리 오르기의 예시를 살펴보는 의미에서 존스Jones라는 이름의 중학교 교장이 있다고 상상해보자. 존스 교장은 학교 급식실의 계산 대기 줄 이동 속도를 올려보려고 한다. 줄 서는 시간이 줄면 학생들은 오후 수업 전에 밖에 나가서 더 많은 활동을 할 수 있을 것이다.

목표가 그렇다면 어디서 선택지를 찾아야 할까? 우리가 아는 대로라면 교장은 먼저 가까운 곳을 찾아봐야 한다. 혹시 직원들 가운데에서 "밝은 점"을 찾을 수는 없을까? 가만 보면 다른 줄보다 계산이 빠른 줄이 있을 것이다. 교장은 이 줄의 계산을 맡은 직원이 프로세스를 다루는 방식을 살펴봐야 한다(이 직원은 도로 요금소 직원처럼 가장 많이 나오는 거스름돈 액수를 미리 준비해둔다든지 하는 요령이 있을 것이다). 그러면 이 직원이 쓰는 방법을 나머지 계산대로 확대할 수 있다.

밝은 점이 확실하지 않다면 사다리를 두어 칸쯤 올라가서 도시의 다른 학교들에서 쓰는 방법을 벤치마킹한다. 그런데 이번 역시 쓸만한 답이 안 보인다면 사다리를 더 올라가야 한다. 다음 단계에서는 계산대가 있는 다른 조직으로 탐색을 확장한다. 편의점부터 동네 수영장까지 어떤 곳이든 상관없다(사다리 위층으로 올라가는 것은 과학자들이 넓은 유추를 사용하는 것과 비슷하다. 이때 과학자들은 연구 중인 대상을 비슷한 계통의 다른 대상과 비교한다).

교장은 사다리 위층으로 올라가면서 문제의 정의를 넓히게 된다. 이제 그는 창의적인 방법으로 계산대 줄 정체 문제를 해결해본 사람을 넘어서 인파의 흐름을 잘 관리해본 누군가를 떠올려본다. 경기장, 박물관 주차장, 쇼핑센터 등의 관리자들이 그 예다.(디즈니랜드의 롤러코스터 대기 줄을 살펴봐도 점심시간 계산대 줄 정체 문제를 해결하는 데 도움이 되지 않을까?)

교장은 더 높이 높이 사다리를 올라간다. 그러던 중 고정된 공간에서 흐름을 관리하는 일을 전문으로 하는 사람들을 살펴보고 아이디어가 떠오를지 모른다. 이제 하수구 배관공, 전기공, 공장주 등이 전부 눈에 들어온다. 그러나 이렇게 문제가 추상화되다보면 결국 창의성의 영역을 지나 비합리성의 영역으로 접어들고 만다(아이디어를 얻으려다가 완전히 딴 세상으로 가버렸다는 생각이 들거든 사다리에서 내려와 커피나 한잔하는 편이 낫다).

앞 장에서 소개했던 제품명을 만드는 회사 렉시콘은 이 프로세스에 능하다. 이들은 컴퓨터 프로세서의 이름 "펜티엄"을 만들 당시 "속도"를 강조하고 싶었다. 그래서 사다리에서 컴퓨터공학의 영역을 지나 더 높이까지 올라가서 빠르고 높은 수행력을 자랑하는 여러 가지 물건을 두고 고민하기 시작했다. 실제로 한 팀은 회전 활강 스키 경기의 명칭을 공부하기까지 했다. 결국 또 다른 방식의 유추를 통해 나온 이름이 승자가 되었다. 프로세서는 강력한 "성분" 즉 컴퓨터의 필수 요소라는 점이 제품명에 반영되었다. Pentium의 "-ium"은 주기율표의 원소명에 자주 등장하는 어미다.[7]

상어 수영복의 탄생: 사다리 오르기가 낳은 놀라운 성공

사다리 오르기 프로세스는 완전히 새로운 선택지를 만들어낼 수 있다. 이를 알아보기 위해 피오나 페어허스트Fiona Fairhurst의 이야기를 살펴보자. 수영 선수이기도 했던 피오나 페어허스트는 1997년 수영 용품 제조 회사 스피도Speedo에 디자이너로 채용되었다. 당시 그녀는 "수영 속도를 높일 수영복을 디자인하라"라는 아주 분명한 임무를 부여받았다.

그때까지 수영복은 점점 더 촉감이 부드럽고 몸에 단단히 밀착되고 몸을 많이 드러내는 쪽으로 진화하고 있었다. 그러나 스피도는 디자인에 관해 새로운 접근법을 원했다. 스피도의 초기 디자인을 탐탁지 않아 하던 페어허스트는 다른 영역에서 아이디어를 찾아보기 시작했다. "내 생각은 이런 식으로 돌아가요." 페어허스트가 2012년 6월에 스포츠 저널리스트인 딕 고든Dick Gordon과 인터뷰에서 한 말이다. "빨리 움직이는 뭔가를 만들려면 빠르다는 건 전부 들여다보는 편이죠. 빠른 움직임을 만들어내는 메커니즘은 물론이고요. 처음에는 사람이 만든 걸 살펴보기 시작했어요. 배, 어뢰, 우주왕복선 같은 거요."

페어허스트는 점차 사다리 위층으로 올라갔다. 이제 문제는 "속도를 높일 수영복"을 만드는 것이 아니었다. 그녀는 "물에서 특히 속도가 빠른 무엇"을 만드는 것으로 문제를 재정의했다. 그러자 물에서 생각보다 속도가 더 빠른 듯한 동물에 관심이 갔다. 얼마 뒤 그녀는 런던 자연사박물관Natural History Museum에서 운명 같은 날을 맞이했다.

그야말로 "유레카"를 외칠 만한 날이었어요. 안내원이 자연사박물관 뒤편에 있는 방들로 나를 데려가더군요. 관계자 외에는 들어갈 수 없는 공간이었어요. 거기에는 커다란 금속 탱크가 있었는데, 안내원이 뚜껑을 들어 올리니 그 안에 3미터는 족히 될 상어 한 마리가 있었어요. 안내원이 말했어요. "피오나, 이 녀석 코랑 배를 한번 만져보세요." 나는 생각했죠. '내가 지금 대체 무슨 짓을 하려는 거야?'

녀석의 코에 손을 갖다 댔는데 너무나 거칠어서 손을 벨 것 같았어요. 상어 가죽은 사람 치아처럼 에나멜 같은 물질로 된 방패 모양 돌기로 덮여 있거든요. 그걸 방패 비늘dermal denticle이라고 해요. 상어를 코끝에서부터 꼬리 방향으로 훑으면 아주 부드러워요. 그런데 물고기 비늘이 그렇듯 반대 방향으로 훑으면 완전히 느낌이 다르죠. 상어 가죽을 그렇게 훑었다가는 너무 날카로워서 손을 다칠 거예요.

페어허스트 팀은 상어 가죽 샘플을 연구소로 보냈고, 연구소에서는 미세한 돌기로 덮인 거친 질감의 이미지 여러 장을 팀으로 보내왔다. 페어허스트는 이 이미지를 보고 퍼뜩 아이디어가 떠올랐다. "사람들은 여러 해 동안 매끈한 질감의 섬유로 된 수영복이라야만 속도를 낼 수 있다고 생각했어요. 하지만 상어 가죽을 자세히 보면 정말 거칠거든요. '거친 질감'이야말로 속도를 내는 진짜 열쇠인 거죠."(실제로 하버드대학교 과학자들은 상어 가죽의 거친 방패 비늘이 저항은 줄이고 추진력은 높인다는 점을 실험으로 입증했다.[8]) 페어허스트와 동료들은 이 점에 착안해 1000가지가 넘는 섬유 샘플을 만들었고, 결국 상어 가죽과 확실히 질감이 같은 하나를 만들어냈다.

새 수영복에서 시도한 또 한 가지(아마 더 중요한) 변화 역시 유추의 결과물이었다. 이번에는 사람이 만든 물건인 어뢰가 중요한 역할을 했다. 몸을 많이 드러내는 기존 수영복과 달리 페어허스트의 수영복은 마치 제2의 피부처럼 몸을 대부분 가리게 되어 있었다. 몸에 완전히 밀착되었고 그래서 움직임이 제한되는 느낌마저 들었다. 처음에는 불편함을 호소하는 선수들이 있을 정도였다. 그러나 페어허스트는 이 디자인의 효과가 대단하다고 말했다. "몸을 꽉 조여서 최대한 굴곡을 없애면 물속에서 어뢰 같은 모양이 될 수 있어요."

스피도 팀은 올림픽 선수들을 대상으로 새 수영복을 시험하기 시작했다. 한번은 2000년 시드니 올림픽을 앞두고 미국 수영 선수 제니 톰슨Jenny Tompson이 테스트에 참가했다. 톰슨은 1992년과 1996년 올림픽에서 금메달을 딴 선수였다. 코치가 시간을 재는 동안 톰슨은 기존 수영복을 입고 한 번, 페어허스트의 새 수영복을 입고 한 번 50미터를 두 차례 완주했다.

페어허스트가 말하길 그때 물 밖으로 나온 톰슨은 이렇게 투덜거렸다고 한다. "이 수영복 정말 맘에 안 들어요. 너무 끔찍해요." 그러나 타이머를 들여다보던 코치는 영 눈을 못 믿겠다는 얼굴이었다. 페어허스트의 수영복을 입었을 때 나온 기록이 톰슨의 세계 기록과 근접했던 것이다. 게다가 톰슨은 출발선에서 최고 속도를 내지도 않았다. 그저 발로 슬쩍 벽을 밀기만 했을 뿐인데 이런 기록이 나오다니! 코치는 톰슨에게 말했다. "세계 신기록이 이렇게 쉽다고? 수영복은 이걸로 하자!"

새 수영복은 "패스트스킨Fastskin"이라는 이름을 달고 여러 차례 테스트에서 꾸준히 기존 수영복을 앞섰다. 다음으로 넘어야 할 것은 규제의 벽이었다. 선수들이 올림픽에서 패스트스킨을 입으려면 국제수영연맹FINA의 승인을 받아야 했다. 그러나 국제수영연맹은 미적인 이유로 이 수영복을 반대했고 페어허스트는 몹시 당황스러웠다. "국제수영연맹은 TV 중계에 나오는 수영 선수들이 멋진 몸을 드러내야 마땅하다고 생각했어요. 〈SOS 해상 구조대Baywatch〉 같은 드라마에서처럼요." 국제수영연맹의 리더들은 패스트스킨이 몸을 너무 많이 가려서 걱정이었다!

다행히 국제수영연맹은 이 불안감을 이기고 패스트스킨을 경기용 수영복으로 승인했으며, 이로써 패스트스킨은 2000년 시드니 올림픽에서 데뷔전을 치렀다. 그 결과 즉시 극적인 효과가 나타났다. 놀랍게도 수영 종목에 걸린 메달 중 83퍼센트가 패스트스킨을 착용한 선수들에게 돌아갔다.

패스트스킨의 성공은 논란을 불러일으켰다. 일부 올림픽 수영 선수들과 비평가들이 수영복 때문에 특정 선수들만 경기에 유리해지는 것이 옳은지 문제를 제기한 것이다.

이후 페어허스트는 꾸준히 패스트스킨을 개선해나갔고 더불어 수영 선수들은 꾸준히 기량이 올라갔다. 그러다 결국 국제수영연맹은 2010년부터 경기용 수영복에 특정 직물과 스타일을 사용할 수 없다는 규정을 적용하기 시작했다.

페어허스트는 사다리 오르기를 통해 뛰어난 경쟁 우위를 만들어냈다. 그렇게 나온 패스트스킨은 경기의 전체 수준을 유지하기 위해 금지할 수밖에 없을 만큼 막강했다.[9]

* * *

　지금까지 2부에서는 선택지를 지나치게 제한하는 성향인 "편협한 사고틀"을 피하는 방법들을 알아보았다. 10대들이나 기업의 경영진만이 아니다. 사람은 누구나 편협한 사고틀의 함정에 빠질 수 있다.

　우리는 이 책을 쓰면서 비슷한 딜레마에 직면한 세 사람과 대화할 기회가 있었다. 두 사람은 일을 그만둘지 말지를, 나머지 한 사람은 관계를 끊을지 말지를 고민하는 중이었다. 각자 생각하는 선택지를 말해달라고 하자 셋은 양자택일의 틀을 벗어나지 못했다. "회사(남자친구)를 떠날까 말까?"("떠날까 말까?"가 나오기 무섭게 이제 내가 한번 나서볼까 싶은 생각이 들었기를 바란다.)

　놀랍게 이들 중 누구도 당연한 세 번째 선택지는 고려하지 않았다. 상황을 바꾸어보려고 하지 않은 것이다! 우리는 그들에게 세 번째 선택지를 제시했다. "부장님한테 다른 보직을 달라고 해보시죠?" "남자친구랑 잘 지낼 방법을 같이 얘기해보면 어때요?" 셋 중 2명은 이 말을 듣더니 이마를 치며 "아하!"를 외쳤다(나머지 한 사람은 자신의 문제는 대화로 해결할 수 없다고 했다). 그러니까 이들은 이를테면 인지 거품cognitive bubble에 갇힌 똑똑한 사람들이었다.

　그러나 놀라운 사실이 있다. 의사결정을 가로막는 네 악당 가운데 편협한 사고틀은 바로잡기가 정말 쉽다. 인지 거품은 아주 살짝만 건드리면 쉽게 터질 때가 많다. 우리는 지금까지 선택지를 넓히기 위해 인지 거품을 건드리는 방법들을 이야기했다.

　그중 하나가 "선택지 백지화하기"였다. 선택지 백지화는 다음과 같이 이루어진다. "지금 고민하는 것들을 전혀 할 수 없다면 그 외에 어떤 대안이 있을까? 전혀 다른 것에 시간과 돈을 써야만 한다면 어떻게 해야 할까? 이다음 선택지는 무엇일까?"

그리고 "멀티트래킹하기"에 대해 알아보았다. "둘 중 하나가 아닌 둘 다"를 고민하면 선택지를 확실히 비교할 수 있다. 나아가 이 방법을 사용하면 예방 마인드셋과 향상 마인드셋 사이를 오가며 더 "균형" 잡힌 선택지들을 만들어낼 수 있다.

마지막으로 전혀 해결점이 보이지 않을 때는 안("밝은 점")과 밖("경쟁 대상"과 "모범 사례")을 살펴봐야 하며, 멀리까지("사다리 오르기") 사고를 확장할 필요가 있다.

선택지를 넓히면 여러 뚜렷한 대안 속에서 진정한 선택을 하는 풍요를 누릴 수 있다. 그러나 흔히 처음에는 어느 것이 더 나은지 실마리 정도는 얻을 수 있지만 올바른 선택지를 분명하게 알아보기가 어렵다. 그러므로 결정을 확연히 개선하려면 더 많은 정보를 수집해야 한다.

그런데 문제는 이런 선택지 넓히기 노력을 방해하는 악당이 존재한다는 점이다. 우리가 1부에서 이미 만나본 "확증 편향"이 바로 그것이다. 확증 편향은 직감에 따른 선호를 뒷받침하는 정보만 수집하도록 우리를 유혹한다.

편협한 사고틀과 달리 확증 편향은 흔들기가 쉽지 않다. 여러 해 동안 편향을 연구한 가장 똑똑한 심리학자들조차 이를 해소할 자신이 없다고 말한다. 확증 편향은 깔끔하게 해결할 수 없다. 의식적으로 관리하는 것만 가능할 뿐이다.

이 완강한 적에 맞서 꿋꿋이 버티고 이겨내는 법을 알아내려면 다음 장으로 넘어가 당신 머릿속 가정을 검증할 준비를 해야 한다.

ONE PAGE:
CHAPTER 4

___

1. 선택지가 더 필요하지만 찾을 수 없다면 같은 문제를 이미 해결해본 사람을 찾자.

2. 외부 살피기: 경쟁 상대 분석, 벤치마킹, 모범 사례
   - 샘 월턴: 다른 상점들을 자세히 살핀 끝에 계산대 운영과 관련된 기발한 해결책을 찾아냈다.

3. 내부 살피기: 밝은 점 찾기
   - 카이저퍼머넌트그룹의 리더들은 그룹의 한 병원에서 구축한 패혈증 해결 프로세스를 찾아내어 그룹 내 다른 병원들로 확장했다.
   - 내 생활 속 밝은 점에서 무엇을 배울 수 있을까?(예: 지난달에 4번이나 헬스장에 간 비결)

4. **결정할 때 효과를 발휘한 비법을 모아 "플레이리스트"를 만들어두면 나중에 사전 대응 지침으로 사용할 수 있다.**
   - 체크리스트는 실수를 방지하고 플레이리스트는 새로운 아이디어를 자극한다.

- 광고 크리에이터 휴스와 존슨은 플레이리스트를 이용해 다량의 창의적 아이디어를 신속히 만들어낸다.
- 예산 절감을 위한 플레이리스트에는 예방 마인드셋과 향상 마인드셋 사이를 재빨리 오가게 하는 질문이 포함될 수 있다.(예: 여기서 절감한 자금을 저기에 더 투자하면 어떨까?)

5. **사고를 멀리 확장하면 아이디어가 보인다: 유추를 통한 사다리 오르기**
   - 케빈 던바: 유추는 과학적 문제 해결의 기둥이다. 과학자들은 비슷한 실험 및 실험 대상과 유추를 통해 연구를 발전시킨다.
   - 사다리 오르기: 사다리 아래층에서 하는 좁은 유추(비합리성에 빠질 위험이 적은 대신 기발함은 떨어질 수 있다)와 사다리 위층에서 하는 넓은 유추(비합리성에 빠질 위험이 큰 반면에 기발한 아이디어가 도출될 수 있다).

6. **뷔페에서 음식을 고르듯 세상에 골라 쓸 수 있는 수많은 선택지가 있는데 굳이 자기만의 아이디어를 짜내려고 수고할 이유가 있을까?**

가정을 검증하라

DECISIVE

생각을 뒤집어라

CEO의 자만심이 잘못된 기업 인수를 부른다

주식 시장의 불문율에 따르면 기업은 매년 꾸준히 성장해야 한다. 이 기대에 부응하고자 애쓰는 기업의 경영진이라면 다른 회사 인수는 몹시 매력적인 지름길로 보일 것이다. 그러나 이것은 비싼 지름길이기도 하다.

상장 기업을 인수할 때는 평균 41퍼센트의 프리미엄이 붙는다. 인수 대상 기업의 가치가 주식 시장 기준 1억 달러라고 한다면 인수 기업은 인수가로 1억 4100만 달러를 제시해야 한다는 뜻이다. 이 말을 더 쉽게 바꾸면 M&A에서 인수 기업의 CEO는 인수 대상 기업의

CEO에게 이렇게 말하는 것과 같다. "나는 당신 회사를 당신보다 41 퍼센트 더 잘 운영할 수 있소."

예상했겠지만 이는 아무 근거 없는 자신감으로 판명 날 때가 많다. 워런 버핏은 말했다. "나는 과거에 기업 인수에 굶주린 경영자들을 많이 보았다. 그들은 어릴 적 읽었던 개구리와 공주 이야기에 심취한 것 같았다. 동화 속 공주는 개구리한테 입을 맞추어 왕자로 변하게 한다. 경영자들은 이 성공담을 떠올리며 기업이라는 두꺼비에게 입 맞출 권리를 손에 쥐기 위해 어마어마한 대가를 지불한다. 그들은 동화 속 변신의 마법이 현실에서 일어나기를 기대한다." 그러나 버핏은 이렇게 덧붙였다. "그렇게 해 기업에 입을 맞춘 경영자는 많았지만 기적이 일어나는 일은 몹시 드물었다."

경영대학원 교수인 매슈 헤이워드Mathew Hayward와 도널드 햄브릭 Donald Hambrick은 이 현상에 의문이 들었다. 성공 확률은 희박한데 왜 CEO들은 비싼 값을 치르며 끊임없이 기업을 인수하는 걸까? 두 사람은 재무상 계산 착오보다는 CEO의 인간적 결함에 답이 있으리라고 생각했다. 이들은 인수 기업의 CEO가 잘못된 판단을 하는 것은 "자만심hubris"(오만) 때문이라는 가설을 세웠다.

자만심은 지나친 자존심 또는 지나친 자신감을 가리키며, 사람들은 자만의 결과로 마땅한 대가를 치르곤 한다. 그리스 신화에는 자만한 주인공이 굴욕스러운 결과를 겪는 이야기가 자주 등장한다. 이카루스는 태양에 너무 가까이 날아가지 말라는 조언을 무시해 밀랍으로 된 날개가 녹아내리는 바람에 추락해 죽음을 맞았다. 물론 기업 세계에서는 자만의 결과가 이만큼 혹독하지는 않다. 이카루스가 은행 CEO였더라면 1000만 달러짜리 황금 낙하산Golden Parachute을 타고 안전하게 내려왔을 것이다(황금 낙하산은 임기가 끝나지 않은 경영진에게 보장하는 거액의 퇴직금이나 스톡옵션이다-옮긴이).

헤이워드와 햄브릭은 경영진이 턱없이 많은 돈을 들여 다른 기업을 인수하는 것은 자만심(다른 기업을 인수해 마법을 부릴 수 있다는 확신) 탓이라고 추정했다. 두 사람은 이 가설을 시험할 목적으로 2년 동안 공개 시장에서 일어난 대형 인수(인수가 1억 달러 이상) 사례 106건을 하나하나 분석해보았다. 목적은 다음 3가지 요인에 따라 인수가가 어떻게 달라졌는지를 확인하는 것이었다. 이 세 요인은 모두 인수 기업 CEO의 자아를 부풀리는 경향이 있었다.

1. 매체의 찬사
2. 최근에 기업이 낸 높은 성과(CEO는 자신이 똑똑해서 이런 결과가 생겼다고 해석했을 것이다.)
3. 자만심(이를 확인할 기막힌 방법이 있다. 인수 기업의 CEO와 차상위 경영진의 대우 수준을 비교하는 것이다. 다른 경영진보다 4배 정도 대우가 좋은 CEO라면 분명 자신감이 하늘을 찌를 것이다.)

분석 결과 헤이워드와 햄브릭은 모든 면에서 옳았다. 3가지 요인의 영향이 각각 커질 때마다 CEO가 지불한 프리미엄 역시 높아지는 경향이 나타났기 때문이다.

일례로 연구진은 주요 신문에 CEO를 치켜세우는 기사가 하나 나올 때마다 인수 프리미엄이 4.8퍼센트 높아진다는 사실을 확인했다. 인수가가 1억 달러라면 CEO의 구미에 맞는 기사 하나로 480만 달러의 프리미엄이 더해지는 셈이다! 여기에 이런 기사가 하나 더 나오면 또 480만 달러가 올라간다.

헤이워드와 햄브릭은 이렇게 썼다. "비정상적으로 높은 인수 프리미엄을 지불하는 몇몇 CEO는 자신을 향한 언론의 찬사를 곧이곧대로 믿는 것 같다." 오래전 맥 데이비스Mac Davis의 노래가 생각난다. "아, 겸손하긴 정말 힘들어 / 이렇게 구석구석 완벽해서야 / 봐도 봐도 잘생긴 내 얼굴 / 이렇게 매일매일 멋져져서야."

이 모든 내용을 종합하면 기업가들은 중요한 교훈을 얻을 수 있다. 회사를 살 사람을 물색 중이라면 《포브스》의 표지를 장식한 사람에게 연락해보자. 이보다 확실한 방법은 없다.

헤이워드와 햄브릭은 자만심의 치료제 또한 찾아냈다. 바로 "반대 의견disagreement"이었다.

두 사람에 따르면 CEO가 인수 프리미엄을 비교적 낮게 지불한 사례를 살펴보면 CEO에게 반기를 들 가능성이 큰 사람들이 주변에 있었다. 가령 독립성 강한 이사회 의장, CEO나 회사와 직접 연관이 없는 사외 이사 등이 그런 사람들이었다. 그러나 회사 안에 독립적 관점이 전혀 존재하지 않는 경우가 있었다. 스내플 인수에 관해 내부에서 누구 하나 의문을 제기하지 않았다고 말한 퀘이커의 전 CEO가 기억나는가?[1]

좋은 결정을 원한다면 CEO는 반대 의견을 물을 용기가 필요하다. GM(제너럴모터스)에서 오랫동안 CEO 겸 회장을 지낸 앨프리드 슬론Alfred Sloan은 이사회 모임을 중단시키고 이렇게 질문한 적이 있었다. "이 결정에 전원 동의하신다는 뜻으로 받아들여도 되겠습니까?" 이사진은 모두 고개를 끄덕였다. 그러자 그가 말했다. "그렇다면 이 문제를 더 깊이 논의하는 건 미루는 편이 좋겠습니다. 다음 회의 때까지 반대 의견을 찾아보고 이번 결정의 의미를 더 잘 이해하는 시간을 갖기를 제안합니다."[2]

가정 검증하기: 확증 편향에서 벗어나는 법

우리 가운데 CEO들처럼 권력의 거품에 갇힌 사람은 드물다. 자만의 정도 역시 다행히 CEO들보다 우리가 훨씬 낮다. 그러나 그들과 우리는 공통점이 있다. 자신의 신념을 편애하는 편향이 그것이다. 우리의 "거품"은 회의실이 아닌 뇌다. 우리는 확증 편향 탓에 머릿속 신념을 뒷받침하는 정보만 찾으려고 한다.

집 근처에 새로 연 식당이 있다고 해보자. 좋아하는 종류의 음식을 판다니 무척 기대가 크다. 인터넷에서 식당 리뷰를 찾아보니 "좋다"(별 5개 만점에서 별 4개)와 "별로다"(별 2개)가 몇 개씩 나온다. 어떤 리뷰를 읽어보겠는가?

장담하는데 긍정적인 리뷰를 더 많이 읽을 것이다. 왜일까? 당신은 이 식당이 정말 괜찮은 곳이기를 바라기 때문이다.

심리학 연구 자료들을 다룬 최근의 한 메타 분석에 따르면 이러한 바람은 매우 극적인 결과로 이어진다. 연구진은 총 8000여 명의 참가자를 대상으로 한 90여 건의 연구를 살펴보고, 사람들은 자신의 신념이 틀렸다는 쪽보다 옳다는 쪽의 정보를 2배 이상 선호한다고 결론 내렸다(과학적으로 말하자면 당신은 별 2개짜리 리뷰보다 별 4개짜리 리뷰를 2배 이상 많이 읽을 것이다).

이 메타 분석 연구에 따르면 확증 편향은 종교나 정치처럼 감정이 지배하는 영역에서, 그리고 어느 한쪽을 믿으려는 강력한 기본 동기가 있을 때 더 강하게 나타났다. 소설가 업턴 싱클레어Upton Sinclair는 말했다. "뭔가를 이해하지 않는 대가로 봉급을 받는 사람에게 그것을 이해시키기란 어려운 일이다!" 어떤 사안에 이미 시간이나 노력을 많이 투자했을 때 역시 마찬가지였다.[3]

2부에서 우리는 편협한 사고틀에서 벗어나려면 관점의 폭을 넓혀야 하며, 그렇게 했을 때 쓸 수 있는 선택지가 확장된다는 사실을 확인했다. 이제 3부에서는 확장된 선택지를 "검증"하는 가장 좋은 방법을 알아보려고 한다.

알다시피 확증 편향은 당연히 검증을 왜곡할 것이다. 어느 한 선택지가 다른 선택지보다 조금이나마 더 마음에 든다면 분명 머릿속 스포트라이트는 그쪽에 유리한 방향으로 정보를 모으게 된다. 그렇다면 확증 편향을 극복하고 머릿속 가정을 제대로 검증하려면 어떻게 해야 할까?

반대 의견을 찾아라: 악마의 변호인, 머더 보드, 〈공쇼〉

가정 검증하기 첫 번째 단계는 위에서 소개한 GM의 전 CEO 앨프리드 슬론의 사례처럼 처음의 직감과 반대 방향 고려하기 훈련을 하는 것이다. 이 훈련은 건설적인 반대 의견을 불러일으키려는 의지에서 시작된다.

대부분의 사법 제도에는 반대 의견을 고려하는 과정이 프로세스 안에 마련되어 있다. 판사와 배심원들은 CEO처럼 정보의 거품에 갇히는 일이 드물다. 반대되는 양쪽 의견을 반드시 고려해야만 하기 때문이다.

균형 잡힌 프로세스는 사법 제도만의 전유물이 아니다. 가톨릭교회에서는 수 세기 동안 성인聖人으로 추대할 사람을 정하는 시성 결정canonization decision 프로세스 중에 "악마의 변호인devil's advocate"을 두었다. 교회 내에서는 "증성관promotor fidei"(신앙의 옹호자)으로 알려졌던 악마의 변호인은 성인으로 추대될 사람에 대해 반대 의견을 내야 했다.

그러나 교황 요한 바오로 2세가 1983년 이 직책을 없애면서 400년간 이어진 전통은 막을 내렸다. 그 후로는 20세기 초반보다 20배 빠른 속도로 시성 결정이 이루어진다고 한다.

개인적인 일을 결정할 때 의식적으로 주변에서 반대 의견을 찾는 사람은 얼마나 될까? 물론 모든 결정에 악마의 변호인이 필요한 건 아니다(바지 한 벌 사는데 "결사 반대"를 외칠 것까지야 없다). 그러나 위험 부담이 큰 일을 결정할 때는 회의적인 시각이 도움이 된다. 이때 10대 청소년이 집에 있다면 반대 의견을 개진해줄 좋은 자원이 될 수 있다. 회의적인 대화가 오갈 때면 사람들은 보통 대화를 받아들이기보다는 대화에서 달아나려는 경향이 있다. 그러나 이는 근시안적인 태도다. 의견을 흔드는 사람이 있을 때 잠시의 불편함을 피하고 싶은 마음이 드는 것은 당연하다. 하지만 앞을 보지 못하고 잘못된 결정 속으로 걸어 들어가는 고통보다는 잠깐의 불편함을 감수하는 편이 훨씬 낫지 않을까.[4]

조직 내에서 반대 의견을 독려하려면 어떤 계획이 필요할까? 개중에는 악마의 변호인 같은 전통을 만든 곳들이 있다. 예컨대 미국 국방부에는 "머더 보드murder board"(심사 위원회)가 있었다. 노련한 장교들로 구성된 이 조직이 하는 일은 잘못된 계획으로 판단되는 프로젝트를 죽이는 것, 즉 철회시키는 것이었다. 디즈니의 고위 경영진은 〈라이언 킹〉과 〈미녀와 야수〉 같은 히트작이 줄줄이 쏟아져 나오던 시절에 〈공쇼The Gong Show〉(일반인 참가자가 출연해 장기나 재능을 겨룬 미국 TV 쇼-옮긴이) 형식으로 아이디어를 발전시키곤 했다. TV 쇼의 형태를 빌려 영화나 디즈니랜드 놀이 기구에 관해 여러 사람의 아이디어를 들어본 것이다. 그러나 이때 경영진은 그저 그런 아이디어가 나오면 곧바로 무대 커튼을 내리게 했다고 한다.[5]

이쯤이면 조직 내에 공식적으로 악마의 변호인을 두는 편이 좋겠다는 생각이 들 것이다. 조직이 현실에 안주할 때 비판의 말을 할 수 있는 사람 말이다. 그러나 쉽게 상상할 수 있겠지만 이런 자리는 소외당하기 쉽다. 게다가 악마의 변호인이 있으면 나머지 사람들은 굳이 비판에 나설 필요가 없다는 변명거리가 생긴다.("악마의 변호인이 철저히 살펴볼 텐데 굳이 나까지 걱정할 필요는 없지.")

악마의 변호인에 관해 알아야 할 가장 중요한 교훈은 공식적으로 반대 의견을 낼 사람이 있어야만 한다는 사실이 아니다. 여기서 정말 중요한 것은 비판을 꼭 필요한 기능으로 이해해야 한다는 점이다. 훌륭한 증성관은 전형적인 논쟁의 대가가 아니라 가톨릭교회를 깊이 존중하는 사람이다. 회의적인 시각이 자연스럽게 드러날 수 없는 상황에서 반대 의견을 표출해 신앙을 수호하려는 사람인 것이다.(성인으로 고려할 만큼 존경스러운 삶을 산 사람에 대해 어떤 사람이 반대 의견을 말하고 싶겠는가?)

가치 중심 반대 의견이 나오도록 분위기를 유도하는 방법에는 여러 가지가 있다. 어떤 조직에서는 고위험 제안을 준비할 때 담당 이사가 경영진 몇 사람을 지명해 반대 의견을 준비하게 한다.(퀘이커의 CEO가 스내플 인수에 반대 의견을 낼 팀을 지명했다면 어땠을까?) 이는 현명한 생각이다. 반대 의견을 개진할 팀의 일원들은 "조직 보호" 임무를 띠고 회의적인 시각으로 사안을 바라볼 권리가 생기기 때문이다. 또 다른 대안은 인위적으로 반대 의견을 만드는 대신 기존의 반대 의견을 찾아내는 것이다. 현재 고민하는 결정에 대해 아직 반대 의견을 만난 적이 없다면 충분히 찾아보지 않았다는 의미일 가능성이 높다. 비판자들이 허심탄회하게 의견을 이야기할 수 있는 안전한 자리를 마련해보면 어떨까?

질문을 바꾸어라: "어떤 조건이 필요할까?"

반대 의견을 독려할 때의 단점은 이해타산만 따지는 쓸쓸한 상황이 될 수 있다는 것이다. 토론토대학교 로트먼경영대학원 학장이자 《생각이 차이를 만든다The Opposable Mind》(한국어판: 지식노마드, 2008)를 비롯해 다수의 유명 경영 서적을 집필한 로저 마틴Roger Martin은 전략 회의가 "적대적인 입장을 취해야만 하는 자리로 변질된다"라며 불만을 토로하는 사람이 많다고 말한다. 그는 효과적인 전략 수립 과정에서 이것만큼 큰 장벽은 없다고 판단한다.

그러나 마틴은 이 어려움이 생각보다 쉽게 극복될 수 있다고 믿는다. 그는 사회 초년생 시절에 비슷한 어려움을 맞닥뜨리고 즉석에서 해결책을 만들어낸 경험이 있다.

1990년대 중반 마틴은 막 경영대학원을 졸업하고 모니터그룹

Monitor Group이라는 컨설팅 회사에서 일하고 있었다. 모니터그룹의 고객사 중에는 토론토에 본사를 둔 인멧마이닝Inmet Mining이란 광산 회사가 있었다. 인멧마이닝의 경영진은 미시간주 북부에 있는 구리 광산 코퍼레인지Copper Range의 운명을 놓고 설전을 벌이는 중이었다. 코퍼레인지는 전성기에는 미국에서 가장 큰 구리 광산 중 하나였지만 이제는 무섭게 적자를 내며 경영난에 시달리고 있었다. 상황을 논의하기 위해 위스콘신주 라인랜더에서 중대한 회의가 열렸다. 코퍼레인지 관리자들은 미시간주에서부터 3시간 동안 차를 몰아서, 인멧마이닝 경영진은 토론토에서부터 비행기를 타고 라인랜더에 도착했다. 회의 장소는 공항 근처 평범한 호텔 회의실이었다.

회의에는 팽팽하게 긴장감이 돌았다. 인멧마이닝의 재무 담당 부사장 리처드 로스Richard Ross는 광산 폐쇄만이 옳은 선택지라는 생각으로 회의에 들어갔다. 그는 이렇게 말했다. "구리 가격이 떨어지면서 회사는 압박을 받고 있었습니다. 많은 돈을 투자했는데 실질적인 수익은 없었으니까요. 결국 아닌 건 아니라는 게 분명해졌습니다."

그러나 폐광은 냉혹한 결과를 초래할 우려가 있었다. 코퍼레인지는 1000명이 넘는 직원들의 일터였고 지역에서 유일한 대형 산업체였다. 이런 곳이 문을 닫으면 분명 지역 경제에 미치는 파급 효과가 엄청날 터였다. 경영진의 평판에 미칠 영향도 무시할 수 없었다. 광산을 인수해서 수백만 달러를 투자하기로 한 것이 불과 얼마 전 일이었다. 그런데 이렇게 빨리 문을 닫아버리면 주주들은 경영진의 판단을 어떻게 받아들일까?

광산 폐쇄 외에 선택지는 몇 가지 더 있었다. 우선 기존의 낡은 용광로를 폐쇄하고 구리는 캐나다로 보내 더 현대식 제련소에서 제런 과정을 거치게 하는 방법이 있었다. 다음으로 미개발 광맥이 있을 것으로 추정되는 북쪽으로 광산을 확장해 부족한 공급량을 보충하는 수가 있었다. 논의가 진행되는 동안 양측의 공방은 예상을 빗나가지 않았다. 경영진은 광산을 폐쇄하자는 쪽으로 기울어 있었고 광산 관리자들은 반대쪽으로 기울어 있었다. 다들 자기 말만 하기 바빴다.

로저 마틴은 처음에는 회의가 "중구난방"으로 흘러갔다고 말한다. 부사장 로스는 당시 상황을 이렇게 말했다. "두어 시간쯤 지나자 가슴이 답답해지더군요. 논의할 게 이렇게나 많은데 전부 어떡하나 싶었습니다." 마틴 역시 같은 생각이었다. "분명 토론은 산으로 가고 있었습니다." 그런데 교착 상태가 계속되던 중 문득 한 가지 아이디어가 떠올랐다.

마틴은 회의실에 모인 사람들에게 제안했다. "누가 옳은지 따지는 건 그만하시죠. 대신 선택지를 하나하나 살펴보면서 이렇게 질문하면 어떨까요? '이 선택지가 정답이 되려면 어떤 조건이 필요할까?'"

마음을 바꿀 만큼 설득력 있는 근거들을 찾아내는 것은 분명 가능했다. 회의에서는 어떤 근거들이 이야기되었을까? 리처드 로스의 말마따나, 로저 마틴이 이런 제안을 던지자 그제야 "모두가 생각이란 걸 하게" 되었다. 사람들은 논쟁을 멈추고 분석을 시작했고, 각 선택지를 뒷받침하는 논리적인 근거를 들며 의견을 주고받았다.

우선 경영진은 광산을 계속 운영하는 데 필요한 구체적인 조건에 관해 질문을 받았고, 그 조건을 충족하는 데 필요한 생산 목표를 이야기하기 시작했다. 광산 관리자들은 광산 폐쇄가 최선의 답이 될 시나리오에 관해 질문을 받았고, 구리 가격이 회복되지 않으면 광산을 유지하기가 어렵다고 했다.

토론은 방향이 완전히 달라졌다. 회의실 내부에 감도는 긴장감은 여전했지만 이는 분명 생산적인 긴장감이었다. 마틴이 회의의 틀을 바꾸자 반대편에서 으르렁대던 사람들은 같은 편에서 서로 힘을 보태는 사람들로 입장이 달라졌다. 마틴은 말했다. "마법이 일어난 것 같았습니다. 하루가 끝나갈 무렵 5가지 선택지가 완성되었고, 각각이 완전한 결론이 되려면 필요한 조건들이 합의되었습니다."

회의가 끝난 뒤 양측은 합의한 조건을 충족하는 데 필요한 정보를 수집하기 시작했다. 먼저 구리를 캐나다로 수송한다는 아이디어의 실효성을 검증했다. 그러나 모두의 예상보다 훨씬 더 비용이 많이 든다는 결론이 나오자 이 선택지는 곧바로 목록에서 제외되었다.

이어서 광산을 확장한다는 선택지를 검증했다. 그러나 확장 시도는 말 그대로 "벽"에 부딪혔다. 새 광맥으로 갱도를 연결하며 암반을 뚫는 과정에서 예상치 못한 구조상 제약을 만난 것이다. 당시 코퍼레인지의 총책임자였던 존 샌더스John Sanders에 따르면 기존 광산과 잠재적인 새 광산은 마치 지하에 나란히 자리한 2개의 쇼핑몰 같았다고 한다. "알고 보니 화장실 문만 한 구멍을 뚫는 것 외에는 둘을 연결할 길이 없었습니다. 좁은 틈으로 모든 것이 오가야 하는 모양새였어요. 그건 불가능한 얘기였습니다."

다음 이사회 회의가 열릴 무렵 답은 정해진 상태였다. 광산을 유지하는 방향으로 설득력 있는 선택지는 이제 남아 있지 않았다. 광산 총책임자 존 샌더스조차 이견이 없었다. 그는 이사회 앞에서 마지못한 얼굴로 폐광에 찬성한다는 의사를 밝혔다.

로저 마틴은 지금껏 자신이 여러 전략을 구상하면서 가장 중요하게 여긴 요소는 "어떤 조건이 필요할까?"라는 질문이었다고 말한다. 이유는 간단하다. 논지와 방향이 다른 정보를 찾는 것은 얼핏 완전히 부정적인 프로세스로 보일 수 있다. 나 또는 남의 논지에 구멍을 내려고 하는 것처럼 비치기 때문이다. 그러나 이 질문을 사용하면 프로세스에 다음과 같이 건설적인 측면이 더해진다. "제일 꺼리는 선택지가 사실은 최선일 수 있지 않을까? 이 점을 확인하려면 어떤 정보가 필요할까?"

마틴은 말한다. "가령 당신은 어떤 아이디어가 옳은 접근법이 아니라고 생각합니다. 누군가 이 아이디어가 옳다고 생각하는지 물으면 아니라고 답하겠죠. 그러고는 어떻게든 옳지 않다는 것만 증명하려고 할 겁니다. 하지만 이 아이디어가 옳은 접근법이 되려면 어떤 조건이 필요한지를 물으면 사고의 틀은 달라집니다. 이렇게 질문만 미묘하게 바꾸면 사람은 신념에서 한 걸음 물러날 길이 생깁니다. 탐색을 통해 새로운 것을 배울 기회도 얻게 되고요."

이 질문법은 반대 의견이 환영받지 못하는 조직에서 특히 유용하다. 이런 곳에서는 지배적인 생각에 도전하는 사람은 "팀워크"를 해친다고 비난받는다. 그런데 이때 마틴의 질문을 사용하면 반대자는 적대자가 아니라 문제 해결자로 보이게 된다.*

---

* 나중에 더 자세히 알아보겠지만, 의견이 다를 때 쓸 수 있는 또 다른 방법은 1장에서 소개한 데이비드 리 로스처럼 인계철선을 마련하는 것이다. 인계철선은 팀이 결정을 재고해야 하는 상황을 구체적으로 알리는 역할을 한다. 그러므로 결정을 회의적으로 생각하지만 뒤집을 힘은 없다면 동료들에게 이렇게 인계철선을 마련하자고 제안해보자. "만일 ×라는 문제가 생긴다면 이 결정은 다시 생각해봅시다." 동료들도 이 점은 어렵지 않게 받아들일 것이다. 대부분은 자신의 결정을 과신하며 인계철선이 건드려질 가능성을 과소평가하기 때문이다. 그러는 동안 당신은 "내가 뭐랬어?"라며 불만만 터트리는 사람으로 비치지는 않으면서 다음에 결정이 재고될 가능성을 열어놓을 수 있다.

요컨대 로저 마틴의 질문법이 이토록 효과적인 것은 불쾌하지 않게 반기를 들 여지가 생기기 때문이다. 마틴처럼 질문할 때 좋은 점은 생각이 틀렸다는 근거를 확인하는 차원을 넘어선다. 이때 우리는 토론에서 "패자"가 되었다는 느낌 없이 기꺼이 마음을 바꾸는 데 필요한 일련의 조건들을 어쩔 수 없이 생각하게 된다![6]

확증 타파 질문을 던져라

뭔가를 팔기 위해 필사적으로 덤비는 사람 앞에서는 누구든 틀린 정보를 잘 찾아낸다. 콘도 분양권 판매원이 "일생일대의 기회"라며 열변을 토하면 우리는 의심의 눈초리로 과장된 주장을 속으로 조목조목 따지며 철저하게 논리적인 사람이 된다. "이 리조트가 그렇게 인기가 좋고 지금 당장이 아니면 분양권은 꿈도 못 꿀 상황이라고? 정말 그렇다면 이 사람은 대체 왜 이렇게 절박해 보이는 걸까? 나 하나 데려가려고 이렇게까지 애를 쓴다고?"

그런데 우리가 "설득당하고 싶은 마음"을 품고 있다면 문제가 발생한다. 저녁을 먹는데 웨이터가 디저트 접시를 들고 다가온다고 해보자. 접시 위에는 눈이 돌아갈 만큼 크고 먹음직스러운 초콜릿 케이크가 담겨 있다. 입에 침이 고이기 시작하고 당신은 눈을 반짝이며 묻는다. "그거 맛있나요?" 정말 궁금해서 확인차 묻는 말이 아니다.

우리는 때때로 정보를 수집한다면서 사실은 자기 생각을 지지하는 근거를 찾는다. 예컨대 채용 과정에서 마음에 드는 지원자가 나타났을 때 이 사람의 추천인에게 연락을 취하는 경우를 생각해보자.

이는 자기 합리화self-justification 과정이 되기 쉽다. 채용 담당자는 이 사람이 적격일 것 같다며 마지막으로 판단을 "확인"해보기로 한다. 이 사람과 전에 같이 일했던 동료들에게 연락해 정보를 더 모아보면 될 터다. 여기까지는 좋다. 그런데 문제는 "누구에게 연락할지를 지원자에게 물어본다"는 것이다. 그러고는 당연하다는 듯 지원자가 알려준 사람들과 이야기를 나눈다. 물론 다들 지원자에 관해 좋은 말만 늘어놓는다. 어처구니없게 그런 뒤 담당자는 이 결정을 더욱더 확신하게 된다.(콘도 분양권 판매원이 콘도를 "강력 추천"하는 사람이 세 사람이나 된다고 하자 이 말을 듣고 분양권을 사는 것과 같은 상황이다.)

한편 어떤 채용 담당자들은 추천인 확인 절차에서 좀 더 머리를 쓴다. 이들은 추천인들한테 연락해서 본래 목록에는 없는 다른 사람을 추천인으로 알려달라고 한다. 이렇게 "2차" 추천인들과 이야기해보면 더 중립적인 정보가 수집된다. 그런가 하면 어떤 기업들은 추천인 인터뷰에서 하는 질문을 새롭게 바꾼다. 이제는 채용 후보를 "평가"해달라고("스티브의 성과는 어느 정도였나요? '대단'하거나 '탁월'했나요? 솔직하게 말씀해주시죠.") 하는 대신 사실에 근거한 구체적인 정보를 묻는 기업이 많다.

벤록Venrock의 벤처 투자자 레이 로스록Ray Rothrock은 기업가 평가법에 관한 경험을 이야기한 적이 있다. 로스록에 따르면 A라는 기업가가 어떤 사람인가를 판단하는 데 가장 효과적인 질문은 "지난 몇 년간 A를 거쳐 간 비서가 몇 명이었는가?"였다고 한다. 답이 5명쯤 된다면 A는 문제가 있는 사람일 가능성이 크다.

이렇게 구체적인 정보를 수집하는 전략을 잘 설명한 글이 있다. 미국의 한 지방법원 판사인 패트릭 실츠Patrick J. Schiltz는 1999년 〈불행하고 건강하지 못하고 비윤리적인 직업에 종사하면서 행복하고 건강하고 윤리적인 구성원이 되는 것에 관하여On Being a Happy, Healthy, and Ethical Member of an Unhappy, Unhealthy, and Unethical Profession〉라는 제목의 논문을 발표했다. 여기서 그는 법을 공부하는 학생들에게 대형 로펌에 들어가고 싶다면 먼저 "확증 타파 질문disconfirming question"을 던지라고 말한다.

대형 로펌들은 전부 자신들은 다르다고 말한다. 자기네 회사는 절대 노동을 착취하는 곳이 아니라고 한다. 그들은 소속 변호사들이 열심히 일하는 건 맞지만 그래도 균형 잡힌 삶을 산다고 강조한다. 그런데 이런 말은 대부분 사실이 아니다. 절대 그럴 수가 없기 때문이다. 세상에 공짜는 없는 법이다.

변호사를 만나면 까다로운 질문을 던져보자. 예를 들어 채용 과정에서 로펌 변호사 두어 명과 저녁을 먹게 되었다고 하자. 그럴 때 "일에서 벗어날 때도 있으시죠?" 따위의 질문은 곤란하다. 그러면 빙그레 웃으며 "당연하죠"라고 답하며 와인이나 한 잔 더 하라고 할 것이다. 대신 지난주에 몇 번이나 가족과 함께 저녁을 먹었는지, 그게 몇 시였는지, 식사 후에 다시 일을 하진 않았는지 물어보자.

제일 좋아하는 TV 프로그램이나 최근에 본 드라마나 영화 중 제일 좋았던 것을 물어봐도 좋다. 시트콤 〈웰컴 백 코터Welcome Back, Kotter〉나 영화 〈토요일 밤의 열기Saturday Night Fever〉 같은 1970년대 작품 제목이 튀어나온다면 뭔가 잘못되었다는 뜻이다. 흥미로운 업무를 많이 하게 된다고 하거든 구체적인 내용을 물어보자. 로펌에서 말하는 "흥미로운 업무"란 당황스러울 만큼 흥미롭지 않을 수 있다. 변호사가 자기네 회사는 신참 변호사가 즐겁게 일하는 곳이라고 말할 때도 구체적으로 물어봐야 한다. 가령 이렇게 말이다. "5년 전에 들어온 신참 변호사가 몇 명이죠?" "지금은 그중 몇 명이 남아 있나요?" "가장 최근에 일을 그만둔 신참 변호사 3명에 관해 말씀해주세요." "그 셋은 지금 뭘 하고 있나요?" "그 사람들 연락처를 알 수 있을까요?"[7]

탐색형 질문과 개방형 질문 사용법

이처럼 확증 타파 질문을 던지면 놀랍게 질이 향상된 정보를 얻을 수 있다. 와튼스쿨 연구자들인 줄리 민슨Julie A. Minson, 니콜 루디Nicole E. Ruedy, 모리스 슈바이처Maurice E. Schweitzer는 〈바보 같은 질문은 정말로 존재한다There Is Such a Thing as a Stupid Question〉라는 제목의 논문에서 이 점을 다루었다.

이 연구에서 참가자들은 역할극을 하도록 요청받았다. 역할극에서 참가자들은 아이팟을 파는 사람이 되어 협상을 해야 했다. 아이팟 판매자는 제품에 관해 모든 정보를 안다고 가정했다. 이를테면 팔아야 할 아이팟은 비교적 새 모델이고 외양이 세련되었으며 좋은 노래를 잔뜩 집어넣을 수 있다. 그러나 먹통이 되어서 기기를 초기화했더니 노래가 전부 지워진 일이 2번 정도 있다. 판매자는 이런 점을 모두 인지한 상태다.

연구진은 판매자가 어떤 조건이 되어야 먹통 문제를 밝히게 될지 궁금했다. 구매자들은 연구진의 지침대로 협상 시 3가지 전략의 질문을 던졌다. 우선 구매자가 "이 아이팟 어떤가요?"라고 물을 때는 판매자의 8퍼센트만이 먹통 문제를 이야기했다. 그런데 "별문제 없는 물건이죠?"라고 묻자 먹통 문제를 이야기한 비율이 61퍼센트로 올라갔다.

먹통 문제를 밝히는 데 가장 효과적이었던 질문은 "이 아이팟 어떤 문제가 있나요?"였다. 이렇게 질문하자 판매자의 89퍼센트가 문제를 제대로 얘기했다.

연구진은 이렇게 "탐색형 질문probing question"을 사용하면 질문자는 자신의 자신감과 경험을 드러낼 수 있다고 설명한다. 그럴 때 판매자는 질문자(구매자)를 속일 수 없음을 깨닫는다.[8]

실츠 판사가 말한 질문 역시 비슷한 효과를 낸다. 학생들은 "5년 전에 들어온 신참 변호사가 몇 명이죠?" "지금은 그중 몇 명이 남아 있나요?" 같은 질문을 던질 때 있는 그대로의 사실을 알아낼 가능성이 커진다.

탐색형 질문은 내 마음을 바꿈으로써 이익이 생기는 사람(판매원, 채용 담당자, 안건을 제출하려는 직원 등)에게서 정보를 얻으려고 할 때 유용하다.

반면 탐색형 질문이 역효과를 낼 때가 있다. 의사와 환자처럼 역학 관계가 분명할 때가 그런 경우다. 이유가 뭘까? 까다로운 탐색형 질문이 아이팟 사례에서 효과가 있었던 것은 질문에서 질문자의 자신감과 경험이 드러났기 때문이다. 그러나 의사 대 환자 사례의 의사처럼 질문자가 이미 명백한 "전문가"라면 공격적인 질문은 의사의 우위를 더욱 강화하는 효과를 낼 뿐이다. 의사가 환자에게 탐색형 질문을 던지면 환자는 입을 꾹 닫아버리거나 의사의 지침을 무조건 따르려 하게 된다. 그것이 가장 생산적인 방향이 아닐 때조차 말이다.

그러므로 의사가 믿을 만한 정보를 얻으려 할 때는 "개방형 질문 open-ended question"에 공을 들여야 한다. "이 아이팟 어떤가요?" 같은 질문 말이다. 이런 질문은 아이팟을 사려고 할 때는 효과가 없지만 환자를 대할 때는 대단한 효과를 낸다.

스탠퍼드대학교 의과대학 진단 클리닉 원장을 지냈고 지금은 고인이 된 앨런 바버Allen Barbour는 개방형 질문을 이용한 진찰의 달인이었다. 그는 저서《환자를 돌보며Caring for Patients》에서 조지프 H.(67세)라는 환자를 진찰한 경험을 회고했다.

조지프는 사소해 보이는 병을 앓았다. 그러나 그를 진료한 의사들은 몇 달이 지나도록 병의 정체를 파악하지 못하고 있었다. 조지프가 처음에 찾아간 사람은 (바버가 아닌) 주치의였다. 그는 "약간의 어지럼증"이란 말로 자신이 느끼는 증상을 설명했다. 주치의는 이런 증상이 나타나는 질병이 수없이 많다는 사실을 알고 정확한 진단을 위해 동료들과 협력하는 한편 여러 가지 검사를 시도했다. 검사 목록은 다음과 같았다. "심전도 검사, 수면 뇌파 검사, 대동맥궁 및 뇌동맥 조영술, 신경외과와 이비인후과의 전기 안진 검사, 청력 검사 및 기타 특수 검사." 그러나 이 모든 검사 결과는 전부 음성이었다.

그러자 주치의는 약물치료로 넘어가서 혈관확장제인 하이데르진, 항히스타민제 계열의 현기증 치료제, 항응고제 등을 처방했다. 그러나 조지프의 증상은 차도가 없었다.

주치의는 답답한 마음에 조지프를 바버에게 보냈다. 바버는 그를 처음 본 날 "어지럼증"의 정도와 빈도를 자세히 설명해달라고 했다. 조지프은 이렇게 대답했다.

"선생님, 아내가 가고부터는 어지럼증이 가실 새가 없습니다. 어떻게 해야 할지 모르겠어요. 정말 혼란스럽습니다. TV를 봐도 재미가 없고 밖으로 나가도 갈 데가 없습니다."

그는 삶이 텅 빈 것 같다고 했다. 정말로 슬퍼 보이는 얼굴이었다. 그는 은퇴 후 아내와 함께 캘리포니아로 이사했다고 했다. 자녀도 친구도 없고 취미도 없었다.

순간 바버는 진짜 문제가 무엇인지 알 것 같았다. "어지럼증"이란 조지프의 마음속 혼란이 겉으로 드러난 방식이었다. 그는 외로웠고 슬픔에 짓눌려 있었으며 아직은 새로운 사람을 만날 준비가 되어 있지 않았다.

바버 전에 조지프가 만났던 의사들은 한 번도 "어지럼증"의 의미를 물은 적이 없었다. 누구도 증상의 원인이 몸이 아닌 마음에 있을 수 있음을 생각하지 못했다.

바버에 따르면 의사들은 병을 찾아내는 전문가가 되도록 훈련받는 과정에서 파편적인 정보(열, 정상 범위를 넘어서는 통증, 일시적인 방향 감각 상실 등)에 근거해 병을 진단하는 법을 배운다고 한다. 그러나 이렇게 사냥하듯 진단을 내리면 역효과가 일어날 수 있다. 충분한 고민 없이 대략 가능하다고 생각하는 선에서 진단을 내리고 싶은 유혹이 드는 것이다. 바버는 이 점이 잘 드러나는 면담 상황을 다음과 같이 이야기했다.

레지던트: 어디가 안 좋으세요?

환자: (복부 전체를 양손으로 가리키며) 배가 아파요.

레지던트: 정확히 어디 말씀이세요?

환자: 여기저기 다요.

레지던트: (환자의 상복부를 가리키며) 여기요?

환자: 네, 거기도 아파요.

레지던트: 어떨 때 아프신데요?

환자: 자주요.

레지던트: 식사 전에는요?

환자: 네, 식사 전에도요. 그런데 딱 그때만 그런 건 아니에요.

바버는 레지던트가 너무 빨리 면담을 장악해버렸고, 환자가 느끼는 통증의 범위를 "여기요?"라는 질문으로 성급하게 제한해버렸다고 지적한다(환자가 "여기저기 다요"라고 말했다면 상복부를 포함한 여러 부위에서 통증을 느꼈을 것이다). 한편 환자는 자발적으로 정보를 말하는 데 익숙하지 않다. 레지던트는 잠깐의 대화만으로 환자가 위궤양을 앓고 있으리라 잠정 결론을 내리고 관련된 검사를 지시했다. 그러나 검사 결과 그의 진단은 옳지 않았다.

바버는 이 면담을 혹평했다. "레지던트는 자신이 객관적이고 과학적이라고 생각했을 것이다. 그러나 그는 병에 대해 자신이 생각하는 방향으로 정보를 조작하면서 자신이 그렇게 하고 있음은 알아차리지 못했다. 그는 병의 패턴을 발견한 것이 아니라 만들어내고 있었다."[9]

이 사례에서처럼 의사가 면담의 주도권을 빠르게 장악하는 일은 비일비재하다. 환자 면담을 다룬 한 연구에 따르면 의사가 환자의 답변에 개입하기까지 걸리는 시간은 평균 18초였다.[10]

바버는 확증 편향을 피하기 위해 더 잘 준비된 프로세스를 사용할 것을 추천한다. 의사는 우선 넓은 범위를 다루는 개방형 질문으로 면담을 시작해야 한다. "통증이 어떤 식으로 옵니까?" "그럴 때 느낌은 어떠세요?"처럼 말이다. 그런 뒤 천천히 조심스럽게 더 직접적인 질문으로 옮겨간다. "통증이 날카롭게 느껴지세요 묵직하게 느껴지세요?" "기분이 우울하세요?" 등이 예다. 이런 식으로 질문하면 부지불식간에 면담이 한쪽으로 치우치는 것을 막을 수 있다.*

탐색형 질문이 필요한지 개방형 질문이 필요한지는 어떻게 알 수 있을까? 가장 좋은 방법은 이렇게 자문하는 것이다. "여기서 올바른 정보를 얻는 데 가장 크게 실패하는 상황은 어떤 경우일까?" 보통은 답이 분명하게 보일 것이다.

예컨대 중고차를 사려고 한다면 차의 결함을 알아내지 못한 경우가 가장 큰 실패라고 볼 수 있다. 또 당신이 부사장인데 공장 근로자의 피드백을 들으려고 한다면 근로자의 진짜 속마음을 알아내지 못한 경우가 가장 큰 실패일 것이다. 질문은 상황에 따라 달라진다. 중고차를 살 때는 더 공격적인 질문이, 공장 근로자의 속마음을 알아볼 때는 더 개방적인 질문이 필요하다.

---

* 물론 의사가 더 공격적인 질문을 해야 할 때가 있다. 가령 혈액 검사를 했더니 환자가 중요한 약을 복용하지 않고 있음이 밝혀졌다고 하자. 이럴 때 "약 잘 드시고 계시죠?" 같은 광범위한 질문은 효과가 없을 가능성이 크다. 많은 경우에 환자는 겁이 나거나 당황해서 "네"라고 대답할 것이기 때문이다. 이럴 때는 탐색형에 가까운 질문이 더 효과적이다. "마지막으로 약을 드신 게 언제였나요?" "약이 대략 얼마나 남았나요?"

인식을 전환하라: 결혼 일기 쓰기, 긍정 의도 가정하기

우리는 어떤 일이 현실이 되기를 바랄 때 바람을 뒷받침하는 정보를 모은다. 그런데 확증 편향은 수집하는 정보만이 아니라 정보를 접한 뒤 인식하는 내용에까지 영향을 미친다.

결혼 생활에서 곤란을 겪는 부부가 있다고 하자. 한쪽이 다른 쪽의 단점을 "이기적인 성향"으로 단정하고 꼬리표를 붙이면 이 꼬리표는 계속해서 저절로 강화된다. 이기적인 행동은 더 쉽게 눈에 띄고 관대한 행동은 묻혀버리는 셈이다.

인지행동치료cognitive behavioral therapy, CBT의 창시자인 심리치료사 아론 벡Aaron T. Beck은 이런 상황에 놓인 부부들에게 잘못된 점만 보려는 성향을 의식적으로 물리쳐야 한다고 말한다. 이 덫을 피하려면 나를 기쁘게 하는 상대의 행동을 적어나가는 "결혼 일기marriage diary"를 써보라고 그는 조언한다.

벡은 저서 《사랑만으로는 살 수 없다Love Is Never Enough》(한국어판: 학지사, 2001)에서 결혼 일기를 썼던 캐런Karen과 테드Ted 부부를 예로 들었다. 캐런은 일주일 동안 테드에게 감사한 점을 여러 가지 발견하고는 이렇게 적었다. "어떤 고객의 태도가 영 못마땅했는데 남편이 공감해주었다. 집 청소를 도와주었고 내가 세탁하는 동안 말동무가 되어주었다. 남편이 산책을 하자고 했다. 정말 즐거웠다."

벡은 이렇게 썼다. "테드는 전에도 캐런을 위해 비슷한 일들을 해왔다. 그런데 캐런은 테드를 부정적인 시각으로만 보는 탓에 그런 일을 전혀 기억하지 못했다." 테드 역시 캐런이 한 고마운 일들을 적었고 효과는 똑같이 나타났다.

벡은 마크 케인 골드스타인Mark Kane Goldstein의 연구를 인용했다. 골드스타인은 이런 식으로 결혼 일기를 쓴 부부의 70퍼센트가 관계 개선을 경험했다고 했다. 벡은 말했다. "달라진 것은 현상에 대한 그들의 '인식'이었다. 긍정적인 면들을 적어보기 전까지 그들은 결혼 생활에서 느끼는 기쁨을 과소평가하고 있었다."[11]

직장에서 관계 또한 마찬가지다. 부정적인 짐작이 시간이 가면서 눈덩이처럼 커지면 관계는 무너지고 만다. 회의에서 동료가 내 아이디어를 부정적으로 말하면 이런 생각이 든다. "부장님 앞에서 잘난 체하려는 속셈이지." 이런 일이 반복되면 우리는 이 사람한테 "아첨꾼"이란 꼬리표를 붙인다. 부부 사이에서와 마찬가지로 이 꼬리표는 점점 더 강화될 것이다.

일부 조직의 리더들은 이 악순환을 무너뜨리기 위해 "긍정 의도 가정하기assume positive intent"를 시도해보라고 말한다. 동료의 말과 행동이 우선은 불쾌하게 보이더라도 좋은 의도에서 나온 결과라고 생각하라는 것이다. 이 "필터"는 매우 강력한 효과를 낸다. 펩시의 회장 겸 CEO인 인드라 누이Indra Nooyi는 《포춘》에 기고한 글에서 상대한테 긍정적인 의도가 있다고 생각하라는 말은 자신이 들어본 가장 훌륭한 조언이었다고 언급했다(누이는 이를 아버지에게서 배웠다).

누이는 말했다. "상대방에게 부정적인 의도가 있다고 생각하면 화가 치민다. 그런데 화를 걷어내고 긍정적인 의도가 있다고 생각하면 놀라운 일이 일어난다. 방어적인 태도가 되거나 소리를 지르는 대신 이해하며 경청하려고 노력하게 된다. '저 사람이 하는 얘기를 내가 듣지 않는 것일 수 있어(저 사람이 하는 얘기를 내가 무시하는 것일 수 있어)' 같은 생각이 마음속에 일어나기 때문이다."

로셸 아널드-시먼스Rochelle Arnold-Simmons라는 블로거는 긍정 의도 가정하기 원리를 남편에게 적용한다. "남편이 한 일로 부정적인 마음이 치솟을 때는 이렇게 생각해보세요. '지금 내가 생각하는 것보다 더 긍정적인 의도가 있을 거야. 그게 뭘까?' 남편은 도와주려고 하는 건지 몰라요. 내가 군이 꼬집어 일깨워줄 필요는 없을 수 있고요. 남편 잘못이 아닐 수도 있죠. '남편은 긍정적인 의도가 있을 거야. 그게 뭘까?' 난 항상 이렇게 질문하려고 해요."

피츠버그에 본사를 둔 인더스트리얼사이언티픽Industrial Scientific은 본래 미국과 중국에서 사업을 운영했다. 이 회사는 프랑스에 자회사를 세우는 과정에서 직원들에게 "긍정 의도 가정하기"에 관한 단기 교육을 실시해야 했다. 문화 차이가 여기저기서 미묘하게 모습을 드러낸 탓이었다. 이메일을 예로 들자면 프랑스 직원들은 시시콜콜한 내용까지 장황하게 썼지만 중국 직원들은 할 말만 짧게 했다. 양쪽 모두 상대가 보낸 이메일을 무척 무례하게 생각했다. 켄트 매켈해튼 Kent McElhattan 회장이 인터뷰에서 한 말에 따르면, 그들은 동료 역시 "회사에 관해 나와 관심사가 같다고 생각"해야 함을 직원들에게 알려줄 필요가 있었다.[12]

의도적으로 실수하라: 생각 뒤집기 기술의 극치

긍정 의도 가정하기와 결혼 일기 쓰기는 심리학에서 말하는 "생각 뒤집기considering the opposite"가 드러난 2가지 예시다. "남편은 너무 이기적이야, 하지만 남편이 날 도와주는 상황들을 적어봐야겠어."

"저 사람은 무례하고 무뚝뚝해, 하지만 그게 아니라 내 시간을 배려해주려는 생각인지 몰라(이런, 내가 잡담할 때마다 자기 시간을 배려하지 않는다고 생각했으면 어쩌지)." 여러 연구에 따르면 생각 뒤집기는 아주 단순한 기술이지만 그렇게 하지 않으면 일어날 많은 골치 아픈 인지 편향을 감소시킨다('미주' 참조).[13]

폴 슈메이커Paul Schoemaker는 의사결정 전략을 다루는 컨설팅 회사 DSIDecision Strategies International의 설립자다. 그는 DSI 동료들을 소집해 사업상 중요한 사안을 논의하는 자리에서 생각 뒤집기 기술의 극치를 보여준 경험이 있다. 이때 슈메이커가 바란 것은 동료들이 "실수를 저질러주는 것"이었다.

의사결정 연구가 겸 컨설턴트였던 슈메이커는 무척 진지한 마음이었다. 그는 동료들에게 자신의 계획을 도와달라며 의도적으로 실수를 만들어보자고 했다. 업무에서 다들 으레 가정하는 내용이 과연 틀림없는지 검증하는 의미에서 말이다.

"처음에 동료들은 모두 적극적이었다. 다들 우리가 믿어온 것들 가운데 잘못된 점이 있을 테고 그런 부분을 검증해봐야 한다고 했다. 그런데 검증이 구체화되자 동료들은 이건 현명하지 못하고 심지어 바보 같은 일이라고 생각하는 것 같았다. 리더인 내가 나설 차례였다. '내가 책임지겠다'라고 나는 말했다. 결국 리더란 '실수를 통해 가장 많은 걸 배웠다'라는 말을 입에 달고 사는 사람이니까. 그런데 왜 실수를 우연에만 맡겨야 할까? 프로세스를 통제한 뒤 그 안에서 배울 가능성이 큰 실수를 만들어내면 되지 않을까?"

슈메이커의 저서 《빛나는 실수Brilliant Mistakes》(한국어판: 매일경제신문사, 2013)에는 이 일이 자세히 언급되어 있다. 팀에서 처음으로 한 일은 직원들이 업무 중에 가정하는 가장 핵심적인 내용을 모으는 것이었다. 이는 대부분의 조직에서 명확하게 설명하거나 의문시하지 않는 "통념"을 겉으로 드러내는 과정이었다.

팀은 10가지 핵심 가정을 파악한 뒤 내용을 셋으로 줄혔다. 이 3가지는 확신이 가장 떨어지는 것들로, 만일 가정이 틀렸다고 밝혀진다면 사업상 가장 큰 성과로 거듭날 가능성이 있었다.

1. MBA(경영학 석사 과정)를 갓 마친 젊은 사람은 업무 능력이 떨어진다. 팀에는 숙련된 컨설턴트가 필요하다.
2. 사장이 고액 연봉을 받는 수석 컨설턴트가 아니어도 회사를 성공적으로 운영할 수 있다.
3. RFP_{request for proposal}(제안요청서)에 응하는 것은 쓸데없는 일이다. RFP는 컨설팅 비용을 알아보거나 이미 나온 결정을 합리화하려고 할 때 쓰인다(RFP는 제안서를 보내달라고 요청하는 문서를 말한다. 회사들은 공급 업체를 찾으려고 할 때 여러 회사에 RFP를 보낸다).

이후의 검증 단계에서 "의도적 실수를 통해 이익을 낼 가능성이 가장 높은 항목"은 3번으로 결정되었다. 이제 그들은 실수를 의도할 준비가 되어 있었다.

그때까지 DSI는 정책상 RFP에 응한 일이 없었지만 다음에 RFP를 보내오는 회사가 있으면 반드시 제안서를 보내기로 했다. 곧 지역의 전기 회사에서 RFP가 들어왔다. DSI 팀은 약 20만 달러의 수수료를 잡고 제안서를 제출했다. 20만 달러는 DSI가 일반적으로 제시하는 컨설팅 비용이었지만 고객사의 눈높이는 훨씬 웃돌 듯한 금액이었다. 슈메이커는 말했다. "놀랍게도 그 전기 회사는 CEO와 고위 경영진을 만나 해당 프로젝트만이 아니라 다른 프로젝트까지 검토해줄 것을 요청했다."

DSI는 결국 이 전기 회사에서 100만 달러가 넘는 규모의 프로젝트를 맡았다. "살짝 실수한 것치고는 꽤 큰 보상이었다." 슈메이커의 말이다.[14]

우리 역시 조직에서 슈메이커의 전략을 사용해보면 어떨까? "올해의 실수" 프로그램을 만들어본다면? 그러나 분명히 말하지만 갑자기 100만 달러가 하늘에서 떨어지기를 기대하며 실수를 감행해서는 안 된다.

"의도적 실수"는 대부분 실패하기 마련이다. 그럼에도 이 실패는 권장되어야 한다. 의도적 실수가 실패했다는 것은 그동안의 가정이 옳았다는 뜻이기 때문이다. 실수를 실수로 끝내지 않고 실수를 통해 가정을 검증해보겠다는 의지는 그것만으로 가치가 크다. 이렇게 하면 전통과 이해타산이 아니라 "근거"에 기초해 일을 추진할 것이라는 사실을 동료들에게 확실히 알려줄 수 있다.

이런 문화를 강화하는 것은 매우 중요하다. 그럴 때 검증을 회피하려는 타고난 성향을 바로잡을 수 있기 때문이다. 머릿속 가정을 검증하기는 어려운 일이며, 사람들이 대체로 자연스럽게 하려 하는 일 또한 아니다. 그러나 이것이 바로 확증 편향의 본질이다. 부정적인 정보를 진심으로 듣고 싶어 하는 사람은 없다.(정치적인 견해를 두고 마지막으로 생각을 뒤집어본 적이 언제였는가?)

우리가 프로세스를 사용해야 한다고 주장하는 것은 이 때문이다. 요컨대 프로세스는 습관이 되어야 한다. 습관이 되지 않으면 한순간의 흥분과 충동, 감정이 몰아닥칠 때 생각을 뒤집어보라는 이 조언은 너무나 쉽게 무시되어버리고 만다.

당신이 과잉성취자overachiever라면, 그리고 미혼자라면 "생각 뒤집기" 원칙을 데이트에 적용해보면 좋다. 한 연구팀은 결혼 상대를 찾는 사람과 찾지 못하는 사람이 존재하는 이유를 알기 위해 막 혼인 신고를 마치고 나오는 여성들을 인터뷰했다. 놀랍게 그중 20퍼센트는 처음부터 배우자가 마음에 든 건 아니었다고 말했다(이는 배우자가 될 사람을 만나고도 직감 때문에 관계를 너무 일찍 끝내버린 사람이 아주 많으리라는 점을 시사한다).

이 연구를 이끈 존 T. 몰로이John T. Molloy에 따르면 연구팀 내 몇몇 미혼 여성들은 이 결과를 보고 매우 놀라며 호기심을 보였다. 이들 대부분은 예전에 자신에게 호감을 보였지만 거절하고 말았던 남자들을 떠올렸다. 그중에는 아직 계속 관심을 표현하는 이들도 있었다(받아들일 만한 방식으로 지나치지 않게). 연구팀 여성들은 자신이 혹 배우자가 될 만한 사람을 지나쳐버린 건 아닐까 궁금했다. 그래서 그들은 나름대로 "의도적 실수"를 저질러보기로 했다. 과거와 달리 데이트 신청이 들어오자 흔쾌히 응한 것이다.

몰로이는 "대부분은 처음 결정이 옳았다"라고 말했다. 그러나 그중에 딱 한 여성은 첫 번째 데이트가 마음에 들어서 두 번째, 세 번째, 네 번째 데이트에 응한 끝에 결국 그 사람과 결혼했다!(내게 부여된 권능으로 나는 이제 두 사람이 실수를 발판 삼아 부부가 되었음을 선언하노라.) 이 연구원은 배우자도 찾고, 확증 편향을 물리치고 인상적인 승리까지 거두었다.[15]

* * *

지금까지 우리는 확증 편향을 이겨내는 3가지 방법을 이야기했다. 첫째, 사람들이 더 쉽게 반대 의견을 말할 수 있게 한다. 둘째, 상반된 정보가 드러날 가능성이 높은 질문을 던진다. 셋째, 생각 뒤집기로 자신의 가정을 검증한다.

그런데 내가 아닌 다른 사람이 올바른 정보를 찾도록 그 사람의 가정을 검증하고자 한다면 조금 다른 전략이 필요하다. 기령 남자친구가 요즘 유행하는 "원시인 다이어트caveman diet" 또는 "구석기 다이어트paleolithic diet"를 하려고 한다면 어떻게 검증을 도와줘야 할까? 상사가 내가 관리하는 재고의 양을 줄이기를 원한다면 그것이 좋은 생각인지 어떻게 판단할 수 있을까?

답을 알고 나면 한없이 겸손해지지 않을 수 없을 것이다. 우리 뇌의 관점에서는 모든 사람이 독특하다. 자기 자신이 겪는 난관과 기회는 전부 특별하다고 느낀다. 그러나 우주의 관점에서 보면 사람은 큰 틀 안에서 똑같은 존재다.

다음 장에서는 우리의 예상과 의견이 우주의 평균과 충돌할 때면 흔히 우주가 승리한다는 사실에 대해 알아보자.

ONE PAGE:
CHAPTER 5

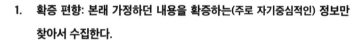

1. **확증 편향: 본래 가정하던 내용을 확증하는(주로 자기중심적인) 정보만 찾아서 수집한다.**
   - CEO의 자만심에는 반대 의견이 약이 된다. 개인적인 확증 편향을 바로잡으려 할 때도 반대 의견이 필요하다.

2. **조직 내에서 건설적인 반대를 유도하라.**
   - 가톨릭 교회의 악마의 변호인, 미국 국방부의 머더 보드, 디즈니의 〈공쇼〉는 모두 회의적인 시각을 받아들이는 장치다. 어떻게 하면 우리도 이렇게 할 수 있을까?
   - 로저 마틴의 똑똑한 질문: "A가 정답이 되려면 어떤 조건이 필요할까?"

3. **"확증 타파 질문"을 던지면 더 믿을 만한 정보를 얻을 수 있다.**
   - 법학도: "가장 최근에 일을 그만둔 신참 변호사 3명에 관해 말씀해주세요." "그 셋은 지금 뭘 하고 있나요?" "그 사람들 연락처를 알 수 있을까요?"
   - 아이팟 구매자: "이 아이팟 어떤 문제가 있나요?"

4. **주의할 점: 탐색형 질문은 역학 관계가 분명한 상황에서는 역효과를 낼 우려가 있다.**

   - 의사들은 개방형 질문을 사용하는 편이 낫다. "'어지럼증'을 느끼신 다는 게 무슨 뜻인가요?"

5. **머릿속 가정을 흔들어라: 직관과 다르게 의도적으로 생각을 뒤집을 수 있는가?**

   - 부부 관계에서 어려움을 느낀다면 "결혼 일기"를 써보자. 배우자가 늘 이기적인 건 아니라는 사실을 확인할 수 있다.
   - "긍정 의도 가정하기"를 사용하면 다른 사람의 말과 행동을 더 긍정적인 시각에서 이해할 수 있다.

6. **"의도적 실수"로 가정을 검증하라.**

   - 슈메이커의 회사는 RFP 프로세스 실험으로 사업에서 100만 달러의 수익을 냈다.
   - 의도적 실수를 발판 삼아 실제 결혼에 골인한 여성 연구원.

7. **사람은 본능적으로 자기 생각을 뒷받침하는 정보를 찾으려고 한다. 그러므로 생각을 뒤집는 훈련이 필요하다.**

CHAPTER 6

줌아웃-줌인하라

내부 관점 대신 외부 관점으로 보라

사우스캐롤라이나주 머틀비치의 폴리네시안리조트_{Polynesian Resort}
홈페이지에는 해변의 낙원을 찍은 듯한 사진들이 보인다. 금빛으로
펼쳐진 모래밭에는 야자수와 색색의 파라솔이 늘어서 있다. 사람들
은 야외용 안락의자에 기대어 있고 멀리서 요트가 지나간다. 가족과
함께할 여름 휴가지로는 이곳만 한 데가 없을 것 같다.

당신이 이 책을 읽을 때쯤에는 폴리네시안리조트가 실제로 멋진
곳이 되어 있을지 모른다. 그러나 우리가 홈페이지를 살펴보던 2011
년만 해도 이곳은 사실 불쾌한 비밀이 있었다. 여행 정보 제공 웹사

이트인 트립어드바이저TripAdvisor에서 이 리조트를 미국에서 가장 지저분한 호텔 10곳 중 하나로 꼽은 것이다.

트립어드바이저는 과거에 이 리조트를 거쳐 간 많은 투숙객의 의견을 공개했다. 그중에는 신랄하고 재미있는 것들이 많다.

- Terri B(2012. 7. 24): 7월 21일에 체크인했다가 10분 만에 나왔어요. 얼마나 끔찍했는지 말로 다 표현할 수가 없네요.
- Fetter26(2011. 6. 7): 우리가 휴가 간 동안 우리 집 강아지가 묵었던 반려견 호텔이 이 리조트 객실보다 깨끗하고 안락했을 듯!
- Jackie503(2011. 6. 30): 모세가 홍해를 가른 후로 한 번도 바다 청소는 안 한 것인가! 침대는 또 얼마나 낡았고 이불은 얼마나 찝찝했는지……
- 4q2(2011. 1. 27): 여기 객실이 쓰레기장 같다고 한 평이 많던데요, 그건 세상에 있는 쓰레기장들에 대한 모독이에요.

트립어드바이저 같은 사이트 덕분에 끔찍한 호텔을 골랐다가 후회하는 일은 피하기가 쉬워졌다. 사실 화려한 사진은 전부 무시하고 사용자 리뷰만 읽어보면 충분하다. 폴리네시안리조트의 경우 사용자 리뷰의 67퍼센트가 "최악"이었다는 쪽에 몰렸고 "최고"였다고 생각한 사용자는 4퍼센트에 불과했다("최고"에 해당하는 리뷰 중에는 "방탕한 휴가를 보내기에는 최고"라는 말이 있었다. 단 "지저분한 방"에 묵어도 괜찮다면).[1]

물건을 살 때 사용자 평가를 찾아보는 일은 이제 많은 사람에게 당연한 일이 되었다. 책을 살 때는 아마존에서, 식당에 갈 때는 옐프

Yelp에서, 카메라를 살 때는 시넷CNET에서 우리는 자연스럽게 "리뷰" 를 확인한다. 이는 아주 당연한 일이다. 하지만 이 "당연한" 행동은 지혜로운 행동이기도 하다. 다른 사람의 평가를 바탕으로 결정을 내린다는 것은 2가지를 인지한다는 뜻이기 때문이다. (1) 나는 제품에 관해 제한된 정보밖에 수집할 수 없고 그나마 제품을 만드는 회사 탓에 왜곡된 정보를 찾게 될 가능성이 있다. (2) 그러므로 내 눈에 보이는 것보다는 평균적인 의견을 신뢰하는 편이 현명하다.

그러나 우리는 생활 속에서 반대로 행동할 때가 많다. 평균적인 의견보다는 자신이 받은 느낌을 신뢰해버린다. 가령 사람들은 새 일자리를 제안받으면 현재나 과거에 그 자리를 경험한 사람들의 의견은 들어보지도 않고 덥석 제안을 받아들인다. 일자리에 대한 경험자들의 "평가"도 호텔 객실이나 식당에 대한 낯선 사람들의 리뷰만큼 중요하지 않을까?

그런데 이상하게 우리는 중요한 결정을 해야 할 때 초밥집을 고를 때보다 더 객관적인 조사를 하지 않는다.

심리학자들은 상황에 대한 "내부 관점inside view"과 "외부 관점outside view"을 구분한다. 내부 관점은 우리가 결정을 고민하면서 비추는 스포트라이트 속 정보에서 비롯된다. 처한 상황에 대한 나의 느낌과 평가가 내부 관점의 근거인 셈이다. 반면 외부 관점은 세세한 부분은 전부 무시하고 대신 그런 부분이 포함된 더 큰 틀을 분석한다.

가령 폴리네시안리조트의 객실을 예약할지 말지 결정하는 상황이라면 내부 관점에서는 자신의 평가가 중요하다. "내 눈에 즐겁게 지낼 만한 곳으로 보이는가?"를 생각하게 된다. 반면 외부 관점에서는 트립어드바이저의 평가가 중요하다. "일반적으로 사람들이 여기서 즐거운 시간을 보냈는가?"를 살펴보게 된다.

외부 관점은 내부 관점보다 정확하다. 한 사람의 느낌이 아니라 현실을 경험한 여러 사람의 의견이 요약된 것이기 때문이다. 그러나 사람들은 내부 관점에 더 매력을 느낀다. 왜 그럴까?

이유를 알아보기 위해 잭Jack이라는 사람이 식당 개업을 앞두고 있다고 상상해보자. 잭은 텍사스주 오스틴 시내에서 태국 요리 전문점을 시작하려고 하면서 대출을 받을지 말지 고민 중이다. 잭의 스포트라이트 안에는 자신에게 유리한 요인들이 모두 들어 있다. "태국 요리로는 나만 한 사람이 없지. 자리로는 4번가가 딱일 거야. 길에 사람이 어마어마하거든. 게다가 근처에 태국 식당이 없어." 내부 관점에서는 식당 개업이 제법 괜찮은 기회로 보인다.

반면 외부 관점에서는 잭의 상황이 특별하게 고려되지 않는다. 이때는 평균적인 사항이 중요하다. 비슷한 상황을 겪은 사람이 있는지, 있다면 그들은 어떻게 되었는지를 알아보는 것이다. 통계적인 의미의 "기저율base rate"을 찾아보는 것이 여기에 포함된다. 기저율을 알아본다는 것은 비슷한 상황을 겪은 다른 사람들의 기록이 나타난 자료를 확인한다는 뜻이다. 가령 잭은 기저율을 확인하는 과정에서 이런 식으로 시작한 식당의 60퍼센트가 3년 안에 문을 닫았다는 사실을 알게 될지 모른다. 외부 관점에서는 식당 개업이 매우 위험한 일로 보인다.

그러나 이 상황은 트립어드바이저 상황과 느낌이 다르지 않은가? 폴리네시안리조트에 가면 휴가를 망칠 가능성이 크다는 점을 우리는 "직관적"으로 받아들인다. 그러나 잭은 자신이 실패할 가능성이 크다는 점을 직관적으로 받아들이지 못한다. 왜 그럴까?

PART 3 가정을 검증하라

외부 관점에서는 우리가 놓인 상황의 특수성을 전혀 고려하지 않는다. 기업가는 누구나 처음부터 자신이 성공할 만한 이유를 댈 수 있다. 잭은 분명 기저율을 보고도 콧방귀를 뀌며 이렇게 말할 것이다. "난 태국 음식도 오스틴도 잘 알아. 식당은 잘될 거라고. 쇼핑몰에서 핫도그나 파는 남자랑 날 똑같이 취급하면 안 되지." 그러나 그가 틀릴 수도 있다. 식당들은 공통점이 많아서 다르기보다는 비슷한 경험을 할 가능성이 크다. 그는 폴리네시안리조트 숙박 평가에 대한 기저율과 비슷한 정도로 식당 성공에 대한 기저율을 신뢰해야 한다.[2]*

그러나 기억할 점이 있다. 외부 관점을 취해 식당이 성공할 가능성이 희박하다는 사실을 받아들인다고 해서 식당 개업을 포기해야 하는 것은 아니다. 잘되는 식당은 수익성이 워낙 좋아서 그런 위험쯤 감수할 가치가 있을지 모른다. 설령 식당이 문을 닫게 된다고 해도 커리어상 식당을 운영한 경험은 좋은 투자가 될 수 있다.

외부 관점으로 볼 때 필요한 것은 패배적인 태도가 아니다. 이때 우리는 일어날 만한 결과를 충분히 살피고 받아들이는 태도가 필요하다. 이 말을 이렇게 바꾸어보자. 만일 잭이 무턱대고 자녀들의 대학 학자금을 사업에 투자한다면 현명한 일일까? 그건 미친 짓이다.

---

* 왜 "비슷한 정도"일까? 엄밀히 말해 폴리네시안리조트의 숙박객들과 달리 잭은 자신의 상황을 어느 정도 통제할 수 있다. 경험과 요리 실력, 사업에 대한 요령에 따라 차이를 만들 수 있다는 뜻이다. 문제는 그가 이런 차이점에만 집중한다는 점이다. 스포트라이트 효과가 일어나면 잭은 차이만 크게 생각하고, 식당에 맞게 오스틴의 환경을 전반적으로 바꿀 수는 없다는 사실은 쉽게 잊어버린다. 이는 마치 숙박객 1명이 폴리네시안리조트의 청결도를 바꿔놓을 수는 없는 것과 같다. 잭은 통제할 수 있는 요인들을 움직여 자신에게 유리한 방향으로 성공 확률을 살짝 조정할 수는 있다. 그러나 그 확률을 완전히 바꾸기는 힘들 것이다.

주변의 친구나 동료 중에도 이런 고집 때문에 곤란을 겪는 사람이 있을 것이다. 이들은 자신의 느낌을 지나치게 믿는 경향이 있다. 내부 관점에 갇힌 탓이다. 그러나 그들이 이런 문제를 겪을 때 우리는 그들보다 더 쉽게 외부 관점을 취할 수 있다. 하지만 명심하자. 사람은 때로 완벽한 정보를 참고할 수 있는데도 애써 그것을 무시하려 든다.

전문가에게 기저율을 물어보라

노벨상을 받은 심리학자 대니얼 카너먼은 막 커리어를 시작할 무렵에 이런 상황을 직접 경험했다. 그는 판단과 의사결정을 다루는 고등학교 교과서를 집필하기 위해 동료들과 함께 아이디어를 찾고 있었다.

그들은 이 주제로 커리큘럼을 개발하는 최초의 연구진이었으므로 커리큘럼 전문가인 교육대학 학장에게 협력을 요청했다. 커리큘럼 개발팀은 이렇게 샘플로 쓸 교재 일부를 집필하기 시작했고 매주 금요일에 만나서 진행 상황을 검토했다. 어느 금요일 각 팀이 앞으로 연구 계획을 논의하고 있을 때였다. 카너먼은 모두의 의견을 모아봐야겠다는 생각이 들었다. "앞으로 얼마나 더 시간이 필요할지 각자 생각을 얘기해볼까요?"

카너먼은 동료들에게 교재가 완성될 날짜를 생각해보고 적어달라고 했다. 각자 추정치는 비슷하게 나타났다. 카너먼과 학장을 포함한 모든 사람이 그때부터 1년 반에서 2년 반 안에 교재 집필이 마무리될 것으로 예상했다.

그때 카너먼은 갑자기 통계학을 공부할 때 배웠던 기저율이 떠올랐다. 그는 학장에게 자신들처럼 아무 바탕 없이 완전히 새로운 커리큘럼을 쓰기 시작했던 그룹을 아는지 물었다. 학장은 그렇다며 제법 많은 이들을 떠올렸다. 카너먼은 그 기저율을 수치화해달라고 부탁했다. "그 사람들은 커리큘럼을 완성하기까지 시간이 얼마나 걸렸습니까?"

수치를 더하고 빼며 이리저리 조정한 끝에 곧 2가지 불안한 점이 드러났다. 첫째, 학장 말로는 그런 식으로 커리큘럼을 집필하기 시작한 그룹의 40퍼센트가 교재를 마무리하지 못했다고 했다. 둘째, 집필을 마무리한 그룹은 모두 7~10년 정도가 걸렸다. 그러자 카너먼이 학장에게 물었다. "그 그룹들과 비교할 때 우리 그룹은 상황이 어떤가요?"(카너먼은 자신이 속한 그룹의 자질에 비추어 예상치가 기저율보다 올라가거나 내려갈 근거를 찾으려고 했다.) 학장은 대답했다. "평균 이하죠. 심각할 정도는 아니지만."

결국 커리큘럼을 모두 완성하는 데는 8년이 걸렸다.

식당 개업을 고민하던 잭과 마찬가지로 카너먼과 그의 동료들은 내부 관점을 취할 때 낙관적으로 앞을 내다보았다. 그런데 여기서 아리송한 것은 학장의 태도다. 그는 새 커리큘럼을 개발하는 과정에 관한 기저율을 잘 "알았다". 그런데도 그는 개발팀의 특수한 상황에 길든 대로만 스포트라이트를 비추었다. 내부 관점에서는 교재를 마무리하는 데 2년이면 충분하다고 생각한 것이다. 카너먼은 말했다. "학장은 아는 것을 예측에 반영하지 못했습니다. 그 정도 정보가 있으면 자신이 적은 예상치가 말이 안 된다는 건 충분히 알 수 있었는데 말이죠."[3]

그렇다면 전문가에 관해 아주 중요한 사실을 알 수 있다. 이번 장에서 우리가 들려줄 수 있는 가장 간단하고 직관적인 조언은, 양질의 정보가 필요하거나 생각을 검증하고 싶다면 전문가를 찾아가 기저율을 물어보라는 것이다. 경쟁사에 대해 지식재산권 소송을 고려하고 있다면 저작권을 전문으로 다루는 변호사를 찾아가자.

그러나 어마어마한 자격증으로 권위를 증명하는 사람만 전문가가 아니다. 전문가의 기준은 사실 그보다 훨씬 낮다. 나보나 경험만 더 있다면 충분하기 때문이다. 아들이 목수가 되고 싶어 한다면 목수를 찾아가서 이야기해보자. 어떤 목수든 상관없다. 사우스캐롤라이나주로 사업을 이전하려고 한다면 그곳으로 사업을 이전해본 누구한테든 알아보면 된다.[4]

그럴 때는 직관은 걷어내고 질문의 내용에 유의하자. 다음 장에서 더 자세히 살펴보겠지만 전문가는 예측에 뛰어나지 못하다. 이들이 정말 잘할 수 있는 일은 기저율 검증이다.

예를 들어 잠재적 특허 침해 소송에 관해 저작권 전문 변호사와 상담하는 상황이라고 해보자. 이럴 때 효과적인 질문은 다음과 같다. "이런 소송에서 중요한 변수는 뭔가요?" "어느 쪽으로든 판결을 뒤집을 수 있는 증거는 어떤 건가요?" "재판까지 가기 전에 합의가 이루어질 확률은 얼마나 되나요?" "재판으로 간다면 원고가 이길 확률은 얼마나 되나요?" 과거의 사례와 법적 기준 등을 들어 이런 식으로 질문하면 신뢰할 만한 정보를 충분히 얻을 수 있다.

반면 "내가 이 소송에서 이길 것 같으세요?" 같은 질문으로 예측을 물으면 변호사는 내부 관점에 빠지고 만다. 그래서 커리큘럼 집필을 돕던 학장처럼 변호사 역시 성공 가능성을 지나치게 낙관적으로 바라볼 것이다.

과장하지 않고 있는 그대로 말하자면 이렇다. 유능한 저작권 전문 변호사라면 이런 소송의 경우 승산이 있는지 없는지에 관한 기저율은 안다. 핵심은 세계 정상급 전문가라 하더라도 예측은 훌륭하지 않다는 것이다. 그들은 자신의 전문 분야와 관련된 기저율에 관해 최고인 사람들이다.

그러니 믿을 만한 정보가 필요하다면 전문가를 찾아가자. 당신보다 경험이 많은 사람이면 충분하다. 그리고 과거와 현재에 관해서만 말하게 하자. 미래는 그들 역시 알지 못한다.

생사의 갈림길에 선 남자의 외부 관점 활용기

우리는 지금까지 선택지를 분석하려고 할 때 필요한 아주 간단한 규칙을 이야기했다. 바로 "외부 관점"으로 봐야 한다는 것이다. 내부 관점을 믿어서는 안 된다. 머릿속에 있는 화려한 그림은 덮어두고 머릿속에서 빠져나와 기저율을 살펴보자. 그러려면 트립어드바이저나 옐프에 올라온 리뷰처럼 이미 마련된 정보를 바로 참고하거나, 여기저기 흩어진 정보를 우선 모아야 한다. 둘 다 가능한 상황이 아니라면 전문가를 찾아가서 기저율에 대한 생각을 들어보는 것이 좋다.

우리 경험에 따르면 외부 관점을 놓고 사람들은 2가지 부류로 나뉜다. 한쪽에는 외부 관점을 취하라는 말을 바로 받아들이는 사람들이 있다. 반면에 이 말에 살짝 불만을 느끼는 사람들이 있다. 그들은 이렇게 생각한다. "외부 관점에서 포착되는 정보를 과연 믿고 신뢰하는 편이 좋을까?" "너무 기계적인 것 아닌가?" "그렇게 분석만 하는 게 옳을까?"

숫자를 신뢰하라는 조언은 숫자에 집착하라는 것이 아니라 겸손하라는 뜻이다. 기저율의 숫자가 의미하는 바를 간과해서는 안 된다. 우리처럼 기회를 갈망하는 많은 이들이 지금 우리가 생각하는 일을 시도해 이미 오랜 시간과 많은 노력을 쏟아부었다. 그런데 그들의 경험을 무시하고 "분석 따위가 날 가로막진 못해. 난 믿는 대로 할 거야"라고 말하는 건 용기도 낭만도 아니다. 그것은 자만일 뿐이다. "난 다른 사람들과 별개야. 난 달라. 내가 더 낫다고."

겸손하게 접근하려면 이렇게 묻는 것이 옳다. "이 일을 선택한다면 어떤 결과를 기대하는 것이 합리적일까?" 이 질문의 답을 받아들인(그리고 결정에 적용할 만큼 신뢰한) 다음에야 우리는 확률을 극복하는 데 집중할 수 있다. 브라이언 지크문트-피셔Brian Zikmund-Fisher는 생사를 놓고 선택의 갈림길에 서서 그 과정을 경험한 사람이다.

1998년 초 28세의 지크문트-피셔는 피츠버그에 있는 카네기멜런대학교 대학원에 다니고 있었다. 그는 그곳에서 사회과학과 의사결정학을 공부하는 중이었다. 그런데 그가 친구와 라켓볼을 하던 어느 날이었다. 순간적으로 무리하게 라켓을 휘두르다 자신의 왼팔을 치고 말았다. 그리고 1시간 뒤 그의 왼팔은 어깨부터 손목까지 온통 멍투성이가 되어 있었다. 브라이언은 불안하긴 했지만 놀라지는 않았다. 고등학교에 다니던 13년 전부터 혈액 관련 문제를 겪고 있었기 때문이다.

처음 문제를 알게 되었을 때 그는 어머니와 함께 진학을 염두에 두고 여러 대학을 둘러보던 중이었다. 당시 얼마 전 건강검진을 받았는데 의사가 급하게 메시지를 보내와 브라이언은 의사에게 전화를 걸었다. 의사의 목소리에는 긴장감이 역력했다.

"몸은 괜찮아요?" 의사가 물었다.

"네, 왜 그러세요?"

"혈액 검사를 다시 해야겠어요. 가능할 때, 아니 최대한 빨리요."

의사의 우려는 두 번째 검사에서 확인되었다. 브라이언의 혈소판 수치가 45에 불과했다. 불안할 만큼 낮은 수치였다. 정상 범위의 혈소판 수치는 150에서 450 사이다. 수치가 50 이하로 떨어지면 수술을 할 수 없고 10 정도까지 떨어지면 다량의 자발성 출혈이 일어날 위험이 있다. 브라이언은 병원 처치 후 110까지 혈소판 수치가 올라갔다. 의사는 앞으로 평생 최소 6개월에 1번은 꾸준히 검사를 받아야 한다고 했다.(더 정확히 말해 브라이언은 혈액 1리터당 혈소판 450억 개를 갖고 있었다. 혈소판은 혈액 응고와 관련해 중요한 역할을 한다. 혈소판 수치를 보면 혈액 공급과 면역 체계에 관한 건강 상태를 알 수 있다.)

그 일이 있은 지가 벌써 여러 해 전이었다. 팔 전체에 멍이 퍼지자 브라이언은 무슨 일이 일어나고 있는지 알 것 같았다. 의사를 찾아갔더니 생각했던 대로 결과는 충격적이었다. 혈소판 수치가 19로 떨어졌다고 했다.

의료진은 정밀 검사 끝에 브라이언이 앓는 병을 골수이형성증후군MDS으로 진단했다. 생명을 위협할 만큼 무서운 병으로, 이 병을 앓는 사람의 골수는 혈액 세포를 효과적으로 생성하지 못한다. 브라이언은 8일에 1번씩 혈소판을 수혈받았는데, 의료진은 수혈로는 출혈을 막지 못하며 결국 사망할 위험이 있다는 결론을 내렸다.

브라이언은 말했다. "당장 할 수 있는 일이 없다는 뜻이었습니다. 하지만 내가 가진 시간은 10년도 아니고 5년 정도였습니다."

골수이형성증후군을 치료할 가능성이 있는 유일한 방법은 골수 이식이었다. 그러나 골수 이식은 복잡하고 위험했다. 치료는 보통 방사선 요법과 화학 요법으로 시작되는데 두 요법이 결합되면 환자의 면역 체계는 무너져버린다.

골수 이식의 목표는 환자가 자신과 유전상으로 잘 맞는 기증자로부터 완전히 새로운 면역 체계를 이식받고 새 삶을 시작하게 하는 것이다. 그러나 환자의 몸이 이식된 골수를 받아들인다는 보장은 없다. 게다가 브라이언은 잘 맞는 기증자를 찾기가 어려웠다. 보통은 친형제자매의 골수를 최적으로 여기는데 브라이언은 형제자매가 없었다.

이식된 골수가 자리를 잡는 데는 1년 이상이 걸린다. 환자는 그동안 제대로 가동되지 않는 상태의 면역 체계로 생활해야 한다. 그러므로 이때는 어떤 종류든 감염이 생기면(가벼운 감기조차) 치명적인 결과를 초래할 수 있다. 당시 골수 이식은 위험천만한 치료법이었다. 의료진이 판단하기에 만약 브라이언이 이식 수술을 받기로 한다면 1년 안에 사망할 확률이 25퍼센트라고 했다. 그렇지만 그 기간을 잘 넘기면 평생 건강하게 살 수 있었다.

그는 잔인한 선택을 마주하고 있었다. 골수 이식을 받지 않는다면 피할 수 없는 순간이 올 때까지 앞으로 5, 6년은 비교적 정상적인 삶을 살 수 있다. 골수 이식을 받는다면 아주 힘든 시간을 견뎌야 한다. 그래서 완치될 수도 있지만 1년 안에 사망할 가능성도 있다. 게

다가 선택이 어려워지는 이유가 하나 더 있었다. 브라이언의 아내가 첫아이를 임신한 지 6개월째에 접어들고 있었다.

브라이언은 결정에 도움이 될 만한 정보를 필사적으로 찾아 나섰다. 그렇지만 얻은 정보를 어떻게 해석할지 고민스러울 때가 많았다. 인터넷에서 관련된 논문과 책을 찾아보았자 제시된 기저율이 자신에게 그대로 적용될지는 알 수 없었다. "이 병을 진단받은 사람들은 보통 나보다 훨씬 나이가 많았어요. 논문을 살펴보면 60대 환자들 사례가 많았는데 나는 스물여덟 살이었죠. 그러면 이런 생각이 들었어요. '이게 나한테 해당하는 걸까 그렇지 않은 걸까? 이걸 내가 어떻게 판단하지?'"

브라이언은 혈액을 연구하던 친구에게 답을 물었다. 친구는 연구에 제시된 평균치를 진지하게 받아들이되 그는 젊고 활력 있는 사람이므로 골수 이식 후 치료 과정을 견디기가 보통보다는 수월할 거라고 말했다. 분명 그는 평균보다는 높은 확률을 기대할 수 있었다. 친구는 아주 중요한 또 다른 변수를 강조했다. 바로 치료 과정에 대한 병원의 경험이었다. 병원을 고를 때는 메이요클리닉Mayo Clinic처럼 유명한 병원보다는 시애틀의 프레드허친슨암연구센터Fred Hutchinson Cancer Reseaerch Center나 휴스턴의 MD앤더슨암센터MD Anderson Cancer Center처럼 골수 이식을 전문으로 하는 곳을 찾아야 한다고 했다. 1년에 30번이 아니라 300번 골수 이식 수술을 하는 곳에 건강을 맡기라는 뜻이었다.

브라이언은 이식에 따르는 합병증에는 어떤 것이 있는지 알고 싶었다. 그런데 여러 부작용 위험에 관해 질문하자 의사들은 막연한 말만 했다. 답답할 노릇이었다. 그는 실질적인 수치를 듣고 싶었지만 의사들은 숫자로 말하기를 꺼렸다. "의사들은 추정치를 말하지 않으려고 합니다. 나는 그 점을 극복하기 위해 우습게 들리겠지만 이런 질문들을 사용했어요. '그럴 가능성이 50퍼센트인가요 5퍼센트인가요? 1000번에 5번꼴인가요 100만 번에 5번꼴인가요?' 반드시 정확한 숫자일 필요는 없다는 점을 알려줘야 합니다. 그러면 의사들은 조금 느긋해지죠."

또한 브라이언과 아내 나오미Naomi는 이식 수술을 받은 다른 환자나 그 가족들과 접촉해보려고 했다. 치료 과정을 어떻게 넘겼는지 알아보기 위해서였다. "그때는 지금처럼 온라인 커뮤니티가 잘 갖추어져 있지 않았어요. 대신 리스트서브Listserv라는 이메일 배포용 소프트웨어가 있었습니다. 리스트서브에서 제공하는 주소들을 팔로하기 시작했고, 거기서 몇몇 사람이 배포하는 이메일을 꼼꼼하게 확인했어요. 의학을 주제로 한 온갖 내용이 다 있었죠. 화학 요법 후 메스꺼움에 대처하는 법 같은 것들을 찾아볼 수 있었고요. 그런데 우리 부부에게 가장 유용했던 주제는 의학과는 전혀 관계가 없는 것들이었어요."

"우리가 당장 가장 궁금했던 건 아내가 얼마나 내 곁에 있어줘야 하는가였어요. 돌도 안 된 아기까지 데리고 어떻게 병원을 오갈지 정말 막막했습니다. 분명 다른 어른이 필요했어요. 같이 지내며 아기까지 돌봐줄 사람으로요. 내가 정신적으로나 육체적으로 힘에 부치면 의사와 소통할 수 없을 때가 있을 텐데 그럴 때 아내가 곁에서 대신 질문을 해줘야 했어요. 그런 순간은 예고 없이 찾아올 테고, 아기의 수유 시간이나 낮잠 시간과 겹칠 수도 있을 테죠. 아내가 갓난아기를 돌봐야 한다면 병원에서 나를 챙기며 질문하고 답을 듣는 건 너무 힘들 것 같았어요."

브라이언의 부모님은 "다른 어른"이 필요하다는 말을 듣고 피츠버그가 아닌 곳에서 치료를 받게 된다면 그들이 아들 내외와 같이 지내겠다고 했다. 덕분에 브라이언 부부는 다른 지역의 골수 이식 전문 병원 여러 곳을 같이 고려할 수 있게 되었다.

나오미나 브라이언의 부모님이나 그가 반드시 골수 이식 수술을 받기를 바랐고 브라이언 역시 그쪽으로 마음이 갔다. 그러나 브라이언은 아내나 부모님만큼 결정이 쉽지 않았다. 나오미와 이야기를 나누던 어느 날 밤, 브라이언은 두려운 마음을 내비쳤다. 이식 수술 후 자신이 살지 못하면 딸은 아빠를 기억조차 못 할 것이다. 그러나 이식 수술을 받지 않으면 적어도 몇 년은 아이와 행복한 시간을 함께 할 수 있었다. 그러면 그가 떠나더라도 딸은 아빠를 기억할 터였다.

나오미 역시 이 점은 알고 있었다. 그러나 그녀는 침착하게 말했다. "아이가 기억할 아빠가 늘 병원에만 있던 사람이라면? 수혈 때문에 침대에 누워 있는 모습 말고는 아빠에 관해 아무것도 기억 못 할 텐데?"

브라이언은 말했다. "그 순간이 아직도 생생해요. '이런, 아내 말이 맞아!' 싶더군요. 답이 확실해졌죠."

브라이언은 골수 이식 수술을 받기로 했다. 병원은 이 분야에서 가장 높은 경험치를 자랑하는 곳 중 하나인 프레드허친슨암연구센터로 정했다. 이런 결정에 따라 브라이언 부부는 갓 태어난 아기 "이브Eve"를 데리고 피츠버그를 떠나 시애틀로 거처를 옮겼다. 브라이언의 부모님은 약속대로 수술 전후 몇 주간 아들 내외를 돕기 위해 시애틀에서 그들과 합류했다.

한편 브라이언은 스스로 운동 요법을 시작했다. 리스트서브에서 젊은 사람들도 회복 과정을 버티기가 쉽지 않다는 말을 듣고 최대한 자신에게 유리한 방향으로 승산을 높여보기로 했다. "수술을 하려면 몸을 단련해야겠더군요. 의도적으로 운동량을 늘리려고 했습니다. 수술 전에 최대한 몸을 만들어두어야 했거든요."

의료진은 잠재 기증자 40명의 골수를 검토하고 전부 부적합하다는 판단을 내린 후에야 마침내 유전 일치점이 있는 기증자를 찾아냈다. 브라이언은 그렇게 골수 이식 수술을 받을 수 있게 되었다.

수술 과정의 첫 단계는 6일간의 집중 화학 요법이었다. "화학 요법은 순식간에 몸에 강한 타격을 입힙니다." 브라이언의 말이다. 화학 요법을 통해 그가 본래 가지고 있던 병든 골수가 파괴되자 이제 그의 몸은 골수를 이식받고 새 삶을 시작할 준비가 되었다. 이식 수술 자체는 생각보다 싱겁게 지나갔다. "그냥 앉아만 있으면 되었어요. 링거로 몸에 새로운 혈액 세포를 주입하는 게 다였습니다."

이식 수술 뒤 30일이라는 초조한 시간이 지나는 동안 브라이언은 병원에서만 지냈다. 이브는 그사이 첫돌이 되었다. 이브가 브라이언의 입원실 병상에서 케이크를 먹는 모습은 지금도 사진으로 남아 있다.

회복은 그가 생각했듯 절대 만만치 않은 과정이었다. 그는 합병증을 피하려면 운동이 필수라는 것을 알았기에 속이 메스껍고 몸이 피곤해도 병동을 몇 바퀴씩 돌며 억지로 몸을 움직였다. "다른 사람들의 경험을 듣지 않았더라면, 그리고 과정이 힘들다는 걸 미리 알아두지 않았더라면 모든 걸 그렇게 꾸준히 할 수는 없었을 겁니다."

브라이언은 병원에서 한 달을 지내고 시애틀 인근에서 두 달 더 회복에 집중한 뒤 피츠버그의 집으로 돌아갔다. 정상적으로 업무를 볼 수 있기까지는 18개월이 걸렸다. 그전까지는 피로와 메스꺼움이 너무 심하고 종잡을 수 없이 찾아와서 전처럼은 일할 수가 없었다. 그러나 더디지만 꾸준하게 그는 회복되어갔다.

브라이언은 운이 좋은 사람이었다. 골수 이식 센터에서 가까워진 여섯 사람 중 세 사람이 수술 후 1년이 다 되어갈 무렵 세상을 떠났다.

골수 이식 수술 뒤 13년이 지난 지금 브라이언은 더없이 건강하다. 그는 지금 미시간대학교 보건대학원에서 교수로 일하고 있으며 동료들에게는 의료 의사결정에 관한 연구로, 학생들에게는 학생 중심 강의로 명성이 자자하다.

최근에 그는 이제 열네 살이 된 딸이 고등학교를 결정하는 힘든 과정에서 든든한 조언자 역할을 했다.[5]

브라이언은 환자로서 상상할 수 있는 가장 어려운 선택을 마주했다. 짧은 삶을 확실히 보장하는 선택지와 그보다 훨씬 긴 삶을 확실히는 보장하지 못하는 선택지 사이에서 한쪽을 골라야 했다. 그러나 의사결정 전문가인 브라이언은 선택을 앞두고 자신이 잘 아는 부분을 최대한 활용했다. 이 이야기를 돌이켜보면 그는 외부 관점을 유지하며 항상 기저율을 확인하려고 했음을 알 수 있다.

그는 논문을 읽은 뒤 어느 기저율을 참고해야 할지 알고 싶었다. 나이가 더 많은 환자로부터 비롯된 근거를 자신에게 적용할 수 있을지 궁금했다. 그래서 전문가와 이야기했다. 혈액학자였던 친구는 논문의 성공 확률을 진지하게 받아들이되 그는 젊고 건강하므로 성공 확률을 그보다 살짝 높게 보라고 했다. 친구는 또 다른 기저율도 참고해야 한다고 알려주었다. 병원마다 이식 수술 성공률이 다른데 이식 수술을 많이 해본 병원이 성공률이 높다고 했다.(브라이언은 친구에게 "자신이 나을 수 있을지"를 예측해달라고 하지 않았다. 전문가는 기저율에 관해서는 뛰어나지만 예측에 관해서는 그렇지 못하다는 사실을 명심하자.)

한편 브라이언은 부작용을 걱정하며 의사들에게서 부작용 관련 기저율 정보를 얻으려고 했다. "그럴 가능성이 50퍼센트인가요 5퍼센트인가요? 아니면 100만 번에 5번꼴인가요?"

하지만 여기서 주목할 점이 있다. 브라이언은 기저율을 알고도 쉽게 선택을 내리지 못했다. 그런데 여러 달 고민을 계속하던 그가 완전히 마음을 정한 것은 한순간이었다. 아내가 딸이 기억할 아빠의 모습을 이야기하자 그 순간 강렬한 감정에 휩싸이며 생각을 굳힌 것이다. 3부에서 더 자세히 다루겠지만, 적절한 감정이야말로 현명한 결정의 열쇠가 될 수 있다.[6]

한편 브라이언의 의사결정 과정에는 기저율을 바탕으로 한 사고와 전혀 달라 보이는 측면이 하나 있다. 골수 이식 수술을 경험한 다른 환자들의 이야기를 찾아보며 그들의 경험에서 적극적으로 배울 점을 찾았다는 사실이다. 그는 이렇게 배운 점들을 몇 가지 선택에 적용했고 그렇게 해서 성공 확률을 높였다. 스스로 운동 요법을 시작한 것이나 시애틀에서 부모님과 함께 지내기로 한 결정은 회복 과정에서 분명 큰 힘이 되었다.

이러한 통찰은 의사한테 기저율을 물어서는 얻을 수 없는 것이었다. 결함 많은 "내부 관점"에서 접근했더라도 마찬가지였을 것이다. 그러나 그는 단순히 자기 생각만 믿어버리지 않고 부지런히 근거를 수집했다. 그렇다면 그는 정확히 어떤 전략이 있었던 걸까?

브라이언은 손에 잡히듯 "질감" 있고 다채로운 정보를 원했다. 그는 이 환자들의 생활을 눈으로 직접 보고 싶어 했다. 이제부터 그 이야기를 하려고 한다. 선택지를 검증할 때 외부 관점에서 나온 큰 그림을 보완하고 싶다면 세세한 부분을 들여다보며 "클로즈업close-up" 하는 방법이 답이 될 때가 많다.

루스벨트의 전략: 큰 그림과 클로즈업 결합하기

큰 그림과 클로즈업의 결합은 프랭클린 루스벨트 전 대통령의 대표적인 전략이었다. 역사가들은 루스벨트를 정보 수집의 대가로 여긴다. 루스벨트 가문 주치의는 그에 관해 자세한 이야기를 부탁하자 이렇게 말했다. "주변에 일어나는 모든 일을 알고 싶어 하셨습니다. 사사건건 참견하기 좋아하셨고요."

모든 역대 대통령이 그랬듯 루스벨트는 자신이 접하는 정보의 질이 고민스러웠다. 중간에 있는 사람들의 의도에 따라 정보가 오염될 수 있음을 우려했기 때문이다. 신뢰할 만한 정보에 굶주렸던 루스벨트는 수많은 여론 수렴을 통해 민심을 확인한 최초의 대통령이었다.

또한 그는 "진짜 현실"을 알려줄 정보원들을 공격적으로 발굴했다. 기업가, 학자, 친구, 친척 등 연방 정부를 벗어난 사람들로 정보망을 구축했다. 그들은 관료주의 체제 바깥에서 대통령의 눈과 귀가 되어주었다. 루스벨트는 그중 한 사람에게 이렇게 말한 적이 있다. "가서 무슨 일이 일어나는지 보고 와요. 우리가 하는 일의 결과물을 눈으로 확인해요. 사람들과 대화하며 콧바람도 쐬고요."

영부인 엘리너 루스벨트Eleanor Roosevelt는 대통령의 유능한 협력자였다. 엘리너는 "포장된" 상황을 피하고자 예고 없이 프로젝트 현장을 방문하곤 했다. 현장에서는 관리자와 평직원을 면담하고 대통령을 위해 상세한 보고서를 작성했다. 엘리너는 이렇게 말했다. "시간이 가면서 나는 점점 더 훌륭한 보고자 겸 관찰자가 되었다. 남편이 온갖 질문을 쏟아냈기 때문이다. 그러니 나는 모든 상황을 알아차릴 책임이 있었다."

루스벨트는 장관들을 건너뛰고 부처의 직급이 낮은 직원들과 관계를 맺기로 유명했다. 그럴 때 장관들은 분통을 터뜨렸다. 루스벨트 대통령 재임 당시 내무부 장관을 지낸 해럴드 이커스Harold Ickes는 회고록에서 대통령이 자신과 먼저 상의하지 않고 내무부 직원들을 부른 일로 무척 화가 났다고 했다. 한편 루스벨트는 2차 세계대전이 발발하려던 무렵에는 국무부 장관 코넬 헐Cordell Hull은 으레 건너뛰고 그의 차관 섬너 웰스Sumner Welles를 가까이했다. 또 윈스턴 처칠과 소통할 때는 개인적인 연락책을 거쳤는데, 그렇게 하자 헐 장관의 보고에만 의존할 필요가 없어졌다.

한 백악관 직원은 정보의 흐름을 완벽하게 장악하던 루스벨트를 이렇게 회고했다. "대통령은 복잡한 사안이 있으니 전모를 파악해달라고 지시할 때가 있으셨다. 그런데 이삼일 동안 열심히 알아보고 돌아와서 숨어 있던 흥미로운 사실을 한 조각쯤 내놓으면 대통령은 이미 덩어리 전체를 훤히 알고 계셨다. 정보원은 미처 파악하지 못한 부분까지 말이다. 이런 일을 한두 번 겪으면 정보 관리에 온 신경이 곤두서곤 했다."

루스벨트는 이전 대통령들보다 훨씬 더 전략적으로 편지를 이용했다. 그에게 편지는 곧 정보원이었다. 그는 노변담화fireside chats(루스벨트가 1933~1944년에 한 저녁 라디오 연설-옮긴이)가 있을 때면 국민들을 향해 개인적인 생각을 보내달라고 요청했고, 국민들은 정말로 그 말을 따랐다. 그렇게 백악관에는 하루 평균 5000~8000통의 편지가 배달되었다. 편지 숫자가 줄면 루스벨트는 고문들을 닦달했다. 그는 이 편지들을 과학적으로 분석해야 한다며 주제와 태도에 따라 분류시켰다. 이렇게 통계 분석을 거친 자료는 "편지 브리핑mail briefs"을 통해 그에게 전달되었다. 이 브리핑은 대중의 관점을 정리한 기저율인 셈이었다.

그러나 루스벨트는 여기서 그치지 않았다. 그는 기저율에 만족하지 않고 편지의 일부를 손수 검토했다. 이 편지들은 정보에 질감을 더해주었다. 사안에 대해 (통계적인 의미에서) 사람들의 감정을 파악했다고 해서 감정의 온도까지 알 수 있는 것은 아니다. 감정이 구체적으로 걱정인지 짜증인지, 분노인지 격분인지는 분명하지 않다. 숫자는 미묘한 차이를 감출 수 있기 때문이다.[7]

선택지 검증 도구에 "클로즈업"을 추가해야 하는 것은 이 때문이다. 기저율은 일반적인 기준을 잡을 때 효과적이다. "이렇게 결정하면 이런 결과가 나올 수 있어." 반면 클로즈업은 일반적인 기준만큼 중요한 "직관"을 만들어낸다.

가령 저녁으로 멕시코 음식이 몹시 당긴다고 하자. 당신은 옐프에 들어가서 인근에서 평균 별 3.5개(아주 훌륭하진 않지만 그럭저럭 괜찮은 곳) 정도의 식당을 찾아본다. 보통 때라면 별점만 보고 평균 별 4개는 되는 식당만 고집했겠지만 이번에는 리뷰도 몇 개 읽어보기로 한다. 그랬더니 대다수 사람이 음식 맛을 극찬하는데 개중에 가격이 너무 비싸서 별로라고 하는 사람들이 있다. 그렇다면 문제가 아니다.

당신은 그 정도는 쓸 수 있는 사람이니까! 멕시코 요리 좀 아는 사람이니까! 정말 맛있는 엔칠라다(토르티야 사이에 고기와 치즈, 채소 등을 넣어서 구운 멕시코 요리-옮긴이)를 먹을 수 있다면 비싼 값은 대수가 아니다. 기저율은 사용자 리뷰의 질감을 흐릿하게 한다. 그러나 클로즈업을 사용하면 그 질감을 뚜렷하게 살릴 수 있다.

조직 리더 중에는 클로즈업 접근법의 지혜를 잘 이해한 사람들이 있다. 제록스Xerox의 CEO 앤 멀케이Anne Mulcahy는 최근의 제록스 역사에서 가장 극적인 전환점을 만들어냈다. 그녀가 막 경영권을 잡은 2001년 제록스는 190억 달러의 부채만 있을 뿐 은행 잔고는 바닥을 드러낸 상태였다. 전년도에는 주가가 90퍼센트나 하락하는 일까지 겪었다. 45세의 젊은 나이에 명성 높은 임원도 아니었던 멀케이가 CEO로 지명되던 날 투자자들은 주가를 15퍼센트나 폭락시키며 환영식을 치러주었다. 그러나 멀케이는 재임 6년 동안 부채는 반으로 줄이고 주가는 4배로 올리며 반전을 만들어냈다.

멀케이가 맞닥뜨린 많은 난관 중 하나는 경영진과 가장 중요한 고객사들 사이에서 소통이 끊겼다는 점이었다. 멀케이는 이 점을 바로잡기 위해 제록스의 고객사는 물론 제록스가 직면한 난관에도 클로즈업 기법을 적용하고자 "포커스 500"이라는 프로그램을 만들었다. 이 프로그램을 진행하는 동안 고위 간부는 각자 가장 중요한 고객사 500곳을 따로따로 담당했다. 회사의 회계 책임자와 법률 고문을 포함한 모든 고위 경영진이 1곳 이상의 고객사와 소통하는 책임을 맡게 되었다.

더불어 멀케이는 모든 고위 경영진이 돌아가면서 하루씩 의무적으로 고객센터 일일 총괄을 맡게 했다. 하루 동안 고객센터를 총괄

하는 사람은 그날 본사로 들어오는 고객들의 불만을 모두 처리해야 했다. 멀케이는 말했다. "이런 태도로 일할 때 현실 세계와 소통을 이어갈 수 있습니다. 현실에 발붙일 수 있는 겁니다. 제록스의 모든 의사결정에는 이 태도가 스며들어 있습니다."

제록스는 포커스 500을 통해 세상에서 가장 운영비가 높은 고객 지원 부서를 만들어냈다. 그러나 이 덕분에 회사의 생명줄이던 여러 고객사와 소통을 재개할 수 있었다.[8]

현장을 찾아가라

클로즈업을 활용하는 또 다른 방법은 "현장 찾아가기"다. "현장"을 뜻하는 일본어 "겐바げんば"는 일이 실제로 일어나는 장소를 가리킨다. 일본 탐정들은 범죄 현장을 "겐바"라고 부른다. 제조업체의 겐바는 공장이고 소매업체의 겐바는 상점이다. 전사적 품질 경영Total Quality Management(기업 활동 전반에서 품질 향상에 주력하는 경영 방식 및 이념-옮긴이) 전문가들은 기업의 리더들을 향해 문제를 이해하려면 "겐바"를 찾아가라고 말한다.[9]

예컨대 공장에서 문제가 발생하면 엔지니어는 공장 안으로 들어가서 상황을 검토하고 관련된 사람들과 직접 이야기하며 눈으로 문제를 확인해야 한다. 최고의 아이디어는 이처럼 클로즈업 감각으로 상황을 살필 때 나온다. 완전히 이해하지 못하는 상황을 어떻게 개선할 수 있겠는가?

그러므로 엔지니어가 공장에서 일어나는 문제를 진단할 때는 관련 프로세스에 대한 클로즈업 관점이 유용하다. 멀케이는 경영진에게 클로즈업 관점을 제시하며 제록스가 고객을 대하는 방식을 직접 들여다보게 함으로써 문제를 개선했다.

P&G의 소비자 연구 책임자인 폴 스미스Paul Smith 역시 비슷한 기법을 사용했다. 그는 동료들이 경쟁사에 대해 클로즈업 관점을 적용하도록 유도했다.

화장지나 주방 세제, 치약 같은 소비재는 시장에서 경쟁이 치열한 분야다. 몇몇 다국적 회사가 주도권을 쥐고 있으며 그들끼리 시장 점유율을 놓고 서로 힘겨운 싸움을 계속한다. 경쟁사들은 기술 면에서 놀라울 만큼 서로의 제품을 꿰뚫고 있다. 예를 들어 P&G 연구소에서는 종이 타월로 다음과 같은 테스트를 한다.

- 내구성 테스트: 정밀 측정 도구에 종이 타월 한 장을 끼우고 일정한 압력을 가한다. 수천 분의 1인치 단위로 타월의 두께를 잰다(두꺼울수록 좋다).
- 흡수율 테스트: 종이 타월 가운데 부분을 일정 시간 동안 물에 닿게 한다. 초당 그램 단위로 타월에 물이 흡수되는 속도를 잰다(빠를수록 좋다).
- 인장 강도 테스트: 종이 타월을 클램프에 끼우고 찢어질 때까지 양쪽에서 잡아당긴다. 인치당 그램 단위로 타월이 찢어지는 데 필요한 압력을 잰다(클수록 좋다).

과학자들은 연구소(종이 타월 고문실 격이다)에서 이루어지는 이러한 테스트를 통해 경쟁사 제품의 강점과 약점을 파악한다.

PART 3 가정을 검증하라

그러나 숫자의 정확성은 제품을 제대로 이해하는 데는 오히려 방해가 될 수 있다. 경쟁사 종이 타월의 인장 강도를 안다면 그것에 관해 무엇을 제대로 안다는 뜻일까? 그래서 폴 스미스는 동료들에게 클로즈업 관점을 제시하기로 했다.

일단 그는 종이 타월, 화장지, 갑 티슈 등의 경쟁사 제품을 사무실에 모으기 시작했다. "회사에서는 매년 수천 명의 소비자를 대상으로 반응을 알아봅니다. 하지만 나는 우리 회사에서 일하는 사람들이 경쟁사 제품이 얼마나 좋거나 나쁜지를 개인적으로 그리고 직관적으로 이해하기를 바랐어요. 마케터들은 보통 이렇게 생각합니다. '내가 여기서 3년을 일했는데, 자른 식빵이 시중에 나온 후로 우리 제품만 한 건 없는 거 같아!' 그렇게 생각하는 게 당연할 겁니다. 자기네 회사가 만든 제품이니까요. 그러나 경쟁사 제품을 직접 써보면 다른 점이 보이는 법이죠."

처음에 사무실에 경쟁사 제품들이 등장하자 직원들은 열렬한 반응을 보냈다. 마치 맥도날드 야유회에 허쉬 초코볼이 나온 상황이랄까. 그러나 자사 제품의 경쟁력을 자부하던 직원들은 나중에 완전히 다른 반응을 보였다. 스미스의 말로는 다들 이렇게 말했다고 한다. "세상에! 저 회사 제품 생각보다 너무 좋잖아!"

한 브랜드 매니저는 이렇게 말했다. "정말 놀랐어요. 타 브랜드 제품이 생각보다 훨씬 더 마음에 들었어요! 제품의 성과는 걱정할 필요 없다고 생각했는데, 이제 아닙니다."

어떤 직원은 클로즈업이 자사 제품의 중요한 경쟁력을 드러내 보여준다는 사실을 알게 되었다. P&G의 화장지 및 종이 타월 브랜드인 바운티Bounty의 한 팀원은 이렇게 말했다. "화장실에서 손을 씻고

타사 종이 타월로 세면대를 닦았어요. 그런데 물기가 그대로 있더라고요. 그래서 물기를 없애느라 두 장을 써야 했죠." 이 일로 그는 광고에서 바운티의 장점을 강조할 방법에 관한 아이디어를 고민하기 시작했다.

폴 스미스는 팀원들에게 클로즈업 관점을 제시함으로써 숫자로는 알 수 없었던 중요하지만 미묘한 차이를 드러내주었다.[10]

* * *

우리는 선택을 검증할 때 기본적으로 내부 관점을 취한다. 스포트라이트 안에 있는 정보를 살펴보고 이를 바탕으로 재빨리 머릿속에 나름의 인상을 만들어낸다. "폴리네시안리조트 좋아 보이는데!" "내가 태국 요리 전문점을 내면 분명 성공할 거야." 지금까지 살펴보았듯 2가지 방법을 사용하면 이런 편향을 바로잡을 수 있다. 바로 "줌아웃-줌인하기zooming out and zooming in"다.*

줌아웃은 외부 관점을 취하는 것이다. 그럴 때 우리는 직면한 선택을 먼저 거친 사람들의 경험에서 배울 점을 찾는다. 줌인은 상황에 클로즈업 관점을 적용하는 것이다. 이 말은 결정에 영향을 미칠 구체적인 "질감"을 찾는다는 뜻이다. 두 전략은 모두 유용하며, 둘 다

---

* "줌아웃-줌인"이란 말을 쓴 것은 이 말로 이번 장을 간단히 요약할 수 있기 때문이다. 그러나 이 말에는 오해가 있을 수 있으므로 잠깐 짚고 넘어가자. "줌아웃"은 외부 관점을 취한다는 말이다. 그러나 "줌인"이 내부 관점을 취한다는 말은 아니다. 내부 관점은 항상 머릿속에만 존재한다. "줌아웃-줌인"이라고 할 때는 사진 찍는 경우를 떠올리면 된다. 카메라로 머릿속을 찍을 수는 없다. 사진을 찍을 때는 카메라가 머릿속이 아닌 바깥세상을 향하게 해야 한다. 그런 다음 먼저 줌아웃으로 전체를 대략 잡고 나서 줌인으로 구체적인 부분을 포착한다.

PART 3 가정을 검증하라

허세 가득한 회의실에서는 나올 수 없는 방식으로 통찰을 더해줄 것이다.

가능한 상황에서는 둘 다 시도하는 것이 바람직하다. 루스벨트 대통령은 미국인의 정서를 이해하기 위해 국민들이 보낸 편지를 통계적으로 분석하고 요약하는가 하면 편지 중 일부를 직접 읽어보았다. 폴 스미스는 경쟁사 제품을 검증하기 위해 과학적인 정보만이 아니라 개인적인 경험에도 의지했다. 브라이언 지크문트-피셔는 기저율과 "더불어" 실제 환자들의 이야기를 신뢰했다.

줌아웃-줌인은 선택에 관해 더욱 현실적인 관점을 부여한다. 이때 우리는 머릿속에 그린 지나치게 낙관적인 그림을 배제하고 바깥 세계로 주의를 돌린다. 그리하여 대략의 큰 그림을 먼저 광각으로 본 뒤 구체적인 부분을 클로즈업해 살핀다. 이렇게 함으로써 우리는 비로소 올바른 결정에 도달할 수 있다.

ONE PAGE:
CHAPTER 6

---

1. **사람들이 자기 직관보다 "평균"을 믿는 일은 종종 있다. 그러나 우리는 지금보다 훨씬 더 평균을 신뢰해야 한다.**
   - 폴리네시안리조트에 묵었던 사람들이 쓴 최악의 리뷰는 믿으면서, 가장 중요한 결정(새 직장, 대학 진학 등)을 앞두고는 먼저 그 일을 경험한 사람들이 하는 말을 믿지 않을 때가 있다.

2. **내부 관점: 특정 상황에 대한 개인적 평가. 외부 관점: 나와 비슷한 상황에서 일반적으로 일이 진행되는 형태.**
   - 외부 관점이 더 정확하다. 그러나 사람들은 대부분 내부 관점에 끌린다.
   - 잭은 태국 요리 전문점을 내면 엄청난 성공을 거두리라고 생각한다. 식당을 열어본 다른 사람들과 자신을 똑같이 취급하는 건 옳지 않다고 여긴다.
   - 카너먼의 커리큘럼 개발기: 기저율을 알았던 학장조차 내부 관점에 갇혀 있었다.

3. **결정과 관련된 "기저율"을 찾을 수 없다면 전문가에게 물어보라.**

- 저작권 전문 변호사한테 묻는다. "재판까지 가기 전에 합의가 이루어질 확률은 얼마나 되나요?"
- 주의할 점: 전문가는 기저율 추정에는 뛰어나지만 예측에는 그렇지 못하다.

4. **"클로즈업"은 외부 관점에 부족한 "질감"을 더해줄 수 있다.**
    - 브라이언 지크문트-피셔는 골수이형성증후군 환자들의 경과와 관련된 기저율을 알아보는 한편, 상황을 클로즈업했다(이를 통해 운동과 "다른 어른"의 필요성을 알았다).
    - 루스벨트 대통령은 "편지 브리핑"을 통해 국민들이 보낸 편지에 대한 통계 자료를 받는 한편, 편지 중 일부를 직접 읽었다.
    - 클로즈업 관점의 활용 예시: 제록스의 포커스 500, "현장 찾아가기", P&G의 경쟁사 제품 직접 써보기 등.

5. **가장 양질의 정보를 얻으려면 "줌아웃-줌인"(외부 관점+클로즈업) 방식이 필요하다.**

우칭하라

우칭, 큰 결정을 위한 작은 실험

2006년 과학 장비 제조사 내셔널인스트루먼츠National Instruments, NI
의 부사장인 존 행크스John Hanks는 무선 센서에 큰돈을 투자하는 문
제를 고심하고 있었다. 무선 센서는 무척 전망이 밝은 분야였다. 가
령 탄광에 설치하면 카나리아 대신 메탄 수치를 감지할 수 있었다.
장비의 회전부에 부착하면 안전하게 정보를 받아볼 수 있었다. 무선
센서는 석유 시추기의 끝부분처럼 유선 센서를 쓸 수 없는 곳(포크에
스파게티를 감는 모양이 될 테니까)에서도 작동이 가능했다.

그러나 고객 중에는 무선 센서를 회의적으로 생각하는 이들이 있

었다. 무선 센서에서 전송한 정보를 제대로 확보할 수 있을까? 열악한 환경에 설치되었다면 센서가 보내주는 정보를 얼마나 믿을 수 있을까? 이런 우려를 생각하니 행크스는 자신이 가진 정보만으로는 현명한 결정을 내리기가 어렵다는 생각이 들었다. 그리고 깨달았다. 그가 지금 해야 할 일은 "우칭ooching"이었다.

우칭은 큰 가설을 시험하기 위해 여러 번 작은 실험을 시도하는 것을 가리킨다. 우리는 내셔널인스트루먼츠에서 우칭이란 말을 처음 들었지만 미국 남부에서는 흔히 쓰는 말인 것 같다. inch(조금, 약간)와 scoot(휙 움직이다)의 합성어처럼 보이기도 한다. 행크스는 말했다. "내셔널인스트루먼츠에는 이렇게 자문하는 문화가 있습니다. '이 일을 어떻게 우칭할까?' 우리는 무턱대고 뛰어들기보다는 먼저 우칭을 시도합니다."

행크스는 우칭에 응해줄 만한 고객을 찾아 나섰다. 복잡한 기술이 필요한 일을 하고 배울 점이 많은 사람이면 좋을 것 같았다. 빌 카이저Bill Kaiser를 만났을 때 그는 이 사람이 바로 그 사람임을 알아보았다. UCLA에서 전기공학을 가르치던 카이저 교수는 코스타리카 밀림에 무선 센서를 설치하기 위해 생물학자 몇 명과 협업 중이었다.

그들이 하는 프로젝트의 목표는 밀림 속 이산화탄소의 흐름을 파악하는 것이었다. 그러나 밀림에서 이산화탄소 양을 측정하려면 몇 가지 곤란한 문제가 있었다. 우선 밀림 곳곳에 센서를 설치해야 했다. 이 센서는 건전지를 동력으로 써야 했고(밀림에는 플러그를 꽂을 콘센트가 없다) 날씨의 영향을 받지 않아야 했다. 수치를 정확하게 측정하고 전송해야 함은 말할 것도 없었다.

행크스 팀은 생물학자들의 요구 사항을 충족하는 과정에서 굳이 모양 좋은 제품을 만들려고 하지는 않았다. 모양을 제대로 다듬으려면 비용과 시간이 많이 들기 때문이었다. 대신 그들은 본래 가지고 있던 기술을 원형 그대로 대충 꿰맞추어보기로 했다. 행크스의 말마따나 결과물은 "양동이에 든 벽돌"과 다를 것이 없었다.

UCLA의 생물학자들은 밀림의 고도에 따른 이산화탄소 수치를 측정하고 싶다고 했다. 내셔널인스트루먼츠 팀은 급한 대로 나무 사이사이에 케이블을 설치했다. "양동이에 든 벽돌"이 로봇처럼 케이블을 따라 움직이면서 이산화탄소의 양을 재게 할 셈이었다. "ESPN 미식축구 경기 중계 카메라를 코스타리카 밀림에 가져다놓은 것 같았습니다." 행크스의 말이다.

행크스에게 이 프로젝트는 속성 강좌와 같았다. 첨단 과학을 다루는 고객들의 정교한 요구 사항을 충족하려면 무엇이 필요한지 아주 짧은 시간에 파악할 수 있었기 때문이다. 코스타리카 밀림에서 진행된 UCLA의 까다로운 프로젝트에서 제 역할을 해낸다면 이 무선 센서는 어느 곳에 적용하든 성공할 수 있었다.

그는 우칭을 통해 무선 센서 기술에 대한 믿음이 커졌다. 몇 번 더 실험을 거친 뒤에는 우칭은 그만하고 사업에 제대로 뛰어들기로 했다. 이렇게 정식 승인을 얻어 무선 센서를 개발하기 시작했다. 계산해보니 여러 해가 걸릴 이 프로젝트에는 200~300만 달러의 투자금이 필요했다. 우칭을 거치면서 무선 센서에 대한 직관에 확신을 얻은 덕에 이제 그는 더 자신 있게 새 프로젝트를 진행해나갔다.

행크스와 동료들은 무작정 무선 센서 시장에 뛰어드는 대신 먼저 그 분야에 발가락만 살짝 담가보는 편을 선택했다. "할까 말까" 중 한쪽을 고민하기보다는 "살짝" 경험해보는 쪽을 선택한 것이다. 무턱대고 뛰어들기 전에 먼저 우칭을 시도하는 이 전략은 가정 검증하기의 또 다른 방법이다. 우리는 우칭을 통해 현실의 생생한 경험을 결정에 반영할 수 있다.[1]

우칭으로 결정 불안 해소하기

약학대학원에 진학하기로 한 스티브Steve라는 학생에 대해 생각해 보자. 스티브는 무엇 때문에 이 대학원에 가려고 할까? 그는 의학대학원이나 법학대학원 같은 선택지도 여러 달 고민했지만 결국 이곳이 자신에게 가장 잘 맞는다는 결론을 내렸다. 그는 항상 화학을 좋아했다. 무엇보다 건강을 다루는 분야에서 일한다는 것이 마음에 든다. 적당히 바쁘게 일하고 넉넉한 급여를 받으며 생활하는 방식 또한 자신과 잘 맞을 것 같다.

하지만 그것만으로 이렇게 중요한 문제를 결정할 수는 없다! 대학원을 졸업하려면 최소 2년은 걸린다. 당연히 그러는 동안은 마땅한 벌이 없이 수천 달러의 학비를 내야 한다. 그렇다면 빈약한 정보만 믿고 너무 큰 모험을 하는 셈이다. 이런 상황에서는 우칭이 절실하다. 가장 확실한 방법은 "몇 주 동안 약국에서 직접 일해보는 것"이다. 스티브는 필요하다면 무료 봉사도 마다하지 않을 만큼 영리한 사람이다(몇 년 동안 아무 벌이 없이 학교에 다닐 여건이라면 한 달 정도 무보수 인턴으로 일한다 한들 무리가 되지는 않을 것이다).

진로를 결정하려면 해당 분야를 먼저 경험해봐야 한다는 것은 너무나 당연하게 들리는 말이다. 그러나 매년 어마어마한 숫자의 학생들이 이런 실험 한번 거치지 않고 대학원에 등록한다. 법률 회사에서 하루도 일해보지 않고 법학대학원에 가고, 병원에서 하루도 일해보지 않고 의학대학원에 간다. 그런데 3, 4년을 들여 대학원을 졸업한 뒤 일을 시작해보니 사실은 그 일이 맞지 않는다고 해보자. 이렇게 끔찍한 의사결정 프로세스가 있을까? 라스베이거스에 갔다가 술김에 결혼해버리는 것과 뭐가 다를까?(숙취 상태에서 이혼 절차를 밟는 편이 학자금 때문에 몇십만 달러 빚을 지는 것보다 덜 비참할 테니 취중 즉흥 결혼이 조금 더 나을지 모르겠다.)

여러 물리치료대학원의 리더들은 이런 무모함을 바로잡기 위해 학생들에게 의무적으로 우칭 단계를 밟게 한다. 예를 들어 뉴욕시립대학교 헌터칼리지는 100시간 이상 물리치료실에서 직접 관찰 기간을 거친 학생에게만 대학원 입학을 허가한다. 이제 이곳의 모든 입학생은 앞으로 일하려는 분야의 기본을 확실히 이해한 뒤에 공부를 시작한다.[2]

우칭은 상황을 판단하고자 할 때 유용하므로 인식을 검증하는 도구로 사용할 수 있다. 무선 센서 시장이 유망하다고 생각한다면 먼저 시험해봐야 한다. 약사가 되고 싶다면 그 역시 먼저 시험해봐야 한다.

이 전략은 더 미묘한 상황에서도 쓰임새가 좋다. 예를 들어 일부 심리치료사들은 사람들이 집이나 회사에서 느끼는 결정 관련 불안을 덜어주기 위해 우칭의 사촌쯤 되는 기법을 사용한다.

심리치료사 매슈 매케이Matthew McKay, 마사 데이비스Martha Davis, 패트릭 패닝Patrick Fanning은 페기Peggy라는 내담자의 사례를 소개했다. 법률 회사의 비서인 페기는 "완벽주의 성향"이 있었다. 그녀는 파트너 변호사 앞으로 갈 서류에 하나라도 실수가 있을까봐 두려워 몇 시간이 가도록 오류를 찾고 고쳤다. 그런 뒤에는 고치는 과정에서 무심코 생긴 실수가 있을지 몰라 다시금 검토에 검토를 반복했다. 그리고 사무실에서 긴 하루가 끝나면 이제는 집으로 서류를 가져가서 토씨 하나 틀리면 안 된다는 마음으로 다시 꼼꼼히 몇 시간이고 서류를 살폈다.

한 번 검토한 서류에 만족한다는 건 페기에게 상상도 못 할 일이었다. 그러기에는 너무 위험해 보였기 때문이다. 그래서 그녀는 심리치료사들과 함께 우칭을 적용할 몇 가지 항목을 만들었다. 머릿속 두려움이 합리적인지를 검증하기 위해 점진적으로 소소한 단계를 밟아보기로 한 것이다. 검토를 좀 느슨하게 하면 정말로 하늘이 무너지는지 눈으로 확인하면 될 일이었다. 전체 과정은 한 단계를 시도해보고 별일이 일어나지 않으면 다음 단계로 넘어가는 식으로 진행하기로 했다. 이렇게 계획한 우칭의 순서는 다음과 같다.

1. 서류를 집으로 가져가서 몇 번 더 꼼꼼하게 살펴본다.
2. 서류를 집으로 가져가서 2번 더 살펴본다.
3. 서류를 집으로 가져가서 1번 더 살펴본다.
4. 퇴근을 1시간 늦추고 집에는 서류를 가져가지 않는다. 검토는 그것으로 끝낸다.
5. 정시에 퇴근하고 집에 서류를 가져가지 않는다. 검토는 그것으로 끝낸다.

페기는 매 단계에서 극심한 불안을 느꼈다. 행여 자신의 결정으로 회사에 심각한 문제가 생기거나 자신이 퇴사 위기에 놓일까봐 겁이 났기 때문이다. 그러나 각 단계를 마칠 때마다 놀라지 않을 수 없었다. 검토가 느슨해져도 아무 일이 일어나지 않았던 것이다. 페기는 한 단계가 끝날 때마다 다음 단계를 시도할 자신감을 얻었다. 그리고 5단계를 무사히 마치자 이번에는 편안함의 수준을 한층 더 높여보기로 했다.

6. 서류에 의도적으로 문장부호 하나를 틀리게 놓아둔다.
7. 의도적으로 문법 한 군데를 틀리게 놓아둔다.
8. 의도적으로 철자 하나를 틀리게 놓아둔다.

치료사들에 따르면 페기는 "사소한 실수가 있더라도 회사가 소송에 지거나 자신이 해고되는 것은 아니라는 사실을 깨달았다. 사실 누구도 그녀가 만든 오류를 눈치채지 못했다."

페기는 마침내 불안감을 내려놓고 엄격하되 지나치지 않은 검토 루틴을 만들었다. 그녀는 우칭을 통해 더욱더 대범한 의사결정 프로세스를 만들어냈다.[3]

사람들은 왜 우칭을 무시할까

지난 몇 년 동안 작은 실험을 통해 선택지를 탐색해보자는 "우칭" 개념이 여러 분야에서 등장했다. 디자이너들이 말하는 "시제품화 prototyping"가 그 예다. 시제품화란 6개월을 들여 완벽한 제품을 만드는 대신 살짝 엉성하더라도 빠른 시간 안에 시(험용)제품을 만들어서 잠재 고객의 손에 들려보는 것을 말한다. 이렇게 현실 세계에서 소통이 이루어지면 한 단계 나아간 시제품을 만들 통찰이 생긴다. 디자인은 이 과정이 반복되다보면 개선되기 마련이다.

한편 의료계 리더들은 "변화를 위한 작은 실험"을 활용하도록 조언한다. 새로운 프로세스나 혁신을 염두에 두고 있다면 먼저 작은 규모의 실험을 통해 측정 가능한 결과가 도출되는지 확인하라는 말이다. 경영 컨설턴트 짐 콜린스Jim Collins와 모튼 한센Morten Hansen은 기업 경영진에게 "대포 전에 소총 먼저"라는 전략을 사용하라고 권장한다. 가장 좋은 1가지에 아낌없이 투자하려면 그 전에 작은 실험을 여러 차례 거쳐보라는 뜻이다(내셔널인스트루먼츠의 "뛰어들기 전 우칭"과 비슷한 개념이다). 마지막으로, 피터 심스Peter Sims는 저서 《리틀 벳Little Bets》(한국어판: 에코의서재, 2011)에서 온전히 우칭만을 이야기했다.[4]

"우칭"이 다른 용어들보다 훨씬 더 마음에 들기는 하지만 분명히 해두고 싶은 점이 있다. 지금까지 언급한 여러 그룹에서는 기본적으로 전부 같은 말을 하고 있다. 바로 "머리부터 들이밀지 말고 우선 발끝만 담가보라"는 것이다. 이 개념은 워낙 유명한 데다 작은 모험으로 큰 결정을 개선할 수 있으니 보상 또한 분명하다. 그런데 왜 사람들은 더 쉽게 우칭을 시도하지 않는 것일까?

답은 스스로 미래를 예측할 수 있다고 과신하는 경향 때문이다. 약학대학원에 가려고 하는 학생은 자신이 혼란스러운 상태라고 생각하지 않는다. 분명한 정답이 있는데 굳이 시간을 버리며 무보수 인턴 노릇을 할 이유는 없다고 여긴다(만일 1년 만에 학교를 그만두더라도 마치 예상이 불가능한 일이었다는 듯 "나랑은 안 맞는 분야였어"라고 말하고 말 것이다). 최고의 제품 디자이너는 완성된 제품이 성공작이라는 것을 직감으로 안다. 그런 사람은 "엉성하게 뚝딱 만든 시제품"이 필요하다는 말을 용납할 수 없다. "시제품 따위로 품위를 흉내 낼 순 없어!"

이른바 내로라하는 사람들은 말한다. "그냥 감이 와요." 이는 모든 사람에게서 드러나는 태도다. 우리에게 우칭은 귀찮은 일이다. 앞으로 일어날 일은 뻔해 보이기 때문이다. 엄밀히 말해서 미래를 제대로 볼 줄 안다면 우칭은 그야말로 시간 낭비다.

그렇다면 여기서 정말 중요한 질문은 이것이다. 사람은 과연 얼마나 예측에 능한 존재일까?

전문가의 예측 능력은 형편없다

펜실베이니아대학교에서 심리학과 경영학을 가르치는 필립 테틀록Philip E. Tetlock 교수는 커리어 초기에 국립연구위원회National Research Council에서 제법 진지한 임무를 수행했다. 바로 핵전쟁의 위협에서 문명을 구하기 위해 사회과학이 이바지할 방법을 검토하는 일이었다. 때는 1984년, 로널드 레이건 대통령이 임기의 첫 번째 분기를 맞고 있었다. 레이건은 지난해 연설에서 소련을 "악의 제국evil empire"이라 칭한 장본인이었다. 테틀록의 말마따나 당시 정치 전문가들은 두 나라의 관계가 "벼랑 끝에 내몰렸다"라고 생각했다.

그런데 1년 뒤 모든 것이 달라졌다. 미하일 고르바초프가 공산당

서기장이 되면서 대대적인 개혁의 시대를 연 것이다. 그 뒤 몇 년이 지나자 핵전쟁에 대한 두려움은 이제 터무니없는 생각이 되어 있었다.(국립연구위원회에서 지나치게 벌벌 떠는 보고서를 내놓았다며 테틀록을 놀리는 동료도 있었다. "하늘이 안 무너져서 어쩌나!")

그런데 고르바초프의 부상을 전혀 생각하지 못한 전문가들은 자신들의 예측이 실패했음을 받아들이지 않았다. 테틀록은 당황스러웠다. 그들은 미국이 운이 좋았다고 말하는가 하면, 핵전쟁의 재앙에 대한 자신들의 예측이 "거의" 들어맞았다는 식으로 논조를 유지했다. 테틀록은 이를 "기사회생형 사후 가정close-call counterfactual"이라고 부른다.

테틀록은 화가 치밀어 연구를 설계해보기로 했다. 이번만큼은 전문가들의 입을 제대로 열어볼 작정이었다. 우선 그는 "정치 경제의 흐름에 관한 논평이나 조언"으로 돈을 버는 전문가 284명을 모집했다. 대부분 석사 학위가 있었고 절반 이상은 박사 학위 소지자였다. 이들은 의견을 말하고 주목받는 일이 많았다. 61퍼센트는 매체와 인터뷰한 경험이 있었다.

테틀록은 이들에게 각자의 전문 영역에 관해 예측을 부탁했다. 가령 경제학자들은 다음과 같은 질문을 받았다.

경제 성과를 고려할 때 향후 2년간 GDP 성장률은 가속화할까, 둔화할까, 같은 수준을 유지할까?

정치학자들이 받은 질문은 다음과 같았다.

PART 3 가정을 검증하라

다음번 미국 대선 이후 현 집권당(민주당 또는 공화당)은 정권을 잃을까, 정권은 유지하되 지지율은 떨어질까, 정권도 유지하고 지지율도 올라갈까?

보다시피 객관식 문제나 빈칸 채우기보다 어려울 것 없는 아주 간단한 문제들이었다. 테틀록이 이렇게 분명한 질문을 만들려고 한 이유는 예측이 틀릴 경우 전문가들이 숨을 여지를 두지 않기 위해서였다.

테틀록은 1980년대 중반 무렵부터 슬슬 전문가들의 답변을 모으기 시작했다. 그런데 막상 정보를 받아보니 내용이 아주 풍부하고 흥미로워서 프로젝트에 대한 열정이 샘솟기 시작했다. 2003년까지 테틀록이 모은 자료는 모두 8만 2361건이었다. 2년 뒤 그는 이 정보에 대한 탁월한 분석을 담아《전문가의 정치적 판단: 얼마나 훌륭할까? 우리가 어떻게 알 수 있을까?Expert Political Judgement: How Good Is It? How Can We Know?》라는 제목의 저서를 출간했다.

그렇다면 과연 전문가들의 예측 점수는 어땠을까? 사실 결과는 기대치를 밑돌았다. 가장 예측을 잘 해낸 사람들조차 테틀록이 말하는 "대략 추정 알고리즘crude extrapolation algorithm"보다 적중률이 떨어졌다. 대략 추정 알고리즘이란 기저율을 바탕으로 지난 몇 년간의 흐름이 계속될 것으로 추정하는 단순 계산법을 말한다. 예를 들어 지난 3년간 평균 경제 성장률이 2.8퍼센트였다면 이 추세가 그대로 유지될 것으로 예측하는 식이다.(예측이 아니라 기저율에 관해 전문가를 신뢰하라고 했던 앞 장의 조언을 생각하면 테틀록이 알아낸 사실은 그다지 놀랍지 않다.)

그런데 테틀록은 다음과 같이 암울한 소식을 전한다. "지역, 시기, 결과 변수 등을 바꾸어가며 이 점수를 살펴보더라도 어느 영역에서든 인간이 대략 추정 알고리즘을 확실히 능가하기는 불가능하다." 다시 말해 10대 청소년에게 기저율 정보를 주며 계산기를 건네더라도 전문가의 예측을 쉽게 뛰어넘을 수 있다는 말이다.

한편 공부를 더 했다고 적중률이 올라가지는 않았다. 박사 학위가 있는 사람이 그렇지 않은 사람들보다 정확한 예측을 하는 건 아니었으니 말이다. 경험도 마찬가지였다 20년 커리어익 전문가들이 반드시 초보들을 앞서는 건 아니었다. 그런데 예측의 적중률을 예상할 수 있는 기준 하나가 있었다. 바로 매체의 관심이었다. 구체적으로 말해 매체에 자주 등장하는 전문가일수록 예측 점수가 떨어지는 경향이 있었다(케이블 뉴스를 1시간이라도 시청해본 사람은 이 점을 쉽게 증명할 수 있을 것이다).

정말 주목할 만한 발견 아닌가? 흠잡을 데 없는 자격을 갖춘 전문가들이 올해는 지난해와 같을 것이라고 가정할 뿐인 바보 같은 알고리즘만 못하다니.

그러나 예측에 능하지 못한 전문가는 학계 권위자만이 아니다. 앞서 언급한 연구에 따르면 심리학자, 의사, 엔지니어, 변호사, 자동차 정비사 역시 예측에 서툴다. 이 연구를 검토한 한 논문에는 이 모든 점을 요약한 듯한 다음과 같은 부제가 붙어 있다. "왜 그토록 똑똑한 전문가들이 그렇게 형편없는 예측을 내놓을까?"

그렇다면 전문 지식은 전혀 가치가 없다는 뜻일까? 그렇지는 않다. 테틀록은 UCLA에서 심리학을 전공하는 학생들에게 여러 나라의 정치, 경제에 관한 기본 사실을 한 장 분량으로 주고 비슷한 예측을 부탁했다. 그런데 이들은 전문가들보다 훨씬 낮은 점수를 받았다. 가령 학생들이 100퍼센트 확신했지만 그 일이 일어나지 않은 경우는 전체의 45퍼센트였다. 그러나 전문가들이 100퍼센트 확신한 일이 일어나지 않은 경우는 23퍼센트에 불과했다.(그렇다고 훌륭하다고 말할 수준은 아니다. 가정용 임신 테스트기의 정확도가 이 정도밖에 안 된다면 어떻게 되겠는가!)[5]

그러므로 지금까지 정보를 바탕으로 대략 점수를 매긴다면 기저율이 제일 높고, 전문가 예측이 그다음, 초보자 예측이 또 그다음이라고 할 수 있다(꼴찌는 2000년이 다가오자 문명의 몰락을 예측하며 산으로 들어간 사람들이라고 하자).

테틀록의 연구는 사람은 예측 능력에 관해 좀 더 겸손해질 필요가 있음을 시사한다. 사실 우리는 언제든 가능하다면 예측에서 완전히 벗어나야 한다. 예를 들어 소프트웨어 회사의 경영자가 혼란스러운 기술 시장의 향방을 예측한다고 하자. 정치학자가 안정된 서구 민주주의 사회의 대통령 선거 결과를 예측하는 것보다 더 쉬우리라는 근거는 어디에도 없다.

우칭은 여기에 대안을 제시한다. 우리는 우칭을 통해 현실을 예측하기보다 인식하는 법을 알 수 있다.

기업가는 예측하지 않고 시험한다

버지니아대학교 다든경영대학원의 사라스 사라스바티Saras Sarasvathy 교수는 기업가는 전문가와 완전히 성향이 다르다는 것을 알아냈다. 많은 기업가의 한 가지 공통점은 예측을 무척 싫어하는 것이라고 사라스바티는 말한다. "기업가들은 미래에 관한 정보를 받으면 보지도 않고 덮어버립니다." 그녀가 비즈니스 잡지 《잉크Inc.》와 인터뷰에서 한 말이다. 기업가들은 예측의 가치를 절대 믿지 않는 것 같다. 《잉크》가 자체 선정 500대 CEO를 대상으로 실시한 조사에 따르면 이들 CEO의 60퍼센트는 계획서조차 써보지 않고 사업을 시작했다고 한다.

사라스바티는 기업가들의 사고방식을 연구하기 위해 다양한 규모(2억 달러에서 65억 달러 사이)의 기업을 만든 설립자 45명을 대상으로 심층 인터뷰를 실시했다. 인터뷰에서는 가상 스타트업 기업의 사례를 알려주고 이 기업이 중요한 문제를 결정한다면 어떤 식으로 접근해야 할지 물어보았다.

가령 질문은 다음과 같았다. "당신이 이 스타트업 기업의 CEO라면 어떤 방법으로 시장 조사를 하겠습니까?" 한 기업가는 아주 적극적인 자세로 가능한 방법을 고민하기 시작했다. 그러더니 답변 중에 불쑥 말을 멈추고는 이렇게 말했다. "사실 이런 조사 따위는 안 할 겁니다. 그냥 가서 팔아봐야죠. 난 시장 조사는 안 믿습니다. 진짜 필요한 한 가지는 고객이라는 말이 있지 않습니까? 이 모든 질문에 일일이 답하느니 차라리 하나라도 실제로 팔아보려고 하겠어요."

닷컴 시대가 한창이던 1990년대에 실제로 이런 일이 일어났다. 이 무렵 빌 그로스Bill Gross는 시험해보고 싶은 아이디어가 있었다. "아이디어랩!idealab!"이라는 스타트업 인큐베이팅 전문 회사의 설립자인 그로스는 온라인에서 고객에게 직접 차를 팔 수 있겠다는 생각에 들떠 있었다. 그가 상상한 대로라면 고객은 원하는 차를 신속히 검색할 수 있고, 자기 집 문 앞에서 차를 받을 수 있었다. 굳이 자동차 판매원을 거칠 필요가 없었다.

머릿속에서는 성공할 듯한 아이디어였지만 여전히 위험은 컸다. 온라인으로 차를 팔면 차를 잔뜩 세워둘 비싼 부지가 필요 없으므로 더 싼 가격을 제시할 수 있었다. 그러나 자동차 가격은 아무리 저렴해봤자 온라인에서 사기에는 여전히 큰 금액이었다. 과연 시운전을 해보기는커녕 실제로 본 적조차 없는 차를 2만 달러나 주고 사려고 할까?

그로스는 이 점을 알아보기 위해 우칭을 설계했다. 그는 90일 동안 일할 CEO를 고용해서 차를 팔라는 임무를 주었다. 그 무렵 아이디어랩의 COO(최고운영책임자)였던 앤디 지머맨Andy Zimmerman은 당시를 이렇게 회상한다.

브레인스토밍 단계에서 반대가 많았어요. 온라인으로 누가 그런 비싼 물건을 사겠느냐고들 했죠. 그때는 온라인으로 차를 파는 업체가 없었습니다. 그래서 우리는 이렇게 갑론을박을 계속하니 웹사이트를 한번 만들어보기로 했습니다. 아무튼 차를 주문할 수 있게 생긴 두세 페이지짜리 웹사이트면 되는 거였으니까요. 하지만 실제로는 우리 직원이 사용자의 구매 의사를 확인하고 켈리블루북Kelly Blue Book(자동차 평가 및 연구 회사-옮긴이)에서 가격을 찾아본 뒤 다시 사용자에게 알려주는 식으로 운영되는 웹사이트였습니다. 이튿날 빌은 하루 사이에 차가 3대나 팔렸다는 사실을 알게 되었습니다. 결국 사이트를 빨리 닫아야 했어요. 아무래도 차를 너무 싸게 내놓은 것 같았거든요.

아이디어랩은 논쟁을 이어가는 대신 우칭으로 불확실한 부분을 해결했다. 이들은 우칭을 통해 카스다이렉트닷컴CarsDirect.com을 만들었고, 이 회사는 3년 만에 미국에서 가장 큰 자동차 판매사로 성장했다.[6]

사라스바티는 계획보다 시험을 좋아하는 성향이야말로 기업가가 기업 경영진과 가장 두드러지게 다른 점 중 하나임을 알게 되었다. 기업 경영진은 대부분 예측을 선호한다. 그들은 마치 "미래는 예측할 수 있는 만큼 통제할 수 있다"라고 믿는 듯하다. 반면 기업가는 적극적인 시험을 선호한다. "미래는 우리가 통제할 수 있는 만큼 예측은 필요 없다"라는 것이 그들의 믿음일 것이다.[7]

기업가들의 이러한 논리는 거대 조직에까지 적용되기 시작했다. 금융 소프트웨어 전문 기업 인튜이트Intuit의 설립자 스콧 쿡Scott Cook은 우칭의 미덕을 깊이 확신한 계기가 있었다. 이제 그는 일명 "실험을 통한 리더십"을 지지한다. 리더는 모든 질문에 답을 내고 모든 결정에 나서곤 하는데 그것들을 전부 그만두어야 한다는 게 쿡의 생각이다. 그는 2011년 강연에서 이렇게 말했다. "높은 사람들은 정치politics, 설득persuasion, 파워포인트PowerPoint, 이 3가지를 보고 결정을 내립니다." 그러나 3P 중 어느 하나도 좋은 아이디어의 성공을 보장하지는 않는다고 했다. 최고의 아이디어는 실험을 거쳐 결정될 때 그자체로 입증되는 법이다.

예를 들어 쿡은 인도 현지 팀과 팽팽한 긴장 속에 논쟁을 벌인 경험을 이야기했다. 현지 팀은 인도 농민들을 대상으로 새 제품을 개발하고 있었다. 약간의 구독료를 내고 다양한 시장의 곡물 실거래가 정보를 핸드폰으로 받아 보게 하자는 아이디어가 핵심이었다. 이런 정보가 있으면 농민들은 가장 높은 가격을 제시하는 시장에 수확물을 내다 팔 수 있었다. 쿡을 비롯한 경영진은 그 말을 듣고 코웃음을 쳤다. "무모해 보였습니다." 쿡의 말이다. 그러나 이들은 현지 팀에 대략의 시제품을 만들어 테스트를 거치게 하기로 의견을 모았다.

놀랍게 이 시도는 큰 성공을 거두었다. 현지 팀은 13번 더 실험을 거듭한 끝에 훨씬 정교한 시스템을 설계해냈다. 완성된 시스템을 사용하는 농민들은 배당금을 받게 되었고 수입 또한 평균 20퍼센트가량 상승했다. 여윳돈이 생긴 덕분에 자녀를 학교에 보낼 수 있는 사람들이 많아졌다. 2012년이 되자 이 시스템을 사용하는 농민은 32만 5000명에 달했다. 스콧 쿡과 인튜이트 경영진이 아이디어를 증명할 기회를 주지 않았더라면 이 숫자는 "0"에 그쳤을 것이다.[8]

우칭할 때 유의할 점

기업에서 우칭이 가능하다면 집에서는 어떨까? 게이브 개브리얼슨Gabe Gabrielson은 가정에서도 우칭은 유용할 수 있다고 생각한다. 게이브는 부동산 중개업을 하며 캘리포니아주 새너제이에서 아홉 살 된 아들 콜린Colin과 함께 살고 있다. 아홉 살 아이들이 으레 그렇듯 콜린은 부모가 세운 규칙이 못마땅할 때가 많다.

예를 들어 2011년 봄 콜린은 아빠의 규칙에 반기를 들었다. 아침 먹으러 내려오기 전에 옷을 갈아입어야 하는 건 콜린에게 말이 안되었다. 사실 게이브는 콜린이 뭘 입고 아침을 먹든지 중요하지 않았다. 다만 옷을 먼저 갈아입지 않으면 결국 학교에 늦게 될까봐 걱정이었다. 하지만 콜린은 생각이 달랐다. "난 잠옷 입고 먹는 게 더 편하단 말예요!"

몇 차례 실랑이가 거듭된 뒤 아빠와 아들 모두 마음만 답답해지자 게이브는 규칙을 바꾸어보기로 했다. 그리고 스콧 쿡의 모범대로 이렇게 말했다. "좋아, 콜린. 사흘 동안은 네가 원하는 대로 해보자. 하지만 그중 하루라도 지각하면 전에 하던 대로 돌아갈 거야."

달라진 반응에 놀란 콜린은 테스트 기간 동안 완벽하게 약속을 지켰다. 잠옷 차림으로 아침을 먹고 지각하지 않은 것이다. 그 결과 새 규칙이 정해졌고 둘 다 훨씬 흡족한 결과를 얻었다. 게이브는 실랑이가 줄어서, 콜린은 주장을 성공적으로 관철해서 만족스러웠다.

이제 우칭을 시도하려고 할 때 유의할 점을 이야기해야겠다. 지금까지 우리는 우칭의 장점에 관해 잔뜩 칭찬을 늘어놓았다. 그러나 우칭이 의사결정의 만병통치약은 아니라는 점을 짚어봐야 한다.

지금까지 보았듯 우칭은 가정을 검증하고자 할 때 아주 효과적이다. 그러나 큰 결함이 하나 있다. 헌신이 필요한 상황, 그러니까 진득한 노력이 필요한 상황에서 우칭은 형편없는 도구로 전락한다.

가령 콜린이 농구를 해왔다고 하자. 콜린은 방과 후 농구 연습이 지겨워져서 농구팀을 그만두면 어떨지 시험해보고 싶다. 그래서 연습에 몇 번 빠져보고 그러면 어떻게 되는지 알아보려고 한다. 부모라면 대부분 이를 책임감 없는 행동으로 여기며 이렇게 말할 것이다. "넌 농구팀에서 뛰기로 약속했어. 그러니까 끝까지 해야 해." 군대에서 신병 훈련소 우칭을 허용한다면 어떻게 될까? 훈련소가 나랑 잘 맞는 곳인지 알아볼 수 있게 말이다. 그러나 그랬다가는 군에 입대하는 사람은 손에 꼽을 정도가 될 것이다.

우칭은 더 많은 정보가 절실한 상황에서 가장 효과적이지, 감정이나 기분에 따라 살짝 발가락을 담가보기 위한 것은 아니다. 옳지만 좀 괴로울 수 있는 결정을 소심하게 시험해보기 위한 수단은 아니라는 뜻이다.

마셜Marshall과 제이슨Jason이라는 청년들에 관해 이야기해보자. 둘은 모두 대학 입학 2년 만에 휴학했다. 그런데 20대 중반이 된 지금 두 사람은 지금껏 해놓은 일이 없다는 사실을 깨닫는다.

마셜은 대학 졸업장이 있어야 더 나은 직장을 찾을 수 있음을 알지만 공부를 미루는 중이다. 학교가 싫으니 언제든 미룰 이유를 찾는 건 일도 아니다. 그런 그에게 우칭(한 학기에 수업을 하나씩만 들어보면서 공부가 자신과 맞는지 알아본다)은 시간을 끌며 학업을 회피하는 수단이 될 뿐이다. 이런 상황에서는 결과가 좋을 리 없다. 이 속도로 수업을 들어서는 몇 년이 지난들 졸업은 어렵다. 반면에 갈수록 학교를 완전히 그만두기는 더 쉬워진다.

한편 제이슨은 항상 해양생물학에 마음이 끌렸다. 그러나 그는 이 분야에 관해 자신이 제대로 모른다는 것을 알 만큼 현명했다. 그렇다면 우칭이 필요하다. 제이슨은 일주일에 몇 시간씩 해양생물학자를 옆에서 관찰하며 과연 이 일이 적성에 맞을지 알아봐야 한다. 또는 근처 대학에서 관련 과목을 한두 개쯤 청강하며 수업에 필요한 활동을 자신이 해낼 수 있을지 알아봐도 좋다. 우칭을 거친 뒤에 해양생물학이 맞는 분야라는 확신이 들면 그때는 우칭을 멈추고 얼른 공부에 뛰어들어야 한다.

즉 우칭은 믿을 만한 정보를 더 빨리 수집하는 목적으로 써야 한다. 진득한 노력이 필요한 일을 미루는 데 적용하면 곤란하다.

면접의 허상: 면접은 쓸모없다

1999년 봄 댄 히스는 자신이 공동 설립자로 있던 교과서 출판사 싱크웰의 신입 사원 채용 면접에서 롭 크럼Rob Crum이란 남자를 만났다. 롭이 지원한 자리는 그래픽 디자이너였다. 댄은 당시 면접 과정을 다음과 같이 기억한다.

롭은 바짝 자른 머리에 안경을 끼고, 면접용이라고 하기에는 지나치게 개성 넘치는 옷을 입고 나타났다. 귀에는 귀고리가, 코에는 황소 코에서나 볼 법한 코걸이가 걸려 있었다. 답변 중에는 어디까지 말할지를 그 자리에서 고민 중인지 주저주저할 때가 많았다. 빈정댄다 싶을 때도 있었다. 아무리 뜯어봐도 내 맘에 드는 구석은 없었다. 디자이너 2명을 뽑기 위해 몇 주 동안 10명의 후보를 만났는데, 내가 생각하기에 롭은 거의 최악의 지원자였다.

우리는 채용 과정에서 면접과 별도로 지원자들에게 작업 샘플을 만들게 했다. 지원자들은 채용 시험에 합격한다면 실제로 하게 될 일(미적분 교과서에 들어갈 깔끔한 그래프를 만들거나 베르누이 정리의 개념을 그림으로 나타내는 등의 작업)을 정해진 시간 동안 우리 사무실에서 해내야 했다. 지원자들의 샘플은 이름 대신 번호로 분류되었으므로 우리는 샘플을 만든 사람이 누구인지 알지 못한 채 점수를 매겼다. 나와 공동 설립자는 서로 점수를 비교했고, 둘 다 같은 사람에게 최고 점수를 주었음을 알고 몹시 신이 났다. 그런데 직원에게 그 샘플의 주인을 물었더니 롭 크럼이라고 했다.

우리는 롭을 직원으로 고용할지를 두고 한참 논의를 벌였다. 나는 회의

PART 3 가정을 검증하라

적이었다. 롭은 우리 회사의 "문화"에 적응하지 못할 것 같았다.(문화야 말로 중요한 문제다!) 게다가 첫인상이 좋지 않았다.(감은 이럴 때 믿는 것 아닌가?) 그러나 결국 나는 샘플을 믿고 그를 고용하는 데 동의했다.

내가 끝까지 내 주장만 하지 않은 건 정말 다행이었다. 롭은 일을 시작하기 무섭게 누구보다 두각을 나타냈고, 두 차례 승진을 거친 뒤에는 여남은 명 규모의 미술팀을 관리하는 아트 디렉터가 되었다. 그는 깔끔하고 간결한 표현에 능한 재능 많은 디자이너였다. 무엇보다 열심히 일했으며, 양심적인 관리자였다. 제일 놀란 건 내가 생각한 그의 첫인상이 완전히 틀렸다는 사실이다. 정말 말이 안 될 정도로 말이다. 롭은 사실 친절하고 겸손하며 진정성 있는 사람이었다. 결국 우리는 좋은 동료이자 친구가 되었다.

롭을 채용할 때 결정을 망설인 것이나, 잘못된 첫인상에 너무 큰 무게를 두었다는 사실이 정말 민망하다. 그때를 생각하면 왜 굳이 번거롭게 면접을 했는지 의아할 정도다. 나는 면접에서 이리저리 그를 재기 바빴다. 그의 머릿속을 들여다보며 동료가 된다면 같이 일할 수 있을지를 가늠하려 했다. 그가 직원으로서 얼마나 일을 잘 해낼지 예측하려 했던 셈이다. 그러나 예측은 필요 없었다. 그의 샘플에 내가 알아야 할 모든 것이 나타나 있었기 때문이다.

이렇게 비교하면 어떨까. 올림픽 육상 대표팀 코치가 400미터 계주에 내보낼 선수를 선발하려는 참이라고 하자. 선수를 뽑는 방법은 2가지가 있다. 1. 후보 선수를 경기장으로 데려가서 기록을 잰다. 2. 회의실에서 후보 선수를 만나서 질문을 던지고 잘 달리는 선수답게 답하는지 들어본다.

미국의 기업들은 직원을 채용할 때 1번보다 2번의 형태를 따르는 일이 많다. 정말이지 다 같이 자기 손으로 이마를 칠 일이다.

연구에 따르면 한 사람의 업무 성과를 미리 가늠하고자 할 때 면접은 작업 샘플, 해당 분야의 지식 테스트, 이전 직장의 동료 평가보다 쓸모가 없다. 이럴 때는 심지어 간단한 지능 검사가 면접보다는 훨씬 더 판단에 도움이 된다.

심리학자 로빈 도스Robin Dawes의 연구 논문에는 면접의 가치가 드러나는 독특한 사례가 등장한다. 1979년 텍사스대학교 의학대학원에서는 상위 800명의 지원자를 면접하고 1점부터 7점 사이로 점수를 매겼다. 면접 점수는 학생들의 출신 학교나 학부 성적과 함께 입시의 당락을 가르는 핵심이었다. 대학원 측은 면접에서 350점(800점 만점) 이상을 받은 학생들에게만 입학을 허가했다.

그런데 예상치 못한 일이 일어났다. 텍사스주 입법부에서 학교에 학생 50명을 추가 선발하도록 요구한 것이다. 그러나 남은 학생들은 면접시험 결과 하위권에 분포했던 이들뿐이었다. 학교는 이들 50명을 추가로 받아들였다. 면접 성적 700위에서 800위 사이의 학생들 말이다.

다행히 대학원 측은 면접에서 누가 700위권이었고 누가 100위권이었는지는 전혀 알지 못했다. 운명이 면접에서 높은 점수를 얻었던 학생들과 낮은 점수를 얻었던 학생들 사이에 완벽하게 설계된 경주를 마련해준 셈이었다. 결과적으로 학생들의 성적은 얼마나 차이가 났을까? 차이는 전혀 없었다. 두 그룹 모두 무사히 졸업했고, 각 그룹에서 비슷한 비율로 성적 우수자가 나왔다.

당연하다며 코웃음을 치는 사람이 있을 것이다. 면접 하위권 학

생들도 학과 성적은 좋을 수 있다. 그러나 훌륭한 면접관이 중시하
는 부분은 사회성 기술이다. 그러므로 면접 하위권 학생들이 본격적
으로 병원에서 일을 시작하면 차이가 드러날 수 있다. 병원은 관계
가 중요한 곳이므로 사회성 면에서 우수한 학생들과 그렇지 못한 학
생들이 쉽게 구분되지 않을까?

하지만 그런 일은 일어나지 않았다. 두 그룹 모두 레지던트 1년
차 생활을 훌륭하게 해냈다. 그렇다면 면접은 면접 실력 외에는 그
무엇과도 관련이 없다는 의미였다.

어느 모로 보든 면접은 훌륭한 방식이 아닌데 사람들은 왜 이렇
게 면접에 의존하는 걸까? 그 이유는 다들 자신이 면접에 능하다고
생각하기 때문이다. 면접관이 된 사람은 자신을 유명 앵커 우먼 바
버라 월터스Barbara Walters나 전설적인 진행자 마이크 월리스Mike Wallace
쯤으로 여긴다. 그러고는 참가자를 충분히 평가했다고 생각하며 면
접을 마무리한다.

심리학자 리처드 니스벳Richard Nisbett은 이를 "면접의 허상interview
illusion"이라 부른다. 면접에서 실제보다 많은 것을 알아낸다고 확신
하는 현상을 가리키는 말이다. 니스벳은 대학원 입시에서는 면접
을 학점만큼 중요하게 다룰 때가 많다고 언급한다. 그는 이런 방식
은 합리적이지 않다며 이렇게 말한다. "면접에서는 지원서를 들여
다보거나 지원자에게 질문을 하며 30분가량을 씁니다. 학부 성적은
20~40명의 각기 다른 교수들이 3년 반 동안 내린 평가를 반영한 결
과물이죠. 그런데 우리는 성적보다 면접으로 더 확실한 내용을 알
수 있다고 생각합니다."9

이 책 초반에 나왔던 호프랩을 기억하는가? 어린이들의 건강을

증진하기 위해 과학 기술 측면에서 방법을 모색하는 비영리 단체 말이다. 호프랩은 채용에 면접이 아닌 다른 방식을 도입하고자 애써왔다. "면접 점수로는 최상위권에 올라 있었는데 업무 능력으로는 최하위권으로 내려가버리는 사람들이 많습니다." 호프랩 스티브 콜의 말이다. 호프랩은 이 점을 개선하기 위해 잠재 직원들에게 3주 기간의 수습사원 자리를 제안한다.

콜은 말한다. "믿지 못할 만큼 효과가 큽니다. 더는 겁낼 필요가 없는 겁니다. 최종 결정은 어떻게 하느냐고요? 수습사원들이 회사에서 우리가 하는 일을 하면서 실제로 어떤 성과를 내는지를 보고 결정합니다. 직업 시장에서는 절대 이런 유용한 정보를 얻지 못합니다. 내가 있는 환경에서 내 눈에 보이는 성과를 모아보세요. 사실 어떤 면에서는 전 직장에서 성과도 큰 의미는 없다고 할 수 있습니다."[10]

다음에 회사에 공석이 생겨서 직원을 뽑아야 한다면 스티브 콜의 조언을 기억하자. 채용 후보가 실제 환경에서 얼마나 일을 해내는지 시험할 가장 좋은 방법을 찾아보자.

* * *

우칭은 다음과 같이 묻는 것이다. "시험"할 수 있는데 "예측"이 필요할까? "확인"할 수 있는데 "추측"이 필요할까? 이 점을 유념하며 이제 3부를 마무리하려고 한다. 지금까지 우리는 "확증 편향"을 이겨내는 전략들을 알아보았다. 선택지를 분석할 때 기본적으로 맞닥뜨리는 문제는 승자가 되었으면 하는 선택지가 눈에 들어와버린다는 점이다. 아주 확실하지 않더라도 이런 선택지가 눈에 띈 뒤에는 그

것을 뒷받침하는 쪽으로 정보를 모으게 된다. 그런 정보는 흔히 마음에 드는 선택지 쪽으로 기울어 있다는 점 외에 다른 의미가 없다. 우리는 이렇게 직감을 뒷받침하기 위해 조작을 시도하곤 한다.

이 함정을 피하려면 "가정 검증하기"가 필요하다. 지금까지 살펴보았듯이 여기에 쓸 수 있는 전략은 3가지다. 첫째, "부지런히" 정보를 모아야 한다. 확증 타파 질문을 던지고 생각 뒤집기를 해보자. 둘째, "올바른 정보"를 찾아야 한다. 줌아웃으로 다른 사람의 경험이 집약된 기저율을 살펴보고, 줌인으로 현실의 미묘한 뉘앙스를 파악해보자. 마지막으로 셋째, 가정을 검증하는 궁극적인 방법은 "우칭하기"다. 모든 것을 확실히 걸기에 앞서 선택지를 미리 살짝 시험해보자.

WRAP 프로세스의 첫 번째 단계 "선택지 넓히기"로 "편협한 사고틀"을 극복하고, 두 번째 단계 "가정 검증하기"로 "확증 편향"에서 벗어난 지금 당신은 어떤 상태일까? 당신은 훌륭한 선택을 위해 전보다 훨씬 더 좋은 정보로 무장한 참이다. 이제 당신에게는 선택할 일만 남았다.

그러나 다음으로 나아가려는데 예상치 못한 장애물이 기다리고 있다. 최고의 정보와 분석을 동원해 어느 때보다 꼼꼼하게 예산을 계획했지만 기가 막히게 멋진 신발을 찾는 바람에 예산 따위 무시해버린 적이 있는가? 충동적으로 주식을 사버렸거나, 정말 중요한 관계에 있는 사람과 대화할 시점에 겁에 질려 피해버린 적이 있는가? 그렇다면 당신은 현명한 결정의 가장 큰 적인 존재를 이미 만나본 셈이다. 그 존재는 바로 "당신"이다.

"당신 자신을 어떻게 해야 할까?" WRAP 프로세스의 세 번째 단계 "결정과 거리 두기"에서 만나볼 과제다.

ONE PAGE:
CHAPTER 7

---

1. **우칭: 이론을 시험하기 위해 작게 실험해보는 것. 머리부터 들이밀지 말고 발가락부터 담가보자.**
   - 내셔널인스트루먼츠의 존 행크스는 코스타리카 밀림에서 무선 센서로 우칭을 시도했다.
   - 한 물리치료대학원에서는 100시간 이상 현장 자원봉사를 경험한 학생들에게만 입학을 허가한다.
   - 법률 회사 비서 페기는 서류를 강박적으로 검토하는 습관에서 벗어나기 위해 조심스럽게 우칭을 시도했다.

2. **우칭이 특히 유용한 이유: 사람은 미래 예측에 능하지 못하기 때문이다.**
   - 테틀록의 연구에서는 기저율에 근거한 간단한 추정 방식이 전문가의 예측 적중률을 앞섰다.

3. **기업가들은 자연스럽게 우칭을 활용한다. 그들은 미래를 예측하기보다 실전에 뛰어들어 실제로 뭔가를 시도한다.**
   - 카스다이렉트닷컴의 질문: 인터넷으로 1대라도 차를 팔 수 있을까?
   - 성공한 기업가의 태도를 살펴본 사라스바티: "미래는 우리가 통제할

수 있는 만큼 예측은 필요 없다!"

- 인튜이트의 스콧 쿡은 "정치, 설득, 파워포인트"가 아닌 "실험을 통한 리더십"을 믿는다. 인도의 핸드폰 서비스 회사는 우칭 덕분에 큰 성공을 거두었다.

4. **유의할 점: 우칭은 진득한 노력이 필요한 상황에서는 역효과를 낸다.**

- 해양생물학이 자신에게 맞는 분야인지 궁금했던 20대 청년에게는 우칭이 필요하다. 그러나 학위가 필요한 건 알지만 학교로 돌아가기를 겁냈던 청년에게는 우칭이 독이 될 수 있다

5. **채용에서 흔히 저지르는 잘못: 보통은 면접으로 성공을 예측하려고 한다. 그러나 채용에는 우칭이 더 알맞은 방법이다.**

- 댄 히스는 채용해야 마땅한 후보자를 두고 확증 편향 때문에 잘못된 고민을 했다.
- 연구에 따르면 면접은 작업 샘플, 동료 평가 등보다 사람을 판단하는 데 도움이 되지 않는다. 면접 대신 단기 수습사원 자리를 제시해 보자.

6. **확인할 수 있는데 예측이 필요할까?**

결정과 거리를 두라

DECISIVE

CHAPTER 8

단기 감정을 극복하라

고객 흥분 지수 높이기: 기막힌 자동차 세일즈 기술

저널리스트 챈들러 필립스Chandler Phillips는 자동차 관련 책 2권을 대필한 경험이 있었다. 2000년 무렵 그는 자동차 구매 리뷰와 판매 정보를 다루는 에드먼즈닷컴Edmunds.com(자동차 평가 연구 기업인 켈리 블루북 사이트와 비슷하다)에 글 쓰는 일거리가 있는지 알아보았다. 그런데 놀랍게도 편집팀에서 기사에 관한 아이디어를 제시해 왔다. 편집팀 직원은 이렇게 물었다.

"잠입 취재 한번 해보시겠어요?"

그들은 필립스에게 자동차 판매원으로 취직해서 3개월간 일한 뒤 경험을 써달라고 했다. 자동차 판매 사업이 돌아가는 방식, 판매원이 쓰는 치사한 기술, 고객들이 판매 압박을 이기고 좋은 조건으로 차를 사서 돌아가는 방법 등을 내부의 눈으로 보고 오라는 말이었다.

필립스는 흥미로운 구상에 마음이 동해 제안을 받아들였다. 그리고 얼마 뒤 LA에 있는 한 자동차 판매장에서 자리를 구했다. 고객들을 압박해 판매 실적을 높이기로 악명 높은 곳이었다. 그는 이때의 경험을 담아 〈어느 자동차 판매원의 고백Confession of a Car Salesman〉이라는 제목으로 기사를 썼다. 이제 이 기사는 자동차 판매 업계의 현실을 내부자의 눈으로 꼬집은 유명한 글 중 하나로 손꼽힌다. 글에서 필립스는 판매장에서 처음으로 고객을 맞이하던 순간을 이렇게 회상했다.

나는 한 커플에게 다가가며 쾌활하게 인사했다. "안녕하세요!" 두 사람이 돌아섰다. 순간 커플의 얼굴에서 겁을 내는 기색이 보였다. 내가 무서웠던 것이다. 왜냐? 짧게 말하면 차를 사버릴까봐, 길게 말하면 여기 있는 차 1대와 사랑에 빠진 나머지 이성을 잃고 너무 비싼 값을 치르게 될까봐서였다. 행여 내가 거짓말을 할까봐, 바가지를 씌울까봐, 막무가내로 밀어붙일까봐, 시간을 너무 많이 뺏을까봐 걱정스러운 모양이었다. 내가 가까이 다가가자 커플은 이 모든 것이 너무 끔찍하다는 듯 부랴부랴 답을 내뱉었다. "그냥 구경만 할게요!"

자동차를 팔 때는 고객이 생각을 멈추고 마음이 혹하도록 부추길 줄 알아야 함을 필립스는 금세 알아차렸다. 동료 판매원의 조언에 따르면 고객과 함께 판매장을 돌아볼 때는 고객이 어떤 차에 눈길을 주는지 세심하게 살펴야 한다. 그리고 그 차 운전석에 앉아보도록 구슬려야 한다. "어떤지 한번 앉아보실래요?" 그런 뒤에는 설령 괜찮다며 사양하더라도 재빨리 열쇠를 가져와서 어떻게든 시승을 시켜야 한다. 동료는 장담했다. "고객이 운전대를 잡는 순간 계약은 다 된 거나 마찬가지야!"

드디어 고객이 차를 사는 데 관심을 보이더라도 기술은 계속된다. 이때는 연기가 좀 필요하다. 위층에 전화를 걸어서 고객이 원하는 차가 아직 있는지 다급한 척 수선을 떨며 물어봐야 하기 때문이다. 그러고는 "천만다행"으로 아직 차가 있다는 소식을 전하면 된다!(식료품점 관리자도 이 전략을 써봐야 한다. 고객의 쇼핑 카트에 이미 같은 물건이 들어 있더라도 일단 고객을 향해 황급히 달려오며 허니너트치리오스가 아직 남아 있다고 소리쳐보자!)

필립스가 초기에 만난 고객 중에는 미니밴에 관심을 보이는 부부가 있었다. 그는 판매장 수칙대로 판매 담당자 마이클Michael에게 이들을 소개했다.

"마이클은 항상 고객이 염두에 둔 차에 대해 먼저 칭찬을 늘어놓았다. 정말 현명한 결정이라는 듯 말이다. '미니밴에 관심이 있으시군요. 근데 우리 매장에서 미니밴이 제일 잘 나간다는 건 아셨나요? 다들 좋아하는 차죠. 7명을 태우고도 세단처럼 달리니까요. 절대 후회 안 하실 거예요. 이 근방에서는 우리가 가격도 제일 나아요.' 나중에 알고 보니 이 기술에는 이름까지 있었다. '고객 흥분 지수 높이기'라나. 차를 점찍고 흥분해버렸다면 이제 고객에게 합리적인 거래는 물 건너간 셈이다."

가격에 대해 말이 오가기 시작하면 판매원은 일단 겉으로는 "고객 편"이 된다. 더 싼 가격을 부르며 관리자와 싸움도 불사한다. 여기서 제일 중요한 건 어쨌든 "그날" 안에 거래를 성사시키는 것이다. 거래는 고객의 감정이 아직 타오르고 있는 동안에 마무리되어야만 한다. 필립스는 말했다. "자동차 판매원들은 여기서 차를 사지 않으면 안 될 것 같은 느낌을 주는 데 탁월한 재주가 있다."[1]

효과적인 구매 전략: 결정과 거리 두기

캐나다의 고등학교 영어 교사인 앤드루 할램Andrew Hallam은 감정에 빠져버릴 것이 두려워 나름의 자동차 구매 프로세스를 만들어냈다. 할램은 평범한 교사가 아니었다. 그는 쥐꼬리만 한 월급을 싹싹 긁어모아 굴린 끝에 30대에 빚 한 푼 없이 백만장자가 되었다. 그리고 그 비결을 저서 《주식의 쓸모Millionaire Teacher》(한국어판: 시목, 2020)에 공유했다.

그가 말하는 비결은 대부분 어떻게 보면 검소하고 어떻게 보면 구질구질한 생활방식(물컵이 반 찼다고 생각할 것인가 반 비었다고 생각할 것인가와 같은 논리다)을 나름대로 개척하는 데 있었다. 예컨대 그는 출근용 차량에 기름 넣는 것이 아까워서 왕복 112킬로미터 거리를 자전거로 오가기 시작했다. 겨울에는 따뜻한 남쪽 휴양지로 떠난 부부의 집에 들어가 관리인 노릇을 하며 집세를 아꼈다. 난방은 절대 금물이었다. 아버지가 다녀가시던 날도 예외는 아니었다. 추우면 셔츠와 스웨터를 겹겹이 껴입고 집 안을 돌아다니면 그만이었다.

그렇게 차를 살 수 있게 된 2002년, 할램은 자동차 판매원에게 절대 속아 넘어가지 않으리라 단단히 마음먹고 있었다. 그는 판매원의 절묘한 판매 기술에 대해 자신이 가졌던 건강한 두려움을 이렇게 이야기했다.

자동차 판매장을 둘러본다고 하자. 금세 세련된 옷차림의 판매원이 달려와 온갖 브랜드와 모델의 자동차를 보여주며 당신을 유혹할 것이다. 의도는 좋을지 모른다. 그러나 나 같은 사람은 누군가 바짝 따라붙는 것 같으면 심장이 요동을 친다. 게다가 그 사람이 말까지 술술 잘하면 부담스러워서 숨이 막힐 것 같다. 결국 나는 그들의 구역에 들어간 셈이니까. 우리 같은 피라미가 노련한 데다 굶주리기까지 한 큰 물고기와 맞서려면 효과적인 전략이 필요하다.

전략은 간단했다. 첫째, 그는 원하는 중고차 사양을 명확하게 정했다. 일본 브랜드에 수동이어야 하고 도색한 적이 없으며(도색 차량이라면 녹슬거나 사고로 망가진 부분을 감추려는 의도가 있을지 모르기 때문이었다) 주행 거리는 13만 킬로미터, 가격은 3000달러를 넘지 않아야 했다. 연식이나 모델은 상관없었다.

할램은 자기가 정한 기준을 꼭 지키기로 하고 30킬로미터 근방의 자동차 판매장 여러 곳에 전화를 걸기 시작했다. 그중에는 직접 한번 와서 보라며 그를 설득하려는 곳이 많았다. 직접 시승을 해보고 할램이 말한 금액보다 "살짝" 비싸지만 가성비 좋은 차들을 살펴보라고 했다. 그런가 하면 예산을 듣더니 코웃음을 치며 돈을 좀 더 쓰라고 말하는 곳도 있었다. 할램은 말했다. "판매원들이 아무리 기를 쓰고 달려들어도 난 내 입장을 고수해야 했다. 그러나 직접 보지 않고 전화로 이야기한 덕에 더 수월하긴 했다."

결국 그가 전화한 판매장 중 한 곳에서 연락이 왔다. 한 노부부가 주행 거리 4만 8000킬로미터가량의 낡은 도요타 터셀Tercel을 판다고 했다. 아직 청소나 점검은 하지 않은 모양이었다. 판매장에서는 3000달러를 제시했고 그는 제안을 수락했다. 결국 할램은 자동차 판매를 두고 벌어지는 싸움의 압력을 전부 무사히 피했다.[2]

할램의 전략은 3부에서 이제부터 알아볼 내용에 관해 좋은 통찰을 제시한다. 지금까지 우리는 더 많은 선택지를 확보하는 법("선택지 넓히기")과 확보된 선택지를 평가하는 법("가정 검증하기")을 이야기했다. 이제는 실제로 선택을 할 차례다.

이론상으로 생각하면 4부는 이 책의 클라이맥스가 되어야 한다. 갈림길에 서서 어느 한쪽을 선택해야 하는 순간이 왔으니 말이다. 그러나 사실 저자인 우리가 생각하기에 4부는 전체 프로세스에서 가장 덜 중요할지 모른다. 이유는 이렇다.

우선 많은 결정에는 "선택"의 단계가 따로 존재하지 않는다. 대부분은 선택지를 탐색하는 과정에서 분명히 옳은 1가지가 나타나기 마련이라 더 고민할 일은 거의 없다. 또한 어려운 문제를 결정하는 과정에서 만나는 장애물은 보통 새로운 선택지나 정보를 발굴함으로써 극복할 수 있다. 그러므로 궁지에 몰려 이러지도 저러지도 못하는 상황이 되었다면 우선 WRAP 프로세스의 앞 단계로 돌아가보라고 조언하고 싶다. 이미 지나온 길을 되돌아가보라는 말이다. 다시 선택지를 백지화하고, 내 문제를 풀어본 다른 사람을 찾아보고, 우칭을 시도해보자.

그러나 정말 어려운 선택과 마주하는 때가 있을 것이다. 이럴 때 필요한 것이 바로 "결정과 거리 두기"다. 머리 아픈 딜레마가 앞에 있으면 큰 그림을 놓치기가 쉽다. 그러면서 오직 상황의 특수한 부분들만 보고 괴로워하며 하루가 멀다 하고 마음을 바꾼다.

이런 갈등을 해결하는 데 가장 크게 장애가 되는 것이 "단기 감정"이다. 그러나 오래가지 않아 사라지는 이 감정은 믿을 구석 없는 조언자와 같다. 인생에서 가장 잘못한 결정을 꼽으라고 하면 사람들은 본능적인 감정(분노, 욕정, 불안, 욕심 등)에 휩싸여 선택한 일들을 떠올릴 때가 많다. 만일 이런 선택을 한 뒤에 여남은 번쯤 "취소" 버튼을 눌렀더라면 우리는 무척 다른 삶을 살았을 것이다.

그러나 우리는 감정의 노예가 아니다. 본능적인 감정은 결국 사라지고 만다. 그래서 흔히 하는 말이 있다. 중요한 결정을 해야 할 때는 하룻밤 자고 생각하라는 것이다. 이는 새겨들을 만한 훌륭한 조언이다. 그러나 하룻밤 잠만으로 해결되지 않는 결정 또한 많다. 그럴 때는 전략이 필요하다.

백만장자 교사인 할램은 판매원들의 말을 듣고 그들의 영역에 들어가버리면 자신이 너무 흥분한 나머지 생각 없이 차를 사버릴 것을 알았다. 그래서 이 일을 피할 셈으로 방법을 궁리했다. 결정과 거리를 두기로 한 것이다.

할램의 경우에 이는 말 그대로 물리적 거리를 뜻했다. 판매장에 직접 가지 않았으니 말이다. 그러나 일반적으로 결정에서 필요한 거리란 "감정적 거리"를 말한다. 결정을 염두에 두고 있을 때는 장기 가치와 열정은 중시하고 단기 감정은 무시할 필요가 있다.

단기 감정 극복법: 10-10-10 법칙

단기 감정과 장기 감정을 구분할 때 쓸 수 있는 도구가 있다. 이 도구를 만든 사람은 《블룸버그비즈니스위크》와 《오o》 등의 잡지에 비즈니스를 주제로 글을 기고하는 수지 웰치Suzy Welch다. 웰치는 저서 《10 10 10(텐 텐 텐) 인생이 달라지는 선택의 법칙10-10-10: A Fast and Powerful Way to Get Unstuck in Love, at Work, and with Your Family》(한국어판: 북하우스, 2009)에서 "10-10-10 법칙"을 소개했다. 10-10-10 법칙에서는 시간의 틀을 3가지로 잡고 결정을 고려한다. 이 결정이 지금부터 10분 뒤에는 어떻게 느껴질까? 10개월 뒤에는 어떻게 느껴질까? 그리고 10년 뒤에는 어떨까?

3가지 시간의 틀에서 생각하다보면 결정과 분명한 거리를 확보해야만 하는 상황이 된다. 우리는 애니Annie라는 사람을 만난 적이 있다. 애니는 칼Karl과 관계 때문에 고민이 많았다(두 사람 다 가명). 사귄 지 9개월이 되어갈 무렵 애니는 이렇게 말했다. "좋은 사람이에요. 평생의 동반자로 내가 꿈꾸던 사람에 가까워요."

그러나 애니는 걱정이 있었다. 관계에 진전이 없다는 점이었다. 서른여섯 살인 애니는 아이를 원했으므로 마흔다섯 살인 칼과 무한정 시간을 두고 관계를 쌓아갈 수 없었다. 그런데 9개월이 지나도록 애니는 칼의 양녀(첫 번째 결혼에서 입양한 딸)를 한 번도 만나지 못했다. 게다가 둘 중 누구도 아직 상대에게 사랑한단 말을 한 적이 없었다.

칼은 이혼 과정을 아주 힘겹게 겪었고 그래서 다시 진지한 관계를 맺기가 두려웠다. 이혼 후에는 딸을 연애에 끌어들이지 않겠다고 다짐한 것도 있었다. 애니 역시 공감은 되었다. 하지만 칼이 삶에서 가장 중요한 부분을 공유해주지 않으니 무척 서운했다.

우리와 이야기할 무렵 애니는 칼과 처음으로 장기 휴가를 떠날 참이었다. LA에서 1번 고속도로를 타고 포틀랜드까지 간다고 했다. 그녀는 이번 여행에서 "다음 단계"를 밟는 것이 좋을지 고민하고 있었다. 애니 말로 칼은 결정이 더딘 사람이라고 했다(스마트폰 사는 걸 3년째 고민 중이라고 했다). 애니가 먼저 사랑한다고 말해도 괜찮을까?

우리는 10-10-10 법칙을 써보자고 했다. "이번 주에 칼에게 사랑한단 말을 하기로 바로 지금 결정했다고 합시다. 10분 뒤에는 이 결정이 어떻게 느껴질까요?" "좀 떨리겠지만 과감하게 고백을 시도한 내가 자랑스러울 거예요."

"그럼 10개월 뒤에는 어떨 것 같으세요?" "후회하지 않을 것 같아요. 절대로요. 당연하죠, 난 정말 그 사람이랑 잘되고 싶거든요. 정말 좋은 사람이니까요. 뭔가 해봐야 얻는 것도 있겠죠?"

"10년 후에는요?" 애니에 따르면 칼이 고백을 듣고 어떻게 반응하든 10년이 지난 뒤에는 그렇게 중요한 문제가 아니었다. 어쨌든 그때쯤이면 칼이 아닌 다른 사람과 함께 있다 한들 애니는 잘 지내고 있을 테니 말이다.

그러니 보자. 10-10-10 법칙에 따르면 이 문제는 결정이 아주 쉬워진다. 애니는 먼저 고백해야 한다. 그녀는 이 관계가 결국 끝나더라도 그렇게 한 것이 자랑스러울 테고 후회하지 않을 것이라 믿었다. 그러나 10-10-10 법칙을 통해 의식적으로 분석하지 않았을 때는 문제가 이렇게 쉬워 보이지 않았다. 불안, 공포, 그리고 거절당할지 모른다는 두려움 때문이었다. 애니는 이런 단기 감정 탓에 혼란을 느끼고 생각을 진전시키지 못했다.

몇 달 뒤 우리는 애니에게 고백 후의 일을 물어보았다. 애니는 다음과 같이 답장을 보내왔다.

내가 먼저 사랑한다고 말했어요. 물론 관계를 바꾸어보려는 노력도 하고 있어요. 전보다는 좀 더 확실해진 것 같기도 하고요. 칼에게서 사랑한단 말은 아직 못 들었어요. 하지만 전반적으로는 그 사람도 나아지고 있어요(나랑 더 가까워졌고 약한 모습도 보여줘요). 그리고 난 칼이 날 사랑한다고 믿어요. 입으로 그 말을 하려면 두려움을 이겨야 하는데 그냥 시간이 좀 필요할 뿐이에요.
내가 먼저 용기를 냈다는 게 기뻐요. 나중에 칼과 헤어지더라도 후회는 안 할 거예요. 지금으로 봐선 여름이 지나도 우리가 만나고 있을 확률은 80퍼센트 정도 되는 것 같아요.

10-10-10 법칙은 감정의 균형 찾기에 도움이 된다. 우리는 현재 감정은 강렬하고 예리하게 느끼는 반면 미래 감정은 어렴풋하게 느낄 때가 많다. 이런 차이가 생기면 현재에 너무 큰 힘이 실리기 마련이다. 스포트라이트가 항상 현재 감정만 비추는 탓이다. 그런데 10-10-10 법칙을 사용하면 의식적으로 스포트라이트를 옮겨볼 수 있다. 그러면 10개월 뒤의 순간을 지금처럼 "생생하게" 느끼게 된다.
　스포트라이트를 옮기면 단기 감정을 균형감 있게 바라볼 수 있다. 이는 단기 감정은 무시해야 한다는 말이 아니다. 단기 감정에는 내가 원하는 것에 관해 유용한 점들이 나타날 때가 많다. 그러나 순간의 감정에만 휘둘려서도 안 된다.
　사람들은 당연하다는 듯 일터에서는 감정을 살피지 않는다. 그러나 감정의 균형 맞추기는 일할 때 역시 필요하다. 동료와 껄끄러운 대화를 피해왔다면 그동안 단기 감정에 주도권을 내주었다는 뜻이다. 누군가와 대화하기로 마음먹었다고 해보자. 지금부터 10분 뒤라면? 물론 걱정이 앞설 것이다. 하지만 10개월 뒤라면 어떨까? 대화하기를 잘했다는 생각이 들지 않을까? 안도감을 느끼며 과거의 자신이 자랑스럽게 생각될지 모른다.

잘나가는 인재를 회사로 데려오려고 애쓰는 상황을 상상해보자. 이 사람한테 자리를 제안하기로 하고 10분이 지났을 때는 당연히 그저 흥분하기 바쁠 것이다. 그런데 10개월이 지나서는 어떨까? 그가 받는 대우 때문에 다른 직원들이 박탈감을 느낀다면 후회스럽지 않을까? 이번에는 10년 후를 생각해보자. 이 잘나가는 사람은 과연 회사 상황에 맞추어 자신을 바꾸어가며 융통성 있게 일해왔을까?

분명히 말하지만 단기 감정이 항상 나쁜 건 아니다(불의한 일과 맞닥뜨려서는 당장 분노를 터뜨리며 순간의 감정대로 행동하는 것이 옳을 수 있다). 10-10-10 법칙은 무조건 장기 관점이 옳다고 전제하지 않는다. 대신 우리는 이 기법을 통해 "지금 당장 느끼는 감정이 전부는 아님"을 확인할 수 있다.[3]

익숙한 것에 끌린다: 단순 노출 효과

어느 대학교 강의실 칠판 한쪽에 매일 종이 한 장이 새로 붙었다. 알 수 없는 단어들이 대문자로만 인쇄된 종이였는데, 바로 위에는 청소원이 뗄 것을 염려한 듯 "치우지 마시오"라는 문구가 있었다. 수업을 들으러 온 학생들은 어리둥절했다. 외국어 같기도 한 이 단어들은 대체 정체가 뭘까? "SARICIK. RAJECKI. KADIRGA. NANSOMA."

종이에는 단어가 1개만 있는 날도 있고 2~3개가 있는 날도 있었지만, 특히 "ZAJONC"란 단어가 제일 많이 등장하는 것 같았다. 교수는 칠판의 글자들에 관해서는 한마디도 하지 않았다. 학생들은 그저 얼떨떨할 뿐이었다. 그중 한 학생은 나중에 이렇게 말하기도 했다. "글자들이 꿈에까지 나타났어요."

칠판에 단어들이 적힌 종이가 나붙기 시작한 지 꼬박 9주가 지난 뒤 학생들은 외국어 단어 14개가 적힌 설문지를 받았다. 14개 단어 중 5개는 칠판 종이에 있던 것들이었다. 학생들은 이 각각의 단어가 얼마나 "마음에 드는지" 답해야 했다. 실험을 설계한 릭 크랜들Rick Crandall에 따르면 그 결과 학생들이 가장 마음에 들어 한 단어는 칠판에 가장 많이 등장했던 단어들이었다. 익숙함이 권태가 아닌 만족을 가져다준 셈이다.

심리학자들은 지난 수십 년 동안 이 현상을 연구했다. "단순 노출 효과mere exposure"라고 하는 이 원리에 따르면 사람들은 상대적으로 익숙한 것을 더 선호한다고 한다. "단순히" 대상에 "노출"되기만 해도 그것을 긍정적으로 보게 된다.

로버트 자이언스Robert Zajonc는 이 분야의 개척자 중 한 명이다.(이 이름 좀 묘하게 마음에 들지 않는가?) 자이언스는 다양한 자극(의미 없는 단어, 한자, 얼굴 사진 등)에 노출시키는 실험을 통해 사람은 많이 접하는 자극을 더 긍정적으로 느낀다는 사실을 알게 되었다.

심리학자들은 이 원리를 적용한 흥미로운 연구에서 사람들이 자신의 얼굴에 어떻게 반응하는지 알아보았다. 실험을 소개하는 의미에서 먼저 "나"는 어떤지 잠시 생각해보자. 이상하게 들리겠지만 사실 사람은 자기 얼굴에 그다지 익숙하지 않다. 내가 익히 아는 내 얼굴은 거울에서 본 내 얼굴이다. 그러나 거울 속 나는 남이 보는 나와 좌우가 바뀐 상태다. 몇몇 비상한 연구진은 이 점을 염두에 두고 실험 참가자들의 얼굴을 2가지 사진으로 인화했다. 하나에는 참가자를 제외한 모든 사람이 참가자를 볼 때의 이미지가 반영되었고, 다른 하나에는 참가자가 거울에서 보는 자신의 이미지가 반영되었다.

단순 노출 효과를 바탕으로 예상할 수 있듯 참가자들은 거울 속 자신이 담긴 사진을 선호했고 참가자의 주변인들은 참가자의 실제 모습이 담긴 사진을 선호했다. 즉 우리는 진짜 자신보다 거울 속 자신을 더 마음에 들어 한다. 거울 속 내가 더 익숙하기 때문이다.

2가지 얼굴 사진 실험의 결과는 좀 이상하고 황당하긴 하지만 크게 위협적이지는 않다. 그러나 더 큰 문제가 있다. 단순 노출 효과가 사실을 인식하는 방식에 영향을 미친다는 점이다. 참가자들에게 익숙하지 않은 내용의 문장을 여러 개 제시하고 반응을 알아본 실험이 있었다. 가령 여기서 제시된 문장에는 "지퍼는 노르웨이에서 발명되었다" 같은 것들이었다. 문장을 말해준 뒤에는 그 내용이 맞을 수도 있고 틀릴 수도 있다는 점을 분명히 밝혔다. 그런데 어떤 문장에 더 신뢰가 가는지를 묻자 참가자들은 1번 노출된 문장보다 3번 노출된 문장에 더 높은 점수를 주었다. 반복이 신뢰를 유도한 것이다.

이 점을 염두에 두고 우리가 사회와 조직에서 내리는 결정들을 생각하면 정신이 번쩍 든다. 우리는 모두 일하면서 접하는 수많은 제도적 "진실"을 자연스럽게 흡수한다. 물론 다수는 충분히 검증된 신뢰할 만한 것들이겠지만 개중에는 단지 익숙하다는 이유로 "진짜처럼 느껴지는" 것들도 있다. 그 결과 근거를 보고 선택한다고 생각하지만 사실 그 근거란 다름 아닌 "ZAJONC"에 불과한 무엇일 때가 있다. 많이 보아 익숙할 뿐인 터무니없는 아이디어 말이다.

그렇다면 단순 노출 효과는 단기 감정과 묘하게 닮은 구석이 있다. 공포, 탐욕, 당황스러움 같은 감정만큼 선명하지는 않지만 이것은 사람을 강하게 끌어당긴다. 그런데 그 방향은 주로 뒤를 향한다. 아이는 달아나려고 하는데 부모가 뒤에서 셔츠를 붙잡고 놓아주지 않을 때와 비슷하다. 익숙한 것에 끌리는 마음은 현재를 그대로 유지하고자 할 때 어김없이 나타나는 성향이다.[4]

얻는 기쁨보다 잃는 고통이 크다: 손실 회피 편향

익숙한 것에 대한 선호가 현상 유지와 만난 상태를 "손실 회피loss aversion" 편향이라고 한다. 손실 회피 편향에 따르면 사람은 얻는 기쁨보다 잃는 고통을 더 크게 느낀다.

예를 들어 우리가 당신에게 게임에 참여할 의향을 묻는다고 해보자. 우리는 동전을 쥐고 있다가 손을 펼 것이다. 당신은 앞면이 나오면 100달러를 받고 뒷면이 나오면 50달러를 낸다. 이 게임에 참여하겠는가? 대부분 아니라고 답한다. 손실 회피 편향 때문이다. 50달러를 잃는 것이 너무 아까워서 잘하면 그 2배를 벌 가능성이 있는데도 충분한 보상으로 느끼지 못한다. 실제로 사람들은 얻는 기쁨보다 잃는 기쁨이 2~4배 더 크다고 생각하며 행동한다고 여러 연구에서 거듭 밝혀졌다.

손실 회피 편향은 다양한 상황에서 나타난다. 가령 사람들은 값비싼 가전제품을 살 때 터무니없이 높은 금액을 내고 보증 연장 보험에 가입한다. 실제 가치는 8달러에 불과한 보험에 80달러도 아끼지 않는다(가전제품 장사에서 "구매 물품 보상 보험"만큼 수익성이 좋은 건 없다). 사람들은 손실이 두려운 나머지 경제적으로 현명하지 못한 결정을 내린다. 최신형 TV를 샀는데 집에 가는 길에 떨어뜨려서 다시 새 제품을 사야 할 수 있다고 구슬리면 상상만으로 속이 쓰려서 기어이 비싼 돈을 쓰고 만다.

연구에 따르면 사람들이 손실 회피 편향 상태가 되는 것은 거의 순식간이다. 이를 여러 번의 실험으로 입증한 재기 넘치는 연구가 있었다. 실험에서 연구진은 대학의 여러 강의실에 들어가서 대략 절반의 학생을 무작위로 골라 대학 로고가 새겨진 머그잔을 선물로 나누어주었다. 그리고 머그잔을 받지 않은 학생들에게 다음과 같이 질문했다. "이 머그잔을 산다면 얼마를 내겠습니까?" 학생들이 말한 가격은 평균 2.87달러였다.

그런데 머그잔을 받은 학생들에게서 놀라운 반응이 나타났다. 머그잔을 판다면 얼마를 받겠느냐고 물었더니 최소 7.12달러는 되어야 한다고 답한 것이다.

누구에게도 선물이 돌아가지 않았던 5분 전이었다면 강의실의 모든 학생에게 이 머그잔은 2.87달러짜리였을 것이다. 그러나 머그잔을 받은 학생들은 고작 그 몇 분 동안 머그잔에 애착이 생긴 듯했다. 그들은 새로 생긴 선물을 내준다고 생각하니 너무 아까워서 2.87달러에는 절대 머그잔을 팔 수 없었다.

손실 회피 편향은 머그잔처럼 사소한 물건에서조차 눈 깜짝할 사이에 머릿속을 파고들 수 있다. 그렇다면 더 중요한 결정을 앞두고 손실 회피 편향이 일어난다면 결과가 어떻게 될까? 가령 오랫동안 한 분야에서 쌓은 커리어(또는 연봉과 인맥)을 버리고 새로운 분야에서 일자리를 찾으려는 사람이라면? 또는 안락한 생활을 포기하고 다시 학교에 다니려는 사람이라면?[5]

현상 유지 편향 극복의 어려움

이러한 연구들에 따르면 사람들은 조직 안에 있을 때 감정이 강하게 왜곡된 상태에서 결정을 내리기 십상이다. 예를 들어 조직의 리더가 방향 전환을 제안하면 사람들은 머릿속에 2가지를 떠올린다. "으악, 이거 너무 낯설군(그래서 더 불편하겠군)." "어어, 그럼 지금 있는 걸 포기해야 하는 거야?"

이 2가지 강력한 생각이 더해질 때, 즉 단순 노출 효과와 손실 회피 편향이 결합할 때 생기는 것이 바로 "현재의 방식"을 절대 벗어나지 않으려 하는 "현상 유지 편향status quo bias"이다.

현상 유지 편향이 가장 크게 두드러지는 곳은 공공 기관이다. 차량관리국DMV 중간 관리자가 민원인을 향해 "그건 관례라 그렇습니다"라고 중얼거리는 모습은 전형적인 공무원의 이미지다. 그러나 현상 유지 편향은 그보다 훨씬 더 넓게 퍼져 있다. 페이팔PayPal은 인터넷 시대의 가장 성공한(차량관리국과는 가장 동떨어진) 회사 중 하나다. 그러나 페이팔의 젊고 혁신적인 설립자들 역시 현상 유지 편향에 발목 잡힐 뻔한 경험이 있다.

맥스 레브친Max Levchin은 갓 대학을 졸업한 1998년 스물세 살의 나이에 페이팔을 공동 설립했다. 초창기 페이팔은 온라인 결제 방식과는 전혀 관계가 없었다. 이들은 그 무렵 PDA(개인용 정보 단말기)에 쓸 보안 소프트웨어를 만들고 있었다. 대학 시절 레브친은 소프트웨어와 암호학에 빠져 지냈고, 순전히 취미 삼아 PDA 브랜드인 팜파일럿PalmPilot의 보안 소프트웨어를 만들어 무료로 배포한 경험이 있었다. 그런데 이 소프트웨어의 다운로드 숫자가 수천이 넘어가자 레브친은 이걸로 직접 사업을 해볼 수 있겠다는 생각이 들었다.

레브친의 프리웨어는 놀라울 만큼 복잡한 문제를 해결해냈다. 16MHz짜리 초소형 프로세서를 쓰는 팜파일럿 PDA에서 암호화 알고리즘을 구현한다는 것은 외발자전거를 타고 대형 창고에 빼곡히 물건을 채워 넣는 것과 같았다. 개념상 불가능한 건 아니지만 속도를 높이거나 멋들어지게 해내기는 어려운 일이었다는 뜻이다(속도도 한없이 느릴 터였다).

레브친과 공동 설립자 피터 틸Peter Thiel은 레브친의 혁신적인 보안 소프트웨어를 상업화할 길을 모색한 끝에 아이디어가 떠올랐다. 팜파일럿에 돈을 이체해 무선 거래에 쓸 수 있게 앱을 개발해보자는 구상이었다. 온라인 거래에는 분명 레브친의 암호화 기법이 보장하는 안정성이 필요했다. 틸과 레브친이 이 아이디어를 발표하자 실리콘밸리에서는 뜨거운 반응이 돌아왔다. 제시카 리빙스턴Jessica Livingston의 저서 《세상을 바꾼 32개의 통찰Founders at Work》(한국어판: 크리에디트, 2007)에는 레브친이 한 말이 이렇게 실려 있다. "실리콘밸리의 괴짜들은 우리 발표를 듣고 말했습니다. '이게 바로 미래야. 미래로 가고 싶어. 어서 그리로 가자고.' 이런 관심 속에서 우리만의 영화 같은 이야기를 내세우자 필요한 자금도 충분히 확보할 수 있었습니다."

사실 자금 조달 과정은 그 자체로 "영화" 같았다. 페이팔 팀은 처음으로 벤처캐피털과 거래를 마무리 짓던 날 벅스Buck's라는 식당에서 투자자들을 만났다. 투자자들은 그 자리에서 팜파일럿용 앱을 이용해 투자금 450만 달러를 페이팔 측에 보냈다. 수백만 달러가 적외선을 타고 식당 안을 날아간 셈이다. 미래가 벅스에 펼쳐져 있다.(레브친은 벅스에서 팜파일럿 실시간 거래를 구현하기 위해 닷새 동안 한잠도 자지 않고 코딩에 매달린 터였다. 거래가 성공적으로 완료되자 그는 식탁에 앉은 채 쓰러지듯 잠들어버렸다. 몇 시간 뒤 눈을 떴을 때는 옆에 먹다 남은 오믈렛이 그릇째 놓여 있었다. 마저 먹고 오란 뜻인지 다른 사람은 모두 떠난 뒤였다.)

유명세를 탄 팜파일럿용 앱은 하루 300명 정도가 사용하기에 이르렀다. 레브친 팀은 여기서 더 관심을 끌어볼 셈으로 웹사이트를 만들어 팜파일럿용 앱의 기본 기능만 딴 웹 체험판을 공유했다. 그러다 2000년 초반이 되자 팀은 의아한 점을 발견했다. 많은 사람이 본래 나왔던 팜파일럿용 앱 대신 웹 기반 체험판을 실제 거래에 사용하고 있었던 것이다. 사실 웹 버전 사용자가 팜파일럿용 앱 사용자보다 훨씬 빠르게 늘고 있기도 했다. 레브친은 이 상황을 이렇게 말했다. "도저히 말이 안 됐다. PDA용 앱이 훨씬 잘 만든 제품이고 웹에 올라간 건 체험판에 불과했기 때문이다."

그러던 중 이베이라는 사이트의 판매자들이 너나 할 것 없이 연락해 와

이렇게 물었다. "페이팔 로고를 우리 경매에 써도 되겠습니까?" 영문을
알 수 없었다. 그래서 말했다. "아니요, 안 됩니다." 한동안 우리는 필사
적으로 이베이 판매자들을 밀어냈다. "됐어요, 필요 없습니다."

그러나 결국 페이팔 팀은 아차 싶은 생각이 들었다. 지금껏 그들
은 어리석게 어마어마한 잠재 고객들을 애써 쫓아낸 셈이었다. 팀은
1년을 들여 웹 기반 제품을 개발해 정교하게 다듬어나갔고, 2000년
말에는 팜파일럿용 앱에서 완전히 손을 뗐다. 팜파일럿용 앱 사용자
는 가장 많을 때 1만 2000명이었지만 웹 버전 사용자는 100만 명을
훨씬 넘어갔기 때문이다. "아쉽지만 사업상 더없이 명백한 결정이었
습니다." 레브친의 말이다.[6]

"더없이 명백"했다는 것만큼 이 상황을 잘 설명할 말도 없다. 고
객이 한쪽은 1만 2000명, 다른 쪽은 120만 명이라면 둘 사이에서 하
나를 고르는 건 선택이 아니다. 그러나 앞서 본 대로 레브친의 입장
이 된다면 이것이 보기보다 어려운 선택인 이유를 이해할 수 있다.

과연 당신이라면 어떤 기분이 들었겠는가? 당신은 자신이 만든
놀라운 암호화 기술을 기반으로 회사를 설립했다. 그러나 사람들은
아무것도 모르고 엉성한 웹 기반 체험판을 더 좋아한다. 마치 이름
깨나 날리는 조각가가 15달러짜리 돌멩이 장난감밖에 팔 수 없는 상
황이다(물론 페이팔의 웹 기반 "돌멩이 장난감"도 나중에는 극도로 복잡해
졌다. 이상 거래 감지 시스템이 특히 그랬다).

무엇보다 당신은 단순 노출 효과를 겪는 중이다. 우선 손바닥 들
여다보듯 훤한 PDA 기술로 일하는 편이 더 편안하다. (몇 달 동안 자
신들을 미래로 데려가달라고 했던) 수준 높은 PDA 사용자들을 다루기

가 훨씬 더 익숙함은 말할 것 없다. 그러나 열의에 찬 웹 버전 사용자들은 낯설기만 하다. 이베이에서 부엉이 모양 수공예품이나 파는 그 많은 사람은 사실 잘 알지도 못한다. 그런데 그들에게 회사의 운명을 맡긴다니 좀 불안하지 않겠는가?

그러는 사이 손실 회피 편향 또한 머릿속에서 고개를 든다. "지금 포기하면 안 돼! PDA 시장의 선두가 될 기회를 걷어차는 거라고! 2년 뒤엔 팜파일럿이 세상을 움직일지 몰라. 그러면 우리가 손에 쥐었던 강점을 포기해버린 게 바보처럼 느껴질 거야."

본래 직감대로 PDA가 미래를 주름잡으리란 생각을 고수해야 마땅하지 않을까? 처음의 비전을 믿고 나가야 하는 것 아닐까?

거리 두기 질문법: 친구에게는 어떻게 조언할까

레브친은 이런 감정 탓에 선택이 명백해 보이는 상황에서조차 결정을 복잡하게 느꼈다. 그런데 이보다 더 모호한 상황에서 같은 감정을 느꼈다면 잘못된 선택을 한들 이상하지 않을 것이다.

그렇다면 어떻게 해야 이런 교묘한 감정에 휘둘리지 않을 수 있을까? 답은 "거리 두기"다. 상황과 거리를 두는 아주 간단한 방법이 몇 가지 있다.

1장에서 소개한 인텔의 앤드루 그로브를 기억하는가? 그로브는 회사의 메모리 사업이 난항을 겪자 해결점을 찾지 못해 고심하고 있었다. 그는 단순 노출 효과 탓에 메모리 사업을 유지하려고 했다. 인텔이 초창기부터 공들여온 익숙한 분야였기 때문이다. 손실 회피 편향 탓에 메모리 사업의 비중이 커진 것 역시 말할 것 없었다. 그런데 인텔은 그동안 그토록 힘들여 일군 경쟁적 입지를 어떻게 포기할 수 있었을까?

바로 "후임자라면 어떻게 할까?"라는 질문을 통해서였다. 그로브는 이 질문을 떠올리며 결정과 거리를 두었다. 그리고 상황을 명확하게 볼 줄 아는 CEO가 새로 들어온다면 어떻게 할지 상상함으로써 단기 감정에서 한 발 멀어져 더 큰 그림을 볼 수 있었다. 그러자 즉시 답이 보였다. 무섭게 커가는 마이크로프로세서 사업에 집중하려면 메모리 사업은 접어야 했다. 이렇게 단순한 질문이 그토록 큰 결과로 이어질 수 있다니 신기한 일이다.

결정을 앞두고 있을 때 "거리 두기"가 도움이 되는 이유는 무엇일까? 심리학에서 상대적으로 최근에 등장한 "해석 수준 이론construal-level theory"[7]에 따르면 직면한 문제와 거리를 둘수록 가장 중요한 점을 더 명확하게 볼 수 있다. 로라 크레이Laura Kray와 리처드 곤잘레즈Richard Gonzalez는 실험에서 학생들에게 2가지 직업 중 하나를 선택하라는 질문을 던졌다.(학습 안내서인 클리프노츠CliffNotes 시리즈에 수록된 논문 요약본을 소개한다.)

- A직업: 나는 이 일을 하기 위해 지금까지 잘 준비했고 대학에서 관련 과목을 여럿 수강했다. 그러나 내가 이 일에 관심을 두는 가장 큰 이유는 부모님을 비롯한 주변 사람들 때문이다. 다들 내가 이 일을 하기 바란다. 이 일을 하면 처음에는 무척 힘들겠지만 길게 보면 실질적으로 높은 연봉과 특권을 보장받을 수 있다.
- B직업: 사람들이 쉽게 떠올리는 일은 아니지만 나는 이 분야에 항

상 관심이 있었다. 이 일을 하면 돈은 덜 되겠지만 성취감은 클 것 같다. 자아를 발견하고 사회에 도움이 될 기회가 많을 것이다.

• 어떤 직업을 선택하겠는가?

학생들은 둘 중 어떤 일을 하겠느냐고 묻자 66퍼센트가 B직업을 골랐다. 그러나 나중에 같은 학생들을 대상으로 가장 친한 친구에게 어떤 일을 추천하겠느냐고 묻자 83퍼센트가 B직업을 골랐다. 학생들은 자신이 아닌 친한 친구가 할 일을 골라야 한다고 생각할 때 선택을 더 명확하게 바라보았다. 거리를 두니 명료해졌다.

심리학자들은 이런 일이 일어나는 이유를 이렇게 밝혔다. 본질적으로 우리는 남에게 조언할 때 가장 중요한 요인에 집중하기가 수월해진다. 친구한테 조언할 때는 "B직업을 선택하면 길게 보아 더 행복하고 만족스러운" 삶을 살 수 있다는 것이 보이기 때문이다. 그럴 때 선택은 상대적으로 간단해진다. 그러나 선택의 결과가 나에게 돌아온다고 생각하면 상황이 복잡해진다. "가만, A직업의 특권을 포기하면 아버지가 실망하실 텐데? 바보 같은 브라이언 몰로니가 나보다 더 돈을 많이 벌면 아무래도 자존심이 상할 것 같단 말이야."

연구진은 이렇게 결론 내렸다. 타인에게 조언할 때는 가장 중요한 단일 요인을 우선시하지만 내 문제를 고민할 때는 생각이 여러 가지 변수 사이를 날아다닌다. 즉 친구의 얘기일 때는 숲을 볼 수 있지만 내 얘기가 되면 시선이 나무 한 그루를 벗어나지 못한다.[8]*

다른 사람에게 조언할 때의 이점은 또 있다. 우리는 다른 사람과 이야기할 때 단기 감정은 무시해버리라는 현명한 말을 할 수 있다.

예를 들어 다음과 같은 딜레마를 겪고 있는 남자 대학생의 입장을 상상해보자.

당신은 심리학 수업에서 보고 좋아하게 된 여학생한테 전화를 걸까 말까 고민하는 중이다. 그러나 그 여학생과는 딱 한 번 이야기해보았을 뿐이다. 전화를 하더라도 그녀가 당신을 기억하지 못할 것 같아 걱정이 된다.

어떻게 하겠는가?

(A) 좀 더 대화해본 뒤에 전화한다.

(B) 그냥 바로 전화한다.

남자들을 대상으로 이 딜레마에 관해 설문 조사를 해보면 아주 흥미로운 답이 돌아온다. 가장 많이 나오는 답은 "좀 더 대화해본 뒤에 전화한다"다. 그러나 친구가 같은 상황을 겪는다면 어떻게 조언할지 물으면 답은 달라진다. "바로 전화한다"로.[9]

그렇다. 이 상황에서는 그것이 정답이다. 10-10-10 법칙을 활용해 생각해보자. 여학생한테 전화하기로 마음먹고 지금부터 10분이 흐른 시점을 먼저 생각해보자. 일단 전화하기로 한 시간이 다가오면 매 순간 덜컥 겁이 날 것이다. 게다가 전화를 걸었더니 당황한 기색이라면 당연히 너무너무 창피할 것이다. 그러나 10개월이 지나면 어

---

* 이러한 연구에서 심리학자들은 숲을 보는 것이 옳다고 말하는 게 아니다. 그들은 아무런 가치 판단 없이 이 현상을 설명할 뿐이다. 그러나 이 책의 저자인 우리는 한 걸음 더 나아가 숲을 볼 줄 아는 것은 정말 중요하다고 말하고 싶다. 가장 중요한 요인을 우선순위에 두지 못하면 결정에 혼란이 일어나기 때문이다. 우리는 눈앞이 복잡할 때 선택지를 곱씹으며 하루가 멀다 하고 마음을 바꾼다. 그러나 생각이 이런 식으로 돌아가면 위험하다. 이는 곧 최종 결정의 순간에 생각이 사이클의 어디쯤 있는가에 따라 선택이 달라질 수 있다는 뜻이기 때문이다.

떨까? 그녀는 당신의 친구나 여자친구가 되어 있을 수 있다. 또는 한참 지난 일이라 다 잊어버렸을 수도 있다. 10년이 지나서는 어떨까? 그녀가 당신의 솔메이트가 되어 있을 가능성은 희박하다. 또 그러나 저러나 당신이 그때까지 창피해서 도저히 못 견디겠다고 느낄 가능성은 아예 없다고 봐야 한다.

모든 점을 종합하면 2가지가 분명해진다. 첫째, 이것은 해볼 만한 일이다. 그리고 둘째, 다른 사람에게 조언하기는 내 문제 고민하기보다 쉽다.

그렇다면 타인을 위한 조언에는 2가지 큰 장점이 있다. 첫째, 결정에서 가장 중요한 요인을 자연스럽게 우선시할 수 있다. 둘째, 단기 감정과 거리를 둘 수 있다. 그러므로 결정을 가로막는 이 장애물을 타파하고자 할 때 가장 효과적인 질문은 이것이다.

친한 친구가 이 일을 겪는다면 어떻게 조언해줄까?

간단하게 들리지만 다음에 결정을 앞두고 갈팡질팡하는 때가 오면 위와 같이 질문해보자. 신기하게 이 질문 하나로 모든 것이 명확해질 것이다.

저자인 우리는 개인으로나 직업으로나 까다로운 결정과 직면한 많은 사람과 이야기 나눈 경험이 있다. 많은 경우에 그들은 어떻게 할지 몰라 당황해하는 상태였다. 그럴 때 우리는 "친한 친구"를 집어넣어 질문을 던졌다. 그러면 그들은 대부분 (몇 초 안에!) 분명하게 답을 결정했다. 그리고 보통 자신이 그렇게 명확하게 생각할 수 있다는 데 다소 놀라는 기색을 보였다. 그러면 우리는 이렇게 물었다.

"당신이 그 친구라면 이 조언을 따를 것 같으세요?" 다들 이렇게 대답했다. "네, 그래야죠!"

* * *

단기 감정에 대한 편향은 모순된 결과를 낳을 수 있다. 어떨 때는 갑작스럽게 돌발 행동이 튀어나오곤 한다. 도로에서 다른 차가 끼어들어 공격적으로 반응할 때를 생각해보라. 그런데 일반적으로 단기 감정은 이와 반대되는 결과를 일으킬 때가 많다. 우리는 단기 감정 때문에 생각이 더뎌지고 위축되며 행동을 주저하게 된다. 이럴 때는 상황이 너무 복잡해 보여서 생각이 멈추어버린다.

새로운 것을 시도하려면 희생해야 할 것이 걸리고, 낯선 것은 미덥지 못하다. 이런 감정이 뭉뚱그려져서 개인과 조직은 현재 상태를 유지하는 방향으로 생각이 치우치고 만다.

그러나 우리가 이 책에서 지금껏 이야기했듯 우리의 목표는 편향이 아니다. 우리는 감정과 거리를 두기 위해 재빨리 생각을 전환할 수 있다. 그러려면 10-10-10 법칙을 통해 시간의 틀을 바꾸거나, "친한 친구가 이 일을 겪는다면 어떻게 조언해줄까?"라고 질문하며 관점을 바꾸면 된다.

시간의 틀이나 관점을 바꾸면 상황의 큰 그림을 더 분명하게 바라볼 수 있다. 또 어려운 결정과 직면할 때 더 현명하고 대담한 선택을 내릴 수 있다.

ONE PAGE:
CHAPTER 8

---

1. **우리는 단기 감정에 휩싸일 때 장기로 보아 현명하지 못한 결정을 내릴 위험에 처한다.**
   - 자동차 판매원은 빠르게 거래를 성사시키기 위해 고객의 감정을 장악하도록 훈련받는다.

2. **단기 감정의 방해를 극복하려면 감정과 거리를 두어야 한다.**
   - 백만장자 교사 앤드루 할램은 자신이 정한 자동차 구매 조건을 고수하기 위해 판매장에 가지 않았다.

3. **10-10-10 법칙 사용하기: 미래 감정과 현재 감정을 똑같은 비중으로 바라보게 되어 상황과 거리를 둘 수 있다.**
   - 애니는 10-10-10 법칙을 사용해 칼에게 먼저 사랑을 고백했다.

4. **결정을 뒤흔드는 미묘한 단기 감정 2가지: (1) 단순 노출 효과: 익숙한 것이 좋다. (2) 손실 회피 편향: 잃는 고통이 얻는 기쁨보다 크다.**
   - 조직에서 말하는 사실 가운데는 단순히 많이 노출되어 익숙하다는 이유만으로 선호하게 되는 것들이 있다.

- 머그잔을 받은 학생들은 7.12달러 미만으로는 머그잔을 팔지 않겠다고 했다. 그러나 5분 전이었다면 이들은 머그잔의 가치를 2.87달러로밖에 보지 않았을 것이다.

5. **단순 노출 효과+손실 회피 편향=현상 유지 편향**
   - 페이팔: 객관적으로 팜파일럿용 앱은 당연히 접어야 할 선택지였지만 레브친의 눈에는 그렇게 보이지 않았다.

6. **관찰자의 시선으로 상황을 바라보면 거리를 확보할 수 있다.**
   - 앤드루 그로브의 질문: "후임자라면 어떻게 할까?"
   - 거리를 확보하면 가장 중요한 것이 분명하게 보인다. 그리고 나무가 아닌 숲이 보인다.

7. **개인적인 의사결정 문제를 해결하는 가장 효과적인 질문: "친한 친구가 이 일을 겪는다면 어떻게 조언해줄까?"**

CHAPTER 9

핵심 우선순위를 정하라

나한테 제일 중요한 건 뭘까

2010년 10월, 스물여섯 살 킴 라미레스Kim Ramirez는 전 직장 동료에게 전화 한 통을 받았다. 동료는 통화를 시작하기 무섭게 자신이 다니는 기술 관련 스타트업 회사로 이직을 권했다. 그 무렵 시카고에 살던 라미레스는 잘나가는 인터넷 회사에 다니며 영업을 담당하고 있었고 다른 일을 찾는 상황은 아니었다. 그러나 동료는 자기 회사 설립자와 점심 자리를 주선하겠다며 꼭 한번 만나보라고 했다. 라미레스는 밑져야 본전이라는 생각에 제안을 받아들였다.

얼마 후 설립자를 만난 라미레스는 금세 그 회사에 매력을 느꼈다. 설립자의 흥미진진한 비전이 인상적이었고 회사 규모가 작다는 것도 마음에 들었다. 그녀는 보스턴에 있는 본사에 들러보기로 했다.

흥미로운 기회임이 틀림없었다. 이 회사에서는 시카고 지사의 영업 담당 이사 자리를 제안했다. 현재 직장에서보다 한참 높은 직급이었다. 그러나 분명 잃을 것 또한 많았다. 사실 지금 직장에서는 매우 유연하게 일하는 중이라 남편 조시Josh와 같이 보내는 시간이 많았다(두 사람은 몇 달 전인 2010년 여름 결혼한 신혼부부였다). 부부는 결혼 전부터 지금까지 처음으로 일하고 쉬는 시간대가 들어맞은 터였다. 둘 중 어느 한쪽도 매주 출장을 가거나 미친 듯이 일할 필요가 없었다.

12월 중반 무렵 라미레스는 보스턴 본사를 방문했다. 거기서 영업을 담당하는 다른 이사들을 만나 그들의 생활을 자세히 물어보았다. "출장은 얼마나 자주 가세요?" "일주일 총 업무 시간은 얼마나 되나요?" 이 회사에서 나오는 제품을 판매해본 경험도 꼼꼼하게 확인했다. "사람들이 제품을 구입하지 않는다면 그 이유는 뭔가요?" "고객이 제품을 다시 구입하지 않는 이유는요?"(라미레스는 확증 편향을 경계하며 확증 타파 질문을 던졌다.)

다들 라미레스를 영입하려고 애쓰는 상황인지라 잘 포장된 답을 이야기한다는 생각이 들었다. 그러나 라미레스는 본사에서 만난 사람들이 전부 마음에 들었다. 그들은 마치 유명 인사가 방문한 듯 라미레스를 데리고 사무실 이곳저곳을 보여주었고, 그러는 동안 그녀는 이 회사의 열정과 에너지, 야망을 생생하게 느꼈다. 그때 상황을 그녀는 이렇게 말했다. "정말 흥분하지 않을 수 없었어요."

마지막으로 회사 설립자는 라미레스에게 정식으로 스카우트를 제의했다. 연봉과 직위 모두 현재 직장보다 훨씬 높은 수준이었다(당연히 복권에 버금가는 스타트업 기업의 스톡옵션까지 포함되어 있었다).

설립자를 만난 뒤 보스턴 공항에 도착한 라미레스는 남편에게 전화를 걸어 잔뜩 들뜬 목소리로 말했다. "진짜 끝내주는 기회야! 난 새로운 도전이 필요해. 이런 기회는 또 없을 것 같아!"

라미레스는 보스턴에서 돌아간 뒤 현재 직장 상사에게 문자 메시지를 보냈다. 스카우트를 제안받은 사실을 알려야 할 것 같아서였다. 상사는 곧바로 전화를 걸어서 지금 그녀가 회사에서 얼마나 중요한 일을 하고 있는지 이야기했다. 그리고 몇 분 뒤 이번에는 상사의 상사가 전화를 걸어 그녀가 계속 일해줄 수 있도록 조건을 조정할 테니 시간을 달라고 했다. 크리스마스가 코앞이라 결과를 들으려면 1~2주는 필요할 터였다.

라미레스는 갑자기 모두가 부러워할 입장이 되었다. 두 회사가 그녀를 차지하려고 경쟁을 벌이는 셈이었다. 그러나 둘 중 하나를 선택하려니 마음이 편치 않았다. 게다가 보스턴에 다녀온 흥분이 가라앉자 서서히 의심이 들기 시작했다. 회사에서는 업무량이 과도하진 않을 거라며 그녀를 안심시키려 했지만 그럼에도 분명한 직감을 덮어버릴 수는 없었다. "스타트업 회사야. 미친 듯이 일해도 모자랄 거라고. 그걸 감당하는 게 가치 있는 일일까?"

선택을 고심할수록 확신이 약해졌다. 그녀는 고뇌하며 보낸 크리스마스 휴가를 이렇게 말한다. "거의 하루도 빠짐없이 토할 것 같은 기분이었어요. 도저히 정신이 안 나더군요. 내가 뭘 원하는지 도무지 알 수가 없었어요."

라미레스는 가까운 친구들에게 전화를 걸어 조언을 구하기 시작했다. "나 어떡하지?" 그랬더니 지나Gina라는 친구가 스타트업 회사에 갈 기회는 좋지만 지금 직장의 여유를 무시하지는 말라며 말했다. "너 요즘 진짜 행복해 보였어."

라미레스는 결정을 놓고 고민을 거듭한 끝에 결국 자신이 이렇게 갈팡질팡하는 이유를 깨달았다. 지금 자신이 결정할 문제는 직장이 아니라 가치였다. 라미레스는 자라면서 늘 "야심 찬 커리어 우먼"이 되겠다고 생각했다. 그렇게 보면 스타트업 회사에서 제시한 기회는 두 번 생각할 필요 없었다. 더 큰 책임과 성장의 기회를 얻을 테니 말이다. 거기서 일한다면 뭔가 대단한 업적을 남길 수 있을 것이다. 그러나 막상 직장에 다니면서 경험해보니 중요한 건 일만이 아니었다. 그녀는 이제 일과 삶의 균형(워라밸)이 좋았다. 남편 조시와 친구들, 가족들과 함께하는 시간이 정말 소중했다.

라미레스는 생전 처음으로 이 2가지 비전 사이에서 분명하게 하나를 골라야만 하는 상황을 맞았다. "아주 오랫동안 한 번도 궁금하지 않았던 질문이 있기 마련이죠. 이를테면 '나한테 제일 중요한 건 뭘까?' 같은 거요."

라미레스가 현재 직장에서 소식이 오기를 기다리는 동안 스타트업 회사의 리더들은 이메일이며 전화로 의향을 물어왔다. 그녀는 끔찍한 기분으로 기다려달라고 말하는 수밖에 없었다. 그리고 전환점이 시작되었다.

12월이 끝나가던 어느 날 라미레스는 헬스장에서 러닝머신을 뛰고 있었다. 그런데 8킬로미터쯤 달렸을 때 퍼뜩 머릿속에 이런 질문이 떠올랐다. "내가 왜 일을 하지? 목적이 뭘까?" 마치 세게 머리를 얻어맞은 기분이었다. "러닝머신에서 떨어질 뻔했지 뭐예요."

그러고는 봇물 터지듯 생각이 이어졌다. "내가 일을 해서 돈을 버는 건 안정된 생활을 하기 위해서야. 조시랑 여행을 다니고 원할 때 사진 수업을 듣고 동생이랑 나가서 저녁도 먹고 싶어. 그런데 좋아하는 일을 하고 싶어도 시간이 없으면 돈이 많고 직급이 높아봤자 다 무슨 소용이야."

이제 모든 것이 아주 분명해 보였다. 지금 직장을 그대로 다니는 편이 옳았다. "그렇게 생각하자 마음이 편안해졌어요."

일주일 뒤 회사에서 조정한 조건을 알려왔다. 라미레스는 내용을 보고 더욱더 마음이 편안해졌다. 스타트업 회사와 비슷한 수준의 대우를 보장하며 1년 안에 승진까지 약속했기 때문이다. 그렇다 한들 서류상으로는 여전히 스타트업 기업의 조건이 좋아 보였다. 그러나 라미레스는 이미 마음을 정한 뒤였다. 그녀는 스카우트 제안을 정중하게 거절했다.

돌아보면 정말 놀랍기만 하다. 보스턴에 다녀온 흥분이 가실 때까지 시간을 두고 기다리지 않았더라면 라미레스는 분명 스카우트 제의를 받아들였을 것이다. 일과 삶의 균형에 어떤 대가를 치러야 할지 모른 채로 말이다. 그녀는 당시 자신이 느꼈던 감정을 이렇게 말한다.

"롤러코스터를 타고 나오면 놀이공원 직원들이 롤러코스터에서 비명 지를 때 찍힌 사진을 팔려고 하잖아요? 그러면 충동적으로 그걸 사게 되죠. 넘치는 아드레날린 때문에요. 그런데 다음 날을 생각해보세요. 그 사진이 정말로 마음에 드나요? 아닐걸요. 롤러코스터에서 표정 관리가 되는 사람은 없으니까요."[1]

문제는 핵심 우선순위가 충돌할 때다

킴 라미레스는 결정을 내리는 과정에서 단기 감정과 거리를 둘 필요가 있었다. 그녀는 보스턴에 가보고 잔뜩 도취되어 이렇게 외쳤다. "진짜 끝내주는 기회야!" 그러나 그녀는 생각할 시간을 확보할 줄 아는 현명한 사람이었다.

그런데 감정이 가라앉았는데 혼란스러운 마음은 여전했다. 여기서 필요한 점을 이야기하려면 앞 장에서 다룬 원리에서 한 걸음 더 나아가야 한다. 라미레스가 결정을 어렵게 느낀 건 단기 감정 때문만은 아니었다. 문제는 2가지 선택지가 모두 훌륭하다는 것이었다. 결국 그녀는 삶에서 자신에게 중요한 것을 먼저 고려하지 않고서는 이 문제를 결정할 수 없음을 깨달았다.

그러나 "삶에서 자신에게 중요한 것을 먼저 고려한다"라는 표현은 정확하기는 하지만 라미레스가 실제로 경험한 상황을 고스란히 담아내지는 못한다. 그녀는 중요한 것을 이성적으로 정리하지 못했다. 이번 주 할 일을 차근차근 적어나가듯이 뚜렷한 방식을 따라 고민한 것이 아니라는 말이다. 라미레스는 너무 괴로워서 토할 것 같은 기분을 느꼈다고 했다. 이때 그녀는 다분히 감정적이었다. 그러나 이 감정은 "하룻밤 자고 나면" 가라앉을 즉흥적이고 본능적인 감정과는 달랐다.

이 점이 바로 핵심이다. WRAP 프로세스의 목표는 감정을 누그러뜨리는 것이 아니다. 오히려 그 반대다. 의사결정에 관한 온갖 논리적이고 합리적인 방법(선택지 넓히기, 가정 검증하기 등)을 걷어내고 나면 핵심에는 "감정"이 남는다.

이런 감정을 질문으로 표현하면 다음과 같다. "나는 어떤 동기로 움직이는가?" "나는 어떤 사람이 되고 싶은가?" "장기 관점에서 우리 가족에게 가장 도움이 되는 것은 무엇이라고 믿는가?" 기업의 리더라면 이렇게 질문할 것이다. "나는 어떤 조직을 운영하고 싶은가?" "장기 관점에서 우리 팀에 가장 도움이 되는 것은 무엇인가?"

이러한 질문은 열정, 가치, 신념 등의 감정을 기반으로 한다. 답역시 마찬가지다. 답에 대한 관점을 형성하는 것은 "논리"가 아니라나의 됨됨이와 바람이다. 즉 문제는 "감정"이다.

이러한 질문에 대한 답은 사람마다 다르므로 WRAP 프로세스를따른다고 해서 정답을 알 수는 없다. 같은 문제를 고민한다고 해도사람에 따라 선택은 극과 극으로 갈릴 수 있다. 그리고 그렇게 다른 2가지 답 모두 나름의 현명한 선택이 될 수 있다! 결국 킴 라미레스는 "높은 연봉이 보장된 야망 가득한 삶"보다 "일과 삶의 균형"에 더큰 가치를 두었다. 그러나 완전히 다른 결론에 도달하는 사람도 당연히 있을 것이다.

우리는 WRAP 프로세스를 통해 당신이 자신에게 좋은 결정을내리도록 돕고 싶다. 그리고 그것이 이 프로세스로 할 수 있는 최선의 일이라고 믿는다. 우리는 앞 장에서 "나에게 좋은" 결정을 내리려면 단기 감정과 거리를 두어야 한다고 말했다. 단기 감정은 장기 바람을 이루는 데 방해가 될 때가 많기 때문이다.

이제 라미레스의 이야기처럼 장기 관점에서 모두 훌륭한 2가지선택지를 두고 그 사이에서 딜레마를 느끼는 상황을 살펴보자. 라미레스처럼 결정을 놓고 괴로운 마음이 든다면 "핵심 우선순위$_{core}$ $_{priority}$"가 충돌하고 있다는 신호일 때가 많다. "핵심"이란 말을 쓴 이유는 지금껏 이야기한 "장기 감정"의 느낌을 강조하기 위해서다. 핵심 우선순위는 한 주, 한 분기가 지나도 변하지 않는다. 개인에게는 장기 목표와 바람이, 조직에는 장기 번영을 보장하는 가치와 역량이 핵심 우선순위라고 할 수 있다.

어떻게 하면 결정에 핵심 우선순위를 담아낼 수 있을까? 또한 사소한 일들 때문에 핵심 우선순위에 집중하지 못할 때 확실한 대처 방법은 무엇일까?

우리 조직이 존재하는 목적은 무엇인가

1990년대 후반 비영리 단체 인터플라스트Interplast는 우선순위를 결정하는 고통스러운 프로세스를 두고 난항을 겪고 있었다. 단체의 올바른 사명에 관해 운영진의 의견이 갈리는 탓이었다.

인터플라스트는 1969년 도널드 롭Donald Laub이 설립한 단체다. 그는 스탠퍼드대학병원의 성형외과 의사였다. 인터플라스트를 설립한 것은 열세 살 멕시코 소년 안토니오Antonio를 만나고서였다. 안토니오는 구순열을 갖고 태어나 윗입술 한가운데가 갈라져 있어서 잘 먹거나 말하지 못했다. 구순열이 있는 아이는 공동체에서 기피 대상이 되기 일쑤다. 세계 곳곳에는 구순열을 저주나 흉조로 여기는 지역도 있다.

안토니오는 부모, 형제와 떨어져 할머니 손에서 자랐고 할머니는 아이를 학교에 보내지 않았다. 안토니오 같은 아이들의 상황이 정말 안타까운 건 선진국에서는 구순열을 아주 간단하고 확실하게 치료할 수 있기 때문이다. 한 의사는 이렇게 말했다. "실력 있는 의사라면 35분에서 1시간 안에 구순열 수술을 성공적으로 마무리할 수 있습니다. 수술에 필요한 도구도 많지 않아서 주머니에 다 담을 수 있을 정도죠."

안토니오는 스탠퍼드대학병원에서 롭에게 구순열 수술을 받았다. 그런 뒤 멕시코로 돌아가 여느 아이들처럼 지내며 학교생활을 잘 해냈다. 롭은 이 과정을 지켜보며 궁금한 생각이 들었다. "세상에 안토니오 같은 아이들이 얼마나 될까? 우리가 도와주면 되지 않을까?" 롭은 이때부터 정기적으로 멕시코 메히칼리로 가서 구순열 수술을 하기 시작했다.

그 후 20년이 흐르는 동안 인터플라스트에는 더 많은 의사와 간호사가 자원 활동가로 모여들었고 이 프로젝트는 멕시코 너머로 지평을 넓혔다. 실제로 1990년대 중반 무렵 인터플라스트의 의사들은 매년 라틴아메리카와 아시아에서 수천 건의 수술을 진행했다. 어린 소년 1명에서 시작된 일이 전 세계로 확대된 것이다.

한편 인터플라스트의 성공에 고무되어 다른 단체들이 비슷한 모험에 뛰어들기 시작했다. 오퍼레이션스마일Operation Smile이나 오퍼레이션레인보Operation Rainbow 같은 곳들이었다. 그러자 인터플라스트는 하루아침에 기부금과 자원 활동가를 확보하기 위해 경쟁에 뛰어들어야 하는 상황이 되었다. 꾸준히 성장해야 한다는 압박 속에 새로운 경쟁 구도까지 직면하자 롭은 인터플라스트의 운영진을 교체해야 한다는 생각이 강하게 들었다. 그리하여 1996년 그는 자신이 자리에서 물러나기로 하고 수전 헤이스Susan Hayes에게 회장 겸 CEO 직책을, 데이비드 딩먼David Dingman에게 의료 총책임자 직책을 맡겼다.

헤이스는 임기 첫해에 몇 가지 까다로운 문제를 집중해서 다루었다. 그중에는 "의사가 활동지에 가족을 데려가도 되는가?"처럼 겉으로는 단순해 보이는 문제가 있었다.

사실 그때까지 이런 일은 아주 흔한 관행이었다. 의사는 전 세계를 돌아다니며 의료 봉사 활동을 벌이므로 배우자나 자녀를 데려가고 싶은 것은 이해할 만했다. 그러나 가족이 활동지에 머무르는 경우 문제가 발생했다. 의사들이 수술실에 자녀를 데려가는 일이 심심찮게 있었는데 이는 미국에서라면 절대 허용될 수 없는 일이었다. 자녀를 대기실에 남겨두고 현지 의료진에게 돌봐달라고 하는 경우도 마찬가지였다.

언뜻 단순해 보이는 또 다른 문제로는 "레지던트를 의료 봉사 활동에 참여시킬 것인가?"가 있었다.

오랫동안 인터플라스트의 이사회에서 활동하며 의료 봉사에 참여했던 리처드 조브Richard Jobe는 말했다. "외과, 소아과, 마취과의 젊은 의사들은 현지 의료 봉사를 통해 값진 경험을 쌓을 수 있습니다." 그러나 봉사 지역에서는 레지던트의 존재가 문제를 일으키기도 했다. 현지 의사들은 간절한 마음으로 수술법을 배우고 싶어 했지만, 레지던트가 있으면 집도의의 관심이 그들에게 쏠리는 탓에 현지 의사들은 뒷전이 되었기 때문이다.

이 2가지 문제는 이사회에서 어마어마한 갈등을 일으켰다. 헤이스는 이사회 모임이 열린 날을 다음과 같이 기억한다. "회의실에서 6시간 동안 대화와 논쟁, 다툼이 오갔어요. 가족을 활동지에 데려가도 되는가를 놓고 서로 무섭게 적대심을 드러냈죠. 이사회 모임은 이튿날까지 이어졌고 다시 6시간 동안 같은 일이 반복되었어요."

킴 라미레스의 사례에서 보았듯이 결정이 괴로워지는 것은 2가지 우선순위가 충돌하고 있다는 신호일 때가 많다. 이 "단순한" 문제들 역시 2가지 핵심 우선순위가 대치해서 나타난 일이었다. 사실 인터플라스트의 사명에는 처음부터 이 둘 사이의 긴장이 내재해 있었다. 인터플라스트는 "개발도상국 사람들에게 무료로 재건 수술을 시행"하고 "현지 의사들이 의료상으로 독립하도록 지원"한다는 사명이 있었다. 다시 말해 인터플라스트의 지향점은 수술을 시행하되 직접하지는 않는 환경을 만드는 것이었다.

헤이스와 딩먼이 이끄는 새 운영진은 둘 중 현지 의료진 훈련이 더 우선시되어야 한다고 믿었다. 헤이스는 인터플라스트가 "수술에서 벗어날 방법을 찾아야 한다"라고 말했다. 더 많은 아이에게 혜택이 돌아가려면 현지 의사들을 훈련해야 했다. 그러면 그들이 자기 지역에서 의사로 생활하면서 도움이 필요한 수천 명의 아이를 수술할 수 있었다. 의료 총책임자 딩먼도 동의했다. "좋은 장비를 가져와서 수술을 마치고 비행기에 올라타 집으로 돌아가버려서는 현지에 의료 기반을 마련할 수 없습니다."

그러나 현지 의사들에 대한 훈련을 강조하자면 지금껏 인터플라스트가 집중해온 또 다른 측면과 갈등이 생겼다. 조직의 생명줄인 의료 봉사 담당 의사들을 만족시키는 문제였다. 의사들은 의료 봉사에 대한 애착이 컸다. 여러 해가 지나도록 같은 활동지로 돌아가고 또 돌아가는 이들이 많았다. 그들은 현지인과 관계가 돈독했고 가족들까지 이 일을 아주 특별하게 생각했다. 활동가 의사의 한 아들은 활동지에 아버지를 따라갔다가 감동받아 나중에 성형외과 의사가 되어 인터플라스트 활동가가 되겠다고 했다.

의사가 머나먼 개발도상국의 수술실에 들어가 어려운 아이들을 위해 재건 수술을 한다는 것은 확실히 영웅적인 일이었다. 그러나 그에 비해 현지 의료진 훈련은 다소 추상적이고 왠지 맥빠지는 일로 보였다. 얼마 안 되는 휴가를 포기하고 기꺼이 의료 봉사 활동을 떠나는데 가족을 데려가는 것 정도는 허용해도 되지 않을까? 이사회에는 활동에 가족을 동반할 수 없게 하는 것은 너무 옹졸하고 근시안적인 처사라고 생각하는 사람도 있었다.

다시 한 번 이사회가 열려 논쟁이 반복되는 가운데 2가지 가치관의 갈등은 정점에 다다랐다. 그러던 중 비교적 새로 들어온 한 임원이 오래 활동한 어떤 의사를 보며 말했다. "아시다시피 선생님과 나의 차이는 이겁니다. 선생님은 의사들이 고객이라고 믿겠지만 난 아닙니다. 내 고객은 환자들이에요."

핵심을 관통하는 예리한 의견이었다. 결국 인터플라스트는 누구를 위해 존재하는가? 의료 봉사에 시간을 들이는 성공한 의사들인가, 구순열을 앓는 어린 환자들인가? 그렇게 토론이 이어진 끝에 이사진 대다수가 한쪽으로 의견을 모았다. 이제 그들은 갈등이 생기면 의사보다 환자의 안녕을 더 높은 우선순위에 두기로 한 것이다.

수전 헤이스는 말했다. "그 뒤로 모든 것이 달라졌습니다. 이사회나 활동 위원회, 활동가 의사들과 정책을 두고 논쟁이 벌어질 때면 항상 우리가 존재하는 목적을 되짚어봅니다. 인터플라스트의 목적은 그 누구도 아닌 환자가 고객인 조직이 되는 겁니다." 이후에도 결정이 어려운 문제는 있었다. 그러나 "현지 환자들을 위한 최선은 무엇일까?"라는 질문을 떠올리면 해결될 때가 많았다.

인터플라스트는 이 질문을 통해 현지 의사들을 더 지원하는 방향으로 나아갔다. 사실 구순열 수술이 필요한 환자는 끝없이 많은데 자원 활동가 의사들만 영입해서는 수술을 다 감당할 수 없었다. 그러나 전 세계 곳곳에서 현지 의사 수십 명을 훈련하자 상황은 완전히 달라졌다. 1년에 몇 주 정해진 기간만이 아니라 날마다 수술을 진행할 수 있게 되었다.

이제 리서지인터내셔널Resurge International이라는 이름으로 거듭난 인터플라스트는 최근 들어 전체 수술의 80퍼센트를 현지 의사들에게 맡기고 있다. 인터플라스트로부터 도움을 받아 카트만두에서 활동하는 샨카 만 라이Shankar Man Rai라는 의사는 한 해 수술 건수가 1000건에 달한다. 역시 인터플라스트의 현지 파트너 의사인 고란 조빅Goran Jovic은 잠비아에 딱 하나뿐인 성형외과를 운영하고 있다. 2013년 현재 리서지인터내셔널은 방글라데시, 페루, 가나를 비롯한 9개국에서 상설 성형외과 11곳을 지원하고 있다.

리서지인터내셔널의 의사들이 한 건 한 건 수술을 진행할 때마다 어린이들은 새 삶을 얻는다. 헤이스는 구순열을 앓는 어린이들의 고통을 다음과 같이 말한다. "구순열 아이들은 설령 사회에서 받아들여지더라도 학교에는 갈 수 없어요. 다른 아이들이 놀리거나 무서워하거든요. 그래서 항상 집 안에서만 지내죠. 친구도 없고, 커서도 경제 활동은 하지 못해요. 누구도 써주지 않을 테니까요. 그러면 결국 미래 없이 숨죽인 채 고립된 삶을 살아가게 되는 겁니다."

헤이스는 그리고 이렇게 덧붙인다. "그런데 90분이면 간단히 이 아이들의 미래를 바꿀 수 있어요. 아이들은 다른 경험을 하며 살아가게 되죠."[2]

우선순위의 명확한 지침을 마련하라

인터플라스트는 의사가 아닌 환자가 최고로 중요하다는 사실을 깨달은 뒤 중요한 절차를 거쳤다. 이 최우선순위를 문서로 명시해 조직의 모든 사람에게 알린 것이다. 앞으로 인터플라스트에서 다룰 수십, 수백 가지 사안은 이를 바탕으로 결정될 터였다. 이제 직원들은 훌륭한 2가지 선택지를 놓고 혼란 없이 결정을 내릴 수 있었다.("레지던트를 의료 봉사에 참여시키는 것이 환자들을 위한 최선인가? 아니다. 레지던트가 있으면 활동가 의사들이 현지 의사들을 훈련하는 데 방해가 된다. 현지 의사들은 지역을 지키며 앞으로 나올 환자들을 수술할 인력이므로 그들이 더 중요하다.")

조직의 사명과 가치의 핵심은 당연히 이렇게 조직에 운영 방향을 제시하는 것이어야 한다. 그러나 안타깝게 대부분의 조직 경영진은 "다양성" "신뢰" "정직" 같은 막연한 가치를 앞세우고 자신들은 뒤로 숨는 편을 택한다.(정직을 혐오하는 사람들과 과감하게 맞서야 한다고 주장하면서!) 그러나 이러한 가치만으로는 대부분 결정에 이르기가 어렵다. 인터플라스트에서 가족 동반 문제를 논의하면서 어떤 선택지가 더 "정직한가"를 기준으로 삼았다면 누구도 이 문제를 결정짓지 못했을 것이다.

그러므로 단순히 일반적인 가치를 장려하는 데 그치지 말고 명확한 핵심 우선순위를 정해야 한다. 핫도그 가게에서 계산을 담당하는 직원 역시 우선순위를 두고 매일같이 갈등을 느낀다. 손님이 핫도그를 떨어뜨리면 무료로 하나를 더 주어야 할까 그러지 말아야 할까?(계산원의 가장 중요한 임무는 손님을 만족시키는 것일까 사장을 만족시키는 것일까?) 우선순위가 명확하지 않으면 직원은 순간순간의 기분에 따라 다른 결정을 내리게 된다. 물론 핫도그 하나가 떨어진 상황에서는 이렇게 하든 저렇게 하든 큰 문제가 아니다. 그러나 그 외에는 우선순위가 명확해야 하는 경우가 훨씬 많다.

웨인 로버츠Wayne Roberts 같은 관리자들이 결정에 관한 지침을 제시하는 데 많은 공을 들인 이유는 바로 그래서다. 로버츠는 2000년에 델Dell에 입사해 서비스 사업을 주도하게 되었다. 본래 델은 컴퓨터 하드웨어를 다루며 데스크톱 컴퓨터와 서버를 판매하는 회사였지만 컨설팅 서비스를 요청하는 고객사도 많았다. 이를테면 어떤 회사에서는 전체 판매 사원의 컴퓨터를 업그레이드해야 하는데 가장 좋은 방법이 무엇인지를 문의했다. 이제까지 델은 판매 담당 엔지니어들로 임시 팀을 꾸려 이런 상황을 해결하곤 했다. 그런데 이제는 제대로 된 고객서비스팀을 마련할 때였다. 로버츠는 이 일을 하도록 영입된 사람이었다.

그는 우선 텍사스주 라운드록에 있는 델 본사에서 20명을 모아 팀을 꾸렸다. 모든 팀원이 한 지역에서 일하는 덕분에 소통과 의사결정은 순조로웠다. 그러나 지역에서 서비스를 담당할 직원을 고용하기 시작하자 상황은 금세 어려워졌다. 18개월이 지나자 로버츠가 이끄는 팀에 소속된 직원은 100명이 넘어갔다. 이들은 곧 50개 지역으로 파견될 예정이었다.

팀이 커지자 로버츠가 의사결정에 참여할 수 없는 상황이 속속 생겨났다. 고객서비스팀 직원들은 고객사에 방문해 요청을 처리해야 했으므로 그동안은 본사 관리자와 직접 연락을 주고받지 못할 때가 많았다. 또 이들은 고객사 업무에 방해가 되지 않도록 한밤중에 업무를 보기도 했는데 그럴 때 본사에는 도움을 요청할 수 없었다. 로버츠는 말했다. "직원들이 모든 일을 본사와 소통해 처리하는 건 원치 않았습니다. 대신 나는 그들이 스스로 판단하기를 바랐습니다."

이런 긴장은 관리 영역에서 늘 발생한다. 관리자는 부하 직원들에게 스스로 판단할 것을 격려하되 판단이 적절하고 일관되게 이루어지도록 이끌어야 한다. 로버츠는 팀원들이 가장 흔하게 겪는 고충을 파악하기 시작했다. 어떤 지침이 필요한지 알아보기 위해서였다. 그 결과 서비스팀 직원들은 다음과 같은 딜레마를 겪고 있었다. "자잘한 문제를 변경해야 할 때는 임의로 결정해도 될까 본사의 승인을 기다려야 할까?" "1000달러 규모의 지출 건에 대해서는 승인이 필요할까 필요하지 않을까?"

로버츠는 이러한 딜레마가 생길 때 가드레일이 되어줄 간단한 원리들이 필요했다. 그는 직원들에게 "힘을 실어줄 만큼 넓지만, 확실한 지침이 될 만큼 좁게 가드레일을 쳐주고 싶었습니다"라고 했다. 그렇게 해서 탄생한 기본 원리들을 여기서는 "웨인의 원칙Wayne's Rules"으로 부르려고 한다.

웨인의 원칙 중 하나는 다음과 같았다. "행동이 먼저다. 일단 저지르고 나중에 사과하라." 서비스팀이 진행하는 프로젝트는 절대 계획대로 흘러가지 않는다. 예상치 못한 변수는 항상 있기 마련이다. 한창 프로젝트를 진행하는데 고객은 델 측에서 시간과 비용을 더 들여야 할 변경 사항을 요청하곤 한다. 그럴 때면 직원들은 몹시 불안해진다. 그 일로 프로젝트의 수익이 줄었다는 이유로 책임을 뒤집어쓰고 싶지 않기 때문이다.

"행동이 먼저다"라는 원칙은 이런 불안을 잠재우기 위한 목적이 있었다. 서비스팀에서 진행하는 프로젝트는 대부분 길어야 1~3주짜리였다. 그런데 변경 사항을 논의하느라 하루에서 이틀을 보내버리면 그사이 전체 일정이 흔들리고 다음 프로젝트까지 뒤로 밀릴 위험이 있었다. 그럴 때는 논의로 시간을 허비하기보다는 신속히 필요한 부분을 변경하는 편이 나았다. "고작 2000달러 때문에 법무팀이나 구매팀과 실랑이를 벌이지 말라는 뜻이죠." 로버츠의 말이다. 어차피 서비스팀의 프로젝트에서 하드웨어와 관련해 다루는 돈의 규모는 수백 달러에서 수천 달러 선이었다.

웨인의 원칙 중에는 또한 "단순한 방법이 최고다"가 있었다. 처음 서비스팀이 생겼을 때는 고객이 변경을 요청하면 직원이 "변경 요청서"를 작성해 본사에 제출한 뒤 승인을 기다려야 했다. 직원들은 주로 야간작업을 했으므로 이런 일이 생기면 보통 48시간이 지연되었다. 직원이 작성한(밤) 요청서가 본사로 가서(낮) 직원한테 돌아와(밤) 고객에게 전달되기(낮)까지 시간이었다. 이런 업무 방식은 "단순한 방법이 최고다" 원칙과 거리가 멀었다. 그 뒤 서비스팀의 노력으로 고객 요청에 대한 대부분의 결정은 현장에 나간 직원이 직접 처리할 수 있게 되었다.

웨인의 원칙에는 서비스팀의 우선순위가 잘 명시되어 있었다. 이 원칙의 틀에서는 직원이 달라지더라도 환경이 비슷하다면 신속하게 비슷한 결정이 나올 터였다.[3]

이처럼 우선순위를 파악해 분명히 정해둘 때 괴로움은 덜고 더욱더 일관성 있게 결정을 내릴 수 있다.

그만둘 일 목록을 만들어라

"핵심 우선순위를 정하고 중시하라"라는 조언은 너무 당연한 말처럼 들릴 수 있다. 적어도 아주 신선한 태도는 아닐 것이다. 그러나 이렇게 간단해 보이는 기본적인 조언을 실제로 따르는 사람은 많지 않다. 이유는 2가지다.

첫째, 어쩔 수 없는 상황이 될 때까지는 우선순위를 정하는 일이 드물다. 킴 라미레스두 직장을 선택해야 하기 진에는 우선순위가 없었다. 인터플라스트의 사명에는 2가지 가치가 긴장 관계를 이루고 있었지만 둘 사이에서 우선순위가 결정된 것은 둘이 완전히 대립하는 상황을 맞고 나서였다.

나아가 조직의 리더들이 인터플라스트가 겪었던 종류의 가치 충돌과 맞닥뜨리는 상황을 생각해보자. 우선순위를 정하기는커녕 그대로 내빼버리는 모습을 쉽게 상상할 수 있다. 그중 좀 더 자기중심적인 CEO라면 우선순위 따위는 일절 설명하지 않고 "내 결정은 이렇습니다"라는 말로 명령하듯 문제를 처리할지 모른다. 또한 좀 더 우유부단한 CEO라면 문제를 이해타산적으로만 해결할 수 있다. 어느 쪽이든 자신이 필요한 무리의 비위를 맞추는 식으로 말이다. 요컨대 좋은 결정을 하려면 반드시 우선순위를 고려해야 하지만 우선순위는 전적으로 내 의사에서 비롯된다. 어쨌든 나에게 중요한 것을 명확히 표명하는 경우는 많지 않다.

둘째, 우선순위를 정했지만 따르지 않는 일이 많다. MIT의 윌리엄 F. 파운즈William F. Pounds는 기업 관리자들을 대상으로 일련의 인터뷰를 진행해 각자의 조직이 겪는 가장 중요한 문제들을 이야기해달라고 했다. 관리자들은 대부분 5~8가지 문제를 언급했다. 다음으로 파운즈는 이들에게 지난주 회사에서 한 일을 설명해달라고 했다. 그런데 흥미롭게도 이때 "앞서 설명한 문제와 직접 관련된 일을 했다는 관리자는 단 한 사람도 없었다."[4] 누구도 업무 중에 핵심 우선순위를 다루지 않은 것이다! 눈앞에서 벌어진 급한 일이 우선순위를 밀쳐낸 탓이었다.

부모들 역시 여기서 예외가 아니다. 부모들은 얼른 일을 마무리하고 끼니를 준비한다며 아이들과 보낼 의미 있는 시간은 놓치기 일쑤다. 문제는 스포트라이트 안에서는 당장 급한 일(제일 눈에 띄어서 바로 해치워야만 하는 일)이 항상 두드러져 보인다는 점이다.

캘린더에 적힌 일정을 살펴보면 우선순위를 잘 다루고 있는지가 고스란히 나타난다. 만일 과학 수사관이 당신이 지난 6개월간 사용한 캘린더와 이메일 기록, 인터넷 방문 기록을 압수해 간다면 당신의 핵심 우선순위는 무엇이라고 결론 날 것 같은가?(우리 형제의 경우에는 커피 마시기, 〈앵그리버드〉 게임하기, 매시간 까탈스럽게 스팸 메일 지우기 같은 것들이 나오지 않을까 싶다.)

핵심 우선순위에 시간을 더 들이려면(이것이 바로 우리의 목표다!) 나머지 것들에 들어갈 시간은 줄여야만 한다. 《좋은 기업을 넘어 위대한 기업으로Good to Great: Why Some Companies Make the Leap... and Others Don't》(한국어판: 김영사, 2021)의 저자 짐 콜린스가 "그만둘 일 목록stop-doing list"을 만들라고 하는 것은 이 때문이다.

콜린스가 이 아이디어를 떠올린 것은 조언을 받던 사람으로부터 "삶을 바꾸어놓을 두 통의 전화가 온다면 어떻게 하시겠습니까?"라는 질문을 받고서였다. 첫 번째 전화에서는 아무 조건 없이 2000만 달러를 상속받게 되었다는 소식, 두 번째 전화에서는 치료할 수 없는 희귀병에 걸려 삶이 10년밖에 남지 않았다는 소식을 듣게 된다고 했다.

그 사람은 콜린스에게 물었다. "이 말을 들으면 삶에서 무엇을 바꾸어보시겠어요? 그리고 구체적으로 무엇을 그만두시겠어요?" 그 후로 콜린스는 매년 "그만둘 일 목록"을 만든다고 했다.[5]

사람들은 멀티태스킹을 하거나 일의 효율을 높여서 시간을 확보하면 모든 것을 다 할 수 있으리라고 생각한다. 매력적이지만 순진한 생각이다. 현실을 직시해야 한다. 하루에는 공간이 그렇게 많지 않다. 1시간 동안 A를 했다면 그 시간 동안 B는 하지 못한 셈이다. 그러므로 아이들에게 더 많은 시간을 들이기로 했다면, 또는 대학에서 수업을 듣거나 운동을 더 하기로 했다면, 이 결심에는 그 대신 무엇을 하지 않을지에 관한 결정이 포함되어야 한다. 구체적으로 이렇게 해보자. 지난 한 주간의 일정을 돌아보며 이렇게 자문하는 것이다. "3시간, 4시간, 또는 5시간이 필요한데 이 시간을 확보하려면 구체적으로 무엇을 포기해야 할까?"

특히 조직에서는 "그만둘 일"을 제대로 그만두기 위해 대가를 미리 치러야 할 때가 있다. 지금 10시간을 들이면 나중에 30시간을 아낄 수 있기 때문이다. D. 마이클 아브라쇼프D. Michael Abrashoff 대령은 1996년 미국 태평양 함대에 속해 임무를 맡게 된 유도 미사일 구축함 USS벤폴드호를 지휘하며 이 접근법의 대가가 되었다.

대령의 회고록 《네 자신 속의 또 다른 너를 깨워라It's Your Ship: Management Techniques from the Best Damn Ship in the Navy》(한국어판: 홍익, 2002)에 따르면 그가 벤폴드호에서 처음으로 한 일은 병사 310명과 일대일

면담이었다. 면담에서 그는 병사들의 개인사와 해군 입대 동기를 알 아보는 한편 벤폴드호에 관한 의견을 물었다. 가장 좋은 일, 싫은 일, 할 수 있다면 바꾸고 싶은 일 등을 파악한 것이다.

대령은 면담을 통해 벤폴드호에서 일어나는 모든 일을 2가지 목 록으로 분류했다. A목록에는 반드시 해야 할 일, B목록에는 중요하 지만 핵심적이지는 않은 일("녹슨 부분 긁어내기, 페인트칠하기 등 따분 하고 반복적인 일")이 들어갔다. 대령은 2가지 목록을 완성한 뒤 B목 록과 전쟁을 선포했다.

B목록에서 가장 따분한 일은 분명 페인트칠이었다. 대령과 병사 들은 페인트칠 횟수를 최소한으로 줄여볼 방법을 궁리하기 시작했 다. 그러던 중 한 병사가 군함에 쓰인 철제 볼트를 스테인리스스틸 볼트로 교체하자는 의견을 냈다. 볼트가 부식되면 군함 측면으로 녹 이 흘러내려 칠이 망가지곤 했기 때문이다.

아브라쇼프 대령은 이 의견이 마음에 들었다. 그러나 금세 걸림 돌이 나타났다. 해군 보급 시스템에는 스테인리스스틸 볼트가 남아 있지 않았던 것이다. 벤폴드호는 해군 제독의 승인을 받아 샌디에이 고 인근에서 공구를 취급하는 홈디포Home Depot와 에이스하드웨어Ace Hardware 여러 곳을 뒤져 스테인리스스틸 볼트를 확보했다. 어렵사리 볼트 교체 작업이 마무리되자 병사들은 1년 내내 페인트칠 걱정에서 해방되었다(그 후 해군은 모든 함정에 스테인리스스틸을 쓰기 시작했다).

다음으로 병사들은 선체 상부의 금속 구조로 눈을 돌렸다. 쉽게 부식이 일어나서 긁어내고 연마하는 작업이 필요한 부분이었다. 그 런데 알고 보니 금속 부식을 확실히 방지할 새로운 공법이 있었다. 금속 부분을 달군 뒤 페인트가 함유된 화염을 분사하면 녹이 슬지 않는다고 했다. 해군에서 이미 사용하는 방법이었다. 그러나 안타깝게 해군의 설비로는 벤폴드호에 필요한 작업의 일부조차 감당할 수 없다고 했다.

병사들은 이번 역시 방법을 찾아냈다. 샌디에이고에 있는 금속 마감 회사를 수소문해 2만 5000달러에 전체 작업을 맡기기로 한 것이다. 공정이 마무리되면 몇 년은 부식 걱정을 덜 수 있다고 했다.

아브라쇼프 대령은 말했다. "병사들은 그 뒤로 페인트 붓에 손댈 일이 없었다. 대신 이들은 새로 생긴 시간 동안 각자 임무를 더 배워 나가며 함정 전체의 전투 준비 지수를 끌어올리기 시작했다."

가지치기하듯 B목록 활동들을 정리하자 병사들은 모의 전투를 하거나 전투 역량 학습 범위를 넓히는 데 그만큼 더 시간을 쓸 수 있게 되었다. 이런 투자를 통해 병사들의 역량이 커지자 예상치 못한 성과가 나타났다. 벤폴드호 병사들이 해군 필수 표준 훈련을 받기로 한 기간의 일이다. 병사들은 본래 6개월 동안 이 교육을 받기로 되어 있었다. 그러나 벤폴드호의 병사들은 이미 과정을 앞서가고 있었으므로 훈련 과정의 이수 시험을 첫 번째 주에 끝내버렸다. 그 과정에서 그들은 다른 함정의 병사들보다 훨씬 높은 점수를 받았다. 6개월 과정을 모두 이수한 병사들을 포함하더라도 결과는 같았다.

해군 지도부는 이 일로 벤폴드호 병사들의 훈련을 완료시킬 수는 없었지만 대신 6개월 과정을 2개월 과정으로 축소해주었다. 덕분에 그들은 카보샌루카스, 샌프란시스코, 빅토리아 등지의 항구를 다니며 사이사이에 훈련 기간을 채워나갔다.

그 뒤 벤폴드호와 병사들은 걸프전 기간에 미군의 주축으로 활약했다. 그들은 가장 어려운 임무를 도맡아 수행하며 훌륭한 성과를

PART 4 결정과 거리를 두라

내고 많은 찬사를 받았다.[6]

생산적 멈춤을 활용하라

우리 모두는 B목록을 벗어나 A목록으로 돌아가기 위해 날마다 고군분투하지만 쉽지 않다. MIT 연구에 등장한 관리자들이 일주일 내내 단 한 번도 핵심 우선순위를 다루지 않았던 일을 기억하는가?

생산성 전문가로서 《하버드비즈니스리뷰》에 글을 쓰는 블로거 피터 브레그먼Peter Bregman은 이 운명 같은 전쟁을 피할 간단한 방법을 알려준다. 바로 1시간에 1번씩 알람이 울리게 해두고, 알람이 울릴 때마다 이렇게 자문하라는 것이다. "나는 지금 이 순간에 반드시 해야 할 일을 하고 있는가?"

브레그먼은 이 알람을 "생산적 멈춤productive interruption"이라고 부른다. 알람을 듣고 잠시 하던 일을 멈춤으로써 나에게 중요한 것과 내가 바라는 것을 되새길 수 있기 때문이다.[7] 우리는 생산적 멈춤을 이용해 A목록으로 돌아갈 수 있다.

* * *

지금까지 4부에서는 선택에 우선순위를 담아내려면 거리 두기가 필요하다고 이야기했다. 거리를 확보하면 단기 감정을 잠재울 수 있으며, 현재 상황의 익숙함에 빠지지 않을 수 있다. 또한 어려운 결정의 이면에 놓인 우선순위 갈등을 겉으로 끄집어낼 수 있고, 더 중요한 것을 방해하는 덜 중요한 것들을 알아보고 멀리할 수 있다.

거리 두기는 지난한 일일 수 있다. 인터플라스트의 리더들이 끝없이 논쟁을 벌였듯이 말이다. 그러나 거리를 둔다고 해서 결정이 지연되거나 고통스러워지는 건 아니다. 오히려 거리를 둔 덕분에 순식간에 결정이 이루어진다. 결정의 가드레일("행동이 먼저다. 일단 저지르고 나중에 사과하라.")이 있으면 옳은 선택을 분별할 수 있다. 또한 간단한 질문("친한 친구가 이 일을 겪는다면 어떻게 조언해줄까?")을 던지면 큰 그림을 볼 수 있다. 아울러 10달러짜리 손목시계로 알람을 맞추어두면 내가 정한 우선순위를 더 깊이 의식할 수 있다.

그렇다면 이제는 결과를 이야기할 차례다. 어려운 결정을 내린 뒤에는 어떤 결과가 펼쳐지는지 지켜봐야 한다. 물론 손 놓고 구경만 해서는 안 된다. 미래는 통제 밖 영역이지만 미리 생각해두면 미래를 설계할 수 있다(아이들이 방에 들어오지 못하게 수를 썼던 경험이 있다면 이 말의 의미를 이해할 것이다).

결정을 내린 뒤에는 반드시 2가지 질문에 관해 고민해야 한다. 첫째, 좋은 결과와 나쁜 결과에 대해 어떤 준비가 필요할까? 둘째, 결정을 재고해야 하는 순간은 어떻게 알 수 있을까?

"틀릴 때 대비하기"를 다루는 5부에서 이 질문에 대한 답을 알아보도록 하자.

ONE PAGE:
CHAPTER 9

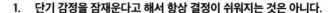

1. **단기 감정을 잠재운다고 해서 항상 결정이 쉬워지는 것은 아니다.**
   - 킴 라미레스는 처음의 흥분이 가신 뒤에 몇 주 동안 괴로워했다.

2. **결정이 괴롭다는 것은 우선순위가 충돌하고 있다는 신호일 때가 많다.**
   - 핵심 우선순위: 오래도록 변하지 않는 감정적 가치, 목표, 열망.
   - 나는 어떤 사람이 되고 싶은가? 나는 어떤 조직을 만들고 싶은가?
   - 목표는 감정을 지워버리는 것이 아니라 중요한 감정을 존중하는 것이다.

3. **핵심 우선순위를 결정하고 중시할 때 현재와 미래의 딜레마를 더 쉽게 해결할 수 있다.**
   - 인터플라스트는 "환자가 가장 중요한 고객"이라는 운영진의 결정 이후 끈질기게 이어지던 논쟁이 가라앉았다.
   - 델의 고객서비스팀 직원들은 웨인의 원칙 덕분에 현장에 나가서 정확하고 일관된 결정을 내릴 수 있었다.

4. **핵심 우선순위가 확실하더라도 그대로 지키기는 어려울 수 있다.**

- MIT 연구: 관리자들은 일주일 동안 핵심 우선순위를 전혀 다루지 않았다.

5. **핵심 우선순위에 집중할 여유를 만들고 싶다면 덜 중요한 것들을 확실히 정리해야 한다.**
   - USS벤폴드호의 병사들은 지겨운 페인트칠을 비롯한 B목록 활동들을 적극적으로 정리했다(예: 철제 볼트를 녹슬지 않는 스테인리스스틸 볼트로 교체).
   - 짐 콜린스의 "그만둘 일 목록": 중요한 일에 시간을 더 쏟으려면 무엇을 포기할 것인가?
   - 브레그먼의 "생산적 멈춤": "나는 지금 이 순간에 반드시 해야 할 일을 하고 있는가?"

틀릴 때를 대비하라

DECISIVE

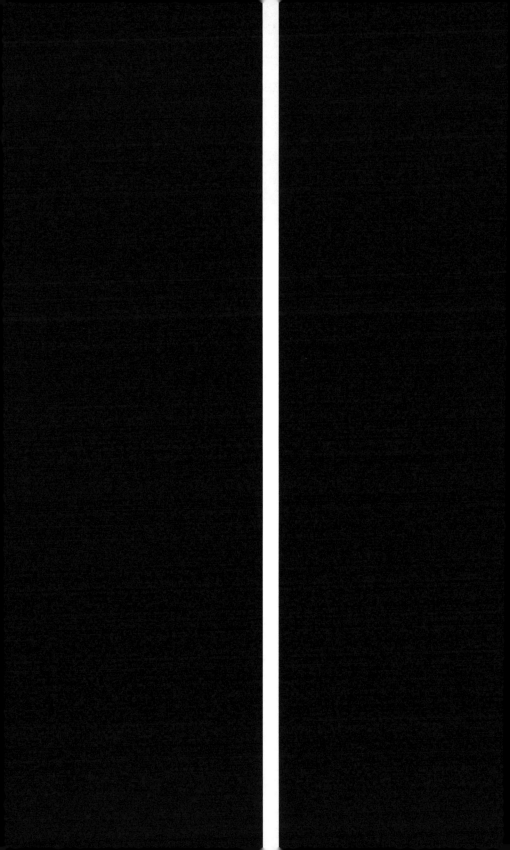

CHAPTER 10

미래를 위한 지지대를 설정하라

머리 쓰지 않는 투자: 지지대 추정법

바이런 펜스톡Byron Penstock이 가장 아끼는 물건 중 하나는 자신의 영웅인 투자가 워런 버핏과 함께 찍은 사진이다. 그는 버핏이 수십 년 전 주주들에게 보낸 편지 내용을 외워 인용할 정도고, 버핏이 주창한 "가치 투자value investing"에 관해 이야기할 때면 얼굴에 생기가 돈다. 포트폴리오를 작게 만들어 지갑에 넣고 다닐 수 있었더라면 주저 없이 꺼내 보여주었을 사람이 펜스톡이다.

펜스톡은 처음부터 투자자를 꿈꾸던 사람이 아니다. 20대 초반에 그는 마이너리그 아이스하키팀 볼티모어 벤디츠Baltimore Bandits의 골키퍼였다. 나중에는 회사법 전문가가 되었지만 금세 일이 싫어졌다. 그러나 투자는 달랐다. 이 일은 처음부터 매력적이었다. 그가 하버드 대학교 경영대학원을 졸업한 뒤 처음으로 투자 관련 일을 시작한 곳은 샌프란시스코의 뮤추얼펀드 회사인 RS인베스트먼츠RS Investments였다. 펜스톡은 성공하고 말겠다는 일념으로 새벽 3시에 출근해 누구보다 일찍 하루를 시작했다.

2009년 후반 펜스톡은 코인스타Coinstar의 주식을 주시하고 있었다. 코인스타는 2가지 사업에 주력하는 회사였다. 그중 하나는 초창기부터 코인스타를 책임져온 "코인스타 기계" 부문이었다. 코인스타 기계는 식료품점에 가면 자주 볼 수 있었는데 동전을 넣으면 그 금액만큼 지폐로 교환 가능한 상품권이 발행되었다(약간의 수수료는 있었다). 이 사업은 성공적이고 안정적이었다. 코인스타는 이 분야 시장을 이미 선점할 대로 선점해서 향후 성장은 다소 더딜 것으로 전망되었다.

또 다른 주력 사업은 "레드박스Redbox"라는 명칭의 DVD 무인 대여기 부문이었다. 코인스타는 레드박스 초기에 실험적인 전략들을 시도하고 여러 엇갈린 결과를 얻었지만 결국 경영진은 DVD 대여비를 하루 1달러로 책정하기로 했다. 결과는 매우 성공적이었다. 물론 처음에는 그렇게 가격을 낮추어서 수익이 남을지 우려스러웠다. 그러나 대여량이 치솟자 개별 대여비는 낮아도 전체적으로 충분한 수입이 형성되기 시작했다. 이렇게 빠르게 성장하는 사업을 코인스타는 어느 날 갑자기 손에 쥔 셈이었다.

레드박스 사업이 성장하자 코인스타의 매출은 2007년 3억 700만 달러에서 2008년 7억 6200만 달러로 2배가 되었다. 레드박스는 어마어마한 속도로 퍼져나갔고, 2008년 말이 되자 미국 전역에는 총 1만 3700대의 레드박스 대여기가 설치되어 있었다.

그러던 2008년 12월 레드박스에 문제가 생겼다. 유니버설스튜디오가 앞으로는 레드박스에 DVD를 팔지 않겠다고 선언한 것이다. DVD 판매로 상당한 수익을 내던 유니버설스튜디오의 경영진이 레드박스가 위협이 될 것을 우려해 내린 결정이었다. 언제든 1달러만 내면 대여할 수 있는 DVD를 누가 굳이 18달러나 주고 사겠는가?

약 9개월 뒤 헐리우드에서 가장 큰 두 영화사 워너브라더스와 20세기폭스 역시 이제부터는 레드박스에 DVD를 공급하지 않겠다고 발표했다. 투자자들은 겁을 내기 시작했다. DVD 없이 DVD 사업을 한다고? 불안한 상황이 확실해 보이자 코인스타의 주가는 한 달 사이 25퍼센트나 곤두박질쳤다.

그러나 펜스톡은 이 두려운 분위기가 다분히 과장된 것임을 알았다. 그는 전해에 유니버설스튜디오의 발표가 터지자 당혹감을 느끼고 유니버설과 레드박스의 관계를 알아보기 시작했다. 그런데 놀랍게도 유니버설이 레드박스와 등진 뒤에도 레드박스에는 여전히 유니버설의 영화들이 들어오고 있었다! 〈사랑이 어떻게 변하니?Forgetting Sarah Marshall〉나 〈프로스트 vs 닉슨Frost/Nixon〉 같은 당시 신작들을 포함해서 말이다. 대체 레드박스는 어떻게 DVD를 조달하는 것일까?

펜스톡은 레드박스에 전화 몇 통을 걸고서 이 수수께끼를 풀었다. 레드박스 관리자들은 DVD를 채워 넣기 전에 새로 들르기 시작한 곳이 있었다. 바로 월마트였다. 관리자들은 월마트에서 유니버설의 신작 DVD를 골라 계산대에서 값을 치른 뒤 그 DVD를 그대로 레드박스에 채워 넣었다!

이런 게릴라 접근법은 처음에는 터무니없어 보였지만 펜스톡이 조사해본 결과 전혀 미친 짓이 아니었다. 레드박스가 제대로 돈을 내고 DVD를 구입한 이상 그것을 대여하는 데는 법적으로 아무런 문제가 없었다(DVD 재생 시 처음에 등장하는 위협적인 경고 메시지와 달리, 법에 규정된 "최초 판매의 원칙"에 따르면 구매자는 구매한 물건을 다른 사람에게 대여하거나 판매할 권리가 있다). 사실 월마트는 신작 DVD를 대폭 할인한 가격에 판매했으므로 레드박스는 월마트 덕분에 구매 대금이 절감될 때도 있었다.

그러므로 펜스톡은 자신했다. 20세기폭스나 워너브라더스 역시 레드박스에 납품을 중단했음에도 불구하고 이 일은 재앙이 아닐뿐더러 기껏해야 번잡한 소란에 지나지 않았다. 투자자들은 과잉 반응을 하고 있을 뿐이었다. 그는 코인스타의 주식이 과연 수익을 안겨 줄지 살펴보기 위해 재무 모델을 만들기 시작했다.

펜스톡은 이럴 때 "지지대 추정법bookending"으로 이름한 나름의 방식을 쓴다. 이 방식에서는 2가지 다른 시나리오를 추정한다. 하나는 상황이 회사에 불리하게 돌아갈 때를 가리키는 비관적 시나리오 또는 저점 지지대lower bookend다. 또 다른 하나는 회사가 창창하게 앞으로 나아가는 상태를 가리키는 낙관적 시나리오 또는 고점 지지대 upper bookend다.*

---

* "비관적" "낙관적" 시나리오란 상상할 수 있는 가장 극단적인 결과(파산, 누구에게나 잘 듣는 체중 감량 약을 우연히 개발하게 되는 일 등)를 의도한 말이 아니다. 그보다는 현실 세계에서 추정할 수 있는 상당히 부정적이고 또 상당히 긍정적인 상황을 생각하는 편이 옳다.

가령 세계 석유 시장 상황에 근거해 숫자를 대입하고 예측한 뒤 결과를 산출할 때 엑슨모빌ExxonMobil 주가의 지지대는 주당 50달러 (저점)와 100달러(고점)에 놓인다고 하자.

그런데 만일 엑슨모빌의 현재 주가가 90달러라면 펜스톡은 절대 지금 시점에 엑슨모빌에 투자하지 않는다. 90달러는 고점 지지대와 너무 가까워서 주가가 더 올라갈 가능성은 낮고 내려갈 가능성만 크 기 때문이다. 설령 현재 주가가 양쪽 지지대 사이 한가운데(75달러) 있다손 쳐도 펜스톡이 보기에 지금은 너무 위험하다.

"주가가 고점으로 올라갈 잠재력은 크되 현재 주가는 저점에 가 까운 회사를 찾아야 합니다." 펜스톡의 말이다.

펜스톡은 코인스타가 자신이 선호하는 패턴에 딱 들어맞는다고 보고 이 회사의 지지대를 분석해보았다. 먼저 저점 지지대를 설정할 때는 아주 가혹한 시나리오를 생각했다. 경영진이 레드박스 사업을 완전히 접기로 하고, 교체 비용만 받고 무인 대여기와 DVD를 전부 경쟁사에 팔아버리는 상황이다. 펜스톡의 추정에 따르면 이 시나리오에서 저점은 대략 21달러가 적절했다. 이제 고점 지지대에 관해 생각할 차례였다. 계산 결과 운이 좀 따른다면 2년 안에 주당 62달러까지도 가능할 것 같았다.

한편 폭스와 워너브라더스의 발표 이후 코인스타의 실제 주가는 주당 30달러를 향해 서서히 떨어지고 있었다. 이제 펜스톡은 자신이 훌륭한 투자처를 손에 쥔 게 틀림없다고 확신하기 시작했다. 주가가 자신이 염두에 둔 저점 지지대를 향해 하락하고 있었기 때문이다.

그런데 이제 보니 저점을 터무니없이 낮게 잡은 것 같았다! 레드박스가 정리된다는 시나리오에서 회사가 기계만 판다고 생각한 것이 잘못이었다. 계산에는 권리금도 고려해야 했다. 사실 레드박스는 월마트를 비롯한 대부분의 체인형 식료품점에서 가장 좋은 자리를 차지하고 있었다. 경쟁사 입장에서 좋은 입지에 대한 권리를 확보하는 것은 엄청난 전략적 가치가 있을 터다. 무인 대여기 값은 거기 비할 바가 아니었다. 게다가 레드박스가 쌓아온 고객 관계나 브랜드 가치 또한 이 시나리오에는 빠져 있었다.

펜스톡은 이러한 분석을 거쳐 코인스타에 거액을 투자해야 한다고 RS인베스트먼츠의 동료들을 설득했다. RS인베스트먼츠는 코인스타의 주가가 28달러가 되자 곧바로 주식을 사들이기 시작했다. 그의 분석에 따르면 저점까지는 7달러가 더 떨어질 수 있었고, 고점까

PART 5 틀릴 때를 대비하라

지는 34달러가 더 오를 수 있었다.

2009년 11월과 12월, RS인베스트먼츠는 코인스타 주식 약 140만 주를 매입했다. 주당 평균 매입가는 26.7달러였다.

그 후 몇 달 동안 펜스톡은 초조한 마음으로 코인스타의 주가를 지켜보았다. 그리고 마침내 주가가 상승세를 타기 시작했다. 코인스타가 심각한 위험에 처하지 않았음을 투자자들이 점점 더 확신하게 된 것이다. 이제 주가는 30달러 선을 넘어 꾸준히 상승 곡선을 그렸고 2010년 가을 무렵에는 40달러 선을 넘나들고 있었다. 펜스톡은 마냥 신이 났다. 자신의 분석이 맞아떨어진 덕분에 회사가 2500만 달러 이상의 수익을 냈으니까.

그러나 주가가 올라가면서 투자에 대한 매력은 점차 떨어지기 시작했다. 앞서 설정한 고점 지지대가 서서히 가까워지고 있었기 때문이다.

10월 중반 펜스톡은 코인스타 주식이 더는 좋은 투자처가 아니라고 결론짓고 보유한 주식을 전부 매각하도록 제안했다. RS인베스트먼츠는 펜스톡의 조언대로 평균 46.54달러에 코인스타 주식을 전량 매도했다. 10개월 만에 수익률 75퍼센트를 달성한 것이다.

21달러(저점)　　　　　　　　　　　　　　　　62달러(고점)

47달러

지지대 추정법을 통한 펜스톡의 전략은 투자자들에게는 이례적인 방식이다. 그의 말마따나 많은 투자자는 주식의 "진짜 가치"를 구체적으로 예측하려고 애쓴다. 이를 가리켜 "목표가target price"라는 용어를 쓰기도 한다. 투자자들은 목표가보다 현재가가 낮을 때 매입을 결정한다. 펜스톡은 이런 식의 사고를 거부한다. 그는 구체적인 목표가를 계산하다보면 미래에 대한 잘못된 확신이 반영될 수 있다고 생각한다.

그는 이렇게 말한다. "투자자로서 내가 할 일은 미래에 관해 생각하는 거예요. 하지만 미래는 불확실합니다. 그래서 나는 미래에 관한 판단에 사활을 건 투자는 하지 않습니다. 대신 저점 지지대와 고점 지지대를 보고 거기서 말해주는 적절한 상황을 찾습니다. 그러면 미래를 정확하게 알지 못하더라도 현명하게 투자할 수 있으니까요."

그는 이를 "머리 쓰지 않는 투자low-IQ investing"라고 부른다.[1]

미래는 점이 아니라 범위다

위에서 투자 이야기를 한 목적은 은퇴 자금을 펜스톡의 전략대로 투자하란 말을 하기 위해서가 아니다. 개인이 개별주에 직접 투자해서는 대부분 손실을 피하기 어렵다. 무엇보다 그럴 때의 경쟁 상대는 펜스톡처럼 새벽 3시부터 일어나서 온종일 분석에만 매달리는 전문가들 아닌가. 그러나 그런 사람들조차 단순 인덱스펀드를 못 이길 확률이 96퍼센트다(은퇴 자금은 개별주나 뮤추얼펀드보다는 인덱스펀드에 투자하는 편이 훨씬 현명하다고 우리는 강력히 주장한다. 이에 관해서는 '미주'를 참고하라).[2]

우리가 펜스톡의 이야기를 언급한 것은 삶에서 중요한 결정을 내려야 할 때 펜스톡의 접근법을 사용해보라는 의미에서다. 그는 자신의 예측 능력에 관해 겸손한 태도를 보였다. 이 겸손함이야말로 좋은 결정을 내릴 때 꼭 필요한 요소다. 당신 역시 펜스톡처럼 미래를 정확히 알지 못하고도 현명한 선택을 내릴 수 있다면 어떨까?

그러려면 미래에 관한 예측이 "틀릴 때를 대비"해야 한다. WRAP 프로세스의 "P"를 말하는 것이다. 우리는 좋고 나쁜 여러 가능성을 고려하며 미래에 대해 감각을 길러야 한다. 이는 펜스톡의 지지대 추정법에서 제안하는 방식이기도 하다.

펜스톡은 직관대로 지지대 추정법을 만들었지만 이 접근법은 과학적으로 뒷받침된다. 잭 솔Jack Soll과 조슈아 클레이먼Joshua Klayman은 한 실험에서 참가자들에게 여러 질문을 주고 답하게 했다. 가령 참가자들이 받은 질문 중에는 앤젤리나 졸리가 출연한 1990년대 영화들의 평균 흥행 수익 범위를 추정해보라는 것이 있었다. 참가자들은 대략의 수치를 이야기하며 그 안에 실제 수익이 포함될 확률을 80퍼센트로 추정했다(예: 앤젤리나 졸리가 출연한 영화들의 평균 수익은 3000만 달러에서 1억 달러 사이일 것이다. 그 안에 실제 수익이 포함될 확률은 80퍼센트다).

추정이 맞을 확률을 80퍼센트로 확신한다면 틀릴 확률은 20퍼센트여야 한다. 그러나 결국 이것은 과신이었음이 드러났다. 추정치의 61퍼센트가 실제 평균 수익의 범위에서 벗어났기 때문이다.

흥미로운 사실은 범위의 고점과 저점을 명확하게 고려하도록 질문했을 때 사람들이 추정치를 더 정확하게 말했다는 점이다. 클레이먼과 솔에 따르면 사람들은 저점 지지대와 고점 지지대를 분리해 생각할 때 각기 다른 측면을 짚어냈다.*

가령 졸리 영화의 평균 수익에 대한 저점을 추정할 때는 그녀가 상대적으로 무명에 가깝던 1990년대 중반의 출연작들(저예산 독립 영화들)을 고려할 것이다. 또 1억 달러 이상의 고점이 될 만한 이유를 추정할 때는 〈툼 레이더Lara Croft: Tomb Raider〉처럼 평균치를 올려줄 빅 히트작을 떠올릴 것이다. 그런데 졸리가 출연한 1990년대 영화들의 실제 평균 수익은 1300만 달러다(1억 3100만 달러의 흥행 수익을 기록한 〈툼 레이더〉는 2001년에 나온 영화다).

종합하면 실험 참가자들은 저점, 고점 지지대를 고려하지 않고 흥행 수익을 추정할 때는 통계상 최적 모델과 일치율이 45퍼센트 정도에 불과했다. 그러나 저점과 고점을 고려하게 하자 추정 범위와

---

* 예를 들어 연구진은 다음과 같이 2가지로 질문했다. "앤젤리나 졸리가 출연한 영화의 평균 수익은 최대 얼마 정도일까? 단, 실제보다 추정치가 높을 확률은 10퍼센트라고 하자." "최저는 얼마 정도일까? 단 실제보다 추정치가 낮을 확률 역시 10퍼센트라고 하자."

최적 모델의 일치율은 70퍼센트로 올라갔다. 그리고 여기서 필요한 정보를 최대한 더 모아보게 하자(처음에는 알지 못했던 점까지 파악하게 하자) 일치율이 96퍼센트까지 올라가는 결과가 나왔다. 최적 모델에서 겨우 4퍼센트 벗어난 수치였다.[3]

우리는 양극단의 지지대를 고려할 때 가능한 결과에 대한 감각을 키워 현실을 정확하게 인식할 수 있다. 펜스톡을 비롯한 투자자들은 결과를 현실적으로 인식하는 능력을 길러 똑똑한 투자를 해낸다. 그러나 우리에게 결과란 투자의 결론이 아니라 계속해서 살아가야 할 미래다. 그러므로 계획된 양극단 사이에서 어떤 결과가 기다리고 있든 대처할 준비를 해두어야 한다.

저점 지지대와 맞닥뜨릴 때를 대비하려면 일종의 보험이 필요하다. 만일 차를 새로 구입한다면 추돌 사고에 대한 보험액을 올려야 한다. 차가 망가지면 다시 새 차를 살 수 있도록 말이다.(새로 채용한 직원이 형편없을 때를 대비해 조직에서도 "보험"을 들 수 있다면 좋을 텐데!) 고점 지지대와 마주할 때를 대비하려면 뜻밖의 성공에 대한 계획이 필요하다. 부티크 디자이너가 오프라 윈프리에게 옷을 협찬하게 되었다고 상상해보자. 이 디자이너는 갑자기 늘어날 주문을 감당할 만큼 잘 준비되어 있을까?

저점, 고점의 지지대를 설정하고 미래를 바라보면 최상의 결과든 최악의 결과든 미리 내다보고 계획할 수 있다.

하지만 지지대를 설정하지 않으면 스포트라이트는 미래에 관한 "최선의 추측"에만 갇히고 만다. 투자자들이 회사의 주가를 두고 "진짜" 가치를 고민하며 목표가를 계산하려고 하듯이 말이다.

미래

그러나 미래에 대한 추측이 아무리 훌륭하다 한들 과신을 다룬 연구에서 드러나듯 우리는 생각보다 틀릴 때가 많다. 미래는 점이 아니라 범위기 때문이다.

예정적 사후 확신: 미래를 사전 부검하라

더 넓은 범위로 스포트라이트를 옮기는 법, 즉 앞으로 일어날 듯한 상황에 대비하기 위해 고점과 저점의 지지대까지 스포트라이트를 비추는 법은 어떻게 하면 배울 수 있을까? 심리학에는 정확히 이목적을 위한 도구들이 존재한다. 다음 사고 실험thought experiment을 살펴보자.

2024년 11월 미국 대선에서 동양계 미국인이 미국 대통령으로 선출될 가능성은 얼마나 될까?
그렇게 생각하는 이유를 적어보자.

이 시나리오는 J. 에드워드 루소J. Edward Russo와 폴 J. 슈메이커Paul J. Schoemaker가 의사결정을 주제로 진행한 사고 실험의 제시문을 수정한 것이다.

이제 두 번째 사고 실험으로 넘어가보자. 비슷하지만 약간 변형된 부분이 있다. 이 시나리오는 "느낌"이 어떻게 다른지 주목해보자.

2024년 11월 현재 조금 전 최초로 동양계 미국인이 미국 대통령으로 선출되는 역사적인 사건이 일어났다.
이런 일이 일어난 이유를 전부 생각해보자.

루소와 슈메이커에 따르면 사람은 두 번째 방식으로 사고할 때, 다시 말해 "예정적 사후 확신prospective hindsight"을 통해 미래의 특정 시점을 과거로 상정할 때 사건이 일어난 이유를 더 잘 설명할 수 있다. 당신도 경험해보았을지 모른다. 두 번째 시나리오는 더 확실한 느낌이 든다. 인식의 기반이 더 확고하기 때문이다.

두 사람이 예정적 사후 확신을 주제로 본래 진행한 사고 실험에서는 새 직장에서 막 일을 시작한 직원에 관한 설명이 제시되어 있었다. 제시문에는 관련된 회사와 산업에 관한 간략한 설명도 포함되었다. 참가자 중 절반은 이 직원이 지금부터 6개월 뒤에 직장을 그만둘 타당한 이유를 만들어내라는 요청을 받았다. 그 결과 이들은 평균 3.5개의 이유를 내놓았다.

나머지 절반에게는 예정적 사후 확신 방식을 사용하게 했다. 질문은 다음과 같았다. "지금부터 6개월이 지난 시점에 직원이 일을 그만두었다고 하자. 이유는 무엇이었을까?" 이 그룹의 참가자들은 다른 그룹보다 25퍼센트 높은 평균 4.4개의 이유를 만들어냈다. 게다가 이들이 말한 이유는 훨씬 더 구체적이었고, 시나리오와 연관성이 더 높았다. 예정적 사후 확신은 더욱더 풍부한 사고를 자극한다. 현재와 미래 특정 시점 사이의 공백을 메꾸도록 상황을 유도한 덕분이다(일어날 것이 확실치 않은 사건을 두고 추측을 유도하는 어려운 프로세스와는 다르다).[4]

심리학자 게리 클레인Gary Klein은 이 연구에서 착안해 결정 점검 도구를 고안하고 "사전 부검premortem"이라는 이름을 붙였다.[5] 알다시피 사망 시점 이후에 원인을 찾으려는 시도를 "사후 부검postmortem"이라고 한다. 반면 사전 부검에서는 한 프로젝트가 미래에 "사망" 선고를 받는다고 가정하고 원인을 파악한다.

팀에서 사전 부검을 시도할 때는 먼저 암울한 미래를 가정한다. "지금부터 12개월이 지났다고 합시다. 우리 프로젝트는 완전히 실패했어요. 눈앞에서 다 날아가버렸죠. 왜 이런 일이 일어났을까요?" 팀원들은 몇 분 정도 시간을 내서 프로젝트 실패의 원인이 될 수 있다고 생각하는 것들을 전부 적는다. 그런 뒤 리더가 팀원들에게 각자 돌아가면서 1가지씩 이유를 말해보라고 한다. 각자 적은 이유를 전부 말할 때까지 계속한다. 위협이 될 만한 사항이 모두 겉으로 드러나면 팀에서는 부정적인 시나리오에서 말하는 상황을 최대한 막기 위해 계획을 조정함으로써 "틀릴 때를 대비"할 수 있다.

결국 사전 부검은 미래에 맞닥뜨릴 만한 저점 지지대를 예상하고 그 지점이 끝이 되지 않도록 방법을 구상하는 것이라 할 수 있다.

FMEA 기법: 최악의 실패에 대비하라

만년 노숙인 10만 명에게 집을 마련해주고자 했던 "10만 명에게 집을 캠페인100,000 Homes Campaign"에서는 사전 부검 전략을 변형해 활용했다. 전례 없는 규모의 이 캠페인을 주최한 곳은 몇십 명 정도의 활동가를 보유한 작은 단체 커뮤니티솔루션스Community Solutions였다. 이 단체의 리더 베키 케이니스Becky Kanis는 미국 육군사관학교를 졸업하고 9년 동안 장교로 근무한 여성으로 활동가의 열정과 군인의 기강을 겸비한 사람이었다.

케이니스와 동료들은 캠페인을 계획하면서 여러 전문가에게 조언을 구했는데(비슷한 문제를 해결해본 사람을 찾았다!) 그중 한 사람이 바로 크리스티나 건서-머피Christina Gunther-Murphy였다. 건서-머피는 의료 관행을 바꾸어 10만 명의 생명을 구하자는 주장으로 의료 분야에서 비슷한 캠페인을 벌인 경험이 있었다.

건서-머피는 커뮤니티솔루션스에 FMEA라는 기법을 소개했다. "실패 양상과 영향 분석failure mode and effect analysis"의 줄임말인 FMEA는 사전 부검 방식이 나오기 전부터 이미 몇십 년 동안 군대와 정부에서 써온 방법이었다.

FMEA 기법에서는 팀원들이 각 계획의 단계에서 일어날 법한 여러 가지 실패 양상을 파악한 뒤 각각의 잠재 위험에 대해 2가지 질문을 던진다. "이 일이 일어날 확률은 얼마나 될까?" "그에 따른 결과는 어느 정도로 심각할까?" 각 질문에 1~10점 사이로 답한 뒤 두 숫자를 곱하면 총점이 나온다. 그런 뒤 총점이 가장 높은 항목, 즉 잠재 실패로서 가장 심각한 위험을 초래할 항목에 가장 크게 주의를 기울인다.*

2010년 봄 "10만 명에게 집을 캠페인" 팀은 한자리에 모여 FMEA를 시도했다. 그 결과 장애가 될 수 있는 여러 문제가 드러났다. 그중 가장 큰 문제는 공정주택법Fair Housing Act과 관련이 있었다. 만일 이 캠페인이 공정주택법에 위배된다면 그때는 어떻게 할 것인가?(공정주택법은 주택을 구입하거나 빌리려는 사람을 피부색, 종교, 성별, 출신국 등을 이유로 부당하게 대우하지 못하도록 하는 법이다-옮긴이)

회의에서 베스 샌더Beth Sandor라는 직원은 LA에서 곤란한 상황이 있었다고 말했다. 한 건물에 보조금 수급자가 들어갈 수 있는 방이 나왔는데 건물 주인인 개발업자가 노숙인에게는 혜택을 주지 않으려 했다. 주인은 방이 비기를 기다리는 사람들이 있는데 순서를 무시하고 노숙인을 들이는 것은 불법 차별 행위라며, 그것 때문에 자신이 연방 정부의 보조금을 받지 못하게 될 것을 우려했다.

샌더는 노숙인이야말로 가장 먼저 집을 배정받아야 마땅하다며 개발업자의 말을 반박했다. 한시라도 빨리 묵을 곳이 마련되지 않으면 노숙인은 목숨이 위험해지기 때문이었다("10만 명에게 집을 캠페인"에서는 집이 없으면 안 될 가장 취약한 노숙인들을 우선시한다). 샌더는 말했다. "이것 좀 보세요. 대기자 명단에 있는 사람들은 전부 주소가 있어요. 적어도 주소를 두고 5년 동안 집을 기다렸다면 심각하게 어려운 처지라고 할 수는 없다고요."

샌더가 이 일을 언급하자 다른 사람들 역시 기다렸다는 듯 비슷

---

* 이것은 커뮤니티솔루션스가 FMEA를 적용한 방법이다. 이 외에 세 번째 질문 "우리가 이 문제를 알아차리지 못할 가능성은 얼마나 될까?"를 추가하는 경우가 있다. 이때는 3가지 질문에 대한 점수를 곱해 총점을 구한다.

한 이야기를 털어놓았다. 그 뒤 이어진 FMEA에서 공급 문제는 가장 위협적인 잠재 요소로 드러났다. 집주인들이 빨리 마음을 바꾸어 노숙인들을 들이지 않으면 이 캠페인은 몹시 어려워질 터였다. 팀은 문제를 예방할 방법을 찾으며 머리를 맞대고 고민을 시작했다.

그러던 중 팀의 한 여직원이 공정주택법 분야에서 전국적으로 이름난 변호사를 안다고 했다. 다들 그 변호사의 의견을 들어보자고 했다. 변호사는 사안을 파악하기까지는 시간이 걸릴 거라며, 자신의 의견이 과연 캠페인에 도움이 될지 모르겠다고 했다. 그러나 팀은 그대로 진행을 부탁했다. 위법 요소가 있다면 어쨌든 빨리 알아야 했기 때문이다.

몇 달 뒤 변호사는 "10만 명에게 집을 캠페인"이 공정주택법에 위배되지 않는다는 소식을 전하며 이 점을 뒷받침하는 확실한 자료를 들고 돌아왔다. 캠페인 팀은 변호사의 도움으로 공정주택법에 관한 우려에서 완전히 벗어났다. 샌더는 말했다. "이제 이 문제는 더 걱정할 필요가 없었어요. 덕분에 '10만 명에게 집을 캠페인'은 계속되었고요."

팀은 사전 부검에 힘입어 캠페인에 위협이 될 만한 요소를 표면화해 제거할 수 있었다. 그리고 그렇게 한 덕에 법적인 문제에 대한 걱정은 완전히 덜고 대신 미국에서 가장 취약한 사람들에게 안식처를 찾아주는 데 집중할 힘이 생겼다.

마이런Myron은 이 캠페인을 통해 집을 얻은 사람이다. 퇴역 군인으로 피닉스의 거리에서 생활하던 마이런은 형 하워드Howard와 함께 30년간 노숙 생활을 했다. 그러던 중 2009년 7월 잔인한 더위가 기승을 부리던 어느 밤 형 하워드가 마이런의 품에서 숨을 거두었다.

마이런은 구조대가 도착할 때까지 공원 벤치에서 형을 끌어안고 울고 있었다.

"형이 죽은 뒤로 마이런은 세상에 대한 관심을 끊어버렸어요." "10만 명에게 집을 캠페인"과 연계해 지역에서 활동을 펼치던 "프로젝트 H3"의 리더 매티 로드Mattie Lord의 말이다. 로드와 동료들은 피닉스의 노숙 인구를 조사하던 중 마이런을 만났다. 그들은 마이런을 그 구역에서 가장 취약한 15명 중 1명으로 분류했다. 당시 로드는 이렇게 말했다. "이 사람한테 반드시 집을 구해줍시다. 무슨 일이 있어도!"

마이런이 노숙 생활에서 벗어날 수 있다고 하자 지역의 다른 복지 단체들은 코웃음을 쳤다. 마이런은 무뚝뚝한 데다 성미가 고약했으며 우울증과 알코올 중독까지 있었다. 그리고 공무원을 싫어했다. 그러나 석 달 뒤 로드의 팀은 마이런이 들어갈 집을 마련했다. 마이런은 집 열쇠를 건네받고 믿지 못하겠다는 얼굴이었다. 30년 만에 처음으로 집을 갖게 된 순간이었다.

입주하던 날은 정말 감동적이었다. "10만 명에게 집을 캠페인" 활동가들은 마이런이 가장 좋아하는 음식인 스파게티를 만들고, 입주를 축하하는 의미에서 마이런과 형 하워드의 사진을 액자에 넣어 선물했다. 마이런은 사진을 보고 눈물을 흘리더니 곧장 침실로 가서 침대 곁에 액자를 놓아두었다.

집이 생기자 마이런은 다른 사람이 되었다. 이제 그는 살아남는 데 온 힘을 집중할 필요가 없었다. 가족과 다시 연락이 닿아서 몇 년 동안이나 보지 못했던 누나를 만나러 가기도 했다. "전에 마이런을 알던 사람들은 도저히 믿지 못해요. 그는 지금 행복합니다." 로드의 말이다.

2010년 겨울 마이런은 건강이 악화되어 주에서 운영하는 참전 용사 대상 복지 시설로 거처를 옮겼다. 그 뒤 그는 완치된 건 아니지만 많이 나아진 상태다. 로드는 마이런을 "마당발"이라고 부른다. 주변 사람들의 가족과 친인척까지 모르는 사람이 없어서다. 마이런은 지금도 매주 가족들과 연락을 주고받는다.

로드는 마이런이 새 삶을 얻고 살아가는 모습을 보며 특히 자부심을 느낀다. "다들 마이런을 보면 '이 사람은 안 돼'라고 생각했어요. 우린 그게 틀렸다는 걸 증명했죠."

이제 미국 전역에서 마이런 같은 사람들이 새집과 새 생활을 선물받고 있다. 2012년 여름까지 "10만 명에게 집을 캠페인" 참여 단체를 통해 집을 얻은 노숙인은 총 2만 명에 달했다.

몇 달 전 집을 얻은 노숙인의 숫자가 1만 명을 기록해 팀이 이 일을 축하할 무렵 케이니스(육군사관학교를 졸업한 이 캠페인의 리더)는 팔에 이 숫자를 문신으로 남겼다. 그런데 구분 쉼표는 일부러 틀리게 했다. "100,00"으로 말이다.

케이니스는 팀원들에게 말했다. "여러분에게 나의 완전한 믿음과 신뢰를 보여주고 싶어요. 10만 명의 사람이 길거리에서 벗어나 집을 갖도록 우리가 함께 힘을 보태줍시다!" 그녀는 목표를 달성하는 날 마지막 "0"을 문신에 추가해 "100,000"이라는 숫자를 완성하겠다고 했다.[6]

사전 퍼레이드: 뜻밖의 성공에 대비하라

FMEA와 그 자매 격인 사전 부검을 활용하면 미래를 1가지로만 못 박아(보통은 낙관적으로) 생각하려는 데서 벗어날 수 있다. 그리고 그런 생각을 둘러싼 불확실한 측면들을 어쩔 수 없이 집중해서 살펴볼 수 있다. 이러한 노력을 통해 모든 가능성을 탐색하고 일어날 법한 최악의 시나리오에 대비하면 과신에서 비롯되는 문제를 철저히 막아낼 수 있다.

사람의 판단은 여러 가지 면에서 틀릴 수 있다. 우리는 맞닥뜨릴 만한 문제를 미처 고려하지 못해 실수를 저지를 수 있다. 사전 부검은 그래서 필요한 전략이다. 그런데 예상 밖으로 결과가 "좋을 때" 역시 실수를 저지를 수 있다. 그러므로 미래에 대한 지지대를 설정할 때는 비관적인 전망만이 아니라 낙관적인 전망까지 고려하는 것이 중요하다.

이런 의미에서 사전 부검과 더불어 필요한 것이 "사전 퍼레이드 preparade"다. 사전 퍼레이드는 성공을 가늠하게 하는 도구다. 가령 이렇게 생각해보면 된다. "지금부터 1년 후 이 결정이 어마어마한 성공으로 이어졌다고 하자. 결과가 워낙 출중할 테니 축하하는 의미에서 퍼레이드를 할 예정이다. 이런 미래가 기다리고 있다면 어떤 측면을 확실히 준비해야 할까?"

1977년 작은 혁신 기업 미네통카Minnetonka는 이른바 대박을 터뜨릴 듯한 제품을 손에 쥐고 있었다. 미네통카는 거품 입욕제, 향초, 다양한 맛이 나는 립밤 같은 참신한 제품을 통해 틈새시장을 공략하기로 유명한 회사였다. 그러나 이번 제품은 그것들과는 비교할 수 없을 만큼 잠재력이 컸다. "소프트소프Softsoap"로 이름한 이 액체비누는 플라스틱 펌핑 용기에 들어 있었다. 눌러서 나오는 만큼만 사용할 수 있으므로 애초에 염두에 두었듯 가정용 손 세정제로 적격이었다.

당시에 사람들은 대부분 고체비누로 손을 씻었다. 고체비누 시장은 다이알, 아이보리, 제스트 같은 중견 브랜드가 대부분 장악하고 있었고, 셋을 제외한 나머지 회사들은 남은 영역을 놓고 엎치락뒤치락 점유율 싸움을 벌였다. 그러나 고체비누 제조사들이 눈치채지 못하게 소규모 시장을 대상으로 시험한 결과 소프트소프는 단숨에 4~9퍼센트의 시장 점유율을 확보했다.

여러 시장에서 비슷한 방식으로 우칭을 시도해 성공을 거두자 미네통카 경영진은 언제든 시장에 뛰어들 준비가 되어 있었다. 국민비누의 탄생이 눈앞에 다가온 순간이었다.

그런데 준비는 그것으로 끝이었을까? 립밤과 거품 입욕제를 비롯해 미네통카가 이전에 만든 제품들은 이번만큼 판도를 뒤흔들 잠재력을 보인 적이 없었다. 경영진은 어쩌면 그런 어마어마한 성공이 기다리고 있을지 모른다고 생각하며 대비책을 논의하기 시작했다.

가장 중요하게 고려할 문제는 공급망(원재료 조달에서부터 완제품 최종 소비에 이르기까지 재화와 서비스 및 정보의 흐름이 이루어지는 연결망-옮긴이)이었다. 만일 일부 지역을 대상으로 시험했을 때만큼의 반응이 미국 전역에서 일어난다면 미네통카는 수백만 병의 소프트소프를 생산해야 했다. 그러나 액체비누용 플라스틱 펌핑 용기를 공급할 수 있는 회사는 두 군데뿐이었다. 수요만큼 펌핑 용기를 확보하지 못한다면 어떻게 될까?

경영진은 이토록 바라는 일이 일어날 때를 대비해 대담한 행보를 결정했다. 두 공급 업체와 최대 1억 개 용기를 생산하기로 계약을 맺은 것이다. 이로써 미네통카는 18~24개월 동안 업체에서 생산하는 플라스틱 용기 전량을 독점 공급받기로 했다.

미네통카 경영진은 사전 퍼레이드를 활용해 성공을 감당할 힘을 확보했다. 이들이 용기 공급과 관련해 영리한 계약을 맺은 덕분에 그 어느 대형 비누 회사도 2년 동안은 시장을 넘볼 수 없었고, 그 회사들이 마침내 시장에 진입할 무렵 소프트소프는 이미 공고한 위치에 올라 있었다. 그 뒤로 소프트소프의 막강한 입지는 수십 년 동안 흔들리지 않았다.[7]

안전 계수: 알 수 없는 상황에 대비하라

사전 부검과 사전 퍼레이드는 합리적으로 예견할 수 있는 문제와 기회를 다룰 때 가장 효과적이다. 그런가 하면 알 수 없는 측면에 대비하고자 할 때 유용한 기법도 있다. 사실 이 기법은 놀라울 만큼 간단하다. 자신이 지나치게 자신만만하다고 가정하고 오차 범위를 넉넉히 잡기만 하면 되기 때문이다.

가령 많은 엔지니어는 프로젝트에 "안전 계수safety factor"를 설정한다. 안전 계수가 탄생한 것은 엔지니어의 건강한 편집증 덕분이었다. 그들은 자신의 계산이 사람들의 생사를 가를 수 있음을 알고 다음과 같은 계산이 필요할 때 신중하게 접근한다. "댐을 지탱하려면 콘크리트가 얼마나 많이 필요할까?" "비행기 날개의 재료는 얼마나 단단해야 할까?"

엔지니어는 매우 정교한 도구를 사용해 적절한 수준까지 수치를 계산할 수 있다. 그러나 이것은 완벽하게 확신할 수 있는 결과물이 아니다. 변수 하나가 전혀 예상치 못한 방향으로 달라질 수 있기 때문이다.

다소 극단적인 사례지만 비행기 조종사가 운항 중에 캐나다 거위 떼를 만났다고 해보자. 엔진 2개가 완전히 망가지는 바람에 강 위에 비상 착륙을 해야만 한다. 이런 일이 생기면 비행기 날개에 예기치 못하게 어마어마한 부하가 걸린다.(이 "극단적인" 일은 실화였다. 2009년 첼시 '설리' 설렌버거Chesley "Sully" Sullenberger 기장은 이런 상황에서 허드슨강에 무사히 비행기를 착륙시켰다. 놀랍게 단 1명의 사망자도 발생하지 않았던 것은 설렌버거 기장의 노련미와 엔지니어들의 안전 계수가 한몫한 결과였다!)[8]

일상에서 더 쉽게 눈에 띄는 예도 있다. 엔지니어들은 사다리를 설계할 때 400파운드(약 180킬로그램)의 하중을 지탱하도록 계산한 뒤 여기에 안전 계수를 곱한다. 가령 이때 안전 계수가 6이라고 하면 이렇게 해서 만든 사다리는 2400파운드(약 1090킬로그램)의 하중을 견딜 수 있다. 그렇다면 8명의 거구가 어느 날 함께 사다리를 오르더라도(대체 왜?) 문제가 일어날 일은 없을 것이다. 사다리가 부서져 다치는 사람도, 소송당하는 사람도 생기지 않을 것이기 때문이다.

안전 계수는 분야에 따라 다르다. 우주왕복선 지상 지원 장비의 안전 계수는 4, 엘리베이터 캐이블의 안전 계수는 11이다.(다음에 만원 엘리베이터를 타고 불안한 마음에 같이 탄 사람들의 몸무게를 자꾸만 더 해보게 된다면, 괜찮으니 안심해도 된다!)[9]

여기서 주목할 것은 이 과정에서 과학적 정확성과 엉성한 추정이 묘하게 결합한다는 점이다. 엔지니어들은 엘리베이터 케이블에 필요한 강도를 계산할 때 매우 정교한 알고리즘과 도구를 사용한다. 그런데 이렇게 해서 과학에서 나올 수 있는 최선의 답을 찾은 뒤에는 반쯤 임의적이라고 할 수 있는 "11"을 이 답에 곱한다. 3학년 아이가 수학 익힘책 문제를 푸는 것과 다를 바가 없다.

그러나 이 엉성한 방법이 사람을 살린다. 그리고 무엇보다 여기에는 존경스러울 만큼 겸손한 태도가 드러난다. "우리 엔지니어들은 지나치게 자신만만해하는 경향이 있어요. 그런데 과신에 대한 면역력을 갖추는 건 불가능하죠. 그러니 그때그때 바로잡을 대책을 마련하는 수밖에요."

이만큼 위험하지 않은 상황에서도 같은 원리가 적용된다. 소프트웨어 회사들은 프로젝트를 제때 마무리하기 위해 나름의 안전 계수를 만들고 다듬어왔다.

마이크로소프트의 개발자들은 자신들의 프로그래밍 실력에 대해 자부심이 대단하다. 그리고 그런 이유로 목표 달성에 필요한 시간을 지나치게 낮게 잡는다. 소프트웨어 프로젝트의 리더들은 개발자들의 과신을 인지하고 일정의 30퍼센트에 해당하는 날짜를 "완충 계수buffer factor"로 잡은 뒤 그만큼을 일정에 추가한다. 운영체제 구축 등 더 복잡한 프로젝트가 있을 때는 완충 계수가 원래 일정의 50퍼센트에 달하기도 한다(그러나 과거에는 이럴 때 훨씬 더 시간이 지연되곤 했음을 감안하면 완충 계수에 따른 완충 계수를 한 번 더 계산하는 편이 옳을지 모른다).[10]

현실 미리보기: 백신 효과를 활용하라

과신을 바로잡고자 하는 이러한 노력은 공통으로 자아를 점검하며 "풍선 터뜨리기balloon-bursting" 효과를 낸다는 것을 기억하자. 우리는 사전 부검을 통해 다음과 같이 질문한다. "소중한 프로젝트가 실패작이 되었다고 하자. 이유가 뭘까?" 또한 낙관적인 태도를 신뢰하지 않는 법을 배운 덕에 일정에 완충 계수를 더한다. 이런 식으로 자아를 점검하는 것은 유익하다. 이런 과정을 통해 나에게 유리한 방향으로 판을 짤 수 있기 때문이다.

그러나 우리는 아무 생각 없이 정반대로 할 때가 많다. 예컨대 직원 채용 과정을 생각해보자. 이때 사람들은 무조건 서로 긍정적인 모습을 보이며 자아를 부풀리곤 한다. 지원자는 자신의 재능을, 채용자는 업무를 멋지게 포장해서 보여준다. 데이트할 때와 비슷하다. 감추고 싶은 모습을 보여주려면 훨씬 더 많은 시간이 필요하다. 그런데 이렇게 꾸며낸 모습을 부각하는 탓에 지원자나 채용자나 각자 내리려는 선택에 관해 제대로 된 그림을 보기가 어렵다. "내가 이 일을 견딜 수 있을까?" "우리가 이 사람을 견딜 수 있을까?"라는 질문에 대해 옳은 답은 찾지 못하고 만다.

직원을 잘못 뽑거나 직장을 잘못 찾은 대가는 매우 크다. 콜센터나 식당의 고객 응대 업무 같은 단순직의 경우 연간 이직률이 130퍼센트까지 치솟는 경우는 비일비재하다. 만일 콜센터 직원이 100명이라면 인사 담당 부서에서는 인력을 유지하기 위해 매년 130명을 고용해야 한다는 뜻이다. 이렇게 끊임없이 사람이 들고 나는 것은 회사에 어마어마한 낭비다. 몇 주 안에 그만두고 말 사람을 계속 다시

뽑고 훈련하는 셈이니까. 결국은 버티지 못할 환경을 버티며 불필요한 괴로움을 겪어야 하는 직원 역시 딱하기는 매한가지다.

일부 회사들은 이런 난관에 대비하는 의미에서 이른바 "풍선 터뜨리기"라고 하는 새로운 고용 방식을 시도하고 있다. 2011년 만들어진 한 웹사이트는 콜센터 지원자들을 위한 채용 창구다. 지원자들은 이 웹사이트에서 콜센터 업무에서 주의하고 조심해야 할 사항을 먼저 확인한다. 가령 내용은 다음과 같다. "콜센터에서는 불만에 가득 차 요구 사항을 늘어놓는 고객들과 매일 이야기를 나누어야 합니다. 그런데도 우리는 고객에게 최상의 서비스를 제공하며 스트레스를 받더라도 친절한 모습을 보여야 하죠."

보수에 관해서는 정신이 번쩍 드는 문구가 대기하고 있다. "당신은 고객과 통화에 들인 시간만큼만 급여를 받게 됩니다." 이 부분이 지나가면 이제 실제 통화에서 따온 "고객 응대 예시"라는 제목의 오디오 클립을 들을 차례다.

> 콜센터 직원: 안녕하십니까 고객님, 저는 호세Jose라고 합니다. 성함을
>　　　　　　　말씀해주세요.
> 고객: 네, ○○○라고 하는데요,
> 호세: 고맙습니다, 고객님. 무엇을 도와드릴까요?
> 고객: 전에도 그랬는데요, 요금이 잘못 청구된 것 같아요. 요금이 너무
>　　　　많이 나왔다고요. 데이터는 쓰지도 않았거든요. 내 청구서 내역
>　　　　좀 열어볼래요?
> 호세: 네 알겠습니다, 고객님.
> 고객: 사용 내역에 보면 "데이터: 1.1달러"라고 되어 있죠? 전에도 두어

번 데이터 요금이 나왔어요. 그럴 때마다 이렇게 전화를 해서 데이터는 안 쓴다고 말을 해야 합니까? 내 핸드폰에서는 데이터 못써요. 다 막아놓았다고요! 이런 식으로 자꾸 끼워 넣기 할 거예요? 1.1달러쯤은 전화 안 하고 말 거라서? 다른 사람들한테도 다 이럽니까? 이건 범죄예요! 아주 못돼 먹은 범죄라고요![점점 더 높아가는 목소리] 1.1달러 빨리 지워요! 한 번만 더 데이터 요금 청구했다가는 당신들 각오하라고!!!

격분한 고객의 음성을 듣고 나면 이제 지원자는 다음과 같은 질문을 받는다. "이렇게 불만에 가득 차 날뛰는 무례한 고객을 응대하며 당신은 하루하루를 버틸 수 있겠습니까?"

다음 페이지에서는 까다로운 IT 시스템에 대한 경고가 등장한다. 그 외에 직원은 무슨 일이 있든 "정시"에 출근해야 하고, 다른 교대조 직원과 책상을 공유하는 불편을 감수해야 한다(책상에 사진을 놓거나 다른 방법으로 업무 공간을 어지럽힐 수 없다는 뜻)는 내용이 낱낱이 적혀 있다. 또한 버스가 다니지 않는 시간에 일할 때가 많으므로 대중교통이 아닌 안정된 출퇴근 방법을 찾아야 한단다.

이 채용 사이트는 여느 채용 절차보다 훨씬 더 암울하기 짝이 없는 그림을 보여준다. 마치 첫 번째 데이트를 이런 말로 시작하는 것과 다르지 않다. "단도직입적으로 말하는데 난 빈털터리에다 우울증이 있어요. 내 뱃살을 보면 알겠지만 앞으로 당뇨에 걸릴 수 있어요. 게다가 소화가 되고 안 되고에 따라 갓난아기처럼 기분이 오락가락해요. 이제 저녁이나 먹을까요?"

콜센터를 "있는 그대로" 보여주는 이런 채용 방식을 가리켜 우리는 "현실 미리보기realistic job preview"라고 부른다. 앞선 예시의 현실 미리보기 방식을 만든 이볼브Evolv의 CEO 맥스 심코프Max Simkoff는 많은 채용 전문가들이 기대치 설정의 힘을 이해하지 못한다고 말한다. 그는 전형적인 콜센터의 상황을 이렇게 말한다. "어떤 자리는 1년에 서너 번씩 사람이 바뀝니다. 그러면 콜센터 내부에서는 곧바로 이런 반응이 나와요. '사람을 잘못 뽑아서 그래요. 역량 모델을 다시 살펴봐야겠어요.' 그러면 우리는 이렇게 말합니다. '아니요, 여러분이 잘못하신 겁니다. 고용할 사람한테 업무 현실을 제대로 설명해주지 않아서 생긴 일이에요.'"

많은 연구에 따르면 현실 미리보기는 이직률을 줄이는 효과가 있었다. 이볼브의 실제 사례 연구를 들어 설명한 심코프에 따르면 한 해에 약 5400명을 고용하던 한 콜센터가 현실 미리보기를 적용하자 그 후 1년 동안 신규 채용이 10퍼센트 이상 감소했다고 한다. 구체적으로 고용 인원은 전해보다 572명 줄었고 이로써 총 16억 달러가량 예산 절감 효과가 나타났다.[11]

이 아이디어는 여러 다른 직군에서도 시도되었다. 식품 판촉 사원, 세관 검사원, 간호사, 육군과 해군, 생명 보험 설계사, 은행 창구 직원, 호텔 접수계 직원 등이 그 예다. 진 필립스Jean Phillips는 현실 미리보기를 다룬 40개 논문을 분석한 뒤 콜센터와 마찬가지로 이 채용 방식을 도입하자 이직률이 꾸준히 감소했음을 밝혀냈다. 그러나 이유는 다소 의외인 면이 있다.

현실 미리보기가 해당 업무를 감당할 수 없는 사람들을 쫓아버렸기 때문이라고들 생각할지 모른다. 어느 정도는 사실이겠지만 이는 상대적으로 미미한 요인에 지나지 않는다. 사실 필립스가 검토한 일부 논문에 따르면 현실 미리보기를 한 사람들이 현실을 있는 그대로 보지 못한 사람들보다 채용 과정에서 탈락하는 확률이 더 낮지는 않았다.

대신에 현실 미리보기는 필립스가 말한 "백신 효과_vaccination effect" 때문에 성공을 거두는 것으로 보인다. 업무 시작 전에 "조직의 현실을 아주 조금" 맛보는 것은 충격과 실망을 이기는 백신을 맞는 것과 같다. 이런 과정을 거쳐 고객 서비스 업무를 시작한 직원은 콜센터에서 잔뜩 화가 난 사람과 전화 통화를 하게 되더라도 놀라지 않는다. 이런 상황이 일어날 것을 예상했기 때문이다.[12]

이는 자칫 이상하게만 보였을 한 가지 상황에 대한 확실한 설명이 된다. 신기하게 현실 미리보기는 "직원이 채용된 뒤" 사용하더라도 이직률을 줄이는 효과를 냈다. 이 방법은 조직에 어울리지 않는 사람을 채용 절차에서 거르는 데만이 아니라, 누구든 업무 중 피할 수 없는 어려움과 맞닥뜨릴 때 상황을 더 잘 이겨내게 하는 데도 도움이 되었다. 사실 현실 미리보기는 이직률을 줄일 뿐 아니라 직업 만족도를 높이기까지 한다.*

관리자는 조직에 새로 채용된 사람이 "백신 효과"의 혜택을 받을 수 있도록 현실 미리보기를 이용할 수 있다. 물론 결정을 내린 뒤 마음을 준비하는 차원에서 스스로 사용해봐도 좋다. 가령 제품 출시

---

* 한편 현실 미리보기는 이런 이유로 WRAP 프로세스의 P, "틀릴 때 대비하기"에 들어맞는 방편이라고 할 수 있다. 본래 이 방식은 선택지 중 하나를 결정하는 과정을 돕기 위해 만들어진 도구가 아니다. 앞서 언급했듯이 필립스가 알아낸 대로 현실 미리보기를 한 지원자들은 섣부를 리 결정을 바꾸거나 물러나지 않았다. "자신이 원하는 일"이라는 생각을 바탕으로 결정을 내렸기 때문이다. 그런가 하면 현실 미리보기는 백신 효과를 통해 결정이 성공으로 이어질 확률을 높였다. 오랫동안 만족스럽게 일할 가능성을 키운 셈이다.

날짜가 3개월 앞으로 다가왔다면 비슷한 프로젝트를 앞서 진행해본 사람에게서 출시 기간의 어려움을 미리 들어보며 힘을 얻을 수 있다. 다른 영역 역시 마찬가지다. 모든 대학 신입생이 대학에서 겪는 가장 어려운 순간들에 관해 선배들에게 미리 이야기를 듣는다면 지금처럼 중도에 학업을 포기하는 학생이 많지는 않을 것이다.

멘탈 시뮬레이션: 상황이 뜻대로 흘러가지 않을 때 대처법

현실 미리보기는 대응 기제를 작동시키는 동시에 앞으로의 대처 방식을 생각하도록 유도한다. 다시 말해 현실을 미리 알아두면 어려운 상황만이 아니라 그런 상황과 맞닥뜨릴 때 대처할 방법까지 생각할 수 있다.

인지행동치료를 전문으로 하는 심리상담사들은 이와 비슷한 "멘탈 시뮬레이션mental simulation"이라는 방법을 사용한다. 인지행동치료에서는 대인관계 상황의 어려움에 대처하는 법을 머릿속으로 미리 연습하라고 강조한다. 심리상담사 매슈 매케이Mathew McKay, 마사 데이비스Martha Davis, 패트릭 패닝Patrick Fanning의 공저《생각과 감정: 당신의 기분과 삶 통제하기Thoughts and Feelings: Taking Control of Your Moods and Your Life》에는 상사에게 임금 인상을 요청하고 싶지만 겁이 났던 샌드라Sandra의 이야기가 나온다. 샌드라는 자신이 원하는 행동을 그대로 담아 시나리오를 쓰고 상황이 뜻대로 흘러가지 않으면 어떻게 대처할지 가늠해보았다.

샌드라가 생각한 시나리오는 상사에게 가서 임금 인상에 관해 이야기하고 싶으니 15분 정도 시간을 내달라고 말하는 것으로 시작되었다. 상사는 대답을 얼버무리지만, 샌드라는 마음속으로 "포기하면 안 돼!"라고 외치며 결국 정확한 면담 시간을 받아낸다.

다가온 면담 시간. 샌드라는 상사의 방으로 들어가 손님에게 권하는 파란색 의자에 앉는다. 가벼운 얘기로 말문을 열지만 원하는 쪽(10퍼센트 임금 인상)으로 대화를 돌려야 한다! 샌드라는 지금껏 자신이 제법 좋은 성과를 냈는데 오랫동안 연봉은 제자리걸음이었다고 설명한다.

샌드라가 쓴 시나리오 일부를 소개한다.

- 상사가 마뜩잖은 얼굴로 부서의 실적이 좋지 않으니 다 같이 허리띠를 졸라매야 한다고 말한다.
- 나는 생각한다. "그래도 난 더 받을 자격이 있어. 포기하면 안 돼!"
- 새 사람을 뽑아서 내가 하던 일을 훈련하는 것보다는 내 급여를 올려주는 편이 비용 면에서 더 효율적이라고 말한다.
- 상사는 여전히 부정적으로 말한다.
- 심호흡을 한 번 한다. 꿋꿋하고 차분해야 한다는 걸 되새긴다. 난 더 받을 자격이 있다는 점도 잊지 않는다.
- 합당한 수준의 임금을 받지 못하면 이제부터는 다른 회사를 알아보겠다고 말한다.
- 상사가 5퍼센트 인상을 제시한다.
- 내 요구 사항은 그래도 변하지 않는다. 나 스스로에게 그리고 상사에게 나는 유능하고 숙련된 인력임을 재차 강조한다.
- 상사는 내가 마음을 바꾸지 않을 것을 알고 결국 내 말에 동의한다.

- 상사한테 고맙다고 말하고 임금 인상 시점을 정확하게 알려달라고 한다. 가벼운 마음으로 상사의 방을 나온다.

샌드라는 협상이 무산될 법한 여러 상황에 관해 대책을 마련하고 있음에 주목하자. 그녀는 상사가 임금 인상 요청을 듣고 "마뜩잖은" 얼굴을 하리라는 걸 예상했다. 그리고 상사가 부서 전체가 맞닥뜨린 압박을 언급하며 "다 같이 허리띠를 졸라매야 한다"라고 하더라도 마음을 다잡고 꿋꿋하게 자신의 요구 사항을 이야기하기로 했다. "새 사람을 뽑아서 그녀가 하던 일을 훈련하는 것보다는 그녀의 급여를 올려주는 편이 비용 면에서 더 효율적"이기 때문이었다.

샌드라는 머릿속으로 4번 이 장면을 연습한 뒤 남편에게 "까다로운 상사" 역할을 맡기고 역할극까지 했다. 이렇게 모든 준비를 마치자 더는 겁나지 않았다.

다음에 직원 휴게실에서 상사를 만났을 때 샌드라는 면담을 요청했다. 상사는 그러자고 했다. 막상 임금 인상을 요청하자 예상대로 상사는 호락호락하지 않았다. 그럼에도 결국 샌드라는 8퍼센트 임금 인상을 합의해냈다.

샌드라가 시나리오를 작성하며 한 일은 본질적으로 임금 인상 요청 상황을 "미리보기"한 것과 같았다. 그녀는 임금 인상을 요청해야 한다는 사실을 깨닫고 그렇게 하기로 마음먹었다. 그렇다면 이 결정에 따라 성공 확률을 높이는 가장 좋은 방법은 무엇이었을까? 샌드라는 맞닥뜨릴 가능성이 있는 불편한 상황을 포함해 앞으로 일어날 일을 가늠함으로써 중요한 순간을 대비했다. 누구든 따라 해볼 만한 전략이다.

* * *

　미래에 대한 과신은 결정을 방해한다. 믿음이 크면 문제에 대한 대비가 게을러지기 때문이다. 이럴 때는 일찌감치 실패 신호가 보여도 무시하고 싶은 마음이 든다. 긍정적인 상황 역시 마찬가지다. 우리는 깜짝 놀랄 만큼 좋은 일 또한 아무런 준비 없이 맞이하고 만다.

　과신과 싸우려면 미래를 점이 아닌 범위로 보고 다루어야 한다. 바이런 펜스톡은 레드박스 사업을 놓고 목표가를 예측하려 하지 않았다. 대신에 그는 가능한 선에서 지지대를 설정했다. 그가 대담한 투자를 선택할 수 있었던 것은 "머리 쓰지 않는 투자" 덕분이었다.

　미래에 지지대를 설정하려면 스포트라이트를 이리저리 돌려 비추어보며 가능성이 전부 드러나도록 계획해야 한다. 그런 다음 (사전 부검으로) 실패에 대비하고 (사전 퍼레이드로) 성공에 대비하며 나에게 유리한 방향으로 상황을 준비해야 한다. "10만 명에게 집을 캠페인" 팀은 사전 부검을 통해 가장 중요한 법적 문제를 피했고, 미네통카는 사전 퍼레이드를 통해 플라스틱 펌핑 용기를 전량 독점 공급받음으로써 성공 가도를 달렸다.

　우리는 부정적인 결과를 최소화할 수 없을 때조차 그 점을 고려해 상황을 유리하게 만들 수 있다. 예컨대 현실 미리보기를 시도하면 실망감이 들 때를 대비하고 어려운 상황에서 만족감을 높일 수 있다. 미리 마음의 준비를 해두면 차질이 생긴다 한들 더 수월하게 이겨낼 수 있다.

　이처럼 사전에 판을 유리하게 짜놓으면 성공 가능성이 높아진다. 그러나 아무리 깊이 있게 미래를 고민하고 계획해도 일이 뜻대로 풀리지 않을 때가 있다. 애초에 좋지 못한 결정을 한 뒤 점점 더 단호하게 밀어붙여 잘못된 선택에 큰돈을 투자하는 사람들은 어디에나 있다.

그렇다면 선택을 재고해야 하는 시점이 언제인지 어떻게 알 수 있을까? 과연 어떨 때 선택에서 물러나야 할까? 반대로 어떨 때 선택에 더 큰 힘을 쏟아야 할까?

우리에게는 적절한 시점에 머릿속에 경종을 울려줄 도구가 필요하다. 손실을 줄이고 기회를 극대화할 순간을 놓치지 않도록 맘이다.

이럴 때 필요한 것이 다음 장에서 이야기할 "인계철선"이다.

ONE PAGE:
CHAPTER 10

---

1. **미래는 1가지로 예측해야 할 "점"이 아니다. 미래는 "범위"다. 미래를 위해 지지대를 설정하고 아주 좋은 것부터 아주 나쁜 것까지 범위 속에서 결과를 고려해야 한다.**
   - 투자자 펜스톡은 "지지대 추정법"으로 코인스타의 주가를 분석한 뒤 고점으로 올라갈 전망이 저점으로 내려갈 전망보다 높아 보일 때 투자를 결정했다.
   - 고점과 저점 지지대의 간격을 넓힐수록 예측의 정확도는 높아진다.

2. **저점 지지대에 대비하려면 "사전 부검"이 필요하다. "지금부터 1년이 지나 우리가 내렸던 결정이 실패로 돌아갔다고 하자. 이유는 무엇일까?"**
   - "10만 명에게 집을 캠페인"은 사전 부검 형태의 분석을 활용해 법적인 문제를 피해 갔다.

3. **고점 지지대에 대비하려면 "사전 퍼레이드"가 필요하다. "지금부터 1년이 지나 우리는 영웅이 되었다. 우리는 성공을 손에 쥘 준비가 되어 있을까?"**
   - 액체비누 소프트소프를 만든 미네통카는 미국 전역에서 소프트소프

를 판매하기 위해 18~24개월 동안 액체비누용 용기 공급 업체와 독점 계약을 맺었다.

4. **예측할 수 없는 미래에 대비해 "안전 계수"를 쓸 수 있다.**
   - 엘리베이터 케이블은 필요한 수준보다 11배 강도가 세다. 소프트웨어 회사의 일정에는 "완충 계수"가 더해진다.

5. **문제를 미리 가늠하면 해결에 도움이 된다.**
   - "현실 미리보기": 업무 현실을 있는 그대로 알려주는 것은 불만족스러운 상황에 대해 "백신"을 맞는 것과 같다.
   - 샌드라는 임금 인상을 요청하며 일어날 법한 다양한 문제의 순간에 자신이 할 말과 행동을 미리 연습했다.

6. **지지대를 설정해 고난과 성공을 가늠하고 준비하면 결정에 유리한 판을 짤 수 있다.**

CHAPTER 11

인계철선을 마련하라

자포스의 별난 문화: 그만두면 1000달러를 주겠다

온라인 신발 쇼핑몰 자포스Zappos는 탁월한 고객 서비스로 명성이 자자하다. 다른 업체는 흉내 못 낼 자포스만의 고객 서비스에 관해서는 떠도는 이야기가 많다. 그중 하나를 소개하겠다.

자포스의 고객이 자포스 본사가 있는 라스베이거스에 여행을 갔다가 가장 좋아하는 신발을 집에 두고 온 사실을 알게 되었다. 그녀는 자포스로 전화해서 똑같은 신발을 한 켤레 더 사려고 했다. 그러나 고객센터 직원이 알아보니 그 신발은 재고가 없었다. 직원은 당황하지 않고 차를 타고 경쟁사의 매장으로 갔다. 그러고는 고객이 찾던 신발을 구입해 그 사람이 묵고 있던 호텔에 가져다주었다.

이런 이야기는 또 있다. 자포스에서 신발을 샀다가 환불만 받고 신발은 반송하지 않은 고객이 있었다. 고객센터 직원이 전화해서 반송 상태를 물었더니 고객은 사과하며 어머니가 돌아가셔서 경황이 없었다고 했다. 고객은 최대한 빨리 UPS 지점으로 가서 신발을 부치겠다고 했다. 몇 분 뒤 이 고객은 이메일 한 통을 받았다. 조금 전 통화한 고객센터 직원이 UPS에 연락해서 신발을 방문 수거하게 해두었으니 UPS까지 가지 않아도 된다고 했다. 그리고 이튿날 이 고객 앞으로 백합과 장미가 들어간 대형 꽃바구니가 배달되었다.

자포스는 즐겁고 열정적인 기업 문화를 자랑한다. 그런데 이런 문화를 천국으로 여기는 사람이 있는가 하면 그저 지나치다고 여기는 사람도 있다. 그래서 자포스는 직원을 채용할 때 지원자가 회사에 "어울리는 사람"인지 아주 유심히 살핀다. 존 울스키Jon Wolske의 경험을 살펴보자.

울스키는 2007년 자포스의 고객 서비스직에 지원해 면접을 보았다. 서른 살의 울스키는 이전까지 몇 년 동안 라스베이거스의 공연 제작 팀에서 일한 커리어가 있었다. 그러나 고되기만 한 공연 업계에 지치고 지쳐 이제 변화를 모색하고 싶었다.

울스키는 콜센터 근무 경험이 있었기에 회사 생활로 돌아가는 것이 썩 내키지는 않았지만 한편으로 이런 생각이 들었다. "나이 서른에 아직 24시간 상시 대기 중이라니. 게다가 난 보험이 없어. 다리라도 부러지면 큰일이야." 울스키는 자포스 채용 공고를 듣고 지원 서류를 넣었다. 그리고 면접을 보러 오라는 연락을 받자 빨간색 넥타이를 매고 라스베이거스 외곽에 있는 자포스 본사로 달려갔다.

울스키가 안내받아 들어간 곳은 해변 휴양지처럼 꾸민 회사 회의 실이었다. 그는 그곳에 있던 야외용 안락의자에 앉아 하늘색으로 칠해진 천장을 바라보았다. 청바지 차림의 면접관은 이상한 질문을 했다. "본인이 행운아라고 생각하세요? 본인은 10점 만점에 몇 점 정도로 이상한 사람이라고 생각하세요?"(7, 8점쯤 된다고 대답했다.)

결국 울스키는 넥타이를 풀어도 괜찮은지 물었다. 나중에 생각해보니 그렇게 하기를 잘한 것 같았다. 곧장 고객센터 교육을 받아보라는 제안이 들어왔기 때문이다. 4주 동안 계속되는 교육 과정에는 별의별 사람들이 다 있었다. 심지어 IT 부문 후임 총책임자까지 교육생이었다(자포스에서는 직책과 관계없이 모든 사원이 고객센터 교육 과정으로 일을 시작한다).

첫째 날이 끝나갈 무렵 교육생 전원은 숙련된 고객센터 직원들과 일대일로 짝이 되어 2시간 동안 고객 응대 요령에 관한 조언을 들었다. 울스키는 자신이 신발에 대해 모르는 것이 정말 많다는 걸 알게 되었다. 그는 말한다. "자포스에 오기 전까지 신발에 대해선 정말 젬병이었어요. 그렇게 오랫동안 볼 넓은 신발이 따로 나온다는 건 꿈에도 몰랐어요. 내가 발 볼이 넓다는 걸 스물여섯 살에야 알았죠."

훈련반 두 번째 주에는 놀라운 일이 벌어졌다. 본래 훈련을 담당했던 직원이 떠나고 다른 사람이 들어와 이렇게 말했다. "지금까지는 우리가 어떤 사람들이고 회사에서 어떤 일을 해야 하는지 배우셨죠? 그럼 이제 여러분이 자포스의 문화에 걸맞은 인재라 믿고 우리가 여러분을 채용하기로 했다고 해요. 그런데 사실 여러분은 자포스가 마음에 들지 않는 거예요. 그렇다면 여러분은 여기서 큰 성장을 기대할 수 없을 겁니다. 우린 그런 상황을 바라지 않아요. 그저 자리나 지키며 어쨌든 회사에 들어왔으니 붙어는 있어야 한다고 생각하시면 안 됩니다. 그래서 오늘은 한 가지 제안을 드리려고 해요."

교육생들은 솔깃해서 귀를 세웠다. "자포스가 내가 있을 곳이 아니라고 느끼신다면, 즉 여기서는 일을 잘 해내거나 성장할 수 없을 것 같다고 느끼신다면 언제든 훈련 담당 직원을 옆으로 살짝 불러서 '제안을 받아들이겠습니다'라고 말씀해주세요. 그러면 자포스를 떠나는 대가로 1000달러를 드리겠습니다."

그렇다. 자포스는 본격적으로 일을 시작하기 전에 그만두는 대가로 신입 사원들에게 1000달러를 주겠다고 제안했다(2011년에는 금액이 4000달러까지 올라갔다). 그날 집으로 간 울스키는 아내에게 말했다. "세상에 이런 일이 다 있어!"

이 일을 계기로 울스키는 자신이 자포스에 얼마나 몸 바쳐 일할 수 있을지 곰곰이 생각해보았다. 과연 고객들에게 자포스가 원하는 열렬한 서비스를 제공하며 하루하루를 보낼 수 있을까? 그렇게 야단법석 소란스러운 환경을 매일매일 감당할 수 있을까? 별난 문화의 진가를 알아볼 만큼 자신이 충분히 "이상한" 사람 축에 끼는 걸까? 1000달러를 현금으로 준다는 제안을 물리치고 정말 후회하지 않을 수 있을까? 그러고는 이렇게 결론 내렸다. "1000달러 제안을 받아들이지 않겠다는 건 이 모든 걸 받아들이겠다는 거야."

울스키는 제안을 거절했고 그 뒤로 계속 자포스에서 일하고 있다.

사실 자포스의 고객센터 교육생 가운데 이 제안을 받아들이고 떠나는 사람은 2퍼센트에 불과하다. 그런데 그런 사람들은 보통 훈련 담당 직원들이 미리 알아보는 경우가 많다.

1000달러 제안은 관련된 모든 사람을 조금이나마 더 행복하게 한다. 떠나는 사람은 현금을 챙겼으니 행복하고, 자포스의 경영진은 어울리지 않는 사람을 관리해야 하는 더 비싼 대가를 치르지 않아서 행복하다. 제안을 거절한 직원들 역시 마찬가지다. 그들은 자신이 원하는 쪽으로 마음을 정해서 행복하다.("1000달러보다 자포스가 낫지!")[1]

교육 과정에 인위적으로 끼워 넣은 이 제안은 자포스의 문화에 어울리는 직원과 그렇지 못한 직원을 가려내는 데 너무나 효과적이다. 대체 이유가 뭘까?

인계철선 설치하기: 결정해야 할 시점의 경고등을 마련하라

신시내티에 있는 엔터테인먼트 기업 쇼타임네트워크스Showtime Networks의 영업부장 베리 커슈너Barry Kirschner는 유튜브를 통해 번뜩이는 깨달음의 순간을 경험한다고 했다. 그중에는 일상에 접목할 수 있는 것들도 있는데 바나나 껍질 까는 법을 다룬 56초짜리 영상이 단연 압권이다. 커슈너는 말한다. "나는 어려서부터 꼭지 쪽을 잡아당겨서 바나나를 깠어요. 하지만 손가락에 힘을 주다보면 바나나가 뭉개지기 일쑤였죠." 조회 수 330만 회가 넘는 그가 본 유튜브 영상에서는 반대편 끝을 벗기면 훨씬 더 쉽게 뭉개지 않고 바나나를 깔 수 있다고 했다(또한 꼭지가 쉽게 꺾이지 않으면 씁쓸한 껍질 맛을 봐가며 이로 물어뜯고 싶은 유혹에 빠지지 않아도 된다).[2]

자동 조종 시스템에 따라 하는 행동은 점검되지 않는다. 바나나 껍질 벗기는 법이나 샤워하는 법을 마지막으로 고민해본 것이 언제였는가? 그런데 경험의 일부에 선택적으로 무관심할 수 있는 이 능력은 이점이 많다. 가령 자동 조종 시스템에 따라 샤워를 하면 우리 마음은 자유롭게 다른 생각을 할 수 있게 된다("유튜브에 과일 껍질 벗기기 팁을 올리면 과연 돈이 될까?"라든지).

하지만 문제는 이런 자동 조종 행동이 좀 더 철저한 검토가 필요할 때가 있다는 것이다. 사람들 대부분이 어린 시절부터 껍질을 까겠다며 바나나를 뭉개온 것만 봐도 그렇다. 이 정도는 별문제 아니지만 더 중요한 일에 더 좋은 방법을 쓸 수 있다면 어떨까? 이메일의 받은편지함을 관리할 때, 고객의 요청에 응대할 때, 가족과 저녁을 먹으며 대화할 때 훨씬 더 좋은 방법이 있다면?

자동 조종 행동의 사이클을 깨트리기가 어려운 건 자동 조종의 본질이 그렇기 때문이다. 사람들은 자신이 하는 일에 대해 깊이 생각하지 않는다. 그저 흘러가는 대로, 과거에 선택해놓은 대로 살아가면서 자신에게 방향을 바꿀 힘이 있음은 쉽게 잊어버린다.

앨라배마주에 사는 한 여성은 언젠가 이탈리아에 갈 날을 꿈꾸고 있다. 어느 해에 그녀는 이탈리아에 갈 기회가 생기지만 회사에서 맡은 일 때문에 여행을 미룬다. 훌쩍 시간이 흐르는 동안 그녀는 자주 이탈리아를 떠올린다. 그러나 1년, 2년은 어느새 몇십 년이 되고 그녀는 이제 도저히 여행을 할 수 없을 만큼 건강이 나빠져 있다. 그녀가 이탈리아에 가지 않는 편을 "선택"한 시점은 정확히 언제일까? 어쩌면 매일 그런 선택을 한 것은 아닐까? 아니면 결국 단 한 번도 선택을 하지 못한 걸까? 그녀는 여행을 미루기로 한 첫 번째 결정이 영영 그대로 굳어져버리리라고는 상상하지 못했을 것이다.

여기에 대한 한 가지 해결책이 있다. 바로 결정에 "인계철선"을 마련하는 것이다. 인계철선이란 결정을 재고하거나 새로운 결정을 내려야 할 시점에 머릿속에 경종을 울려주는 신호를 말한다. 차에 연료가 떨어져가면 주유등이 들어와 시선을 끄는 것과 마찬가지다.(앨라배마주의 여성에게 이탈리아 여행 경고등 같은 것이 있어서 건강을 잃기 전에 불이 들어왔더라면 좋았을 텐데!)

데이비드 리 로스에게는 공연장 무대 뒤 엠앤엠즈 그릇 속 갈색 초콜릿 한 알이 인계철선이었다. 그에게 갈색 초콜릿은 무대 장치에 특히 주의를 기울여야 한다는 경고의 의미였다. 자포스는 신입 사원들에게 인계철선을 사용했다. 교육을 받는 신입 사원 중에는 "이 일이 정말 내 일일까?" 싶은 꺼림칙한 고민을 안고 차마 입밖에는 꺼내지 못하는 사람들이 있을 터였다. 자포스는 1000달러로 이런 고민을 걸러내고 확고한 결정의 순간을 마련한다. 자포스에서 교육을 담당하는 직원들은 교육생들에게 다음과 같은 분명한 인계철선을 제시했다. "그저 자리나 지키며 어쨌든 회사에 들어왔으니 붙어는 있어야 한다고 생각하시면 안 됩니다."

그러나 조직에서는 경로를 바꾸기가 쉽지 않다. 결정이 이루어지면 곧 관련된 기반이 마련되기 때문이다. 예컨대 신제품을 출시하기로 했다면 예산과 인력이 편성되고 프로세스가 정해진다. 우리는 이 모든 것 때문에 방향 전환을 단념하는 경향이 있다.

관성은 과거의 결정이 남긴 깊은 발자국과 같다. 리더들은 바로 이 관성 탓에 바꾸어야 할 필요성을 알면서 바꾸지 못한다. 이스트먼코닥Eastman Kodak이 좋은 예다. 코닥은 중요한 변화를 시도하는 과정에서 확률을 깨고 2번이나 성공을 거둔 탓에 세 번째 시도에서 실패하고 말았다.

코닥의 파산이 주는 교훈: 조기 경보 시스템을 갖추어라

이스트먼코닥의 설립자 조지 이스트먼George Eastman은 1870년대 후반 로체스터에서 은행원으로 생활하고 있었다. 그는 햇살이 내리쬐는 산토도밍고에서 휴가를 보내기로 하고 사진을 찍기 위해 카메라, 필름, 화학 약품, 현상 장비 등 필요한 도구들을 마련했다. 그러나 이 모든 것이 너무 심란하고 번거로워서 짜증이 났다. 실제로 너무 짜증이 난 나머지 그는 휴가를 취소하고 직접 더 나은 방법을 찾아보기로 했다.

당시에는 카메라로 사진을 찍으려면 유리판에 습식 화학 약품을 묻혀서 사용해야 했다. 그러나 이스트먼은 영국에서 성공적으로 사용하고 있다는 건식 공정을 원했다. 1881년 이스트먼은 3년 동안 공정을 손보고 다듬은 끝에 건식 공정에 대한 특허권을 획득해 이스트먼드라이플레이트Eastman Dry Plate를 설립했다(나중에 이스트먼코닥으로 명칭을 변경했다. 여기서는 줄여서 "코닥"으로 부른다). 코닥이 130년 후까지 건재할 것을 알았다면 이스트먼은 무척이나 놀랐을 것이다. 그러나 안타깝게 코닥은 2012년 파산을 선언했다. 이제부터 그렇게 된 가장 큰 원인 중 하나를 이야기하겠다.

코닥이 유난히 오랫동안 명맥을 유지한 여러 이유 중 하나는 핵심 기술을 재창조할 줄 아는 리더들의 역량 덕분이었다. 회사가 처음으로 핵심 기술을 재창조한 것은 설립 직후의 일이었다. 이스트먼은 아무리 건식이라도 아마추어들은 유리판을 쓰기 힘들다는 사실을 알아차렸다. 너무 크고 깨지기 쉬우며 값이 비쌌기 때문이다.

그래서 그는 종이로 된 필름을 발명했고 나중에 이것은 우리가 오늘날까지 쓰고 있는 셀룰로이드 필름으로 거듭났다. 전문 사진가들은 종이에 찍힌 이미지는 질이 형편없다며 코웃음을 쳤다. 하지만 종이 필름 카메라는 금세 대중 사이에서 큰 인기를 얻었다. 사진 찍기가 훨씬 편리했기 때문이다. 1898년 이스트먼은 1세대 "브라우니Brownie"카메라를 출시했다. 단돈 1달러면 살 수 있는 브라우니 카메라에는 15센트짜리 필름이 들어갔다. 4년이 지나자 코닥은 전 세계 셀룰로이드 필름 시장에서 80~90퍼센트의 점유율을 차지하기에 이르렀다.

코닥은 20세기 초반에 컬러 필름을 출시하며 두 번째로 핵심 기술을 재창조했다. 1세대 종이 필름처럼 컬러 인화 역시 처음에는 질이 떨어졌지만 이스트먼은 장차 컬러 필름이 대세가 될 것을 알아보았다. 그는 회사의 연구 개발에 투자를 아끼지 않았고, 코닥은 실패를 거듭한 끝에 1920년대 들어 고품질 컬러 필름을 출시했다. 컬러 혁명 이후 필름 시장은 몇십 년 동안 그대로 안정세를 유지했고 그러는 내내 코닥은 꾸준히 시장의 선두 자리를 지켰다.

1960년대가 되자 세상은 디지털 촬영 기법이라는 세 번째 혁명을 기다리고 있었다. 나사NASA는 최초의 우주 비행 중에 디지털 기술을 사용해 지구로 달의 이미지를 보내왔고, 1972년 텍사스인스트루먼츠Texas Instuments는 필름을 쓰지 않는 디지털카메라로 특허를 출원했다. 그 뒤 10년이 채 못 되어 소니는 세계 최초의 상업용 디지털카메라 "마비카Mavica"를 내놓았다.

코닥의 리더들은 새로 나오는 기술들을 전부 꼼꼼하게 주시하며 내부 연구소에 디지털 기술을 실험해보도록 독려했다. 그러나 앞으로 디지털이 대세가 되리라는 전망은 받아들이지 못한 듯했다. 경영진은 파트너사나 공급사가 압력을 가해올 때조차 서두르는 기색이 없었다. 이들이 이렇게 디지털 기술을 꺼린 것은 대부분 일종의 과학적 자존심 때문이었다. 그들은 "필름이 무조건 디지털보다 낫다"라고 생각했다. 대중이 월등히 나은 기술을 제쳐두고 열등한 기술을 선택한다는 건 있을 수 없는 일이었다(코닥 또한 브라우니 카메라로 전문 사진가들을 거슬리게 했으니 이는 물론 모순된 태도였다).

1981년 코닥 내부에서는 향후 10년 동안 디지털 기술로 인해 겪게 될 위협을 검토한 보고서를 내놓았다. 다음은 1980년대 상황에 관한 이 보고서의 결론이다.

- 디지털 사진은 인화의 질이 낮아서 촬영 과학(사진 등) 기반 인화 수단의 일반적인 대체 주자가 되지 못할 것이다.
- 사람들은 사진을 인화해서 손으로 다루고 진열하고 누군가와 나누고자 하는 욕구가 있다. 디지털 재현 장비로는 이러한 욕구를 충족할 수 없다.
- 디지털 시스템(카메라, 캠코더 등)은 가격이 너무 높아서 대중적으로 확산되지 못할 것이다.

이 결론에서는 확증 편향의 기미가 엿보인다. 이들은 마치 이렇게 말하는 듯하다. "우린 지금 잘하고 있는데 뭘." 그럼에도 엄밀히 말하면 이 보고서의 예측은 정확히 맞아떨어졌다. 사실 여기서 말하는 내용은 1980년대에 모두 그대로 일어났고 이 추세는 1990년대까지 이어졌다.

그러나 그러는 사이에 산업 전반에서는 영구 변화를 위한 토대가 마련되고 있었다. 대중이 핸드폰과 인터넷(디지털 기술이 활성화되는 데 꼭 필요한 수단)을 받아들이자 디지털 기술로 전환은 돌이킬 수 없는 흐름이 되었다. 2002년에는 디지털카메라의 판매량이 기존 카메라의 판매량을 훌쩍 앞섰고, 2011년에는 필름 사진은 뽑아본 적 없었을 세대가 대학에 들어갔다.

코닥은 몇십 년 동안 이런 흐름이 밀려오는 것을 보고도 속수무책으로 무너지고 말았다. 시가 총액은 1997년에 310억 달러로 정점을 찍은 뒤 서서히 하락세로 접어들었다. 2007년부터는 급격히 곤두박질치기 시작했고 2011년 중반에는 20억 달러 아래로 떨어졌다. 그리고 결국 2012년 1월 코닥은 파산을 신청했다.

어떻게 된 일일까? 코닥이 몰락하기까지는 절대 단순하지 않은 이야기가 존재한다. 어마어마한 기대 속에 등장한 CEO들이 결국 아무 성과 없이 줄줄이 나가떨어졌다는 것, 한두 번이 아니라 여러 번 기존에 추진하던 영화 사업을 겉만 디지털로 포장해 내놓으려 했다는 것 등이 이 이야기의 한 축을 담당한다.

그러는 동안 그들이 시도한 것 중에는 "어드밴틱스 프리뷰Advantix Preview"라는 이름의 카메라가 있었다. 이 카메라는 최첨단 기술로 탄생시킨 디지털 재생 화면이 뒷면에 붙어 있었다. 정말 멋지지 않은가? 그러나 이 재생 화면은 카메라로 사진을 찍은 뒤 가까운 현상소로 필름을 가져가기 전에 인화할 내용을 미리 확인하는 용도에 불과했다. 마치 주머니에 쏙 들어가는 앙증맞은 전화기를 만들었는데 통화를 하려면 벽에 플러그를 꽂아야 하는 것과 같은 상황이었다.

이렇게 긴 시간이 흐르는 동안 코닥은 천천히 몰락의 길에 들어섰다. 그사이 방향을 돌이킬 기회가 무수히 찾아왔지만 경영진은 전부 그냥 흘려보냈다. 여기저기서 필름 사업이 문제에 봉착했다며 경종이 울려댔으나 경영진은 들으려 하지 않았다. 귓전에서 더 큰 유혹의 소리가 울리고 있었기 때문이다. "그래도 돈이 되는 건 필름 사업이야. 기다리면서 상황을 지켜보자고."[3]

형태는 다르지만 우리는 누구나 똑같은 유혹의 소리를 경험한다. "남자친구는 아직 내가 원하는 대로 날 대해주지 않아. 하지만 좀 있으면 변할 거야. 기다리면서 더 지켜보지 뭐." "판매 실적이 예상에 못 미치고 있어. 하지만 전략을 재고하기 전에 기다리면서 좀 지켜보자."

코닥의 경영진은 자동 조종 시스템의 덫에 갇혀 과거의 선택에서 비롯된 속도에 되는대로 올라타 있었다. 그들은 머릿속에 경종을 울리며 선택을 몰아붙여줄 인계철선이 필요했다.

그렇다면 그들에게는 어떤 인계철선이 필요했을까? 답은 1981년 그들이 직접 작성한 보고서 안에 있다. 오른쪽 표의 예시를 보면 희망적이기만 한 예측을 조기 경보 시스템으로 바꾸는 것이 사실은 얼마나 간단한 일인지 알 수 있다.

매일매일의 미묘한 변화는 서서히 일어나는 까닭에 행동을 시작해야 하는 시점은 알아차리기가 어렵다. 인계철선은 이럴 때 행동 시점을 알려줄 수 있다. 그러나 인계철선이 마련되어 있다 하더라도 경영진이 반드시 옳은 결정을 하리라는 보장은 없다. 아무리 분명한 경고조차 고의로 무시해버리면 소용이 없기 때문이다(우리 또한 항상 화재 경보를 무시한다. 정말로 불이 난 건 아닐 거라는 믿음 탓이다).

그러나 인계철선이 마련되어 있다면 최소한 결정이 필요한 시점이 되었다는 사실은 분명히 "인식"할 수 있다. 그러면 자동 조종 시

디지털 사진은 인화의 질이 낮아서 촬영 과학(사진 등) 기반 인화 수단의 일반적인 대체 주자가 되지 못할 것이다.	➡	**행동 시점**: 디지털 사진에 대한 소비자 만족도가 10퍼센트 이상으로 올라갈 때
사람들은 사진을 인화해서 손으로 다루고 진열하고 누군가와 나누고자 하는 욕구가 있다. 디지털 재현 장비로는 이러한 욕구를 충족할 수 없다.	➡	**행동 시점**: 이미지 송출이 가능한 전자 기기 소유자가 전체 소비자의 5퍼센트 이상으로 올라갈 때
디지털 시스템(카메라, 캠코더 등)은 가격이 너무 높아서 대중적으로 확산되지 못할 것이다.	➡	

스템에 따라 생각하는 탓에 선택의 기회를 놓치는 일은 충분히 막을 수 있다.

인계철선 1: 데드라인을 정하라

너무 오랫동안 자동 조종 시스템에 갇혀서 살아온 사람을 알고 있을 것이다. 여기에 갇히면 기회를 무시하게 된다. 가령 소설을 쓰겠다고 한 지가 몇 년이 되었지만 아직 아무것도 쓰지 못한 친구가 그런 경우다. 한편 결과가 안 좋을 것이 뻔한데 자동 조종 시스템 탓에 똑같은 노력을 고집하는 사람들이 있다. 양쪽이 다 비참해질 뿐인데 관계를 깨지 못하는 남녀나 풍경화를 그려 생계를 잇겠다며 순진한 꿈을 꾸는 친척, 자기 혼자 좋아서 공들인 프로젝트가 실패했지만 받아들이지 않으려는 임원 등이 모두 그런 예다.

꾸준한 노력의 미덕이 어느 순간 현실을 부정하는 악덕으로 변해버릴 때가 있다. 누군가가 이런 나쁜 변화를 맞고 있다면 어떻게 해야 어서 빨리 그 상태를 벗어나도록 도와줄 수 있을까?

한 가지 선택지는 "데드라인 정하기set a deadline"다. 데드라인은 가장 흔한 형태의 인계철선이다.

어떤 데드라인은 자연스럽게 정해진다. 가령 일간지에 글을 쓴다고 하자. 원고가 준비되었든 준비되지 않았든 인쇄기가 돌아가야 하는 시간은 정해져 있다. 그러나 우리가 쉽게 잊어버리는 사실이 있다. 생활 속에서 마주하는 데드라인은 대부분 내가 만들어내는 것이라는 점이다. 이런 데드라인은 행동과 결정을 강제하기 위해 인위적으로 만든 인계철선이다.

한편 법의 힘으로 만들어진 데드라인도 있다. 미국 국세청이 세금 납부 기한으로 정한 4월 15일은 당연히 엄청난 효력을 발휘한다. 더 신기한 것은 결국 해서 좋은 일이라면 인위적으로 정한 데드라인이라도 효과가 있다는 사실이다.

심리학자 아모스 트버스키Amos Tversky와 엘다 샤퍼Eldar Shafir는 대학생들을 대상으로 설문 조사를 하고 문항에 답하는 대가로 5달러를 주기로 했다. 5일 후로 데드라인을 정했을 때는 학생 66퍼센트가 설문을 완료하고 대가를 받아 갔다. 그런데 데드라인을 정하지 않았을 때는 25퍼센트만 설문을 완료했다.[4]

이런 현상은 훨씬 위험 부담이 큰 상황에서도 관찰되었다. 영국 경제사회연구원Economic and Social Research Council은 세계 경제와 보안, 교육 분야를 연구하는 대학의 학자들에게 연구 보조금을 지급하되 연구 제안서는 제출 데드라인을 따로 두지 않고 장기간에 걸쳐 받기로 했다. 대학 연구진은 일단 안도감이 들었을 것이다. 이전에는 보통 제안서 데드라인이 연구진의 강의 일정 중간에 불쑥 끼어들어왔는데, 이제는 정해진 하루 이틀 만이 아니라 언제든 시간이 될 때 융통성 있게 제안서를 제출할 수 있으니 말이다. 그러나 이렇게 하자 제출된 제안서 숫자가 15~20퍼센트 감소하는 결과가 나타났다.[5]

이는 합리적인 행동이 아니다. 대학생들이 설문 조사에 응하면 5달러를 주겠다는 제안에 진짜 마음이 갔더라면, 그리고 연구자들이 정말 보조금을 원했더라면 그들은 굳이 데드라인을 따를 필요가 없었다. 그러나 합리적이지 않더라도 다들 이런 행동에 공감할 것이다. 사람은 데드라인이 있을 때 선택을 향해 머릿속 스포트라이트를 집중시킨다. 데드라인은 우리의 멱살을 쥐고 이렇게 말해주기 때문이다. "어차피 할 일이면 지금 당장 하는 게 좋을걸."

같은 맥락에서 직원들의 연간 실적을 평가하는 관례에 관해 생각해보자. 지금껏 사람들은(저자인 우리를 포함해) 1년에 1번만 직원들에게 피드백을 주는 것은 말이 안 되는 일이라고 생각했다.(부모가 매일매일 떠오르는 말들을 꾹꾹 눌러두었다가 12월 하루를 잡아 아이들을 앉혀놓고 와르르 말을 쏟아내는 경우가 있을까?)

그러나 1년에 1번뿐인 피드백이 물론 적절하지는 않겠지만 그마저 아예 없는 것보다는 훨씬 낫다. 흔히들 데드라인은 넘기라고 있는 것이라고 말한다. 그런데 연 1회나마 직원들을 평가해야 한다면 이것은 적어도 1년에 1번은 정말 중요한 일을 꼭 하고 넘어가게 하는, 정말 필사적인 의미의 인계철선인 셈이다.

자동 조종 시스템대로 바람직하지 못한 길을 고집하는 친척이나 동료가 있다면, 그들이 성공 가능성을 지나치게 믿고 있다는 생각이 든다면 같이 인계철선을 마련해보자. 그러고는 그들이 예상치를 달성하도록 다음과 같이 책임을 묻자. "6개월 전에는 지금쯤 음반 녹음 계약이 되어 있을 거라 생각하지 않았어?"

이런 대화는 쉽지 않다. 내가 실패했음을 남의 입을 통해 듣고 싶어 하는 사람은 없기 때문이다. 그들이 과연 방향을 바꾸고 싶어 할지도 확신할 수 없다. 과신은 괴력을 지녔다. 마냥 미래를 긍정하는 기업가는 항상 내년에는 판매 실적이 하늘 높은 줄 모르고 올라가리라고 믿고, 야심만만한 가수는 이제 자신은 "발굴"될 일만 남았다고 생각한다. 그러나 이런 어리석은 생각은 그대로 덮어두기보다는 "찬찬히 고민"할 때 극복할 가능성이 커진다.

인계철선 2: 칸막이를 사용하라

데드라인을 정하고 헤아리는 것 외에 인계철선으로 쓸 수 있는 또 다른 전략은 "칸막이 사용하기use a partition"다.

샌드위치 가게에서 점심으로 먹을 샌드위치를 사면서 작은 칩 한 봉지를 샀다고 하자. 그런데 한 봉지를 다 먹고도 아쉬운 생각이 든다. 그러나 칩을 더 먹으려면 적극적인 결정이 필요하다. 계산대로 걸어가서 돈을 내고 칩 한 봉지를 더 사야 하니까. 물론 당신은 그렇게까지 하지 않을 것이다. 그러나 리필되는 그릇에 칩을 담아준다고 하면 어떨까? 멕시코 음식점에서 무한 리필로 토르티야 칩을 먹을 수 있는 것처럼 말이다. 만일 그랬다면 앉은자리에서 작은 봉지 두세 개 분량은 먹어 치우고 남았을 것이다.

딜립 소먼Dillip Soman과 아마 치마Amar Cheema에 따르면 칩이 든 작은 봉지는 "칸막이" 역할을 한다고 한다. 칸막이(봉지)는 자원(칩)을 분할한다. 소먼과 치마는 칸막이가 소비 대상을 더 신중하게 고려하게 하는 효과적인 수단임을 알아냈다. 칸막이가 있으면 행동을 계속할지 말지를 의식적으로 결정해야만 하기 때문이었다.

"쿠키 시식 연구"를 하겠다며 자원자를 모집한 실험이 있었다(이런 힘든 실험이 다 있나). 실험 참가자들은 각각 24개의 쿠키가 든 상자를 하나씩 받았다. 상자째 준 것은 쿠키를 신선하게 보관해야 한다는 당연한 이유에서였다. 그러나 참가자 중 절반은 내용물이 살짝 다른 상자를 받았다. 이들이 받은 상자 속에는 쿠키가 포일로 개별 포장되어 있었다.

그런데 이 사소한 차이로 결과는 판이해졌다. 개별 포장되지 않은 쿠키를 받은 사람들이 상자 속 쿠키를 다 먹는 데 걸린 시간은 평균 6일이었다. 반면 개별 포장된 쿠키를 받은 사람들이 쿠키를 다 먹는 데 걸린 시간은 무려 24일이었다! 포일 포장이 칸막이 역할을 해 쿠키를 계속 먹을지 말지를 생각해야만 했기 때문이다.(도박에 빠져 카지노에 퇴직금을 쏟아붓는 사람들을 구해내려면 슬롯머신도 쿠키처럼 포일로 싸야 하지 싶다!) 사실 슬롯머신 이야기는 순전히 농담만은 아니다. 자금을 봉투 1개에 몰아넣을 때보다 10개에 나누어 넣을 때 사람들이 도박을 덜 하더라는 연구가 있었으니 말이다.

소먼의 연구에 따르면 일용직 노동자들에게 현금으로 급여를 주고 여러 봉투에 나누어 넣게 했더니 저축률이 어마어마하게 올라갔다. 칸막이 효과를 살펴보면 신용 카드가 과소비를 조장하는 이유를 분명히 알 수 있다. 신용 카드를 쓰면 칸막이 없는 소비가 가능해진다. 소파만 한 크기의 봉지에 든 칩을 통째로 먹는 상황이 되기 때문이다.[6]

벤처캐피털 투자자 중에는 이런 칸막이 논리를 변용해 사용하는 사람들이 있다. 이들은 거액을 한 번에 선불로 투자하는 대신 오랜 시간에 걸쳐 몇 번에 나누어 투자한다. 그리고 투자금을 내줄 때마다 새로운 대화를 시작한다. "확실한 계획이 있습니까?" "고객들은 회사의 제품에 만족합니까?" 기업가들은 투자자가 제시하는 칸막이 덕분에 자신이 취하려는 행동을 진지하게 고민해야만 한다.*

칸막이 기법의 이 예시들에서는 인계철선을 통해 얻는 또 다른 이점이 나타난다. 앞서 우리는 인계철선은 자동 조종 시스템에서 벗어나도록 경각심을 일으킨다는 점에서 유용하다는 사실을 강조했다. 그러나 칸막이 기법의 효용은 거기서 그치지 않는다. 칸막이는 경계를 설정하는 구실까지 하기 때문이다.

사람은 선택한 일에 점점 더 많은 노력을 쏟아붓는 경향이 있다. 경계는 그래서 필요하다. 간단한 예로 아이가 오락실 게임을 한다고 하자. 좀비를 죽이는 게임인데 실수로 자기 캐릭터가 죽고 말았다.

---

* 그러나 칸막이 기법은 저축을 해야 하거나 쿠키를 덜 먹으려 할 때처럼 개인이 자신을 통제하고자 하는 상황에 더 효과가 있다. 이 원리를 사무실 사람들 사이에 적용하려고 방법을 찾다 보면 쉬운 일이 아님이 드러난다. 가령 동료들이 무분별하게 컬러 프린터 쓰는 일을 자제하면 좋겠다는 생각에 10쪽 단위로 인쇄 버튼을 누르게 하는 "칸막이" 규칙을 만들었다고 하자. 그랬다가는 유혈 사태 버금가는 대형 참사가 일어날 테니 각오해야 한다.

게임을 계속하려면 크레디트를 더 써야 한다. 이 시점에 게임을 그만두는 건 너무 아까운 일이다. 여기까지 단계를 올리느라 이미 몇 달러를 쓴 데다 시간이 20분이나 걸렸기 때문이다. 그런데 지금 게임을 그만두면 모든 게 "물거품"이 된다. 그러니 몇 달러 더 쓰고 게임을 계속해야 맞지 않을까?

이는 자동 조종 시스템에서 나온 선택이 아니라 의식적인 결정이다. 그러나 여전히 함정은 존재한다. 어느 시점에 이르러 좀비 게임을 이어가는 사이클을 그만두지 않으면 다른 게임들은 손도 못 댄 채 가져간 돈을 다 써버리게 될 것이다(이래서는 오락실의 재미를 제대로 누릴 수가 없다).

대신 이렇게 생각해보자. 아이가 오락실에 갈 때 게임 카드를 3개로 나누어 가지고 간다면 어떨까(구식 오락실이라면 동전을 세 뭉치로 나누어 들고 간다고 해도 좋다). 아이는 머릿속으로 좀비 게임에는 카드를 하나만 쓰기로 정해두었다. 이것이 바로 인계철선이다. 이때 인계철선이 하는 일은 좀비 게임에 점점 더 많은 노력을 쏟아붓는 사이클을 멈추는 것이다. 첫 번째 게임 카드를 다 쓰고 나면 계획한 대로 좀비 게임은 그만해야겠다는 생각이 든다. 그런 뒤 두 번째 카드를 쓰려고 하면 "가책"이 느껴진다. 그렇게 하는 건 마음속으로 정한 예산의 경계를 벗어난다는 사실을 알기 때문이다.

이와 같은 경계 설정의 역학은 물론 훨씬 더 중요한 결정에서도 드러난다. 연인 관계나 사업 투자 상황이 그런 예다.("난 이미 제법 많은 것을 투자했어. 조금 더 투자해도 괜찮지 않을까?") 영 마음을 내주지 않는 사람을 만나고 있다면 3개월의 인계철선을 정하고 과연 발전이 있는지 지켜보면 어떨까? 회사의 프로젝트가 지지부진하다면 본격적으로 시동을 걸기 위해 5만 달러까지는 아낌없이 써보기로 예산을 정하면 어떨까?

인계철선을 적절히 마련하면 그저 그런 일에 막대한 돈(시간)을 쓰는 일을 막을 수 있다.

모든 함정과 만일의 사태를 걱정하다보면 인계철선은 무조건 조심하기 위해서만 쓰는 방법으로 보일 수 있다. 자전거를 탈 때처럼 의사결정을 할 때도 헬멧이 필요한 건지 싶을 것이다. 그러나 사실은 전혀 그렇지 않다는 점을 말하고 싶다. 인계철선은 실험해도 좋을 "안전한 범위"를 정확히 구분해두고 그 안에서는 위험을 한번 감수해볼 것을 "독려"한다.

가령 남편이 토피어리topiary(정원 등의 나무를 동물 모양으로 자르고 다듬는 기술-옮긴이) 사업을 시작하고 싶어 한다고 하자. 제정신이 아닌 것 같지만 열정만은 존경스러우니 안 된다고 말하기는 잔인한 것 같다. 그래서 대신 인계철선을 마련하기로 한다. "좋아, 여보. 토피어리 사업 어디 한번 해봐. 하지만 모아둔 돈에서 1만 달러 이상은 투자할 수 없다고 정해두면 어때?" 아니면 이런 식도 좋다. "그럼, 당장 해봐! 하지만 석 달 안에 돈 되는 손님이 나오지 않으면 플랜 B도 진지하게 생각해보는 거야."

이런 방향의 인계철선이 있으면 모험을 감행할 경계 구실을 하면서 심리적 안정감까지 얻을 수 있다. 이 부부는 정해놓은 선이 나타나기 전까지는 머리 아픈 생각 없이 시도를 계속해도 좋다. 예컨대 아직 두 달밖에 되지 않았다면, 또는 예산에서 4300달러밖에 쓰지 않았다면 아직은 안심해도 된다. 걱정하거나 고군분투하거나 괴로워할 것이 없다. 아직은 계획에서 벗어나지 않았고, 인계철선이 다시 제대로 주의를 기울여야 할 시점을 말해줄 테니 안심하고 계속해도 괜찮다. 마찬가지로 코닥 경영진 역시 인계철선을 마련해두었더라면 문제 상황이 나타날 때까지는 안심하고 필름 사업에 집중할 수 있었을 것이다.

요컨대 인계철선이 마련되어 있으면 위험한 측면이 있더라도 일련의 행동에 확신 있게 전념하며 과신의 대가를 최소화할 수 있다.[7]

신속대응팀: 문제를 미리 발견하고 처치하라

스탠퍼드대학병원 부설 루실패커드어린이병원LPCH에서는 인계철선을 변형해 어린이들의 생명을 구했다. 루실패커드어린이병원은 샌프란시스코베이에어리어의 아픈 어린이들에게 최후의 보루 역할을 하는 치료 센터다. 이곳의 의료 품질 관리 책임자 킷 렁Kit Leong은 말한다. "우리 병원의 일반 병동에서는 다른 병원이라면 중환자실로 갈 환자들을 돌봅니다."

렁은 의료 품질을 다루는 한 학술 대회를 계기로 루실패커드어린이병원에서 발생하는 사망자를 줄일 수 있다는 확신이 들었다. 이 학술 대회를 후원한 의료개선연구소Institute for Healthcare Improvement, IHI 는 의료 과실 및 비효율적 의료 관행으로 인한 환자들의 죽음을 막기 위해 "10만 명에게 생명을 캠페인100,000 Lives Campaign"을 시작했던 기관이다(이 캠페인은 10장에서 소개했다. "10만 명에게 집을" 캠페인 팀을 도와준 기관이 의료개선연구소였다). 의료개선연구소가 관찰한 대로라면 문제 발생 초기에 나타나는 신호에 신속히 대처하면 환자의 많은 위급 상황을 예방할 수 있었다.

　의료개선연구소는 이런 신호에 빠르게 대응하기 위해 병원에 "신속대응팀rapid-response team"을 마련해야 한다고 촉구했다. 그러면 일반적인 상황에서 환자의 활력 징후에 이상 신호가 보일 때 간호사가 신속대응팀을 호출할 수 있었다. 그 즉시 다양한 전문 의료진 팀이 재빨리 환자의 병상으로 달려와 상황을 분석할 터였다.

　렁은 이 아이디어가 무척 와닿았다. 어른은 예상할 수 있는 범위에서 서서히 병세가 악화되지만 어린이는 갑자기 상태가 위중해질 때가 많기 때문이었다. 심혈관 계통 중환자실의 숙련된 간호사 칼라 어니스트Karla Earnest는 말한다. "아이들은 아주 오랫동안 멀쩡해 보이다가 어느 날 갑자기 벽에 부딪히기라도 한 듯 무너져버려요. 더는 버틸 수 없었다는 뜻이죠." 간호사가 위급 상황 알림 방송으로 의료진을 소집할 때쯤이면 보통 어린이는 이미 목숨이 위험해져 있었다. 너무 늦어서 살릴 수 없을 만큼.

　렁이 생각하기에 신속대응팀이 있으면 너무 늦기 전에, 그러니까 위급 상황 알림 방송이 필요하기 전에 조치를 취할 수 있었다. 그녀는 동료들을 설득해 이 아이디어를 시도해보기로 했다.

　훈련에서 강사는 6가지 인계철선이 나타난 카드를 나누어주었다. 인계철선 상황이 되면 신속대응팀을 호출해야 했다. 그중 5가지는 심장 박동 수, 혈압, 산소 포화도 등이 급격히 달라지면서 객관적인 수치가 변할 때를 가리켰다. 가장 중요한 여섯 번째 인계철선은 카드 맨 위에 적혀 있었다. "환자가 걱정되면 신속대응팀을 부른다."

　중환자실 의료진 중 일부는 여섯 번째 인계철선을 회의적으로 생각했다. 일선 간호사들에게 너무 많은 통제권이 돌아갈 것을 우려한 탓이다. 간호사들이 신속대응팀을 남용해 의사들의 중환자실 업무에 지장이 갈 수 있지 않은가? 그럼에도 병원에서는 신속대응팀을 시범 운영해보기로 했다.

이후 18개월 동안 신속대응팀은 대략 일주일에 두 차례씩 호출되었다. 호출의 가장 큰 이유는 카드의 맨 위쪽 인계철선 조항인 간호사가 보기에 환자가 걱정스럽다는 것이었다. 중환자실 간호사 칼라 어니스트는 간호사의 걱정이 정당한 인계철선으로 인정받는 것이 정말 중요했다고 말했다. "이 인계철선 덕분에 상황을 복잡하게 설명할 필요가 없어졌어요. '호흡수가 달라졌어요. 심장 박동 수가 달라졌어요'라는 말은 건너뛸 수 있죠. 이제 병상을 살피다가 문제가 있는 것 같으면 곧바로 도움을 요청하면 돼요. '이 아이 좀 봐주세요, 어디가 안 좋은 것 같아요.'"

의사와 간호사는 자신들이 전보다 빠르게 문제를 짚어내고 있음을 인식하자 신속대응팀 운영에 대한 확신이 커졌다. 위급 상황 알림 방송은 본래도 흔한 일은 아니었지만(환자 1000명당 2~3번꼴) 신속대응팀 덕분에 그마저 횟수가 줄고 있었다. 렁과 어니스트에 따르면 신속대응팀을 시범 운영한 처음 몇 주 동안 여기저기서 쉴 새 없이 이런 말이 나왔다고 한다. "이걸 왜 여태 생각 못 했을까?"

2007년 《미국의사협회저널Journal of the American Medical Association》에서는 이 프로젝트가 시행된 첫 18개월간의 기록을 다음과 같이 간추렸다. 신속대응팀이 생긴 뒤 중환자실을 제외한 병원 내 다른 공간에서 응급 상황 알림 방송은 71퍼센트 감소했다. 문제는 미리 발견되고 처치되었다. 행동 시점을 앞당기자 더 많은 생명을 살리게 되면서 병원 내 사망률은 18퍼센트 감소했다. 18개월 동안 신속대응팀

호출 횟수는 총 143회며, 이를 통해 생명을 구한 어린이 환자는 모두 33명이었다.

중환자실 핵심 인력이 부족해지리라는 생각은 기우일 뿐이었다. 사실 신속대응팀이 돌아가자 오히려 자원 활용 측면에서는 여유가 생겼다. "신속대응팀이 오면 20분 안에 아이의 상태가 나아져요. 그런데 응급 상황 알림이 발동되면 1시간 이상이 걸린다고 봐야 하죠." 렁의 말이다.

결국 간단한 인계철선 하나를 통해 33명의 어린이가 무사히 부모의 품으로 돌아갔다.[8]

패턴 인식 능력을 길러라

이번 장에서 앞서 다룬 종류의 인계철선은 알아보기가 매우 쉬웠다. 자포스가 제시한 1000달러, 설문 조사 데드라인, 남편의 토피어리 사업에 들일 최고 예산 등은 모두 명확한 선이 있었다.

그러나 어린이병원은 상황이 조금 다르다는 점을 주목하자. 가장 중요한 인계철선이 작동하려면 간호사가 환자를 지켜보다가 걱정되는 시점에 도움을 요청해야 했다. 그러나 이 시점은 분명하지 않고 다소 주관적이기까지 하다. 그 결과 신속대응팀에서는 인계철선이 건드려질 시점과 빈도를 전혀 예측할 수 없었다. 그러나 이러한 인계철선은 예산이나 날짜, 칸막이 같은 분명한 기준이 아니라 패턴을 인식함으로써 작동한다.

이것은 중요한 차이점이다. 패턴 인식 능력은 많은 조직의 리더들이 직원들에게 간절히 바라는 역량이기 때문이다. 리더는 직원이 업무 환경 안에서 위기와 기회를 긴밀히 포착하는 힘을 갖추기를 바란다. 패턴이 나타날 때 그것을 알아보고 승인을 얻어 행동해야겠다고 생각하는 능력 말이다. 패턴 인식은 신속대응팀 프로토콜의 강점이었다. 프로토콜로 만들어진 병원 내 분위기 덕분에 간호사들은 어느 때든 걱정스러운 아이가 눈에 띄면 목소리를 높일 수 있었다. "문제가 있는 것 같아요!"

패턴 인식형 인계철선은 위기만이 아니라 기회에도 적용할 수 있다. 조직의 리더는 환경 변화를 민감하게 포착하고 용기를 낼 줄 아는 직원이 필요하다. 직원들은 이렇게 목소리를 높일 수 있어야 한다. "여기 새로운 움직임이 보여요. 회사에 좋은 기회가 되겠어요."

피터 드러커는 경영진을 향해 "예상치 못한 성공"을 잘 이용하라고 독려한다. 그는 이렇게 썼다.

신생 벤처 기업은 본래 의도하지 않았던 시장에서 계획에 없던 제품이나 서비스로 성공을 거두는 경우가 많다. 그럴 때는 대부분 기업이 시작할 때는 생각조차 못 했던 사람들이 고객이 되고 초기 설계와는 거리가 먼 목적으로 제품이 사용된다. 그런데 기업이 이 점을 예상하지 못한 탓에 생각지 못한 시장의 이점을 활용하지 못하면 결국 이 성공은 경쟁사에 기회를 만들어주는 것으로 막을 내릴 것이다.

우연히 개발된 탈모 치료제 로게인Rogaine은 "예상치 못한 성공"이 잘 드러나는 사례 중 하나다. 로게인에 들어가는 유효 성분인 미녹시딜minoxidil은 고혈압 치료제로 널리 쓰이는 로니텐Loniten이라는 약의 주성분이다. 그러나 로니텐은 놀라울 만큼 부작용이 많았다. 그중 하나는 로니텐을 복용하는 환자들의 팔과 등, 다리에 없던 털이 자라기 시작하는 것이었다(상상하겠지만 반가운 부작용은 아니었다). 그러나 제약 회사 업존Upjohn의 과학자들은 이 문제 속에 숨어 있는 기회를 포착해낼 만큼 영리했다. 그들은 약품을 재구성해 오늘날 우리가 로게인으로 알고 있는 탈모 치료제를 만들어냈다.

비아그라 역시 비슷한 과정을 통해 개발되었다. 처음에 비아그라는 흉통(협심증) 치료제로 임상 실험을 거쳤지만 그 용도로는 실패작이었다. 그런데 환자들이 별난 부작용을 겪었다고 이야기하기 시작했다.(그 어색한 대화를 상상해보라. "선생님, 가슴은 아직 아픈데요, 저기 그러니까…… 이게 다른 데 효과가 있더라고요.")

이 이야기를 다룬 한 기사의 결론은 많은 사람의 공감을 얻었다. "의약품 산업에서는 기획만큼 운이 원동력으로 작용한다." 그러나 이는 틀린 말이다. 로게인은 운이 좋아서 만들어진 약이 아니기 때문이다. 이 모든 우연 속에 드러난 기회를 알아보고 수익을 창출하기까지는 훈련이 필요했다.(솔직히 말해보자. 못마땅하게 등에 털이 난 것을 보고 이것이야말로 수십억 달러를 벌 기회라고 생각하는 것은 당연한 일이 아니다.)

신속대응팀의 성공 또한 이러한 패턴 인식형 인계철선에서 비롯되었다. 간호사들은 위기의 신호를, 제약회사의 과학자들은 기회의 신호를 민감하게 포착했다는 점만 다를 뿐이다.[9]

우리 역시 팀원들을 위해 비슷한 인계철선을 마련해두면 어떨까? 피터 드러커가 말한 "예상치 못한 성공"의 기회를 팀원들이 민감하게 알아보도록 훈련한다면 어떨까? 작은 사업체 소유주라면 직원들에게 이렇게 말할 수 있다. "사람들이 우리가 예상 못 한 방식으로 우리 제품을 쓰고 있다면 그 점에 관해 같이 이야기해봅시다." 고등학교 학년 부장은 이렇게 말할 수 있다. "새로운 과제를 시도했는데 학생들이 정말로 의욕을 보이는 것 같다면 다음 회의 때 이야기해봅시다."

위기나 기회의 패턴을 인식하도록 훈련할 때는 누구든 한 번쯤 경험했을 현상인 "익숙한 그 이름seeing it everywhere" 효과를 이용하면 좋다. 새로운 경험이나 단어를 배우고 나면 갑자기 가는 데마다 그것이 눈에 띄기 시작한다.

〈1000가지 멋진 일1000 Awesome Things〉이라는 블로그의 523번 글에서는 이 현상을 정말 멋진 일로 소개한다. 이 글에는 이 일을 경험한 수십 명의 댓글이 남아 있다. 다음은 그중 일부다.[10]

- 이건 정말 정말 멋진 일이죠. 내가 가장 최근에 알게 된 단어 중에 "해버대셔리haberdashery"(남성용 옷과 장신구 또는 남성복점을 가리키는 말-옮긴이)라는 게 있어요. 다들 이런 말이 있는지조차 몰랐을 거예요. 그런데 우리 교수님이 전 부통령 해리 트루먼이 해버대셔리 판매상이었다고 말씀하시더라고요. 또 그 뒤에 우리 할머니께서 이 단어를 쓰셨죠. 그러고 나서는 작은 간판에서 이 말이 눈에 띄었고요. 이스트사이드마리오스East Side Mario's(캐나다 패밀리 레스토랑 체인-옮긴이)의 벽에 붙어 있었죠. 세상 참 좁아요!
- 어릴 때 우연히 "피저블feasible"(실현 가능한)이라는 단어를 본 일이 있어요. 이튿날 체스 교실에 가서 체스 게임 요령이 설명된 책을 보는데 그중 한 권에 이 단어가 나오는 거예요. 한두 번이 아니라

여러 번요. 덕분에 체스 실력보다 단어 실력이 늘었다니까요. 진짜 멋진 일이에요!

- "저스틴 비버"를 안 뒤로 여기저기서 이 이름이 안 보이는 데가 없네요. 그런데 저스틴 비버 때문에 바보가 된 것 같아요. 너무 괴로워서 죽겠어요.

인계철선에 이름을 붙이면 패턴을 인식하기가 더 수월해진다. "해버대셔리"라는 말을 배운 뒤로 그 말이 더 쉽게 눈에 띄는 것과 같은 이치다.

가령 비행기 조종사들은 "리머leemer"라는 것을 조심해야 한다고 배운다. 리머는 이유는 분명하지 않지만 막연하게 뭔가 잘못되었다고 생각할 때 드는 느낌을 말한다. 막연한 느낌에 이름을 붙이면 분명한 존재가 되고, 조종사들은 그 느낌에 더 쉽게 주의를 기울일 수 있다. "리머다!" 하고 느낌을 인식하면 조종사는 곧장 자동 비행 모드를 벗어나 수동 제어 모드로 들어간다. 무의식적인 비행에서 의식적인 비행으로 방식의 전환이 이루어지는 것이다.

살다보면 이렇게 신속한 전환이 필요할 때가 많다. 그럴 때 우리는 현재의 궤도가 영원하지 않음을 되새길 수 있다. 인계철선은 다음과 같은 순간의 깨달음을 안겨준다.

"선택은 내 몫이다."

ONE PAGE:
CHAPTER 11

---

1. **우리는 삶에서 자동 조종 시스템에 자연스럽게 빠져 살면서 과거의 결정에 의문을 제기하지 않는다.**
   - 예: 사람들은 바나나를 깔 때 자동으로 위에서부터 껍질을 벗긴다. 바나나 껍질 까는 법을 고민하는 상황은 거의 일어나지 않는다.

2. **인계철선은 머릿속에 경종을 울려 선택의 가능성을 깨닫게 한다.**
   - 자포스는 그만두면 1000달러를 주겠다는 제안으로 신입 사원들에게 선택에 의식적으로 접근할 기회를 주었다.
   - 데이비드 리 로스에게 갈색 엠앤엠즈 초콜릿은 공연장을 점검해야 한다는 신호였다.

3. **인계철선은 변화가 서서히 일어날 때 특히 유용하다.**
   - 코닥은 디지털 사진이 등장하면서 몰락했다. 코닥 경영진이 더 대담하게 대처하도록 알려줄 인계철선이 있었다면 파산하지 않았을 수 있다.

4. **자동 조종 시스템에 갇혀 있다면 데드라인을 정하거나 칸막이를 써보자.**
   - 데드라인: "6개월 전에는 지금쯤 음반 녹음 계약이 되어 있을 거라

생각하지 않았어?"
- 칸막이: 일용직 노동자들은 봉투 1개가 아닌 10개에 급여를 나누어 보관할 때 저축액이 늘었다.

5. **사람들은 형편없는 결정을 내리고도 일단 선택하고 나면 갈수록 더 많은 것을 투자하는 경향이 있다. 이때 칸막이를 설치하면 이 성향을 극복할 수 있다.**
- 예: "본격적으로 시동을 걸기 위해 5만 달러까지는 아낌없이 써보기로 예산을 성하면 어떨까?"

6. **인계철선을 사용하면 위험을 무릅쓰고 시도할 안전한 공간이 마련된다. 인계철선이 있으면 (1) 위험한 시도에 경계가 생기고, (2) 인계철선이 건드려지기 전까지는 안심하고 위험한 시도를 할 수 있다.**

7. **강력한 인계철선 가운데는 날짜, 수치, 예산 같은 정확한 기준이 아닌 패턴으로 건드려지는 것이 많다.**
- 예상치 못한 문제: 어린이병원 간호사들은 환자가 걱정될 때 신속대응팀을 호출했다.
- 피터 드러커: "예상치 못한 성공"에 대비하라.
- 탈모 치료제 로게인을 개발한 영리한 과학자들은 등에 털이 나는 고혈압 약의 부작용을 기회로 포착했다.

8. **인계철선은 귀중한 깨달음을 준다. "선택은 내 몫이다!"**

CHAPTER 12

프로세스를 신뢰하라

조직의 의사결정 원칙 1: 협상하라

사람들은 일상의 결정과 마주해서 큰 힘을 들이는 일이 거의 없다. 어느 길로 회사에 가고 점심에 어떤 샌드위치를 먹을지 따위는 깊은 고민의 대상이 아니다. 그러나 힘든 결정이 눈앞에 있으면 머리가 무겁다. 조직 생활을 하는 우리 대부분에게 이런 힘든 결정은 집단 의사결정을 의미할 때가 많다.

이 책 전반에서 우리는 조직을 자극하고 고무해 의사결정의 질을 높이는 방법을 알아보았다. 그러니 이제부터 결정을 내릴 때는 선택지를 하나 더 늘리고, 먼저 문제를 해결해본 사람을 찾고, "당신의 결정이 옳으려면 어떤 조건이 필요한가?"라고 질문해보자. 또한 우칭으로 이해 다툼을 누그러뜨리고, 큰 결정을 내릴 때는 우선순위를 고려하고, 사전 부검과 사전 퍼레이드를 시도해보자. 인계철선을 마련하는 것 역시 빼놓을 수 없다. 이런 기법들을 사용하면 조직의 의사결정에서 한층 나은 결과가 나타날 것이다.

여기에 더해 우리는 결정의 "여파"에 관해 살펴볼 필요가 있다. 대부분의 의사결정에는 최소한 약간의 "부수적인 피해"가 발생하기 때문이다. 결정에 아이디어가 반영되지 못한 사람들을 생각해보자. 그들은 화가 나거나 감정이 상하거나 새로운 방향을 신뢰하기 어려울 것이다. 결정이 공정하게 이루어졌다고 인식되려면 어떻게 해야 할까?

WRAP 프로세스가 일상으로 사용될 때 우리는 의사결정이 공정하게 이루어졌다는 느낌을 받는다. 이 프로세스를 따르면 의사결정 과정을 쉽게 이해할 수 있고 앞으로도 이 방식이 일관되게 유지될 것을 확신할 수 있기 때문이다. 한편 집단 의사결정을 다룰 때는 WRAP 프로세스 외에 몇 가지 아이디어를 더 고려할 수 있다.

공정한 결정을 내리는 가장 직접적인(그리고 가장 어려운) 방법은 최대한 많은 사람을 참여시켜 모두의 동의를 얻는 것이다. 조직의 의사결정을 수집해 분석했던 폴 너트를 기억하는가? 그는 분석을 통해 조직에서는 1가지 선택지만 놓고 고민하는 경우가 다반사라는 사실을 알아냈다. 나중에 너트는 제너럴일렉트릭, 나사, GM 등의 조직이 내놓은 376가지 의사결정을 토대로 최종 선택이 이루어지는 과정을 분석해보았다. 그 결과 그가 "협상bargaining"이라고 부르는 방식을 통해 결정이 나온 경우는 전체 중 7분의 1에 불과했다.

"협상"은 기본적으로 타협의 기술이라고 할 수 있다. 동의하지 않는 다수가 있을 때 대다수가 받아들일 해결책을 찾을 때까지 교섭을 계속하는 것을 가리키는 말이다. 너트에 따르면 협상은 자주 쓰이지는 않았지만 협상을 한 뒤에는 결정이 성공할 확률이 항상 "극적으로" 올라갔다.[1]

사람들은 보통 이 이야기를 들으면 다음 둘 중 하나로 회의적인 반응을 보인다. 첫째, 타협은 줏대 없고 우아하지 못하다고 생각한다. 타협에 관한 오랜 농담 중에는 "위원회에서는 낙타가 말이 된다"(사공이 많으면 배가 산으로 간다는 뜻-옮긴이)라는 말이 있을 정도다. 아이폰은 위원회 합의 형태의 타협에서 비롯된 결과물이 아니다. 그리고 둘째, 애플처럼 의견이 모일 수밖에 없을 만큼 성장세가 뚜렷하고 가치가 명확한 조직에서는 타협이 불필요할 때가 있다. 이런 경우에는 오히려 타협이 역효과를 낸다. 그러나 애플은 예외 사례다. GM의 경우를 생각해보자. 만일 CEO가 디자인에 관해서는 자신이 품격 있는 비전을 가졌으니 노조가 통 크게 양보할 것을 기대한다면 과연 말이 되는 상황일까? 힘을 가진 여러 세력이 의사결정에 관여하고 있다면 협상은 절대 피할 수 없다.

여기서 말하려는 핵심은 타협은 필요악이라는 것이 아니다. 타협은 그 자체로 가치 있는 일이 될 수 있다. 이유는 다음과 같다.

첫째, 타협은 그동안 "다양한 의견을 고려"한 사실을 드러내기 때문이다(다양한 의견을 고려하면 위험을 줄일 수 있다). 사람들은 협상할 때 각자 다른 선택지를 들고나온다. 이로써 조직은 편협한 사고를 피할 수 있다(실제로 협상에 나서는 사람들은 의사결정 과정에서 보통 최소한 2가지 완성된 대안을 고려한다. 그러나 그 외 다른 의사결정 과정에서는 1가지 대안만 고려되는 일이 많다). 또한 협상 당사자들은 서로 악마의 변호인 역할을 하는 경향이 있다. 그들은 상대방이 스스로 질문하기 어려운 확증 타파 질문을 던진다.

교육감이 야심 찬 계획을 새로 구상해 반대에도 불구하고 위험을 감수하며 그 계획을 지역에 적용하려 한다고 해보자. 그런데 만일 교육감이 지역의 문제와 해결책을 완전히 잘못 짚은 것이라면? 이때 교육감이 직원들이나 교사들과 협상을 시도한다면 본래 계획을 완화해서 내놓을 수 있다. 즉 실효성이 가장 낮은 부분은 제외한다는 뜻이다.

둘째, 타협은 적용 단계의 속도와 성공률을 높이기 때문이다. 사람들은 협상이라고 하면 흔히 이런 반응을 보인다. "좋아, 의사결정에 많은 사람이 관여한다는 건 좋은 일이야. 모든 사람이 동의할 때까지 협상을 계속한다는 것도 멋져. 그런데 이런, 정신 좀 차리자고. 그럴 시간이 어딨어!" 비즈니스의 세계는 빠른 의사결정을 바탕으로 성장하고 성공한다. 그러나 합의는 서둘러서 되는 일이 아니다.

사람들이 협상에 대해 이렇게 생각하는 것은 어쩌면 당연한 일일지 모른다. 사실 협상은 속도가 느린 의사결정 방식이다. 그러나 속도만으로 협상의 효과를 판단해서는 안 된다. 의사결정은 결과에 이르기 위한 "수단"이기 때문이다. 가령 조직에서 고객센터로 들어오는 전화 요청을 다루기 위해 소프트웨어 솔루션을 선택하는 상황이라고 해보자. 그런데 이 결정의 최종 목표는 소프트웨어 솔루션 자체가 아니다. 결국 소프트웨어 솔루션의 목적은 고객을 더 만족시키기 위한 것이다. 즉 조직은 올바른 솔루션을 고르는 데 그치지 않고 직원들이 그것을 열심히 사용해 고객 만족을 높이도록 하는 데 초점을 맞추어야 한다. 바꾸어 말하면 성공에는 2가지 단계가 필요하다. 첫째는 의사결정, 둘째는 결정의 적용이다.

그러므로 협상 초기의 더딘 속도는 적용 단계의 빠른 속도(결정적 이점)를 통해 충분히 상쇄할 수 있다. 반면에 교육감이 독재자처럼 아무리 번개 같은 속도로 결정을 내린다 해도 행정 직원이나 교사가 그 결정을 마음에 들어 하지 않는다면 결국 적용은 요원한 일이 되고 만다.

그렇다면 당신은 어디에 시간을 쓰고 싶은가? 처음부터 협상에 공을 들이겠는가, 마지막에 가서야 반대 무리를 설득하느라 진땀을 빼겠는가? 협상이 남는 장사다!

조직의 의사결정 원칙 2: 절차 공정성을 지켜라

물론 협상만 하면 항상 모두를 만족시킬 수 있다는 뜻은 아니다. 의사결정을 통해 다수에게 또는 조직에 이익이 돌아가게 하다보면 그에 따르는 비용으로 일부에게는 불이익이 돌아가기도 한다. 그러나 이때 이들이 의사결정에서는 패배했지만 프로세스 자체는 공정했다고 여긴다면 이들의 반응은 무척 달라질 수 있다. 다음 2가지 소액 소송 사건을 살펴보자.

- 사건 1: 카를로스Carlos는 자신이 고용했던 마이크Mike를 고소했다. 조리대에 대리석 상판을 설치하게 했는데 결과물이 너무 조잡했기 때문이다. 카를로스는 조리대를 다시 설치하느라 다른 사람을

또 고용해야 했다고 증언하며 마이크에게 임금으로 지급했던 650
달러를 돌려받고 싶다고 했다. 판사는 양측의 의견을 경청했다. 그
런 뒤 마이크가 조리대 상판을 제대로 설치하지 않았을 가능성을
보여주는 2장의 사진을 근거로 마이크가 카를로스에게 650달러를
돌려주어야 한다고 판결 내렸다.

- 사건 2: 애널리사Analisa는 자신이 없는 동안 집을 봐주었던 젠Jen을
  고소했다. 기르던 열대어들을 죽게 했다는 이유였다. 애널리사는
  젠이 자신이 부탁한 일정에 맞추어 먹이를 주지 않았다고 주장했
  다. 애널리사가 돌아왔을 때 열대어들은 어항 물 꼭대기까지 떠올
  라 있었다고 했다. 젠은 자신이 기억하는 한 절대 먹이 시간을 놓
  치지 않았다고 말했다. 애널리사가 증거를 더 말하려는데 판사가
  불쑥 그녀의 말을 잘랐다. 그러고는 젠은 잘못이 없다고 판결을 내
  리며 이렇게 중얼거렸다. "물고기가 살면 얼마나 산다고!"

이 2가지 소송은 판결 양상이 아주 다르다. 사건 1은 공정한 프로
세스를 따른 것 같지만 사건 2는 그렇지 않다. 이런 사건 판결을 연
구하는 학자들은 판결 결과에서 일관된 패턴을 발견한다. 승소한 사
람들(카를로스와 젠)은 보통 결정을 만족스럽게 받아들인다. 당연한
일이다(판사의 경솔한 말 때문에 젠은 카를로스보다 만족감이 덜했을지 모
르지만).

그러나 패소한 사람들이 이 경험에 대해 느끼는 감정은 뚜렷하게
갈린다. 우선 공정하지 못한 재판에서 패소한 애널리사(열대어 주인)
는 결과에 몹시 화가 난다. 증언조차 다 끝내지 못했으니 말이다!

가장 놀라운 일은 조리대 상판 소송에서 패한 마이크에게서 일어

난다. 그는 카를로스(승자)보다는 덜 만족스러워 보이지만 만족에 가까운 기분을 느낀다. 사실 마이크는 불공정한 재판의 승자인 젠보다 결과를 더 만족스럽게 생각한다.[2]

학자들은 이렇게 사람들이 공정함을 두고 느끼는 감정을 가리켜 "절차 공정성procedural justice"(절차적 정의)이라고 부른다. 결정이 나오기까지 절차procedure가 공정하다고 느낄 때 사람들은 절차 공정성을 실감한다. 절차 공정성의 반대급부에는 "분배 공정성distributive justice"(분배적 정의)이 있다. 분배 공정성은 의사결정의 성과가 공정하게 분배되었는가와 관계가 있다. 여러 연구에서는 사람들이 의사결정을 두고 느끼는 감정을 가장 크게 좌우하는 것이 바로 절차 공정성이라고 말한다. 결국 의사결정에서는 결과만이 아니라 과정, 즉 프로세스 역시 중요하다.

절차 공정성은 다음과 같이 아주 간단한 요소로 구성된다. 사람들에게 각자 생각을 말할 기회를 준다. 그 말을 귀 기울여 듣는다. 정확한 정보를 사용해 결정을 내리고, 잘못된 정보일 경우 사람들에게 이의를 제기할 기회를 준다. 모든 상황에서 일관된 원칙을 적용한다. 편향과 사리사욕을 피한다. 어떤 쪽으로 결정이 내려진 이유와 관련된 위험, 우려를 솔직하게 말한다.

이것이 옳바른 의사결정 방법인가에 관해서는 논쟁의 여지가 없다(일관성 없고 무례한 결정이 옳다고 말할 사람은 없을 것이다). 그러나 사실 우리는 공정한 프로세스보다 자기 생각을 더 소중히 여기고, 절차 공정성보다 편법을 택할 때가 있다.

절차 공정성을 확보하는 2가지 방법

한편 절차 공정성을 실현하고자 애써봤자 노력을 인정받지 못하는 일도 있다. 예컨대 경청의 필요성에 관해 생각해보자. 당신은 잘 듣고 있다는 표시로 고개를 끄덕여가며 동료의 말을 경청한다. 그리고 자신이 동료의 말을 정말로 주의 깊게 듣고 있다고 생각한다. 즉 절차 공정성의 한 축을 몸소 구현하는 중이다. 그러나 동료가 보기에는 정말 그런지 명확하지가 않다. 듣고 있다고 생각할 수 있지만 답변을 궁리하는 중이라고 생각할 수도 있다. 이럴 때는 정말 그렇다는 것을 눈으로 보여줄 방법이 필요하다.

로버트 누킨Robert Mnookin은 중대한 이해관계가 얽힌 기업 소송 중에 중재자로서 이 문제와 직면하곤 한다. 소니가 저작권 침해를 이유로 애플을 고소하고 애플이 소니를 맞고소했을 때도 둘 사이에는 누킨이 있었다. 그는 어마어마한 적대감과 맞서야 하므로 자신이 절차 공정성을 구현하고 있음을 반드시 드러내야만 한다. 그래서 그는 단순히 양측의 말을 듣기만 하는 데 그치지 않고 이렇게 한다.

"상대방 입장을 듣고 그 내용을 그 사람이 말한 것보다 훨씬 더 잘 드러나게 다시 말해줍니다. 그렇게 하면 상대방은 내가 경청하고 있다고 느끼고 긴장을 풀 수 있죠."[3] 상대의 입장을 상대보다 더 확실하게 말로 표현해 들려주면 정말 잘 듣고 있음을 증명할 수 있다.

결정을 옹호할 때 역시 마찬가지다. 이미 결정한 일이 반대에 부딪힐 때 필요한 것은 이 일이 무모하거나 순진하기만 한 과정의 결과물이 아님을 반대 측에 이해시키는 일이다. 그러나 막상 반대에 부딪히면 보통 그렇게 하기가 어렵다. 이럴 때 우리는 본능적으로 자기 입장을 더 깊이 파고들면서 열정적으로 자신을 방어하기 바쁘다. 그러나 놀랍게도 때로는 정반대로 하는 편이 훨씬 효과적일 수 있다.

네트앱NetApp 설립자 데이브 히츠Dave Hitz는 말한다. "때로 결정을 옹호하는 최선의 방법은 상대에게 그 결정에 어떤 결점이 있는지를 짚어서 말해주는 것이다." 히츠는 흥미로운 자서전《황소를 거세하는 법How to Castrate a Bull》에서 반대 의견 다루는 법을 이렇게 설명했다.

가령 내가 A 계획 쪽으로 마음을 굳혔다고 하자. 나는 팀장이므로 이 결정을 옹호하며 팀원들에게 이유를 설명할 의무가 있다. 그런데 A 계획은 진짜 아니라며 사무실로 쳐들어와서 그보다는 Z 계획이 훨씬 낫다고 말하는 사람이 있다면 어떻게 해야 할까? 전에는 나도 Z 계획에 관해 들어보고 그것이 마음에 들지 않는 이유를 말한 뒤 A 계획이 더 나은 이유를 최대한 잘 설명하는 것이 맞는다고 생각했다. 내가 결정을 알릴 때 보낸 이메일에 그 내용이 있었으니 보았을 법한데 동의하지 않는다면 이 사람은 내 이메일을 주의 깊게 읽지 않은 것이다. 그러므로 제대로 다시 말해주는 수밖에! 그러나 이렇게 해서는 별반 효과가 없었다.

오히려 효과가 있었던 방법은 먼저 상대의 의견에 동의하는 것이었다. "맞아요, Z 계획은 정말 합리적이에요. 방금 당신이 말한 이유 외에 2가지 장점이 더 있죠. 그런데 결정 안인 A 계획은 그것 말고도 3가지는 더 단점이 있어요." 이 방법의 효과는 어마어마하다. 물론 얼핏 생각해서는 전혀 말이 안 되는 것 같다. 그러나 A 계획이 더 낫다는 걸 확신시키지 못하더라도 내가 (Z 계획의 장점과 함께) A 계획의 단점을 내 입으로 말해주면 상대는 훨씬 더 안도감을 느낀다.[4]

히츠의 논리는 자연스러운 자기 PR 본능과 배치된다. 떠들썩하게 내 입장을 변호해야 맞는 것 아닌가? 팀장이 먼저 단점을 인정해버리면 팀원들이 불안에 떨지 않을까?

그렇지 않다. 히츠의 생각이 옳다. 팀장의 자기비판은 팀원들에게 불안감보다는 안도감을 준다. 이는 팀장이 현실에 근거해 결정하고 있다는 신호기 때문이다. 이때 팀장은 근본적으로 이렇게 말하는 것과 같다. "우리는 이 결정이 성공하리라는 구체적인 정보를 바탕으로 모험을 하는 겁니다. 그래도 모르니 앞으로 면밀히 지켜봐야겠죠(가정 검증 단계는 끝났습니다. 인계철선도 마련했고요)."

반면에 만일 팀장이 비판을 듣기 무섭게 결정의 변호인으로 변신해 자기 입장 말하기에만 급급하다면 오히려 불안이 조장된다. 그렇게 자기주장만 한다면 설령 이 결정이 정말로 낭패스럽더라도 팀장은 전혀 방향을 바꾸지 않으려 할 테니, 이럴 때야말로 팀원들은 걱정을 내려놓기가 힘들다.

이처럼 절차 공정성을 다룬 연구들에서는 사람들이 과정, 즉 프로세스를 정말로 중요하게 생각한다는 점이 드러난다. 사람은 누구나 자신에게 영향을 미치는 의사결정 프로세스가 공정하다고, 이 결정은 올바른 정보를 모두 고려한 결과물이라고 믿고 싶어 한다.

결과가 내 생각과 다르더라도 프로세스는 반드시 신뢰할 수 있어야 한다. 히츠는 팀장으로서 자신의 결정에 내재한 결함을 인정함으로써 팀원들이 결정 자체보다 전반적인 프로세스를 신뢰할 기반을 마련한다. 개개의 의사결정은 틀릴 때가 많겠지만 올바른 프로세스는 어떤 상황에서든 든든한 동맹군이 되어준다.

어느 리더의 훌륭한 개인 의사결정 프로세스

매우 개인적인 의사결정에서조차 프로세스는 도움이 될 수 있다. 이 점을 알아보기 위해 한 비영리 재단의 리더 매트 다리고_{Matt D'Arigo}의 이야기를 살펴보자. 다리고의 이야기는 그의 가족이 가슴 아픈 소식을 듣고 충격을 받았던 시점으로 거슬러 올라간다.

1991년 다리고는 앨라배마주 모빌에 있는 스프링힐칼리지에서 1학년 봄 학기 수업을 듣고 있었다. 그러던 어느 날 어머니가 위암 진단을 받았다는 소식이 전해졌다. 다리고의 아버지는 상황을 논의하기 위해 온 가족(아들 다리고와 네 딸)을 집으로 불러들였다. 다행히 의료진은 어머니의 병세가 충분히 호전될 수 있다며 희망적인 말을 했고, 다리고는 걱정 반 기대 반 심정으로 학교로 돌아갔다.

그런데 봄 학기가 채 끝나지 않아 누나 케이트_{Kate}가 어깨 통증을 호소하기 시작했다. 통증은 여름까지 계속되었고, 병원에서 MRI를 찍은 결과 종양이 발견되었다. 림프암이었다. 어머니와 누나는 늦여름부터 초가을까지 함께 항암 화학 요법을 받았다. "세상이 다 무너진 것 같았어요." 다리고의 말이다.

가을 학기가 시작되었지만 다리고는 학교로 돌아가지 않고 가족과 함께 보스턴에서 지내기로 했다. 그 힘겹던 시간 동안 다리오가 마음을 다잡을 수 있었던 것은 그림 덕분이었다. 그는 마음의 불안을 잠재우기 위해 그림을 그렸고 그러면서 치유의 힘을 발견했다. 그러나 그해가 가는 동안 누나는 호전되었지만 어머니는 점점 더 상태가 악화되었다. 12월 초 무렵 어머니는 다시 온몸에 암이 전이되었고 몇 주 뒤 크리스마스를 넘기고 세상을 떠났다.

다리고는 혼미한 정신으로 하루도 빠짐없이 그림을 그렸다. 그러던 어느 날 다리고는 자신이 그랬듯 다른 사람들 역시 그림에서 힘을 얻으면 좋겠다는 생각이 들었다. 그리고 불현듯 알 것 같았다. "이게 바로 내가 할 일이야. 난 그림을 통해 아이들을 도와야 해."

하지만 이 찰나의 깨달음을 다른 사람에게 이야기한 적은 없었다. 다른 사람들 눈에는 "바보 같은 생각"으로 보일 수 있을 것 같았기 때문이다. 시간이 흘러 그는 결국 본래 삶으로 돌아갔다. 다리고는 학교를 마친 뒤 직장과 사는 곳을 여러 번 옮긴 끝에 샌디에이고에 정착했다. 그러나 그림에 관한 깨달음을 얻은 지 10년이 흐르자 더는 이 일을 미룰 수 없다는 생각이 들었다. 그는 그제야 아버지에게 속마음을 이야기했고, 아버지는 종잣돈으로 5000달러를 내주었다. 누나 케이트도 비영리 재단 꾸리는 법을 다룬 책들을 보내며 힘을 실어주었다.

2001년 다리고는 ARTSA Reason To Survive(살아남을 이유)라는 이름으로 재단을 설립했다. 아픈 아이들을 그림으로 위로한다는 사명을 띤 단체였다. 우선 그가 한 일은 자원봉사자로서 로널드맥도날드하우스Ronald McDonald House를 돕는 것이었다. 이곳은 길 건너 어린이병원에서 아이가 치료를 받는 동안 가족들이 머무는 장소였다. 여기서 그가 처음 만난 두 아이는 항암 치료를 받는 세 살짜리 남자아이 라일리Riley와 라일리의 누나 알렉시스Alexis였다.

라일리와 가족들은 그 귀한 몇 시간 동안 라일리가 아프다는 사실을 완전히 잊어버렸다. 다리고는 이 가족에게 수채 물감 쓰는 법과 간단한 스케치 방법을 알려주었다. 가족은 병원에 있는 다른 아이들을 위해 어서 나으라는 메시지를 담아 카드를 만들었다. 또 한

번은 비치보이스Beach Boys의 노래를 틀고 가볍게 몸을 흔들며 해변의 모습을 벽화로 그리기도 했다.

2001년 말 라일리가 세상을 떠나자 다리고는 4시간 동안 차를 몰아 장례식에 참석했다. 가족은 그에게 짧은 추도사를 부탁했다. 라일리의 죽음은 몹시 가슴 아팠지만 그는 자신이 할 일을 하고 있음을 알았다. 다리고는 말했다. "막막한 시간을 보내는 아이들에게 밝은 빛이 되어주고 싶었습니다."

처음 몇 년 동안 ARTS는 다리고와 자원봉사로 일하는 예술가 몇 명으로 운영되었다. 그들은 아이들이 한자리에서 끝마칠 만한 미술 프로젝트를 구상하기 위해 방법을 배워나갔다. 그런 아이들은 "집이 없거나 학대받거나 병원에서 지내는 중이라 과연 다음에 다시 볼 수 있을지 알 길이 없기 때문"이라고 다리오는 말했다.

시간이 지나 재단 규모가 커가자 자원봉사자와 기부금도 늘었다. 이제 ARTS는 수십 명이 아니라 수백 명에 달하는 아이들을 돕고 있었다. 2007년이 되어 드디어 미술 센터를 열 만한 돈이 모이자 재단은 아이들에게 영감을 되어줄 첫 번째 상설 공간을 마련했다. "공간은 밝고 환하고 다채로운 색으로 꾸몄어요. 아이들은 문을 열고 걸어 들어오기 무섭게 기분이 달라졌고요."

미술 센터에서는 소년원에 있는 아이와 빈민 시설에 사는 아이, 다운증후군이 있는 아이가 함께 프로젝트를 완성해나가는 모습을 볼 수 있었다. 이들에게 미술 센터는 말하자면 집 밖의 집이었다. 한 여자아이는 다리고에게 이렇게 말했다. "학교와 집은 비밀을 말할 수 없는 곳인데 미술 센터는 달라요. 여기서는 비밀을 털어놓을 수 있어요."

ARTS는 2011년에 10주년을 맞이했다. 그러나 다리고는 이 시점을 계기로 혼란을 느끼기 시작했다. 사실 그는 지난 2~3년 동안 불안을 느끼고 있었다. 그는 항상 ARTS의 영향력을 미국 전역으로 넓히고 싶어 했지만 지금까지는 샌디에이고를 벗어나지 못하는 상황이었다. 일부 이사진에게 성장에 대한 의견을 이야기했지만 다들 지금 하는 일에 더 집중하는 편이 나을 거라고 했다.

그러자 ARTS를 떠나서 비슷한 생각을 바탕으로 운영되는 다른 지역의 비영리 단체들을 대상으로 컨설팅을 하는 편이 나을지 모르겠다는 생각이 들기 시작했다. 그러나 자신이 설립하고 10년 동안 운영한 단체를 떠난다는 건 상상조차 할 수 없었다. 다리고는 몇 달 동안 결정을 고심했다. "ARTS를 떠날 것인가 그대로 자리를 지킬 것인가?"

그는 한 의사결정 워크숍(이 책의 저자 중 칩 히스가 진행한 워크숍)에 참석했다가 이 딜레마에 관해 이야기했다. 그리고 단도직입적인 질문을 받았다. "지금부터 10년이 지났다고 생각해보세요. ARTS는 샌디에이고에서 어마어마한 성공을 거두었습니다. 지금보다 훨씬 많은 아이를 돕고 있죠. 이제 ARTS는 가히 지역 공동체의 든든한 기둥이 되었어요. 그런데 샌디에이고를 벗어나서는 전혀 존재감이 없죠. 그래도 괜찮으시겠어요?" 다리고는 고개를 저으며 대답했다. "아니요, 괜찮지 않을 것 같아요."

그는 이렇게 대답한 뒤 마음이 달라졌다. 행동해야 한다는 사실이 분명해졌기 때문이다. 다리고는 동료와 다른 설립자들, 그리고 몇몇 이사진에게 조언을 구하며 의견을 나누기 시작했다. 그러다 한 차례 대화를 통해 큰 전환점을 맞았다. 샌디에이고의 한 어린이 복지 기관의 CEO를 만났을 때였다. 다리고는 앞으로도 계속 ARTS를 지역 단체로 키워나갈지, 아니면 ARTS를 떠나서 미술치료의 힘을 미국 전역으로 키워나갈지 고민 중이라며 속내를 털어놓았다. 그러자 CEO가 말했다. "둘 다 하면 되잖아요!" 그녀는 샌디에이고에서 ARTS를 튼튼하게 키워가는 한편 프로그램을 전국으로 확대할 방법을 함께 찾아보라고 했다.

그러고 보니 그 말이 맞았다. 2가지를 다 하지 말라는 법은 없었다. 그는 떠나겠다는 생각은 접고 ARTS에 대한 포부를 펼칠 방법을 생각하기 시작했다. 그 뒤 2011년 여름이 되어 그가 처음으로 한 일은 새로운 방향에 관해 이사회의 의견을 타진한 것이었다.

다리오는 어떤 조건이 채워진다면 ARTS가 집중하는 범위를 확장할 수 있을지 이사회에 물었다. 이사회의 우려는 당연했다. 그들은 초점을 잃고 가뜩이나 얄팍한 재원을 여기저기에 허비하게 될까봐 염려했다.

하지만 다리고는 전부 해결할 수 있는 문제라는 생각이 들었다. 그는 1년 후로 "데드라인"을 정하고 반드시 그 안에 일을 시작해보기로 마음먹었다. "ARTS의 전략을 미국 전역으로 확장할 확고한 계획을 마련하자. 2012년 6월 30일에 있을 이사회 모임 전까지 그렇게 하는 거야. 그 모임에서 반드시 승인을 받아내겠어!" 그는 전략을 변경하려면 샌디에이고 팀에 자금과 인력이 더 필요하다는 것을 알고 자금 모금 캠페인을 더 공격적으로 이끌어줄 새 개발 담당자를 채용했다. 그런 뒤 자신이 전략 확장에 집중할 수 있도록 샌디에이고 프로그램 운영 담당자를 훈련하기 시작했다.

다리고는 확장에 관한 아이디어를 시험할 목적으로 라마에스트라커뮤니티건강센터La Maestra Community Health Centers라는 조직과 파트너 관계를 구축하려고 힘썼다. 라마에스트라는 최근 60여 개 국가에서 온 이민자들을 돕고 있었다. 그가 보기에 라마에스트라가 돌보는 아이들은 ARTS의 프로그램이 필요했다(이민자 가정의 딸이 새로운 언어와 문화에 적응하지 못해 힘들어하고 있는데 부모 역시 의료 문제로 사투를 벌이고 있다고 생각해보라).

라마에스트라의 직원에게 ARTS의 미술치료 프로그램 운영법을 훈련하면 어떨까? 계획이 성공한다면 그가 계속 개입하지 않더라도 라마에스트라의 직원들이 프로그램을 진행할 수 있었다. 그렇다면 ARTS는 직원을 어마어마하게 늘리지 않고 전국으로 영향력을 확장할 수 있다는 확실한 증거가 될 터였다.

한편 샌디에이고에서 ARTS의 영향력은 계속 눈덩이처럼 커져갔다. 그리고 저소득층이 사는 내셔널시티 지역에 시설을 확보할 기회가 생겼다. 본래 이 건물은 지방 정부가 리모델링한 오래된 도서관이었다. 이제 이곳이 미술 센터로 바뀐다고 하자 지역 사람들은 한껏 들뜨기 시작했다. ARTS에 이보다 더 완벽한 상황은 없었다. 임대료는 4분의 1밖에 안 되는데 크기는 지금 쓰는 곳보다 3배가 넓었기 때문이다. 도보 거리에 빈민 가정 아이들이 다니는 중학교와 고등학교가 있었다. 물론 이 지역에는 집 없는 아이들과 가정 폭력을 벗어나 시설에서 생활하는 아이들도 있었다. 근처에 ARTS의 도움이 필요한 아이들이 셀 수 없이 많았다.

2012년 봄 다리고는 스스로 정한 데드라인을 3개월 앞두고 새로운 방향의 전략에 관해 이사회 승인을 얻었다. 그는 안도와 희망, 강한 열정을 느꼈다. "다시 힘을 얻었습니다. 정말 신이 나요. 다시 창의력이 샘솟는 것 같습니다."[5]

이 책을 쓰는 지금 ARTS와 다리고가 정한 새로운 방향이 과연 성공을 거둘지는 알 길이 없다. 하지만 그래도 괜찮다. 결정이란 본래 그런 것이다. 선택의 시점에서는 결과가 성공으로 이어질지 알 도리가 없다. 성공은 양질의 의사결정을 큰 행운이 뒷받침할 때 일어난다. 여기서 우리가 통제할 수 있는 건 행운이 아니라 선택 방식이다. 그리고 대개 훌륭한 결정은 큰 성공을 가져다준다.

다리고는 양질의 선택을 했다.

그는 상황을 너무 좁은 틀 안에 가두지 않았다. "미국 전역으로 영향력을 확대하기 위해 떠나야 할까 남아야 할까?"라는 생각에만 갇히지 않고 둘 다 할 방법을 찾아냈다. "둘 중 하나가 아닌 둘 다"를 취한 것이다.

또한 그는 가정을 검증하기 위해 지인과 이사회 임원들, 그리고 다른 비영리 재단 리더들과 이야기를 나누었다. 그중 한 사람은 그가 편협한 사고틀을 깰 수 있도록 아주 중요한 조언을 건넸다. "둘 다 하면 되잖아요!"

또한 아이디어를 무조건 실행하기보다 먼저 우칭을 시도했다. 라마에스트라와 협업해 너무 위험하지 않은 상황을 만들고 그 안에서 확장에 관한 새로운 아이디어를 실험했다.

한편 어려운 선택을 힘들게 고민하는 동안 결정과 어느 정도 거리를 두었다. 그는 앞으로 10년 뒤에 ARTS가 샌디에이고 밖으로 뻗어나가지 못하고 있다면 어떤 감정이 들지 질문을 받았고, 이 일을 계기로 자신이 성장을 간절히 바란다는 사실을 깨달았다. 그의 핵심 우선순위에 따르면 ARTS는 확장되어야 마땅했다.

새로운 방향이 실패한다면 어떤 이유 때문일지 이사진과 함께 고민하며 미래를 위한 지지대를 설정하려 한 일 또한 빼놓을 수 없다. 이때의 분석 덕분에 다리고는 가장 어려운 상황에 대비할 힘이 생겼다. 자신이 샌디에이고 바깥에 집중하는 동안 샌디에이고 안에서는 기금 모금이 어려워질 것을 알고 영리하고 공격적인 개발 담당 직원을 새로 채용했다. 또 성장하는 모든 조직이 그렇듯이, 당장 닥친 일들을 해결하다보면 주의가 흐트러질 우려가 있으므로 인계철선을 마련했다. "2012년 6월 30일에 있을 이사회 모임 전까지 확고한 계획을 마련하겠어!"

정말 훌륭한 의사결정 프로세스 아닌가!

훌륭한 의사결정 프로세스란 숫자를 입력하면 곧바로 "답"이 나오는 스프레드시트가 아니다. 장단점을 적고 점수를 합산하는 비교 목록 같은 것도 아니다. 정말 탁월한 의사결정 프로세스는 올바른 방향으로 우리를 안내하는 가드레일 역할을 한다.

다리고는 결정을 앞두고 "프로세스"를 먼저 떠올리는 사람이 아니다. 그는 일하는 동안 의사결정 나무decision tree(선택에 따른 여러 결과를 나뭇가지 모양으로 도식화한 것-옮긴이) 한번 써본 적이 없다. 그런데 그의 이야기에서는 열정과 프로세스가 더없이 좋은 짝이라는 사실이 드러난다. 그는 사려 깊은 프로세스 덕분에 가슴에 품은 열정을 제대로 펼칠 수 있었다. 자신이 경험했듯 절박한 시간을 겪는 어린이들이 그림으로 위로받기를 바라며 프로세스를 통해 그 열망을 실현했다.

가장 큰 후회는 "하지 않은 일"

우리는 이 책을 쓰면서 목표가 있었다. "의사결정에 더 나은 프로세스를 사용하겠다는 마음을 사람들에게 심어주자."

모든 의사결정에 다리고의 경우처럼 감정의 무게가 실리는 것은 아니다. 우리는 다양한 범위에 걸친 의사결정 사례들을 살펴보았다. 그중에는 상어 가죽에서 영감받은 수영복, 코스타리카 밀림에 설치한 무선 센서, 무대 장치 준비 상태를 진단하는 엠앤엠즈 초콜릿 그릇 같은 색다른 이야기가 포함되어 있었다.

삶에서 마주하는 흔하지만 중요한 의사결정을 다룬 이야기 또한 많았다. 새 일자리를 제안받고 결정하는 법, 어려운 관계 다루는 법, 나에게 맞는 대학 선택하는 법, 최고의 인재를 채용하는 법, 더 좋은 조건으로 자동차 구입하는 법, 정말 중요한 일에 시간 쓰는 법 등이 그랬다.

요점은 이 모든 상황에 똑같은 프로세스가 적용된다는 사실이다. 우리는 이 프로세스 안에서 선택지를 하나 더 늘리고, 현실에 비추어 가정을 검증하고, 어려운 선택을 마주할 때 핵심 우선순위를 기준으로 삼고, 틀릴 때를 겸손하게 대비할 수 있다.

프로세스가 효력을 발휘하려면 반드시 시간을 오래 투자해야 하는 것은 아니다. 중요한 결정에 쓸 수 있는 시간이 45분뿐이라도 그 시간 동안 많은 것을 해낼 수 있다. 선택지 백지화를 시도해보자. 좋은 대안이 나타날 수 있다. 내 문제를 해결해본 경험이 있는 사람에게 전화할 수 있다. 이렇게 자문하는 것도 가능하다. "친한 친구가 이 일을 겪는다면 어떻게 조언해줄까?"(회사에서라면 이렇게 질문해보자.

"후임자라면 이 일을 어떻게 다룰까?") 친구나 동료를 3명쯤 불러서 사전 부검을 시도할 수도 있다.

우리는 저자로서 프로세스의 이점을 설득력 있게 제시하고자 했다. 그 과정에서 우리가 몹시 힘든 싸움을 벌이고 있음을 깨달았다. 영어에서 "프로세스"만큼 힘 빠지게 하는 말이 있을까? "알고리즘"이란 말로 사람들의 흥미를 끌어보려 하는 것과 무엇이 다를까?(이 책이 출간된 2013년 무렵에는 "알고리즘"이라는 말이 지금처럼 흔하게 쓰이지 않았다-옮긴이)

그런데 실제로 프로세스를 사용하면 정말 큰 힘이 생긴다. 그 힘은 바로 "확신"이다. 편향된 정보를 수집하고 불확실성을 무시하는 데서 비롯되는, 자만심 가득한 과신을 말하는 것이 아니다. 진정한 확신은 최선의 결정을 내렸음을 알 때 생긴다. 물론 의사결정에 프로세스를 사용한다고 해서 항상 선택이 수월해지거나 탁월해진다고 할 수는 없다. 대신 프로세스는 마음의 동요를 가라앉힌다. "내가 뭘 빠트렸지?"라는 질문은 내려놓아도 된다. 괴로움의 악순환을 멈출 수 있다.

또한 프로세스를 믿으면 위험을 무릅써도 괜찮다는 확신이 생긴다. 프로세스는 마치 암벽을 등반하는 사람이 의지하는 안전대나 안전 로프와 같다. 덕분에 끊임없이 위험을 걱정하지 않고 탐험할 자유가 생기기 때문이다. 프로세스를 쓴다고 장애나 제약이 따르는 것은 아니다. 오히려 안심하고 더 과감하게 행동할 수 있다.

많은 경우에 우리는 더 과감할 필요가 있다. 알다시피 단기 감정을 좇다보면 현재 상태를 유지하고 싶은 마음이 커진다. 그러나 노년층을 대상으로 한 여러 연구에 따르면 살면서 가장 후회하는 일을 물었을 때 "한 일"을 후회한다는 사람은 많지 않다. 가장 많이 후회하는 것은 "하지 않은 일"이다. 기회를 잡지 않고, 망설이고, 우유부단했던 것을 가장 안타까워한다.[6]

과감해지는 것은 그 자체가 선택이다. 과감함은 타고나는 특성이 아니라 일종의 행동 방식이다. 우리는 과감해질 때 용기 있고 자신 있게 선택할 수 있다. 옳은 선택을 분명히 알아서가 아니라, 미루고 후회하기보다 시도하고 실패하는 편이 낫다는 것을 알기 때문이다.

결정은 절대 완벽할 수 없다. 그러나 더 나아질 수 있으며, 더 대담하고 더 현명해질 수 있다. 옳은 프로세스를 따를 때 우리는 옳은 선택을 해낼 수 있다.

그리고 옳은 시점에 내리는 옳은 선택은 모든 것을 바꿀 수 있다.

ONE PAGE:
CHAPTER 12

---

1. 조직의 의사결정에서 더 고려되어야 할 문제: 의사결정이 "공정"했다고 받아들여져야 한다.

2. 사람들이 공정하다고 받아들이는 좋은 결정에는 "협상"(모든 사람이 선택을 받아들일 때까지 교섭을 계속하는 것)이 필요하다.
   - 폴 너트: 협상은 항상 의사결정 성공률을 높였다. 그 효과는 극적이었다.
   - 협상은 처음에는 시간이 더 오래 걸리지만 적용 속도는 훨씬 빠르다.

3. "절차 공정성"은 의사결정에 대해 사람들이 느끼는 감정을 결정짓는 중요한 요소다.
   - 법정 사례: 절차가 공정했다고 인식하는 패자는 그렇지 않은 승자만큼 행복하다.

4. 사람들은 의사결정에 옳은 프로세스가 쓰였다고 느껴야 한다.
   - 대규모 기업 소송 중재자 로버트 누킨: "상대방 입장을 듣고 그 내용을 그 사람이 말한 것보다 훨씬 더 잘 드러나게 다시 말해줍니다."

- 기업가 데이브 히츠: "때로 결정을 옹호하는 최선의 방법은 상대에게 그 결정에 어떤 결점이 있는지를 짚어서 말해주는 것이다."

5. **믿음직한 프로세스가 있으면 아무리 어려운 문제를 접하든 결정을 이끌어낼 수 있다.**
    - ARTS 설립자 매트 다리고: 지역 어린이들을 돌볼 필요성과 전국에 영향을 미치려는 열망을 결합하는 법을 훌륭한 프로세스로 찾아냈다.

6. **프로세스는 화려하지 않다. 그러나 프로세스에서 비롯되는 "확신"은 분명 소중하다. 프로세스를 신뢰하면 더 큰 위험을 감수하면서 더 대범한 선택을 내릴 힘이 생긴다. 노년층을 대상으로 한 연구에 따르면 그들은 "한 일"이 아니라 "하지 않은 일"을 후회한다.**

추천 도서

시작하기 좋은 책

대니얼 카너먼, 《생각에 관한 생각》(2012).

여러 연구의 선구자이며 노벨상 수상자인 대니얼 카너먼이 의사결정의 심리학에 관해 우리가 알고 있는 것들을 완벽한 그림으로 보여준다. 통찰력이 빛나는 영리한 책으로 흥미로운 읽을거리를 선사한다.

J. 에드워드 루소, 폴 J. H. 슈메이커, 《이기는 결정》(2002).

강력한 메시지를 담아 읽기 쉽게 쓴 책. 의사결정 과정에서 발생하는 문제들을 큼직큼직하게 짚어가며 확실한 해결책을 제시한다.

더 읽어볼 책

댄 애리얼리, 《상식 밖의 경제학》(2008).

합리적이지 못한 결정을 다룬 것으로 유명한 책이다. 의사결정 분야에서 가장 재기발랄한 학자의 재치가 돋보인다.

리처드 H. 탈러, 캐스 R. 선스타인, 《넛지》(2008).

행동경제학자 겸 법학 교수가 쓴 탁월한 책. 인사 책임자와 정부 관리자
는 물론, 선택의 기본 시스템을 설계하는 모든 사람이 읽어볼 만하다.

**마이클 A. 로베르토Michael A. Roberto, 《모르는 것을 아는 힘: 위대한 리더들은 어떻게
문제를 예방하는가Know What You Don't Know: How Great Leaders Prevent Problems Before
They Happen》(2009).**

예상치 못한 상황에 대비해야 하는 정부 기관, 의료 시스템, 공공 안전,
기술 분야의 리더들에게 통찰을 제공한다.

춘카 무이, 폴 캐롤. 《위험한 전략》(2008).

컨설턴트와 저널리스트인 두 저자가 수십억 달러의 손실을 낸 사업상 잘
못된 결정들을 분석하고 (그보다 더 규모가 작은 상황에서) 비슷한 실수를
피하는 방법을 이야기한다. 조직에서 전략적 의사결정과 관련된 업무를
맡고 있다면 이 책을 통해 큰 함정을 피할 수 있을 것이다.

**존 멀린스John Mullins, 랜디 코미사Randy Komisar, 《플랜 B 세우기: 더 나은 비즈니스 모
델로 나아가는 법Getting to Plan B: Breaking Through to a Better Business Model》(2009).**

실리콘밸리의 벤처 투자자와 경영대학원 교수가 모든 기업가에게 힘이
될 "틀framework"을 제시한다. 좋은 아이디어가 실현 가능한 사업이 될 수
있을지 알아보는 중요한 의사결정에 이 틀을 활용해보자.

앤드루 할램, 《주식의 쓸모》(2011).

은퇴 자금을 효과적으로 저축하는 법을 알고 싶다면 이 책의 통찰과 조

언이 도움이 될 것이다. 할램은 이 주제를 다룬 여러 편의 연구 논문을
훌륭하게 간추리고 이를 바탕으로 탁월한 조언을 곁들였다.

아론 벡, 《사랑만으로는 살 수 없다》(1989).

신선한 아이디어를 활용해 관계에서 더 나은 선택을 하고 싶은가? 인지
행동치료의 창시자가 쓴 이 책에서 유용한 아이디어를 찾아보자. 부부를
대상으로 쓴 책이지만 여기서 소개하는 원리들은 동료 관계, 부모와 자
식 관계를 비롯한 여러 다른 관계에도 적용할 수 있다.

클리닉

클리닉에 등장하는 3가지 상황은 모두 실화다. 각 상황을 살펴보고 WRAP 프로세스의 틀을 적용해 결정을 개선하는 방법을 찾아보자. 이 책에서 다룬 유용한 전략들을 클리닉을 통해 통합적으로 이해할 수 있기를 바란다.

살짝 귀띔하자면 3가지 상황 가운데 깔끔한 해피엔딩은 없다. 이는 다분히 의도한 것이다. 훌륭한 결정은 결과로 평가될 수 없기 때문이다. 라스베이거스 카지노에서 거액을 챙겨 가는 사람들이 전부 의사결정의 천재라고 할 수는 없는 것과 같은 논리다. 여기서 우리의 핵심은 프로세스다. 각 이야기의 주인공들은 어떻게 하면 WRAP 프로세스를 통해 승산을 높일 수 있을까?

Clinic 1
우리처럼 작은 회사가 더 큰 경쟁사를 고소해도 될까?

상황

(일러두기: 클리닉 1에서 다루는 모든 내용은 비즈니스 잡지 《잉크》에

실린 제니퍼 알세버Jennifer Alsever의 사례 연구에 근거한다. 출처는 '미주'에서 확인하라.)[1]

킴 에더리지Kim Etheredge는 친구 웬디 레비Wendi Levy와 함께 혼혈 여성을 공략하는 모발 제품 브랜드 믹스드칙스Mixed Chicks를 설립했다. 두 사람은 8년의 노력 끝에 회사를 연 매출 500만 달러 기업으로 성장시켰다. 그런데 2011년 2월 에더리지에게 충격적인 이메일 한 통이 날아왔다. 발신자는 믹스드칙스 제품을 취급하는 한 소매업자였다. 연 매출 30억 달러를 자랑하는 거대 소매 유통업체에서 혼혈 여성을 위한 제품군을 만들고 막 마케팅을 시작했다고 했다. 이름은 믹스드실크MixedSilk. 믿을 수가 없었다. 1시간 뒤에는 또 다른 소매업자가 전화로 비슷한 소식을 전해왔다.

에더리지와 레비는 직원을 보내 믹스드실크를 구입해 오게 했고, 실물을 보자 참을 수 없을 만큼 화가 났다. 믹스드실크는 믹스드칙스를 그대로 베껴놓은 모양새였다. 용기와 포장은 물론 겉에 쓰인 서체까지 비슷했다. 겉으로 큰 차이가 있다면 가격이 절반밖에 안 된다는 점뿐이었다.

다행히 품질은 우려할 만큼 뛰어나지 않았다. 그러나 진짜 걱정할 문제는 두 제품이 나란히 있다면 고객들 눈에는 아무런 차이가 없으리라는 점이었다. 곧 더 많은 업자에게서 소식이 들려왔다. 가격이 더 싼 믹스드실크에 고객이 몰린다고 했다

지금 가진 선택지는?

에더리지와 레비는 비슷한 상황에서 다른 기업가들이 대처한 양상을 살펴본 뒤 변호사와 상담해 법적 선택지를 알아보았다. 우선

그들은 표절 업체 샐리뷰티서플라이Sally Beauty Supply에 당장 믹스드실크 생산을 중단하도록 요구하는 정지명령서cease-and-desist letter를 보낼 수 있었다. 그러나 그렇게 하기에는 위험 부담이 컸다. 만일 법원에서 이쪽에 불리한 판결을 내리면 믹스드칙스는 그 큰 회사의 손실액을 전부 물어주어야 했다. 물론 어마어마한 액수일 터였다. 반면에 소송에서 이기면 믹스드실크를 영영 시장에서 몰아낼 수 있고, 무엇보다 손해 배상까지 받을 수 있었다.

그러나 법적 조치는 비용이 매우 많이 들었다. 전문가들은 소송에 연간 25만~50만 달러가 들어가며 기간 또한 여러 해가 걸릴 것으로 예상했다. 그만한 시간과 수고를 들일 만큼 소송이 가치 있는 일일까?

그런데 저가 믹스드실크에 밀려 믹스드칙스가 시장에서 설 자리를 잃게 된다면? 이대로 손 놓고 있다가 그런 상황이 발생하면 어떤 기분이 들까?

"소송할 것인가 말 것인가?" 정말 어려운 질문이었다.

훌륭한 결정을 끌어내려면?

• **선택지를 넓혀라**: "소송할까 말까?"는 두 사람이 편협한 사고틀에 갇혔다는 경고와 같다. 편협한 사고틀을 깨려면 한 가지를 따져봐야 한다는 사실을 기억하자. 바로 "기회비용"이다. "같은 시간과 비용으로 할 수 있는 다른 일이 있는가?" 만일 1년에 50만 달러를 들여 소송이 아닌 광고를 하거나 영업 사원 10명을 새로 고용한다면 어떤 결과가 생길까? 《잉크》의 사례 연구에서 소매업 전문가 제임스 T. 노블James T. Noble은 나아가 다음과 같은 탁월한 대안을 제시했다. "에

더리지와 레비는 소송 대신 제품 이미지를 프리미엄 브랜드로 바꾸고 샐리뷰티가 만든 인지도와 성장세를 자사에 유리하게 이용할 수 있었다. 그렇게 보면 샐리뷰티의 시장 진입은 믹스드칙스에 하늘이 내린 기회가 될 수 있었다." 한편 소송에 들일 돈과 시간을 홍보 전쟁에 투자하는 방법도 있었다. 그러나 지금 그들은 전형적인 다윗과 골리앗 싸움을 벌이는 중이었다.

• **가정을 검증하라**: 에더리지와 레비가 비슷한 상황에서 다른 기업가들이 간 길을 알아본 것은 현명했다. 이는 자신들의 상황을 현실적으로 바라보기에 매우 탁월한 방법이었다. 법적 선택지를 알아볼 때는 확증 편향에 반하는 근거를 세심하게 찾아봐야 한다. 아무리 나를 대변하러 나선다지만 변호사는 중립적이 될 수 없다.(특히 소송을 진행하며 1년에 50만 달러를 받아 갈 수 있다면 더욱 그렇다. 부디 이들이 예상한 소송 비용이 변호사가 예상한 것이 아닌 다른 기업가들이 말한 "기저율"에서 비롯되었기를 바란다. 변호사들이 추정치를 너무 낮게 잡았고 실제로는 소송에 1년에 100만 달러가 소요된다면 이런 재앙이 어디 있을까!) 법적인 면에서 더 정확한 정보를 얻으려면 "생각 뒤집기"를 시도해도 좋다. 가령 에더리지와 레비가 (샐리뷰티서플라이 같은) 기업을 대변하는 변호사에게 몇 시간 치 비용을 지불하고 자문을 구한다고 해보자. 그렇게 한다면 그들은 줌아웃을 통해 큰 그림을 볼 수 있다. 이런 종류의 소송과 관련된 성공 기저율을 파악할 수 있게 된다. 한편 이렇게 하면 구체적인 부분을 들여다보기 또한 수월해진다. 클로즈업을 통해 실제로 소송이 어떤 것인지를 알게 되기 때문이다.("오늘도 내일도 소송이 이어진다면 어떤 마음이 들까? 생활이 다 없어져버리는 건 아닐까? 건강은 괜찮을까?")

• **결정과 거리를 두라**: 한 달이 지난 2011년 3월 믹스드칙스는 소송을 제기했다. 레비는 이렇게 말했다. "우리 둘 다 같은 생각이었어요. 가만히 앉아만 있을 수는 없었으니까요." 정말 안타깝다. 미래의 결과를 장기 관점에서 바라보며 결정과 거리를 두고 평가한 말로는 들리지 않기 때문이다. 경쟁사를 응징하고 싶은 마음은 충분히 이해가 간다. 우리가 그 입장이었더라도 그렇게 느꼈을 것 같다. 그러나 단순히 화가 난 탓에 이런 선택을 하게 된 건 아닐까? 대신에 "후임자가 들어온다면 이 일을 어떻게 처리했을까?"라고 자문했다면 어떻게 되었을지 궁금하다. 제3자 관점에서 바라보았더라면 결정과 거리를 두는 데 도움이 되었을 것이다. 한편 핵심 우선순위를 고려해 상황을 바라볼 수도 있었다. 회사를 설립한 이유가 혼혈 여성에게 필요한 모발 제품을 만들기 위해서라면 과연 소송만이 그 목적을 달성하는 가장 좋은 방법이었을까? 하루 중 소송에 쓸 시간을 마련하려면 이제부터 그만두어야 할 것은 무엇일까? 두 사람은 커가는 기업을 운영하는 만큼 소송을 제기하기 전에도 이미 여유 시간이 많지는 않았을 것이다. 이 선택의 결과로 해야 할 일을 뜻하는 "A 목록"에서 앞으로 어떤 항목이 밀려나게 될까?

• **틀릴 때를 대비하라**: 레비와 에더리지는 소송을 제기하면 가장 크게 맞닥뜨릴 위험을 사전 부검을 통해 알아보았어야 했다. 소송에 몇 년이 걸린다고 할 때 우리가 떠올린 가장 큰 위험은 현금 보유액에 타격이 가리라는 점이다. 그뿐 아니다. 회사를 일으키며 품었던 동기는 시들해지는데 스트레스는 커질 것이고, 성장하는 기업을 운영하며 겪어야 하는 힘겨운 과정에 제대로 집중하기도 어려워질 것이다. 이렇게 끝이 분명하지 않은 상황에서는 인계철선이 절실하다.

가령 소송에 75만 달러 이상은 쓰지 않겠다거나 18개월 이상은 소송을 끌지 않겠다는 약속이 필요하다. 소송이 생활을 온통 잠식하게 두어서는 안 된다. 특히 매일같이 격하고 씁쓸한 감정을 맞닥뜨려야 하는 상황이라면 더욱더 그렇다.

이 프로세스에 대한 의견

우리가 생각하기에 이번 사례의 의사결정 과정에서 피해야 하는 가장 큰 위험은 (1) "소송할까 말까?"라는 편협한 사고틀에 갇히는 것, (2) 본능적인 감정만 따른 탓에 큰 대가가 뒤따르는 결정에 이르는 것이다.

우리가 이 책을 쓰는 지금까지 두 사람의 소송은 계속되고 있다.

Clinic 2
시카고에 가면 남자가 있을까?

상황

20대 후반 미혼 여성 소피아Sophia는 중국에서 태어나 미국으로 이주해 최상위권 경영대학원에서 MBA를 마쳤다. 그 후 2012년 그녀는 인디애나주 포트웨인에 살며 대형 의류 회사의 전략 담당 부서에서 일하고 있었다. 그런데 직장도 동료도 좋지만 가족이 있으면 좋겠다는 생각이 들었다. 소피아는 말했다. "서른다섯 살이 되도록 혼자 살고 싶지는 않아요." 그녀는 5년간 포트웨인에 살았지만 남자를 제대로 만나본 적은 거의 없었다. 그러자 과연 여기서 원하는 사람을 만날 수 있을지 의문이 들기 시작했다. "여긴 미혼 남자가 없어요. 포트웨인은 근교에 집을 사서 가정을 꾸리려는 사람들이 오는 곳이거든요." 소피아의 말이다. 동료 중에는 시카고에 살면서 필요할 때만 포트웨인 사무실로 출근하는 직원이 있었다. 이 직원은 소피아에게 자신처럼 해보면 어떻겠느냐고 했다. 시카고에는 미혼 남성만 130만 명이니 선택지가 없다는 불평이 나올 수 없었다.(포트웨인 미혼 남성들의 원성을 살 우려가 있어서 소피아라는 이름과 지명은 꾸며냈다. 하지만 나머지 내용은 모두 사실이다.)

지금 가진 선택지는?

소피아는 지난 1~2년 동안 시카고로 거처를 옮길 수 있겠다는 생각이 떠오르곤 했다. 상사도 이 근무 방식을 특별히 반대할 것 같진 않았다. 그러나 이 방법을 심각하게 고민한 적은 없었다. 너무 번거로워 보였기 때문이다. 포트웨인의 집을 팔고 시카고에서 새 거처를 찾아야 하는 것, 완전히 낯선 도시를 알아가야 하는 것이 그랬다. 그러나 몇 달이 지나도록 여전히 혼자라는 사실을 깨닫자 소피아는 결국 시카고로 가야 하는 건가 싶은 생각이 들었다. "이사할 것인가 말 것인가?"

훌륭한 결정을 끌어내려면?

• **선택지를 넓혀라**: 소피아의 이야기에서 이분법식 선택("이사할까 말까?")이 이루어지고 있음에 주목하자. 이는 사고가 제한된 틀 안에서 일어나고 있다는 신호일 때가 많다. 그러나 사실 그 후 소피아는 여러 가지 다른 선택지를 고려했다. 우선 미혼인 사람이 많은 지역

에서 직장을 새로 알아보는 방법이 있었다. 그러나 그녀는 지금 직장과 동료들이 자신에게는 정말 소중하다고 결론 내렸다. 포트웨인에서 사람을 만나기 위해 더 집중해서 노력하는 방법 또한 여럿 생각해보았다. 사교 모임을 알아볼 수도 있을 터였다.

• **가정을 검증하라**: 이사 문제를 결정짓기 위해 믿을 만한 정보를 수집하려면 소피아는 어떻게 해야 할까? 첫째, 이 주제에 관해서만은 세상 그 누구보다 전문가라고 할 만한 사람과 이야기해야 한다. 이를테면 시카고에 거처를 두고 생활하다가 출근할 때만 포트웨인으로 오는 직장 동료 말이다! 소피아는 이 사람을 상대로 찬찬히 확증타파 질문을 던져볼 수 있다. "직장과 멀리 떨어져서 살 때 제일 안 좋은 점은 뭔가요?" "시카고에 살면서 후회되는 점은요?" "시카고에서 새 친구를 사귀고 같이 어울리기까지 시간은 얼마나 걸렸나요?" 한편 소피아는 우칭을 시도하기 어려운 상황에 있다는 사실에 주목하자. 물론 시카고 여기저기서 일주일씩 살아볼 수는 있겠지만 그렇게 해서는 포트웨인에서나 시카고에서나 최악의 경험만 남을 것이다. 번거롭게 이동만 잦고 새 친구를 만들거나 새 생활을 시작하지는 못할 테니 말이다. 여기서 우칭은 "감정적으로 발가락을 살짝 담가보기 위한 것" 이상이 될 수 없다. 소피아는 지금 과감하게 이사하기로 결정하거나 마음의 평화를 위해 이사 생각을 접어야 한다.

• **결정과 거리를 두라**: 소피아는 한참 전부터 이사를 고민했다. 결국 이 결정의 핵심은 "위험을 감수할 준비가 되었는가"였다. 포트웨인은 데이트 상대는 없지만 익숙하고 편안한 곳이었다. 시카고는 흥미롭게 보이지만 너무 낯설었다. 막상 가서 생활해보면 싫을 수 있고 포트웨인보다 못할 수 있었다.(잠깐! 여기서 단순 노출 효과와 손실

회피 편향의 낌새가 느껴지는가?) 그러던 어느 날 저녁 식사 자리에서 한 동료가 그녀에게 물었다. "만약에 친구가 이런 일을 겪는다면 뭐라고 해줄 것 같아요?" 소피아는 망설임 없이 답했다. "당연히 시카고로 가라고 하죠!" 소피아는 자신이 너무 쉽게 대답한 나머지 충격을 받은 것 같았다. 그리고 그날 밤 바로 상사에게 문자 메시지를 보냈다. 지난번 얘기했듯 시카고에서 포트웨인까지 오가며 일하려고 하는데 정말 그렇게 해도 되는지 상사의 생각을 알아보기 위해서였다.

• **틀릴 때를 대비하라**: 이제 이사를 결심했으니 소피아는 시카고가 여의치 않을 때에 대비한 선택지를 살펴봐야 한다. 가장 좋은 방법 하나는 이사는 하되 테스트 기간으로 볼 수 있는 9~12개월 동안은 포트웨인 집을 팔지 않는 것이다. 대신 세를 놓고 그 돈으로 대출금을 갚으면 된다. 이렇게 하면 필요한 경우 쉽게 이전 생활로 돌아갈 수 있다. 한편 시카고에 있는 친구를 통해 현실 미리보기를 거쳐야 한다. 현실적으로 그녀가 대비해야 할 문제로는 어떤 것들이 있을까?(앞서 확증 타파 질문을 통해 대략 파악한 점들이 있기는 하다.) 마지막으로 소피아는 개인적으로 인계철선을 마련할 수 있다. 예를 들어 시카고로 간 첫해 동안 마음에 드는 사람과 데이트하지 못하면 문제는 사는 지역이 아니라 방식이라고 봐야 할 것이다. 만일 그렇다면 이동은 줄이고 사교 활동에 더 힘쓰기로 하는 편이 나을지 모른다. 봉사 활동이나 교회, 동종 업계 사람들을 통해서 말이다. 사실 이보다 나은 방법은 "둘 중 하나가 아닌 둘 다" 할 수 있다고 생각하고 2가지를 다 하는 것이다. 시카고로 가서 지금까지는 경험하지 못한 사교 활동을 시작해볼 수 있지 않을까?

이 프로세스에 대한 의견

우리는 그동안 "시카고로 이사할까 말까?" 같은 이분법식 결정을 조심해야 한다고 거듭 이야기했다. 그러나 소피아의 경우는 예외로 보인다(지금까지 소피아는 여러 선택지를 살펴보고 또 지워냈다). 그러므로 우리가 보기에 소피아가 이 문제를 결정할 때 가장 크게 비중을 둘 일은 정말 중요한 점을 알아보기 위해 결정과 거리를 두는 것이다. "만약에 친구가 이런 일을 겪는다면 뭐라고 해줄 것 같아요?"라는 질문을 통해 소피아는 필요한 거리를 확보했다. 우리가 이 글을 쓰는 지금 그녀는 여전히 이사 계획만 한 채 실행에 옮기지는 못하는 중이다(인계철선이 필요할 수 있겠다).

Clinic 3

소프트웨어 가격을 내려야만 할까?

상황

당신은 소프트웨어 회사의 영업 담당 이사다. 회사의 주력 상품은 여러 고객사를 상대로 제공하는 더 효율적인 온라인 고객 서비스 관리 도구다. 회사는 지금까지 첨단 기술 회사들을 대상으로 입지를 다져왔다. 그러나 경영진은 이제 많은 사람을 상대하는 정부 기관으로 판로를 확대하려고 한다. 그러나 초기라 그런지 정부에 제품을 판매하려는 노력은 아직 별다른 결실을 내지 못했다. 정규직 영업사원 2명이 꼬박 6개월을 들였지만 소액 구매 건만 조금 따냈을 뿐이다. 부하 직원 중 한 사람인 톰Tom은 계속 이렇게 주장하고 있다.

정부 기관을 상대할 때는 제품 가격을 내려야 한다고. 그러나 당신은 오랫동안 영업 팀장을 지낸 사람이다. 고객은 언제나 싼 가격을 원한다. 그러므로 가격을 낮추는 것이 과연 옳은지 합리적인 의심이 들 수밖에 없다.

지금 가진 선택지는?

당신의 임무는 정부를 상대로 한 시장에서 판매량을 늘릴 방법을 찾고 실행하는 것이다. 그러나 어떤 선택지가 있는지는 분명하지 않다. 사실 아무런 조치를 취하지 않는 방법이 있다. 관계를 쌓으려면 시간이 필요할 때가 있다. 영업에 쏟은 노력을 보상받기까지는 그저 시간이 더 필요할지 모른다. 아니면 바로 가격을 내리고 달라지는 점이 생기는지 지켜보는 방법이 있다. 그 외에는 어떤 선택지가 있는지 모르겠다. 이 모호함 역시 당신이 맞닥뜨린 문제의 한 축이라 할 수 있다.

훌륭한 결정을 끌어내려면?

• **선택지를 넓혀라:** 톰은 "가격을 낮출까 말까?"를 결정의 전부로 생각하며 편협한 사고틀 안에서 불만을 토로한다. 그러나 중요한 건 이 틀에 갇히지 않는 것이다. 가격은 고객이 제품을 사는 이유를 설명하는 유일한 변수가 아니다. 그렇다면 그 외에 또 어떤 선택지가 있을까? 얼른 떠오르는 것이 없을 때는 "사다리 오르기"를 시도해보자. 회사 안에서 "밝은 점"을 찾는 것이 먼저다. 회사는 소소하지만 이미 정부 기관 몇 곳과 거래를 시작한 상태다. 이 성공 사례에서 무엇을 배울 수 있을까? 그런 뒤 사다리 위층으로 올라가 다른 소프트

웨어 회사들은 정부를 상대로 어떤 일을 하고 있는지 살펴본다. 그런 회사들은 어떤 일을 해서 효과를 보고 있는가? 사다리를 더 높이 올라가보면 기업과 정부 기관에 모두 팔리는 제품이 보일 것이다. 제품의 구성과 판매 방식은 각각 어떻게 다른가? 가령 그 과정에서 첨단 기술 회사들과 달리 정부 기관들은 전담 서비스가 더 필요하다는 사실을 알게 될지 모른다. 즉 더 많은 정보를 확보하지 않은 상태에서 무조건 가격만 문제라고 생각해서는 안 된다. 지금은 더 많은 선택지와 정보를 확보해야 한다.

• **가정을 검증하라:** 우선 할 수 있는 일은 우칭이다. 톰에게 재량권을 주고 한두 곳의 정부 기관에 대폭 할인된 가격을 제시하게 한 뒤 어떤 일이 벌어지는지 지켜보자. 확실히 알 수 있는데 애써 추측할 필요는 없다. 그러는 한편 "생각 뒤집기"를 시도할 수 있다. 가격이 문제라는 논리에서 가격은 문제가 "아님"을 뒷받침하는 근거를 찾아본다. 가령 다른 부하 직원들에게는 더 높은 가격에 제품을 판매해보게 하면 어떨까? 단 서비스 패키지는 거하게 챙겨주어야 한다. 가격을 높이고 낮추며 몇 번만 실험해보면 많은 것을 알 수 있다. 줌아웃과 줌인을 통해 이런 실험을 하면 더 많은 정보가 확보된다. 줌아웃으로 큰 그림을 보려면 다른 영역을 살펴볼 필요가 있다. 시장 조사 회사를 들여다보면서 소프트웨어 회사가 정부 기관을 상대할 때는 일반적으로 할인된 가격에 제품을 파는지, 만일 그렇다면 할인율은 얼마나 되는지 따위를 알아보면 된다(이렇게 하면 "기저율"을 알아볼 수 있다). 또한 직원들과 함께 정부 기관 몇 곳을 방문해보면 줌인을 통해 구체적인 그림을 알 수 있다. 직접 고객을 만나 피드백을 들으면 상황을 이해하는 데 필요한 더 구체적인 "질감"이 파악된다.

- **결정과 거리를 두라:** 이 정도만으로는 결정 준비를 마쳤다고 할 수 없다. 우선 더 좋은 정보와 더 많은 선택지가 있어야 한다. 톰이 옳다는 것이 분명해지더라도 2가지 우선순위에 관해서는 계속 고민이 될 것이다. "정부 기관과 관계를 쌓아야 하니 (이윤이 줄더라도) 가격을 내리는 게 맞을까?" "회사의 핵심 우선순위는 시장 점유율을 높이는 것일까 이윤을 높이는 것일까?" 그렇다면 당연히 경영진의 관점을 알아볼 필요가 있다.

- **틀릴 때를 대비하라:** 결정을 모르는 채 결과를 대비하기는 어렵다. 그러나 인계철선을 마련하는 것은 언제든 가능하다. 예컨대 부하직원들을 통해 진행하는 실험의 한계를 정해본다. 톰과 함께 적절한 인계철선을 마련해보면 어떨까? 톰은 요청했던 대로 가격을 할인해 제시할 재량권을 받는다. 단 두 달 안에 계약을 성사시키지 못하면 다른 방법을 시도해야 한다.

이 프로세스에 대한 의견

절차 공정성을 실현하려면 이 상황에서 당신이 톰의 의견을 경청했음(톰의 의견을 무조건 받아들이는 것과는 다르다)을 톰이 느끼게 하는 것이 중요하다. 톰에게 자신의 관점이 옳다는 것을 입증할 기회를 주자. 그러나 당신은 이 일의 리더로서 톰의 주장에 귀 기울이는 한편 다른 선택지에 대한 가능성을 열어두어야 한다. 멀티트래킹이 필요하다는 말이다. 여러 갈래의 정보를 확보하는 동시에 영리한 방식으로 실험을 진행하다보면 최선의 선택지를 명확하게 구분할 수 있을 것이다.

장애물 극복하기

WRAP 프로세스를 효과적으로 사용하는 데 장애가 되는 11가지 문제와 극복 방안을 소개한다.(여기 등장하는 조언은 우리끼리만 아는 말들로 작성되었다. 이 책을 읽은 사람만 내용을 이해할 수 있다!)

1. 결정은 잘하는데 속도가 너무 느립니다. 결국 좀 소심한 선택을 하게 되고요. 어떻게 하면 더 빠르고 과감해질 수 있을까요?

• Advise

(1) "예방 초점"이 강한 편이신 것 같군요. 그렇다면 "향상 초점"이 담긴 질문을 던져보세요. "나를 위해 기회를 만드는 것이 초점이라면 어떤 결정을 해야 할까?" (2) 또 이렇게 자문해보세요. "친한 친구가 이 일을 겪는다면 어떻게 조언해줄까?" 선택에 대해 조심스러워지는 이유는 단기 두려움(당혹감 등) 탓일 수 있어요. 장기간으로 보았을 때는 중요하지 않은 감정인데 말이죠. 감정적으로 거리를 좀 두면 그런 점이 보일 겁니다. (3) 선택의 결과가 좋지 않을 때 일어날 일이 걱정이라면 (날짜나 예산을 근거로) 인계철선을 마련해보세요. 손실이 생기더라도 한계가 정해지면 그 안에서는 마음을 놓을 수 있을 거예요.

2. 우리 회사는 적은 인력으로 혼란스러운 시장에서 살아남기 위해 안간힘을 쓰고 있습니다. 의사결정이 필요할 때마다 정교한 프로세스를 따르기엔 시간이 너무 없어요.

• Advise

속성 판 WRAP 프로세스를 알려드릴게요. (1) 선택지 넓히기: 고려하는 범위에서 딱 1가지만 더 선택지를 늘리세요(그 하나가 쉽게 떠오르지 않는다면 같은 문제를 먼저 해결해본 사람을 찾으세요. 인맥을 통해도 좋고 인터넷 검색으로 알아봐도 좋습니다). (2) 가정 검증하기: 현재 상황에 관해 "기저율"(성공률이나 일반적으로 소요되는 시간 등)을 알려줄 전문가 한 사람에게 연락하세요. (3) 결정과 거리 두기: 어려운 딜레마가 생기면 핵심 우선순위에 부합하는 선택지를 찾으세요. (4) 틀릴 때 대비하기: 미래를 위해 지지대를 설정하세요. 잘못될 상황과 잘될 상황에 관해 1시간 정도 생각해보고 만일의 사태를 위한 대비책을 마련하세요.

3. 배우자(동료)가 내가 생각하기에는 말이 안 되는 일을 하고 싶어 해요.

• Advise

(1) 배우자(동료)는 "편협한 사고틀"에 갇혀버린 상태일 거예요. 그 말이 안 되는 아이디어로만 목표를 달성할 수 있다고 생각하겠죠. 두어 가지 다른 선택지를 알려주면 어떨까요? 매력적이되 더 상식적인 것으로요. (2) 배우자(동료)에게 "현장"을 찾아가보라고 할 수도 있어요. 생생한 질감과 미묘한 분위기를 현장에서 직접 느끼고 오라고 하세요(보석 디자이너가 되려고 한다면 공예품 박람회에 가보게 하는 거죠. 보석상 1명이 30분 동안 어느 정도 판매고를 올리는지 그 실망스

러운 숫자를 직접 세어보라고 하세요). (3) 본문에 나왔던 토피어리 사업 이야기를 기억하세요. 터무니없는 아이디어를 실행할 때는 인계 철선이 필요해요. 그렇게 하면 수용할 위험의 한계를 구체적으로 정할 수 있답니다.

4. 아무리 분석하고 분석해도 결정을 못 하겠어요.

• Advise

(1) "협상" 탓에 속도가 더뎌진다면 기다릴 가치가 있어요. 다른 선택지와 더불어 반대되는 관점을 고려하면 더 나은 결정이 나올 겁니다. (2) 실험하는 편이 훨씬 빠른 문제를 분석만 하고 있지는 않은가요? 인튜이트처럼 선택을 실험으로 바꾸어보세요. (3) 앤드루 그로브가 했던 질문도 도움이 됩니다. 만일 후임자가 들어온다면 어떤 결정을 내릴지 생각해보세요. (4) 결정이 더뎌지는 이유가 위험에 대한 두려움 탓이라면 "사전 부검" 방식 분석을 시도한 뒤 잠재 손실에 대해 한계를 정하는 방법을 찾아보세요.

5. 우리 팀의 문제는 모두가 결정을 겁낸다는 것입니다. 새로운 일은 목숨을 거는 도박 같아서 무조건 커리어에 해가 될 수 있다고들 해요. 하던 일을 그대로 하는 게 더 안전하다는 말이죠.

• Advise

(1) 로저 마틴처럼 질문해보세요. "각 선택지가 정답이 되려면 어떤 조건이 필요할까?" 팀원들이 함께 답을 찾으면 결정의 책임을 분산시킬 수 있어요. 만일 모두가 동의하는 가운데 그 "조건"에 따라 최종 선택을 하기로 한다면 결정에 대해서는 모두 같은 양의 책임

이 생기는 겁니다. (2) 무턱대고 뛰어들지 말고 먼저 우칭을 시도하세요. 큰 위험을 피할 수 있어요. 그럴 때는 우칭이 실패한다고 해도 정한 선 안에서만 살짝 위험을 맛본 셈이 됩니다. (3) 단순 노출 효과의 영향 안에서는 현재 상태가 안전하고 편안하게 보입니다. 반면 새로운 아이디어는 위험해 보이죠. 그렇다면 같은 문제를 앞서 해결해본 사람을 찾으세요. 새로운 아이디어가 더 안전해 보일 겁니다. 해결책은 이미 존재하며 이 위험을 먼저 겪어본 사람이 있다는 사실을 팀원들에게 이야기해주세요. (4) "결정을 옹호하는 최선의 방법은 상대에게 그 결정에 어떤 결점이 있는지를 짚어서 말해주는 것"이라고 했던 데이브 히츠의 말을 기억하세요? 당신의 아이디어에 내재한 위험을 인정하는 "동시에" 어떤 조건이 되면 WRAP 프로세스를 다시 시작할지 인계철선을 마련해두세요(공개석상에서 이런 과정을 거치며 나쁜 결과에 대비하면 결정의 희생양이 될 위험을 줄일 수 있어요).

6. 이만하면 선택지가 충분한지 어떻게 알 수 있나요?

· Advise

(1) "두 번째 사랑"을 찾으세요. 좋은 선택지가 2가지가 될 때까지 계속 선택지를 탐색하라는 뜻이에요. (2) 멀티트래킹을 하는 이유는 선택지를 쉽게 비교하고 대조하기 위해서예요. 이렇게 하면 가능한 선을 넓게 잡을 수 있죠. 선택지가 늘어도 현명한 결정으로 이어지는 것 같지 않다면 선택지는 충분하다는 뜻이에요. 선택지 탐색은 그만해도 됩니다. (3) "가정 검증하기"를 할 시간이나 자원이 부족할 만큼 선택지가 많아지지 않도록 주의하세요(집을 사고 싶다면 진지하게 고민할 선택지는 30곳이 아닌 4~7곳 정도로 선을 그으세요. 선택지

는 현실적으로 둘러볼 수 있는 만큼만 확보해야 합니다). (4) 아무도 지지하지 않는 선택지는 논의에서 제외하세요(개인적인 문제를 결정한다면 절대 마음이 가지 않을 것 같은 선택지는 지워버리세요).

7. 의사결정을 위해 항상 탐색과 분석을 거치는데 결국 상사가 원하는 대로 결정이 납니다.

• Advise

(1) 생각을 뒤집어보세요. 상사가 옳을지도 몰라요. 당신보다 상사가 더 많은 정보를 갖고 있을지도 모르고요. 루스벨트 대통령의 고문들이 놀랐던 일화 기억하시죠? 대통령이 자신들보다 훨씬 많은 내용을 알고 있었잖아요. 그렇지만 여전히 상사의 판단이 내키지 않는다면 이렇게 해보세요. (2) 상사가 어김없이 "직관"에 따라 최종 결정을 내린다면 상사가 올바른 방향으로 직관을 발휘하도록 상사의 직관을 훈련해볼 수 있어요. 예를 들어 상사를 위해 "클로즈업" 기회를 마련해보세요. 직접 현장을 방문하게 하면 좋겠죠(소매점 방문, 고객 만남, 환자 방문 등). 현장 정보는 상사의 직관을 올바른 방향으로 돌려놓을 거예요. (3) 회의에서 팀원들에게 조직의 핵심 우선순위를 확인시킬 방법을 찾아보세요. 우선순위가 표면에 드러나 있으면 아무리 상사라 한들 마음대로 결정을 내리기는 어려워져요. (4) 오늘의 결정은 내려놓고 지금부터 이어질 단계에서 어떻게 할지를 고민하세요. 상사와 인계철선을 합의해볼 수도 있겠죠. 가령 앞으로 9개월을 정하고 그 안에 어떤 조건이나 상황이 되면 이 결정을 재고할지 등을 같이 이야기해보세요.

8. WRAP 프로세스와 비슷한 절차를 따라 딸/아들에게 조언을 하려고 했는데 듣지를 않네요. 결국 자기들이 원하는 것만 해요.

• Advise

(1) 아이들이 부모 말을 안 듣는 나이가 있어요. 그렇다면 아이들이 부모보다 더 믿고 "신뢰"할 다른 사람을 찾으세요. 선택을 따라 살아온 누군가를 찾아서 아이들이 생각하는 상황과 관련된 현실적인 말들을 들려주게 하면 좋겠죠(예를 들어 아이가 대학에 가지 않고 뉴욕으로 가서 배우가 되겠다고 한다면 실제로 그런 과정을 거쳐 힘겹게 생활하는 배우를 찾아보세요. 현실이 어떤지 들려줘야 하니까요). (2) 아이에게 이렇게 물어볼 수도 있어요. "내가 네 선택을 허락한다고 하자. 그럼 넌 그것이 최선의 선택이었다는 걸 어떻게 확인시켜줄 거니?" 그럼 아이는 이런 식으로 말할 겁니다. "엄마, 난 배우가 되면 정말 행복할 것 같아요. 배우로 살아갈 만큼 아끼며 생활할 수 있어요." 이렇게 지나칠 정도로 자신만만한 예측을 기록해두면 현실은 완전히 다르다는 것이 드러나는 시점에서 잘 활용할 수 있을 겁니다!

9. 우린 정보가 너무 많아요. 고객 정보는 손댈 수 없을 만큼 넘쳐나죠. 그 많은 걸 다 제대로 처리하려면 의사결정까지 시간이 지금보다 4배는 더 걸릴 거예요.

• Advise

(1) 상황을 너무 가까이서만 들여다보시는군요. 각 상황의 특이점을 분석하려고 할 때보다 멀리 떨어져서 기저율을 살필 때 전문가들은 예측의 정확도가 올라가요. (2) 확실히 알 수 있는데 억지로 예측하지 마세요. "우칭하기"로 생각에만 빠지는 악순환을 피할 방법

을 찾아보세요. (3) 집착할 가치가 없는 결정에 매달리고 있지는 않은가요? 10-10-10 법칙을 사용해보세요. 그렇게 괴로워할 만큼 결정의 결과가 중요한지 답이 나올 거예요.

10. 우리 회사에서는 프로젝트나 아이디어가 형편없더라도 절대 포기하려는 사람이 없습니다. 포기는 곧 실패를 인정한다는 뜻이니까요. 이런 우스꽝스러운 상황이 계속되면서 다들 타격을 입고 있어요. 새 프로젝트에 들일 자원이 그런 식으로 새 나가거든요. 어떻게 하면 좋을까요?

• Advise

(1) 예방 초점과 향상 초점을 적절히 오갈 줄 알아야 한다는 점을 기억하세요. 경기 침체가 끝난 뒤 최고의 성과를 냈던 회사들처럼요. 지금 이 상황에서는 향상 초점이 도움이 되겠군요. 그러면 실패한 선택에 집착하기보다 새로운 기회를 붙잡는 데 집중할 수 있을 거예요. (2) 확증을 깨뜨리는 관점을 중간중간 사용해도 좋겠어요. 형편없는 프로젝트를 이대로 끌고 간다면 경쟁사들이나 고객들이 어떻게 반응할지 같이 상상해보면 어떨까요? 나중에 참사를 겪느니 지금 실패를 인정하는 편이 낫겠죠! (3) 인텔의 메모리 사업을 두고 앤드루 그로브도 비슷한 상황을 겪었어요. 인텔의 메모리 사업은 처음에는 엄청난 성공을 거두었지만 점차 골칫거리가 되어갔죠. 그로브는 "후임자라면 어떻게 할까?"라는 질문을 통해 메모리는 접고 마이크로프로세서에 더 집중하겠다고 발표할 힘을 얻었어요. (4) 인계철선을 마련해보세요. 사용할 수 있는 자원에 한계를 두는(칸막이 기법) 식으로, 어느 시점이 되면 반드시 결정을 다시 평가하자는 약속을 하는 겁니다(예: "이 프로젝트는 회사의 유산과 같지만 앞으로 6개월만

더 지켜보기로 하겠습니다." "이 프로젝트에는 앞으로 25만 달러만 더 투자하겠습니다. 그렇게 하고도 변화가 보이지 않으면 그 시점에서 이 결정은 재고하기로 합시다."). 이렇게 한다면 이해타산적으로 흐르지 않고 더 수월하게 경로를 변경할 수 있을 겁니다.

11. 무엇이 옳은지는 알겠는데 다른 사람들을 설득할 자신이 없어요. 내가 보기에 옳은 것을 끝까지 고집해야 할까요, 아니면 모두의 평화를 위해 입 닫고 있는 편이 나을까요?

• Advise

(1) "둘 중 하나가 아니라 둘 다"로 생각하세요. 문제를 흑백 논리의 틀로 바라보지 않도록 조심해야 합니다. 옳다고 생각하는 것을 실행할 방법도 없고 동료들을 만족시킬 해결책도 없다는 것이 확실하기 전까지는 말이죠. (2) "악마의 변호인"이 되세요. 최종 결정이 당신의 생각과 달라지더라도 당신은 그 결정이 실행되는 방식에 영향을 미칠 수 있어요. (3) 핵심 우선순위에 호소해보세요. 당신이 생각하는 "옳음"이 조직이 정한 가치와 가장 잘 부합한다면 동료들은 당연히 그 가치에 관해 논의를 시도해야 합니다. 당신과 개인적으로 논쟁을 벌일 일이 아니에요. (4) 그런데도 명분을 얻지 못한다면 이제 지지대 설정 단계로 넘어가세요. 당신이 생각하는 잠재 위험이 일어나지 않도록 막을 방법을 찾아야 합니다. 그렇게 하면 조직을 보호하고 다가올 위험을 예측한 현명한 사람으로 자리매김할 수 있어요. (5) 상대에게 긍정적인 의도가 있다고 생각하는 것도 있지 마세요. 동료들이 물론 틀릴 수 있어요(당신 역시 마찬가지죠). 그러나 동료들이나 당신이나 결국 최선을 다하고 싶은 마음은 같을 거예요.

감사의 말

의사결정을 주제로 글을 쓰는 사람이라면 누구든 대니얼 카너먼과 아모스 트버스키에게 큰 빚을 지고 있을 것이다. 칩은 아모스 덕분에 의사결정을 알게 되었으며 그 명쾌한 결과물의 가치를 알아볼 힘을 얻었다. 아모스에게 감사를 전한다.

당사자들은 알겠지만 이 책 초고를 읽고 결정적인 피드백을 해준 이들이 있다. 그들의 의견 덕분에 이 책은 놀랍게 거듭났다. 부디 완성된 책에서 그런 부분을 알아보기 바란다. 덕분에 훨씬 좋은 책이 탄생했다. 모두에게 감사드린다.(레몬주스 도둑들이여 안녕!)

잘 알려지지 않은 자료들의 출처를 힘들게 찾아내준 라스 플랫모에게 감사를 전한다.

이 책의 아이디어를 시험하기 위해 열었던 워크숍 참석자들에게 감사한다. 그들을 다음과 같이 소개한다. 빌 토빈, 필 위컴 외 카우프만펠로스 관계자들, 제닌 메이슨 외 필드스톤재단(우리가 처음으로 매트 다리고와 함께 그의 의사결정에 관해 이야기 나눈 곳) 팀원들, 캐리 마츠오카 외 은퇴한 캘리포니아주 교육감들, 칼라 오델 외 APQC 팀, 게이 호글랜드 외 샌프란시스코베이에어리어 교장들, 로셸라 데릭슨 외 GSB인사이더 참석자들, 앤드루 엘너, 소마바 스토우트 외 하

410

버드대학교 의과대학의 혁신적인 연구원들, 마이클 노턴 외 하버드대학교 경영대학원 참석자들, 에릭 존슨, 엘케 웨버, 마이클 모리스 외 컬럼비아의사결정학회, 딘 마이크 스미스 외 UNC 행정대학원 워크숍 참석자들, 케빈 트래퍼니, 커트 헤이절베이커 외 YMCA 메트로사우스컨퍼런스 참석자들.

삶의 중요한 의사결정을 두고 함께 이야기 나누며 일대일 코칭에 참여해준 이들에게도 깊이 감사드린다. 그들이 솔직하게 속 이야기를 나누고 피드백을 해준 덕분에 이 책의 아이디어를 더욱 발전시킬 수 있었다.

여러 결정 및 의사결정 과정을 주제로 우리와 대화해준 감사한 이들도 여기 소개한다. 제프 벨코라, 힐러리 브릭스, 레이철 브라운, 칩 콘리, 롭 딜러메이터, 캐런 더글러스, 제임스 더빈, 앤디 엡스타인, 크리스 플링크, 제이 프리드먼, 브라이언 깁스, 릭 그리피, 크리스티나 건서-머피, 마르셀라 구티에레즈, 스티브 헬러, 세라 헤른홀름, 칼 켐프, 클린트 코버, 샤론 로런스, 댄 리먼, 진 마틴, 페이지 니시스, 돈 노먼, 로버트 펄 박사, 마사 파이퍼, 데이비드 라인케, 진저 로나, 케빈 스켈리, 칼 스페츨러, 데브린 토레스, 베스 바이너, 셸리 볼츠, 도나 윅토로스키, 존 윌러드, 순 유.

원고를 처음부터 끝까지 읽고 깊이 있는 피드백을 해준 조나 버거, 롭 거트너, 바버라 키비에트, 릭 래릭, 마이클 모리스, 칼라 오델, 허시 셰프린에게 특별히 감사한다. 조지 우와 조시 클레이먼은 이 책과 의사결정에 관해 우리와 긴긴 대화를 함께해주었다. 감사를 전한다.

우리는 훌륭한 파트너를 둔 행운아다. 저스틴 개먼, 크리스티 다넬, 크리스티 플레처 외 플레처앤코 관계자들, 레스투에르크, 톰 닐센 외 브라이트사이트 관계자들, 크라운비즈니스 관계자들, 특히 태라 길브라이드와 로저 숄이 우리와 함께했다. 모두 우리에게 큰 힘이 되어주고 우리의 아이디어에 생명을 불어넣어주었다. 정말 감사한다.

무엇보다 우리 가족들에게 깊고 깊은 감사를 전한다. (50년 넘게 부부로 살아오신) 어머니, 아버지 고맙습니다. 수전, 에모리, 오브리, 어맨다, 수전, 옥사나, 헌터, 다비. 다들 함께해주어서 고마워요.

미주

머리말

1   Daniel Kahneman (2011), *Thinking, Fast and Slow* (New York: Farrar, Straus & Giroux): 97, 85(한국어판:《생각에 관한 생각》, 김영사, 2012). 이 책에서 카너먼은 의사결정을 다룬 다양한 자료에 언급된 편향과 오류의 복잡한 이야기를 명쾌하고 간략하게 정리하면서, "보이는 것이 전부" 성향이 어떤 체계로 편향과 오류를 생산하는지 밝힌다. 우리가 이 책에서 다루는 여러 편향 또한 카너먼이 말한 원리를 기반으로 한다. 더 자세히 알고 싶으면 카너먼이 같은 책에서 다음 주제에 관해 분석한 내용을 참고하라. 편협한 범주화narrow framing(87쪽), 과신overconfidence(199~201, 209~212, 259~263쪽), 확증 편향confirmation bias(80~84쪽), 감정과 우유부단emotion and indecision(401~406쪽).(쪽수는 원서 쪽수다. 이하 나머지 미주의 쪽수도 마찬가지다. 번역 용어는 이 책의 한국어판에 따랐다-옮긴이)

2   고위 간부로 고용된 사람 중 40퍼센트가 자리를 버티지 못한다는 내용은 다음 자료를 참조했다. Brooke Masters, "Rise of a Headhunter," *Financial Times*, March 30, 2009, http://www.ft.com/cms/s/0/19975256-1af2-11de-8aa3-0000779fd2ac. html#axzz24O1DwtbW. 유명 헤드헌팅 회사 하이드릭앤드스트러글스Heidrick & Struggles의 CEO 케빈 켈리Kevin Kelly는 이러한 결정의 대가를 다음과 같이 설명한다. "수입이 줄고 커리어상 오점이 되며 사기가 꺾인다는 의미에서 이들은 값비싼 대가를 치렀다." 교사 관련 연구는 다음을 참조했다. National Commission on Teaching and America's Future, "Policy Brief: The High Cost of Teacher Turnover," http://nctaf. org/wp-content/uploads/NCTAFCostofTeacherTurnoverpolicybrief.pdf. 미국변호사협회 조사는 다음을 참조했다. Alex Williams, "The Falling-Down Professions," *New York Times*, January 6, 2008, http://www.nytimes.com/2008/01/06/fashion/06professions.html.(흥미롭게도 의사 중 60퍼센트가 의욕 저하 문제로 이직을 고려

했다.)

3   2207명의 임원을 대상으로 한 의사결정 조사는 다음 자료를 참조했다. Dan Lovallo
and Olivier Sibony (2010), "The Case for Behavioral Strategy," *McKinsey Quarterly*
2: 30 - 45. 회계와 경영 컨설팅 다국적 기업인 KPMG는 1999년 연구에서 합병 발표
후 1년이 지난 뒤 동종 업계 다른 회사 주주들의 수익과 비교할 때 합병 회사 주주들
의 수익이 어떻게 달라졌는지 조사했다. 기업 합병과 관련해 흔히 인용되는 이 기준
을 근거로 KPMG는 다음과 같은 사실을 알아냈다. "M&A의 83퍼센트는 기업 가치를
높이지 못한다." David Harding and Sam Rovit (2004), *Mastering the Merger* (Boston:
Harvard Business School Press). M&A 중 83퍼센트는 주주들의 수익을 높이지 못했으
며 사실 절반은 주주들에게 큰 손실을 안겨주었다.

4   노년층의 후회는 다음을 참조했다. Thomas Gilovich and Victoria Husted Medvec
(1995), "The Experience of Regret: What, When, and Why," *Psychological Review*
102: 379 - 95.

5   얼티미트레드벨벳치즈케이크, http://abcnews.go.com/Business/diet-disasters-top-
calorie-heavy - menu-items/story?id=14114606#.UA2nOLTUPYQ; 맥도날드 치
즈버거, http://nutrition.mcdonalds.com/getnutrition/nutritionfacts.pdf; 스키틀스,
http://www.wrigley.com/global/brands/skittles.aspx#panel-3. 엘리자베스 테일러의
결혼과 삶은 위키피디아를 참조했다.

6   문신, http://www.boston.com/lifestyle/fashion/articles/2011/09/02/tattoo_remorse_
fuels_reverse_trend_tattoo_removal/(accessed 9/27/2012). 새해 결심 연구는 하트퍼드
셔대학교의 리처드 와이즈먼Richard Wiseman 교수가 했다. 출처는 다음과 같다. Alok
Jha, "New Year Resolution? Don't Wait Until New Year's Eve," *Guardian*, December
27, 2007, http://www.guardian.co.uk/science/2007/dec/28/sciencenews.research.

7   Dan Lovallo and Olivier Sibony (2010), "The Case for Behavioral Strategy,"
McKinsey Quarterly 2: 30 - 45. 시보니의 법정 비유는 다음에 나온다. Bill Huyett and
Tim Keller (2011), "How CFOs Can Keep Strategic Decisions on Track," *McKinsey
on Finance* 38: 10 - 15. 러발로의 말 출처는 2012년 4월 칩 히스와 한 인터뷰다.

8   이 편지의 전문은 다음을 비롯해 다양한 웹 자료에서 찾아볼 수 있다. John Towill
Rutt (1831), *Life and Correspondence of Joseph Priestley in Two Volumes*, vol. 1
(London: R Hunter): 182. 1772년 10월 9일 자 편지 참조.

CHAPTER 1

1   스티브 콜의 말 출처는 2011년 5월과 2012년 6월 칩 히스와 한 인터뷰다.

2 2장에서 소개할 폴 너트Paul Nutt는 이와 관련해 중요한 실험을 진행하고 흥미로운 사실을 알아냈다. 조직이 업체들에 한 차례 솔루션 제출을 요청한 뒤 최선의 선택지를 고르는 경우(대부분의 조직에서 제안서를 요청해 받을 때 통상적으로 따르는 프로세스) 채택된 선택지의 장기 성공률은 51퍼센트였다(너트의 아래 논문 83쪽 표4 참조). 이때 첫 번째 탐색을 바탕으로 업계 상황을 살핀 뒤 두 번째 탐색을 진행하면 성공률은 100퍼센트로 훌쩍 뛰었다. Paul C. Nutt (1999), "Surprising but True: Half the Decisions in Organizations Fail," *Academy of Management Executive* 13: 75 - 90.

3 흡연 기사와 흡연자 연구 출처는 다음이다. Timothy C. Brock (1965), "Commitment to Exposure as a Determinant of Information Receptivity," *Journal of Personality and Social Psychology* 2: 10 - 19. 러발로의 말 출처는 2012년 4월 칩 히스와 한 인터뷰다.

4 이 이야기는 앤드루 그로브의 회고록에 나온다. Andrew S. Grove (1996), *Only the Paranoid Survive* (New York: Currency Doubleday): 81-93(한국어판: 《편집광만이 살아남는다》, 부키, 2021). 1984년 상황과 '새 CEO'에 관한 이야기는 같은 책 89쪽에 나온다. 인텔의 주가는 2012년 4월 3일 울프럼 알파Wolfram Alpha에서 계산되었다. 배리 M. 스토Barry M. Staw는 조직에서 사람들이 이성을 잃고 경로에서 벗어난 행동에 전념하는 이유를 이해하기 위해 누구보다 많은 일을 한 학자다. 그는 그로브의 대처법이 효과가 있을 것으로 예측했다. 그러면서 합리적인 방향의 노력과 합리적이지 못한 방향의 전념을 구분하는 한 가지 방법은 "프로젝트에서 한 걸음 물러서는 시간을 규칙적으로 정해두고 그 시간 동안은 외부자의 관점이 되는 것"이라고 말했다. 또한 이때는 이렇게 자문하면 좋다고 했다. "만일 내가 오늘 처음으로 이 프로젝트를 맡고 진행 상황을 지켜본다면 프로젝트를 이대로 두고 싶을까 종결하고 싶을까?" 다음 자료 5쪽을 참조하라. Barry M. Staw & Jerry Ross (1987), "Knowing When to Pull the Plug," *Harvard Business Review*, March - April 1987: 1 - 7.

5 이러한 접근 방식이 의사결정 분석 분야의 근간을 이룬다. 이런 조언을 깔끔하고 읽기 쉽게 담아낸 자료로는 다음을 참고하라. John S. Hammond, Ralph L. Keeney, and Howard Raiffa (1999), *Smart Choices: A Practical Guide to Making Better Life Decisions* (Boston: Harvard Business School Press)(한국어판: 《스마트 초이스》, 21세기북스, 2001).

6 "Odds of Meltdown 'One in 10,000 Years,' Soviet Official Says," April 29, 1986. 다음 사이트에서 'odds of meltdown'을 검색해 내용을 참고하라. www.apnewsarchive.com.

7 Clifford Pickover, "Traveling Through Time," PBS *Nova* blog, October 12, 1999, http://www.pbs.org/wgbh/nova/time/through2.html.

8 이 말은 널리 알려져 있지만 워낙 오만하고 완고하게 들려서 우리는 "도시 전설urban legend"일 수 있다고 생각했다("도시 전설"은 확실한 근거는 없지만 사실로 알려져 널리 퍼진 이야기를 뜻한다. 산업화 이전 시대의 전설과 구분하기 위해 "현대 전설modern legend"이라 일컫기도 한다-옮긴이). 과학 기술 역사가 데이비드 A. 헌셸David A. Hunshell은 이 책에 인용된 버전의 문구가 사실일 수도 있고 사실이 아닐 수도 있지만 벨이 특허를 낸 당시 여러 편지에서 박식한 전신 과학자들과 사업가들이 실제로 "장난감"이라고 불렀다면서 다양한 사례를 제시한다. 다음을 참조하라. David A. Hounshell (1975), "Elisha Gray and the Telephone: On the Disadvantages of Being an Expert," *Technology and Culture* 16: 133 - 61.

9 Josh Sanburn, "Four-Piece Groups with Guitars Are Finished," *Time*, October 21, 2011, http://www.time.com/time/specials/packages/article/0,28804,2097462_2097456_2097466,00.html; the Beatles Bible, http://www.beatlesbible.com/1962/01/01/recording-decca-audition/. 존 레넌의 말은 다음을 참조했다. The Beatles (2000), *The Beatles Anthology* (San Francisco: Chronicle Books): 67. 1년이 지난 1963년 딕 로는 롤링스톤스와 계약을 맺으며 조지 해리슨에게 조언하는 자리에서 "기타가 들어간 4인조 밴드는 절대 가망이 없습니다"라고 한 것은 오판이었음을 시인한다. 위키피디아에 따르면 데카는 "비틀스와 계약을 걷어찬 것에 대한 후회"로 롤링스톤스와 음반 계약 협상 당시 많은 부분에서 기꺼이 저자세를 취했다고 한다. 롤링스톤스는 이 덕에 "일반적인 로열티의 3배를 챙기고 음반의 예술적인 면을 모두 원하는 방향으로 끌고 갔으며 마스터링 단계에서도 전권을 행사했다."(http://en.wikipedia.org/wiki/The_Rolling_Stones)

10 많은 저자는 의사결정 프로세스의 이 기본 단계 동의한다. 물론 실제로는 이 분야의 모든 책이 각 단계를 각기 다른 방식으로 구분하고 명명한다. 이 책에서 우리가 말하는 구분 방식은 다음 책에 가장 큰 영향을 받았다. J. Edward Russo and Paul J. H. Schoemaker (2002), *Winning Decisions: Getting It Right the First Time* (New York: Currency/Doubleday)(한국어판:《이기는 결정》, 학지사, 2010). 한편 칩 히스는 이 저자들의 이전 버전 책인《의사결정의 함정Decision Traps》에 실린 의사결정 모델을 여러 해 동안 학생들에게 가르쳤다. 처음에 학생들을 가르치면서 큰 도움을 받았기에 이 자리를 빌려 깊은 감사를 전한다. 만화로까지 나올 만한 의사결정 모델을 가릴 기회가 있다면 "고퍼GOFER" 모델이 상을 받아 마땅하다. "목표 명확화Goals Clarification, 선택지 생성Options Generation, 근거 탐색Fact-finding, 효과 고려Consideration of Effects, 검토 및 실행Review and Implementation"을 뜻한다. 다음을 참조하라. Leon Mann, Ros Harmoni, Colin Power, and Gery Beswick (1988), "Effectiveness of the GOFER Course in Decision Making for High School Students," *Journal of Behavioral Decision Making* 1: 159 - 68.

11 이 장단점 비교법 이야기의 출처는 프리스틀리의 편지다. 프리스틀리의 편지는 다음을 참조했다. John Towill Rutt (1831), *Life and Correspondence of Joseph Priestley in Two Volumes*, vol. 1 (London: R Hunter). 특히 175~187쪽에 실려 있는 1772년 프라이스 의사Dr. Price(7월 21일, 8월 25일, 9월 27일 자), W. 터너 목사Reverend W. Turner(8월 24일 자), T. 린지 목사Reverend T. Lindsey(날짜 미상), 조슈아 툴민 목사Reverend Joshua Toulmin(12월 15일 자)에게 보낸 편지와 유명한 심리 대수학을 언급하며 프랭클린 박사가 보내온 편지(9월 10일 자)를 참조하라. 프리스틀리의 생애와 업적은 미국화학학회American Chemical Society 자료를 대략 참고했다. 이 학회는 매년 화학에 공헌한 사람에게 프리스틀리상을 수여한다.(acs.org에서 'Prestley'로 검색)

12 몇 년 전 일상과 비즈니스 결정에서 직관을 사용하자는 움직임이 강하게 일던 때가 있었다. 자세한 내용은 다음을 참고하라. Malcolm Gladwell (2007), *Blink: The Power of Thinking Without Thinking* (New York: Back Bay Books)(한국어판: 《블링크》, 김영사, 2020); Gary Klein (2003), *The Power of Intuition: How to Use Your Gut Feelings to Make Better Decisions at Work* (New York: Crown Business). 다른 이유도 있겠지만 최근에는 대니얼 카너먼이 《생각에 관한 생각》에서 직관에 관해 쉽게 설명한 덕분에 직관의 한계에 대한 이해가 확산되는 추세다.

12 직관을 높이 사는 연구에서 간혹 놓치는 점은, 좋은 결정을 하고자 할 때 직관을 통해 받을 수 있는 도움은 상대적으로 제한되어 있다는 사실이다. 여러 연구에서는 직관이 믿을 만하게 합리적인 답을 생성하는 상황과 관련해 합의점이 나타난다. 직관이 효력을 발휘하는 상황과 그렇지 못한 상황을 구분 짓는 연구에 가장 많은 공을 들이는 연구자 중 한 사람인 로빈 호가스Robin Hogarth는 학습 환경을 친절함에서 사악함에 이르는 연속성 있는 단계로 설명한다. 호가스에 따르면 친절한 환경에서 직관을 습득할 때는 직관의 정확도가 올라갈 가능성이 크다. 그러나 사악한 환경에서 직관을 습득할 때는 직관의 정확도가 떨어지기 쉽다. 친절한 환경에서 피드백은 분명하고 즉각적이며, 예측에 따른 편향에서 자유롭다.

가령 내일의 날씨 예측은 친절한 환경이라 할 수 있다. 이때의 피드백은 신속하고(다음 날 바로 알 수 있다) 명확하다(비나 눈이 내리거나 내리지 않을 것이다). 또한 예측에 따라 결과가 달라지지 않는다(실제로 비나 눈이 오는 것은 예측과 관계가 없다). 반면에 응급실 학습 환경은 사악한 쪽이라고 할 수 있다. 장기 피드백이 부재하기 때문이다. 응급실에서 일하는 의사와 간호사는 대부분 훌륭한 단기 피드백을 얻는다(내가 환자의 지혈에 도움이 되는지 아닌지 곧바로 알 수 있다). 그러나 응급실은 장기 피드백에 관해서는 취약한 곳이다. 일단 환자가 응급실을 떠나면 그 뒤에 어떤 일이 일어나는지는 알 수가 없다(환자를 지혈하느라 취한 조치 때문에 응급실을 나간 뒤 더 큰 합병증이 일어날 수도 있다). 신제품을 출시하는 환경 역시 3가지 측면 모두를 기준으로 사악한 쪽이다. 이때의 피드백은 불분명하고(펫츠닷컴Pets.com을 만든 건 형편없는 아이디어였을까 시기상조일 뿐이었을까?), 즉각적인 피드백과는 거리가 멀며(몇 달, 몇 년이 걸리기도 한다), 예측에 따른 편향에서 자유롭지 못하다(해당 제품 출시의 중요도를 높게 잡고 낮게 잡고에 따라 누군가의 뜻에 맞게 광고 예산이나 인력 배치 문제가 결정될 수 있다). 각각의 업무 환경을 고려하면 신제품을 출시하는 기업가나 브랜드 매니저보다는 기상 캐스터의 직관을 믿는 편이 나을 것 같다. 또한 응급실 의사는 위급한 건강 문제를 해결하기 위해 효과적인 단기 해결책은 찾아줄 수 있지만 만성 질환에 좋은 장기 조치를 권고해서는 안 될 것이다. 호가스의 주장을 간략히 알아보려면 다음을 참고하라. Robin Hogarth (2001), *Educating Intuition* (Chicago: University of Chicago Press): 218 - 19.

조금 힘 빠지는 말이지만 직관을 가장 신뢰해야 하는 상황들은 인생에서 가장 중요한 선택이 필요한 많은 결정과는 거리가 멀다. 어느 대학에 가고, 누구와 결혼하고, 어떤 제품을 출시하고, 어느 직원을 승진시킬지 결정할 때는 직관을 믿어서는 안 된다. 듀크대학교의 릭 래릭Rick Larrick 교수는 훌륭한 직관을 기르는 데 분명히 도움이 되는 환경을 간략히 요약했다. 바로 "비디오 게임 환경"이다. 비디오 게임을 할 때는 빠르고 분명하고 고정된 피드백을 받을 수 있다. 그러나 이때는 직관 학습 과정에서 죽더라도 몇 번이고 다시 살아날 수 있다. 그런데 이 책에서 다루는 결정과 맞닥뜨릴 때는 재도전을 할 수 없는 경우가 대부분이다.

흥미롭게도 대니얼 카너먼과 게리 클레인은 직관의 가치를 두고 여러 해 동안 긴 논쟁을 벌였는데 결국 서로의 의견을 수렴하는 쪽으로 결론 내렸다(앞서 언급한 호가스의 주장과 같은 맥락으로). 그러나 직관의 가치를 강하게 옹호하는 클레인조차 직관적인 감정은 의사결정 프로세스에 필요한 한 요소일 뿐이라고 말한다. 《매킨지쿼털리 McKinsey Quarterly》인터뷰에서 경영진이 직감을 믿어야 하는지 묻자 그는 이렇게 답했다. "혹시 '내 직감이 이렇게 하라고 하니 걱정 없이 이렇게 하겠어' 따위의 직감을 이야기하는 거라면 절대 직감을 믿어서는 안 된다고 말하고 싶네요. 직관적인 느낌은 중요한 데이터의 일부라고 생각해야 합니다. 하지만 그런 뒤에는 의식적으로 신중하게 평가해봐야죠. 이 상황에서 직감이 말이 되는지 살펴봐야 하니까요." 카너먼과 클레인은 직관을 더 신뢰할 수 있는 학습 환경은 (1) 예측 가능하고 (2) 좋은 피드백을 제공하는 환경이라고 합의했다. 클레인의 말은 다음을 참고하라. "When Can You Trust Your Gut?" *McKinsey Quarterly* 2010 2: 58 - 67. 심리학자들을 대상으로 한 두 사람의 대화는 다음을 참조하라. Daniel Kahneman and Gary Klein (2009), "Conditions for Intuitive Expertise: A Failure to Disagree," *American Psychologist* 64: 515 - 26.

13 우리는 2010년 3월 《패스트컴퍼니Fast Company》 칼럼에서 데이비드 리 로스의 이야기를 처음 다루었다. 데이비드 리 로스가 한 말은 모두 그의 자서전에서 인용했다.

David Lee Roth (1997), *Crazy from the Heat* (New York: Hyperion). TV 일화는 156쪽, 갈색 엠앤엠즈 초콜릿 조항 일화는 97~98쪽에 나온다. 로스에 따르면 콜로라도주의 한 대학교에서 계약서에 나오는 무게 지침을 소홀히 한 탓에 농구장의 새로 단장한 고무바닥이 밴 헤일런 무대의 하중을 견디지 못하고 내려앉는 사고가 일어나 8만 달러의 수리비가 들었다고 한다. 이 일로 화가 난 로스가 분장실을 부수는 바람에 8만 5000달러의 손실이 났다는 보도까지 있었다. "나에 관한 좋은 소문은 내가 다 망치는 셈이죠"라고 로스는 말한다.

14   Roy F. Baumeister, et al. (1998), "Ego Depletion: Is the Active Self a Limited Resource?" *Journal of Personality and Social Psychology* 4: 1252.

CHAPTER 2

1   "헤어질까 말까?" 토론 출처는 다음이다. http://www.ask.com/answers/177313841/ break-up-or-not. 바루크 피시호프의 연구는 다음을 참조했다. Baruch Fischhoff (1996), "The Real World: What Good Is It?" *Organizational Behavior and Human Decision Processes* 65: 232 – 48. 피시호프의 234쪽 요약과 표1을 참조하라. 피시호프에 따르면 10대가 하는 결정 중 65퍼센트는 분명한 대안이 없거나 1가지뿐이었고, 30퍼센트는 2가지 이상의 현실적인 대안이 포함되었다. 그는 나머지 5퍼센트의 결정을 가리켜 "선택지 찾기 또는 '고안해내기'"라고 불렀다. "……에 대해 무엇을 해야 하지?" 같은 결정이었다. 우리는 이 5퍼센트에 해당하는 유형을 정확히 어떻게 분류할지 알 수 없었다. 그래서 이 책에서는 첫째와 둘째 유형만 다루기로 했다. 1가지 선택지만 고민하는 "가부 판정형"에서 벗어난 결정의 한 범주는 옷과 관련한 결정이었다. 우리는 세상의 많은 마케터 덕분에 대안을 고민하기가 훨씬 더 수월해졌다. 그럼에도 10대의 옷에 관한 결정 중 40퍼센트는 두 번째 선택지가 없었다.

2   이 사례에 관한 배경과 분석 대부분은 다음을 참조했다. Paul C. Nutt (2004), "Expanding the Search for Alternatives During Strategic Decision-Making," *Academy of Management Executive* 18: 13 – 28. 스내플 인수 이야기는 17~18쪽에 나온다. "인수가가 너무 높다"라는 평가는 다음 기사에 나온다. Barnaby J. Feder, "Quaker to Sell Snapple for $300 Million," *New York Times*, March 28, 1997, http://www.nytimes.com/1997/03/28/business/quaker-to-sell-snapple-for-300-million.html?pagewanted=all&src=pm. 스미스버그가 창사 이래 최대 규모의 M&A를 발표하던 날 두 회사의 주가는 폭락했다(퀘이커 주가는 10퍼센트 하락했다). 다음을 참조하라. Glenn Collins, "Quaker Oats to Acquire Snapple," *New York Times*, November 3, 1994, http://www.nytimes.com/1994/11/03/business/company-reports-quaker-

oats-to-acquire-snapple.html?pagewanted=2. "한두 사람은 이 문제에 대해 반대 의견을 말했어야 했다"라는 말은 시드니 핀켈스타인Sydney Finkelstein의 다음 책 98쪽에 나온다. 비즈니스 의사결정과 관련해 우리가 가장 좋아하는 책 중 하나다. Sydney Finkelstein (2003), *Why Smart Executives Fail: And What You Can Learn From Their Mistakes* (New York: Portfolio)(한국어판:《실패에서 배우는 성공의 법칙》, 황금가지, 2009). 핀켈스타인은 퀘이커가 떠안은 부채 문제도 언급한다. 위의 인수가 보도 기사에 따르면 퀘이커가 손해를 보고 스내플을 매각하자 주가가 올라갔는데, 뒤늦게나마 나쁜 상황에서 벗어나려고 내린 이 결정을 투자자들이 환영했기 때문일 것이라고 한다.

3 핀켈스타인의 《실패에서 배우는 성공의 법칙Why Smart Executives Fail: And What You Can Learn From Their Mistakes》에서는 한 장을 통째로 할애해 M&A 문제를 다룬다(4장 77~107쪽 참조). KPMG 사례는 77쪽을 참조하라.

4 Paul C. Nutt (1993), "The Identifi cation of Solution Ideas During Organizational Decision Making," *Management Science* 39: 1071 - 85. 1가지 선택지만 두는 "가부 판정형" 결정과 여러 선택지를 두는 결정의 실패율을 비교한 내용은 1079쪽 표4에 나온다. "가부 판정형" 결정의 위험성에 관한 너트의 설명은 다음 자료 78쪽에 나온다. Paul C. Nutt (1999), "Surprising but True: Half the Decisions in Organizations Fail," *Academy of Management Executive* 13: 75 - 90.

5 댄 히스는 2011년 7월과 2012년 4월에 하이디 프라이스와 두 차례 대화를 나누었고, 2012년 7월에 코필더 슈너그와 한 차례 대화를 나누었다. 하이디 프라이스 이야기의 출처는 이 세 차례 대화다.

6 경제학자들은 명문 학교와 그렇지 않은 학교에 합격한 뒤 그렇지 않은 학교를 선택한 학생들을 대상으로 연구를 진행해 이 학생들이 학교로 인해 평생 포기하게 될 수입을 추정해보았다. 그 결과 이들이 포기해야 하는 수입은 없는 것으로 드러났다. 프린스턴대학교의 경제학자 스테이시 데일Stacy Dale과 앨런 크루거Alan Krueger의 두 연구를 잘 요약한 다음 기사를 참조하라. David Leonhardt, "Revisiting the Value of Elite Colleges," *New York Times*, February 21, 2011, http://economix.blogs.nytimes. com/2011/02/21/revisiting-the-value-of-elite-colleges/. 이 결과가 처음으로 발표된 자료는 다음이다. Stacy Berg Dale and Alan B. Krueger (2002), "Estimating the Payoff of Attending a More Selective College: An Application of Selection on Observables and Unobservables," *Quarterly Journal of Economics* 107: 1491 - 1527. 데이비드 리언하트는 기사에서 앨런 크루거의 말을 인용했다. "나는 학생들에게 이렇게 조언합니다. 합격하지 못한 학교만이 들어갈 가치가 있는 유일한 학교라고 믿어서는 안 된다. 졸업장에 나오는 학교의 이름이 아니라 동기와 열정, 재능이 당신의 성공을 좌우할 것이다."

7   댄 히스가 2011년 6월 브랜스필드 신부와 나눈 대화와 이후 교환한 이메일이 이 이야기의 출처다.

8   기회비용 연구는 다음을 참조했다. Shane Frederick, et al. (2009), "Opportunity Cost Neglect," *Journal of Consumer Research* 36: 553 - 61. 햄버거 예시와 아이젠하워의 말은 같은 논문에 나온다. 스피커 이야기도 이 논문에 나오지만 출처는 명시되어 있지 않다. 나머지 정보의 출처는 칩 히스와 셰인 프레더릭이 2012년 3월에 나눈 대화다.

9   이 이야기의 출처는 댄 히스가 2011년 10월 "마거릿 샌더스"와 한 인터뷰다. "마거릿 샌더스"와 "애나"는 가명이다.

CHAPTER 3

1   렉시콘 이야기의 출처는 댄 히스와 데이비드 플라섹이 2010년 9월에 나눈 대화다. 더 오래전 렉시콘 이야기는 다음을 참조했다. Chip Heath and Victoria Chang (2002), "Lexicon (A)," Stanford GSB M300A. 이 이야기가 처음 실린 자료는 우리 두 사람이 《패스트컴퍼니》에 쓴 칼럼이다. Dan Heath and Chip Heath, "How to Pick the Perfect Brand Name," *Fast Company*, December/January 2011.

2   광고를 동시에 여럿 만들거나 한 번에 하나씩 만드는 프로세스에 관한 연구는 다음을 참조했다. Steven P. Dow, et al. (2010), "Parallel Prototyping Leads to Better Design Results, More Divergence, and Increased Self-Efficacy," *Transactions on Computer-Human Interaction* 17 (4). 디자인 프로세스에 관한 참가자들의 반응은 16쪽에 나온다. 클레머의 말 출처는 칩 히스가 2010년 9월에 한 인터뷰다.

3   Kathleen M. Eisenhardt (1989), "Making Fast Strategic Decisions in High-Velocity Environments," *Academy of Management Journal* 32: 543 - 76.

4   Sheena S. Iyengar and Mark R. Lepper (2000), When Choice Is Demotivating: Can One Desire Too Much of a Good Thing?" *Journal of Personality and Social Psychology* 79: 995 - 1006.

5   연구로 밝혀낸 가장 확실한 근거에 따르면 선택지 수가 6가지를 넘어가기 전까지는 결정 마비가 일어나지 않는다. 또한 최근의 연구 결과들은 결정 마비가 과연 존재하는지 의문을 제기한다. 전형적인 연구에서는 선택지가 4~6가지로 적을 때와 20~30가지로 많을 때를 비교했다. 초기 연구에 따르면 이 책에서 다룬 잼 이야기에서처럼 사람들은 선택지의 규모가 20~30가지로 클 때 선택을 미루거나 거부하는 일이 많았다. 이 점을 다룬 2000년대 초반 연구 상황은 베리 슈워츠Barry Schwartz가 요약했다. 슈워츠는 다음 저서에서 선택 과부하에 관해 경고했다. *The Paradox of Choice: Why More Is Less* (New York: HarperCollins)(한국어판: 《선택의 심리학》, 웅진지식하우스,

2005). 우리 역시 전작《스위치》와《스틱!》에서 선택 과부하를 다루며 엘다 샤퍼Eldar Shafir를 비롯해 선택지가 2가지뿐일 때도 결정 마비가 일어난다는 근거를 찾은 학자들의 연구를 언급했다. 그러나 일반적인 연구에서는 선택지가 6~20가지 사이일 때 결정 마비가 일어난다고 가정한다.

최근 학계 일각에서는 선택지 규모가 크더라도 결정에서 심각한 문제가 되지 않는다는 주장이 나오고 있다. 선택 마비에 관한 초창기 연구는 많은 관심을 받았고 2010년에는 여러 학자가 총 5000여 명의 참가자를 다룬 50건의 논문을 메타 분석했다. 그 결과 선택지가 늘어난다고 해서 선택에 대한 만족이나 동기가 감소하지는 않는다는 사실을 알아냈다. 실제로 전문 지식이 있거나 선호가 확실한 경우(예를 들어 커피처럼 흔한 음식)에는 선택지가 많을수록 선택에 대한 만족도가 올라갔다. Benjamin Scheibehenne, Rainer Greifeneder, and Peter M. Todd (2010), "Can There Ever Be Too Many Options? A Meta-analytic Review of Choice Overload," *Journal of Consumer Research* 37: 409-25.

이 문제를 둘러싼 논쟁은 여전히 계속되는 중이다. 그러므로 만일《스위치》나《스틱!》을 다시 쓰게 된다면 우리는 이 주제를 다시 알아봐야 할 것이다. 전작들에서 다루었던 선택 과부하 연구를 계속 강조할지 말지 결정해야 하기 때문이다. 그러나 멀티트래킹에 관해 우리가 말한 조언과 같은 맥락에서 본다면, 선택지가 20가지인 시점에서는 선택 마비가 일어날 수 있지만 하나의 선택지에 두 번째 세 번째를 더한다고 해서 심각한 문제가 일어날 가능성은 거의 없다. 두세 가지 선택지 추가는 우리가 권장하는 일이다. 물론 적은 개수의 선택지를 두고 선택 과부하가 일어나 문제로 발전할 가능성은 있다. 그러나 폴 너트의 연구와 바로 이어서 소개할 독일 기술 회사의 의사결정 연구에 비추어 볼 때 그렇게 해서 생기는 사소한 고통은 감수할 가치가 있다. 선택지를 넓혀서 생긴 고통을 감수하면 더 큰 이익을 얻을 수 있기 때문이다.

6   Hans Georg Gemünden and Jürgen Hauschildt (1985), "Number of Alternatives and Efficiency in Different Types of Top-Management Decisions," *European Journal of Operational Research* 22: 178-90. 과거 의사결정 평가는 매우 엄격한 절차에 따라 이루어졌다. 4시간 동안 4가지 다른 세션이 진행되었다.(당신은 최근에 과거의 결정을 검토하느라 4시간을 써본 적이 있는가?) 그 결과 결정 중 26퍼센트만 "매우 좋음"으로 평가되었고 34퍼센트는 나쁨, 40퍼센트는 보통으로 분류되었다. 물론 이 증거는 인과관계가 아니라 상관관계를 나타낸다. 하지만 연구진은 복잡한 결정에서든 단순한 결정에서든 모두 선택지가 많을 때 더 좋은 결정이 나온다는 사실을 보여줌으로써 혼란을 일으킬 가능성이 가장 큰 문제를 제거했다.

7   Henry Kissinger (1979), *White House Years* (New York: Little, Brown): 418.

8   일반적으로 "예방 초점"은 뭔가를 "해야 한다"라고 생각하고 의무나 책임(동아리 회장

422

으로서 아들의 의무), 손실(집값 하락), 위험(라디오에서 들리는 신기술의 위험성)을 떠올릴 때 활성화된다. "향상 초점"은 목표와 열망(동아리에서 아들이 이루고 싶은 큰 목표), 이 상(집수리), 이익과 기회(신기술의 이점)를 떠올릴 때 활성화된다. 우리 문화 속에는 각 마인드셋을 자극하는 말들이 있다. 예방 초점을 강조하는 말의 예는 다음과 같다. "유 비무환Better safe than sorry." "남의 돈 천 냥이 내 돈 한 푼만 못하다A bird in the hand is worth two in the bush." "돌다리도 두드려보고 건너라Look before you leap." 향상 초점을 강 조하는 말의 예는 다음과 같다. "오늘은 다시 오지 않는다Seize the day." "모험하지 않 으면 아무것도 얻을 수 없다Nothing ventured noting gained." "망설이면 기회를 놓친다He who hesitates is lost."

이 2가지 마인드셋을 밝혀낸 사람은 컬럼비아대학교의 토리 히긴스Tory Higgins다. 이 주제를 다룬 히긴스의 저서는 다음과 같다. Heidi Grant Halvorson and E. Tory Higgins (2013), *Focus: Use Different Ways of Seeing the World to Power Success and Influence* (New York: Hudson Street Press)(한국어판:《어떻게 의욕을 끌어낼 것인가》, 한국 경제신문, 2014).

9   Ranjay Gulati, Nitin Nohria, and Franz Wohlgezogen (2010), "Roaring Out of Recession," *Harvard Business Review*, March 2010: 4 – 10.

10   Susan Nolen-Hoeksema (2003), *Women Who Think Too Much: How to Break Free of Overthinking and Reclaim Your Life* (New York: Holt): 89-91(한국어판:《생각이 너무 많 은 여자》, 지식너머, 2013).

CHAPTER 4

1   2012년 매출 수치는 다음을 참고했다. Michael T. Duke, "To Our Shareholders, Associates and Customers," http://www.walmart stores.com/sites/annual-report/2012/ CEOletter.aspx. 그 외에 재미있는 사실들: 월마트는 미국 국방부와 중국 인민해 방군의 뒤를 이어 세계에서 직원 숫자가 3번째로 많은 집단이다. Ruth Alexander, "Which Is the World's Biggest Employer?" *BBC News Magazine*, March 19, 2012, http://www.bbc.co.uk/news/magazine-17429786. 월마트를 국가로 친다면 세계 19 위 경제국에 해당한다. "Scary (but True) Facts About Wal-Mart," *Business Pundit*, July 1, 2012, http://www.businesspundit.com/stats-on-walmart/. 호주, 유럽, 뉴욕 시에는 월마트가 없다. "Our Locations"; http://corporate.walmart.com/our-story/ locations; Matt Chaban, "Walmart in New York City: Just How Desperate Is the Retail Giant to Open in the Big Apple?" *Huffington Post*, August 6, 2012, http:// www.huffingtonpost.com/2012/08/06/wal-mart-in-new – york-city-losing-fight-

to-open-store_n_1748039.html.

2   중앙 계산대 시스템 이야기와 월턴의 말은 다음에 나온다. Richard S. Tedlow (2003), *Giants of Enterprise: Seven Business Innovators in the Empires They Built* (New York: Collins): 336~39(한국어판:《사업의 법칙》, 청년정신, 2003년). 빌려온 아이디어에 관한 다른 예들은 월턴의 자서전을 참고했다. Sam Walton and John Huey (1992), *Sam Walton: Made in America* (New York: Doubleday)(한국어판:《샘 월튼》, 21세기북스, 2008). 케이마트 이야기는 104쪽, 다른 할인점들 이야기는 54쪽, 유통센터 아이디어 이야기는 102쪽에 나온다. 월턴에 따르면 초창기 월마트는 "너무 작고 하찮아서 큰 상점들 앞에서 존재감이 없었다." 그래서 다른 지역의 할인 매장 본사를 찾아갈 때면 이렇게 말했다고 한다. "안녕하세요, 아칸소주 벤턴빌에 사는 샘 월턴이라고 합니다. 이 지역에서 상점 몇 개를 운영합니다." 그러면 사람들은 대부분 "호기심 때문인지" 그와 상대해주었다고 한다. 월턴은 말한다. "나는 가격이고 유통이고 가리지 않고 많은 질문을 쏟아냈다. 그리고 그런 식으로 정말 많은 것을 배웠다."(105쪽) 월마트의 성장기를 들으면 기르던 귀여운 새끼 악어가 어느 날 정신을 차려보니 너무 커져 집에서 기르던 개를 집어삼켜버렸다는 이야기를 듣는 것 같다.

3   이 이야기 출처는 칩 히스가 2012년 8월 의사인 로버트 펄, 얼란 위피, 다이앤 크레이그와 나눈 대화다. 전립선암과 유방암 관련 통계 수치 비교의 근거는 다음과 같다. 미국에서 연간 패혈증 사망자 수는 21만~35만 명으로 추산된다. National Institutes of Health, "Sepsis Fact Sheet," October 2009, http://www.nigms.nih.gov/education/factsheet_sepsis.htm. 이 숫자의 중간값을 취해 만일 미국 전역의 병원이 카이저퍼머넌트그룹 병원처럼 28퍼센트 사망률을 낮춘다면 1년에 7만 8000명을 살리는 것과 같다. 2009년《미국 인구 통계 보고서》기준 유방암 사망자는 4만 1000명, 전립선암 사망자는 2만 8000명이었다. Kenneth D. Kochanek, et al., "Deaths: Final Data for 2009," *National Vital Statistics Reports* 60, no. 3 (December 29, 2011): 105 (http://www.cdc.gov/nchs/data/nvsr/nvsr60/nvsr60_03.pdf). 솔직한 이야기 하나. 칩 히스는 카이저퍼머넌트그룹이 여러 가지 변화를 시도하는 과정에서 컨설팅을 제공했다. 그러다가 이 이야기를 알게 되었다. 이 일에 관해 위피나 크레이그와 이야기한 것은 그 후의 일이다.

4   이 이야기의 출처는 2010년 9월과 2012년 3월에 칩 히스가 디온 휴스와 나눈 대화다. 우리는 이 이야기 속 두 사람과 일해본 적 있는 스트로베리프로그StrawberryFrog의 CEO 스콧 굿선Scott Goodson에게 경험담을 들려달라고 부탁했다. 네트워크 모델을 기반으로 설립된 굿선의 광고 대행사는 세계 곳곳의 프리랜서 수백 명과 관계를 맺고 있다가 프로젝트에 따라 그중 일부를 불러 모아서 일을 진행한다. 그들은 이런 식으로 프리토레이, 하이네켄, 구글, 스마트카 등의 프로젝트를 맡았다. 전 세계의 재능

있는 크리에이터들을 보아온 그는 특히 휴스와 존슨이 내놓는 아이디어를 높이 산다. "두 사람과 일할 때면 이틀 정도 시간을 줍니다. 그런 뒤 두 사람이 전화로 하나씩 아이디어를 내놓죠. 그러면 난 이렇게 말할 수밖에 없어요. '와, 진짜 끝내주네요. 어떻게 이런 통찰이 나올 수 있죠?' 디온과 휴스는 탁월한 전략가로서 누구도 넘볼 수 없는 능력이 있어요. 브랜드와 브랜드의 가능성, 주변 상황을 꿰뚫고 있다가 그것들을 연결 짓는 놀라운 힘을 가졌죠."

5 "이미 해결된 다른 문제를 찾아내야 한다"라는 말과 과학자들은 보통 유추의 중요한 역할을 깨닫지 못한다는 내용은 다음 자료를 참조했다. Kevin Dunbar (2000), "How Scientists Think in the Real World: Implications for Science Education," *Journal of Applied Developmental Psychology* 21: 49–58. 그 외 다른 인용 문구와 관찰 내용은 다음을 참고했다. Kevin Dunbar (1996), "How Scientists Really Reason," in *The Nature of Insight*, ed. Robert J. Sternberg and Janet E. Davidson (Boston: MIT Press).

6 Bo T. Christensen and Christian D. Schunn (2007), "The Relationship of Analogical Distance to Analogical Function and Preinventive Structure: The Case of Engineering Design," *Memory & Cognition* 35: 29–38.

7 어떤 마케터들은 고객의 핵심 요구 사항을 파악하는 프로세스를 이야기할 때 "사다리 오르기"란 말을 쓴다. 한 여성이 얼굴을 씻기 위해 비누를 사용한다면, 마케터는 사다리 오르기 기법을 통해 여성에게 두어 차례 비누를 사용하는 "이유"를 물음으로써 그녀의 절실한 요구 사항과 욕구가 "아름다움"임을 알아낼 것이다. 마케터의 관점에서 사다리 위층으로 올라간다는 것은 고객의 추상적인 욕구를 찾아낸다는 뜻이다. 우리는 이 책에서 좀 더 시야라는 측면에서 이 말을 사용했다. 유추의 사다리를 오르면 더 넓고 멀리 볼 수 있다.

8 Peter Reuell, "A Swimsuit Like Shark Skin? Not So Fast," *Harvard Gazette*, February 9, 2012, http://news.harvard.edu/gazette/story/2012/02/a-swimsuit-like-shark-skin-not-so-fast/ (accessed 9/11/2012). 재미있는 사실은 이 연구를 진행한 과학자는 스피도 팀이 상어 가죽을 충분히 잘 재현해내지 못했다고 생각한다는 사실이다. 그는 몇 번의 실험에 근거해 기록이 좋아진 이유는 "어뢰"와 닮은 모양 덕분이 크다고 생각한다.

9 이 이야기에 나오는 모든 내용과 인용문(자연사박물관 이야기 포함)은 다음 자료를 참조했다. American Public Media, "The Waldo Canyon Fire," *The Story* (hosted by Dick Gordon), June 29, 2012; http://thestory.org/archive/The_Story_62912.mp3/view. "'거친 질감'이야말로 속도를 내는 진짜 열쇠"라는 말과 "수영 종목에 걸린 메달 중 83퍼센트가 패스트스킨을 착용한 선수들"이란 말은 페어허스트가 2009년 "유럽 올해의 발명가 상European Inventor of the Year Award"을 받게 된 이유를 설명하는 동영상에서 나

왔다. "어뢰" 이야기는 다음을 참조했다. "Inventor Awards to Be Announced," BBC, April 28, 2009, http://news.bbc.co.uk/today/hi/today/newsid_8022000/8022077. stm. 페어허스트의 수영복 논란과 착용 금지 이야기는 다음을 참조했다. Deidre Crawford, "London Olympics: Advances in Swimwear for Athletes—and You," *Los Angeles Times*, July 29, 2012, http://articles.latimes.com/2012/jul/29/image/la-ig-olympic-swimwear-20120729.

CHAPTER 5

1   상장 기업 인수시 평균 41퍼센트의 프리미엄이 붙는다는 내용과 버핏의 농담은 다음을 참조했다. Mathew L. A. Hayward and Donald C. Hambrick (1997), "Explaining the Premiums Paid for Large Acquisitions: Evidence of CEO Hubris," *Administrative Science Quarterly* 42: 103−27. 우리는 다음에 나오는 더 긴 문장을 인용했다. Warren E. Buffett, *The Essays of Warren Buffett: Lessons for Corporate America*: 137-39, ed. Lawrence A. Cunningham, http://bit.ly/fAQgBX. 헤이워드와 햄브릭에 따르면 CEO들이 과도한 프리미엄을 지불할수록 이후 성과는 수치상 더 나쁜 쪽으로 나타났다.

2   Peter F. Drucker (2006), *The Effective Executive* (New York: HarperBusiness): 148(한국어판:《피터 드러커 자기경영노트》, 한국경제신문, 2020).

3   William Hart, et al. (2009), "Feeling Validated Versus Being Correct: A Meta-analysis of Selected Exposure to Information," *Psychological Bulletin* 135: 555−58.

4   악마의 변호인과 가톨릭교회 내에서 역할에 관한 논의는 다음을 참조했다. Paul B. Carroll and Chunka Mui (2008), *Billion Dollar Lessons: What You Can Learn from the Most Inexcusable Business Failures of the Last Twenty-Five Years* (New York: Portfolio Books)(한국어판:《위험한 전략》, 흐름출판, 2009). 진정성 있는 반대 의견 들어보기의 가치에 관한 생각은 다음에서 하는 이야기와 맥락이 같다. University of California at Berkeley: Charlan Nemeth, Keith Brown, and John Rogers (2001), "Devil's Advocate Versus Authentic Dissent: Stimulating Quantity and Quality," *European Journal of Social Psychology* 31: 707−20.

5   Chip Heath, Richard P. Larrick, and Joshua Klayman (1998), "Cognitive Repairs: How Organizational Practices Can Compensate for Individual Shortcomings," *Research in Organizational Behavior* 20: 1−37.

6   코퍼레인지 광산 이야기 출처는 칩 히스가 로저 마틴(2012년 3월), 리처드 로스(2012년 4월), 존 샌더스(2012년 5월)와 한 인터뷰다. 또한 로저 마틴의 블로그 글을 참조했다. Roger Martin: "My Eureka Moment with Strategy," Harvard Business Review:

HBR Blog Network, May 30, 2010, http://blogs.hbr.org/martin/2010/05/the-day-i-discovered-the-most.html. "가령 당신은 어떤 아이디어가 옳은 접근법이 아니라고 생각합니다" 인용문은 그의 블로그가 출처다.

7   U.S. District Court Judge Patrick J. Schiltz (1999), "On Being a Happy, Healthy, and Ethical Member of an Unhappy, Unhealthy, and Unethical Profession," *Vanderbilt Law Review* 52: 945‒48. 전에는 이 글을 온라인에서 PDF 버전으로 볼 수 있었지만 지금은 링크가 사라지고 없다. 그러나 "Schiltz unhappy unethical"이란 키워드로 검색은 시도해보기 바란다. 운이 좋으면 찾을지 모른다

8   Julie A. Minson, Nicole E. Ruedy, and Maurice E. Schweitzer (2012), "There Is Such a Thing as a Stupid Question: Question Disclosure in Strategic Communication," Working paper, Wharton School of Business, University of Pennsylvania.

9   Allen Barbour (1995), *Caring for Patients* (Stanford, CA: Stanford University Press): 10‒12.

10   1984년 로체스터대학교의 하워드 베크먼Howard Beckman 박사와 동료들이 이 논문을 내놓자 사람들은 큰 실망감을 느꼈다. 그 후 의과대학들은 환자를 중심에 두고 진료하도록 의사들을 훈련하는 데 힘썼고, 15년이 지난 1999년 베크먼과 동료들은 후속 논문을 발표했다. 이 논문에 따르면 의사들이 개입하기까지 시간은 23초로 늘었다고 했다. 이 비율로 꾸준히 개선이 이루어진다면 2110년 환자들은 의사의 개입 없이 1분이 넘는 시간 동안 증상을 이야기할 수 있을 것이다. Meredith Levine, "Tell the Doctor All Your Problems, but Keep It to Less Than a Minute," *New York Times*, June 1, 2004, http://www.nytimes.com/2004/06/01/health/tell-the-doctor-all-your-problems-but-keep-it-to-less-than-a-minute.html.

11   Aaron T. Beck (1989), *Love Is Never Enough* (New York: HarperPerennial)(한국어판:《사랑만으로는 살 수 없다》, 학지사, 2001). 골드스타인의 연구는 248쪽, 테드와 캐런의 결혼 일기는 245~246쪽에 나온다.

12   인드라 누이의 말은 다음 자료를 참조했다. "The Best Advice I Ever Got," *CNNMoney*, April 30, 2008, http://money.cnn.com/galleries/2008/fortune/0804/gallery.bestadvice.fortune/7.html. 로셸 아널드-시먼스의 말은 다음 자료를 참조했다. Rochelle Arnold-Simmons, "Day 158 Honoring My Husband Beyond Affection," *I Will Honor My Husband*, July 22, 2011, http://iwillhonormyhusband.blogspot.com/2011/07/day-158-honoring‒my-husband.html. 인더스트리얼사이언티픽 사례는 다음을 참조했다. Malia Spencer, "Conversational Nuances Come with Working in Asia," *Pittsburgh Business Times*, June 15, 2012, http://www.bizjournals.com/pittsburgh/print-edition/2012/06/15/conversational-nuances-asia.html.

13   "생각 뒤집기"의 가치를 다룬 연구는 다음이다. Katherine L. Milkman, Dolly

Chugh, and Max H. Bazerman (2009), "How Can Decision Making Be Improved?" *Perspectives on Psychological Science* 4: 379 – 85. 생각 뒤집기는 특히 처치 곤란한 여러 편향을 줄이는 데 효과가 있는 것으로 나타났다. 10장에서 강조하는 과신에 따른 결론(5장에서 다룬 오만한 CEO들에게서도 나타난다), 어떤 일이 일어난 것을 보고 불가피했던 것으로 받아들이는 사후 해석 편향, 특정 수치에 지나치게 집착하는 경향(상황이 완전히 달라졌는데 작년을 기준으로 올해의 예산을 배정하려는 것 등)을 포함한 여러 편향이 그런 예다.

14 RFP와 관련한 의도적인 실수 이야기는 다음을 참고했다. Paul J. H. Schoemaker (2011), *Brilliant Mistakes: Finding Success on the Far Side of Failure* (Philadelphia: Wharton Press)(한국어판:《빛나는 실수》, 매일경제신문사, 2013).

15 John T. Molloy (2003), *Why Men Marry Some Women and Not Others* (New York: Warner Books): 73(한국어판:《남자들이 결혼하는 여자는 따로 있다》, 넥서스, 2005).

CHAPTER 6

1 리조트를 담은 아름다운 사진은 다음에서 볼 수 있다. http://polynesian-resort .com/ Amenities.html(2011년 7월 8일 기준 주소). 미국에서 가장 지저분한 호텔 10곳에 관한 설명은 다음을 참고했다. http://www.tripadvisor.com/PressCenter-i4557-c1-Press_Releases.html(2012년 9월 27일 기준 주소). 그 외 모든 고객 리뷰는 다음을 참고했다. TripAdvisor, http://www.tripadvisor.com/ShowUserReviews-g54359-d259744-r115031196-Polynesian_Beach_Golf_Resort-Myrtle_Beach_South_Carolina.html#CHECK_RATES_CONT(2011년 7월 8일 기준 주소). "방탕한 휴가를 보내기에는 최고"라는 말은 dangle2011이라는 사용자가 쓴 리뷰로 2009년 10월 27일에 올라왔다(2012년 9월 27일 기준).

2 기저율을 사용할 때 어려운 점 중 하나는 어떤 기저율을 신뢰해야 하는가다. 이 경우에는 사업을 시작한 모든 기업가를 살펴봐야 할까, 식당을 시작한 사람들만 살펴봐야 할까? 식당 개업 지역은 텍사스주 전체를 봐야 할까, 오스틴만 봐야 할까? 아니면 더 정확한 기준으로 오스틴 시내에서 태국 식당을 연 사람들을 봐야 할까? 의사결정 전문가 중 한 사람으로 시카고대학교 경영대학원 교수인 조시 클레이먼Josh Klayman이 경험을 바탕으로 제안하는 방법이 있다. 10~20가지 경우가 들어가는 선에서 최대한 좁게 범위를 설정하라는 것이다. 즉 만일 오스틴에 태국 식당이 15곳이라면 그 식당들을 바탕으로 기저율을 계산하면 된다. 그러나 6곳뿐이라면 범위를 넓혀서 오스틴에 있는 아시아 식당 전부를 기저율 계산 범위로 잡는 것이 좋다.

3 커리큘럼 개발팀 이야기의 출처는 뛰어난 과학자와 기업가(구글과 아마존 설립자들

포함) 그룹을 대상으로 한 카너먼의 강연이다. Daniel Kahneman, "A Short Course on Thinking About Thinking" (Edge Master Class 07, Rutherford, CA, July 20 - 22, 2007). 온라인 강연 원고에서 대략의 내용을 확인할 수 있다. edge.org/3rd_culture/kahneman07/kahneman07_index.htm.

4   양자 상호작용dyadic interaction 연구들에 따르면 사람은 다른 사람들의 의견을 반영할 때 대부분 정확도가 올라갔다고 한다. 이때는 상대가 전문 지식이 없는 사람이라도 상관없었다. 비슷한 전문 지식을 가진 사람들을 대상으로 한 연구에서는 보통 자신의 의견이 70퍼센트, 상대의 의견이 30퍼센트 중요하다고 생각하는 것으로 나타났다. 반면에 자신과 상대의 의견을 동등한 수준으로 중요하게 여길 때 일반적으로 성과가 더 좋았다(한 연구에서는 국적이 다른 사람끼리 짝이 되어서 상대방 나라에 관한 문제를 풀게 했는데, 그럴 때조차 65퍼센트는 자신의 관점을 상대의 관점보다 중요하게 생각했다). 당신보다 더 많이 아는 사람에게 조언받을 생각이라면 당신의 관점에는 무게를 덜 두는 편이 나을 것이다. Jack B. Soll and Richard P. Larrick (2009), "Strategies for Revising Judgment: How (and How Well) People Use Others' Opinions," *Journal of Experimental Psychology: Learning, Memory, and Cognition* 35: 780 - 805.

5   이 이야기의 출처는 2012년 3월과 7월에 칩 히스가 브라이언 지크문트-피셔와 나눈 대화다.

6   브라이언이 자신의 관점에서 한 발 물러나 다른 사람(앞으로 태어날 딸)의 눈으로 상황을 바라봄으로써 최종 결정을 내렸다는 사실에 주목하자. 이 점은 앞에서도 다룬 적이 있다. 1장에서 소개한 앤드루 그로브는 사무실 문을 나갔다 들어와서 신임 CEO의 마음이 되어보자고 했다. 이에 관해서는 뒤에서 머릿속으로 거리 두기("이 일을 친한 친구가 겪고 있다면 어떻게 조언해줄까?")를 연습함으로써 단기 감정을 극복하는 법을 다룰 때 다시 이야기할 것이다. 단기 감정의 안개 속에서 벗어나 상황과 거리를 두면 우선순위가 명확해진다.

7   이 이야기에 등장하는 많은 일화는 대통령의회연구센터Center for the Study of the Presidency and Congress의 학생 연구원이 쓴 멋진 다음 논문을 참조했다. Lorraine Ashley Riley, "A Finger in Every Pie: FDR's Mastery of Alternative Channels of Information Gathering," in *A Dialogue on Presidential Challenges and Leadership: Papers of the 2006-2007 Center Fellows* (Washington: Center for the Study of the Presidency and Congress, 2007): 22 - 32. http://www.thepresidency.org/storage/documents/Vater/Section1.pdf. 여론 조사라는 과학적인 방법이 만들어지지 않았던 시대에 루스벨트는 특히 편지를 요긴하게 사용했다. 백악관 직원의 말은 다음을 참조했다. Richard E. Neustadt (1960), *Presidential Power: The Politics of Leadership* (New York: Wiley): 132(한국어판:《대통령의 권력》, 다빈치, 2014). "콧바람도 쐬고요"라는 말

과 엘리너 루스벨트의 말(498쪽), 이커스의 불만(524쪽), "사사건건 참견하기 좋아하
셨고요" 인용문(528쪽)은 다음 자료를 참조했다. Arthur M. Schlesinger (1958), *The
Coming of the New Deal* (New York: Houghton Mifflin). 흥미롭게도 루스벨트는 어마어
마한 자격증으로 권위를 증명하는 사람만 전문가가 아님을 이해하고 있었다. 그는 방
문객들에게 "각자의 전문 영역을 벗어난" 질문을 던지는 일이 많았다. 또한 회의에 들
어갔다가 똑똑한 사람이 보이면 다음에 어떤 주제의 회의가 예정되어 있든지 그 사람
을 같이 데리고 들어갔다. 아서 슐레진저Arthur M. Schlesinger는 위 책에서 이렇게 말했
다. "정해진 대로만 할 줄 아는 사람들에게는 거슬리는 일이었을 테지만, 루스벨트는
이렇게 한 덕분에 누구든 틀릴 수 있는 어려운 영역에 관해 많은 의견을 수렴할 수 있
었다."(298쪽) 그는 이 훌륭한 방법으로 "선택지 넓히기"와 "가정 검증하기"를 충족했
다. 다른 종류의 선택지를 고려할 민한 사람들을 한자리에 모으고 확증 타파 질문을
던짐으로써 말이다.

8   고객센터 일일 총괄과 포커스 500 이야기는 다음을 참조했다. Bertrand Marotte, "The
    New Xerox Battle Cry," *Globe and Mail*, October 15, 2005: B3. 재무 상태 관련 정보
    는 다음을 참조했다. Kevin Maney, "Mulcahy Traces Steps of Xerox's Comeback,"
    USA Today, September 21, 2006: B4.

9   "겐바"의 배경 이야기는 위키피디아를 참조했다. http://en.wikipedia.org/wiki/Gemba.

10 이 이야기의 출처는 2012년 2월과 7월에 칩 히스가 폴 스미스와 나눈 대화다.

CHAPTER 7

1   이 이야기에 등장하는 사례 연구의 출처는 2010년 12월 칩 히스, 2011년 4월 댄 히스
    가 존 행크스와 나눈 대화다.

2   http://www.hunter.cuny.edu/pt/admissions/clinical-experience-requirement.

3   Matthew McKay, Martha Davis, and Patrick Fanning (2011), *Thoughts and Feelings:
    Taking Control of Your Moods and Your Life*, 4th ed. (Oakland, CA: New Harbinger
    Publications). Kindle location 1669/5148.

4   콜린스와 한센은 시장 혼란기에 살아남은 회사들을 대상으로 연구를 진행한 뒤 그
    런 회사들은 적은 비용으로 간단한 실험을 해보지 않고서는 혁신에 큰돈을 걸지 않
    는다는 사실을 알아냈다. 반면 실패한 회사들은 혁신적인 일을 해낼 가능성은 있지만
    실험 한번 해보지 않고 모든 것을 건 뒤 큰 실패를 겪었다. Jim Collins and Morten
    T. Hansen (2011), *Great by Choice: Uncertainty, Chaos, and Luck—Why Some Thrive
    Despite Them All* (New York: HarperBusiness)(한국어판: 《위대한 기업의 선택》, 김영
    사, 2012); Peter Sims (2011), *Little Bets: How Breakthrough Ideas Emerge from Small*

Discoveries (New York: Free Press)(한국어판:《리틀 벳》, 에코의서재, 2011).

5   Philip E. Tetlock (2005), *Expert Political Judgment: How Good Is It? How Can We Know?* (Princeton, NJ: Princeton University Press). 전문가들에게 던진 예측에 관한 질문은 246~247쪽에 나온다. "하늘이 안 무너져서 어쩌나!"라는 말은 서론의 xiv쪽에 나온다. 재미난 부제가 달린 논문의 출처는 다음이다. Colin F. Camerer and Eric J. Johnson (1991), "The Process-Performance Paradox in Expert Judgment: How Can the Experts Know So Much and Predict So Badly?" in *Toward a General Theory of Expertise: Prospects and Limits*, ed. K. A. Ericsson and J. Smith (Cambridge, England: Cambridge University Press): 195 – 217.

6   "Andy Zimmerman on How Fresh Ideas Turn into Real, Live Internet-Related Companies at idealab!" *Business News New Jersey* 13 (September 26, 2000): 15.

7   Saras D. Sarasvathy (2002), "What Makes Entrepreneurs Entrepreneurial?" Working paper, Darden Graduate School of Business Administration. 인용문은 6쪽에 나온다. PDF는 다음에서 볼 수 있다. http://papers.ssrn.com/sol3/papers.cfm?abstract_id=909038. 다음도 참조하라. Leigh Buchanan: "How Great Entrepreneurs Think," *Inc.*, February 1, 2001, http://www.inc.com/magazine/20110201/how-great-entrepreneurs-think_pagen_2.html.

8   이 이야기의 출처는 2011년 8월 칩 히스가 스콧 쿡과 나눈 대화다. "정치, 설득, 파워포인트"는 쿡의 강연에 등장하는 말이다. "Leadership in an Agile Age" (lecture at Innovation 2011: Entrepreneurship for a Disruptive World conference, March 2011); http://network.intuit.com/2011/04/20/leadership-in-the-agile-age/.

9   면접 이야기는 다음을 참조했다. David G. Myers (2002), *Intuition: Its Power and Perils* (New Haven, CT: Yale University Press): 189(한국어판:《직관의 두 얼굴》, 궁리, 2008). "면접의 허상"에 관한 리처드 니스벳의 말은 190~191쪽에 나온다. 한편 이 부분은 우리 두 사람이 쓴 칼럼에 실려 있다. "Why It Might Be Wiser to Hire People Without Meeting Them," *Fast Company*, June 2009. 텍사스대학교 의학대학원 사례는 다음을 참조했다. Robyn M. Dawes (1994), *House of Cards: Psychology and Psychotherapy Built on Myth* (New York: Free Press): 87-88(한국어판:《하우스 오브 카드》, 푸른숲, 2015년).

10 스티브 콜의 말 출처는 2011년 5월 칩 히스가 콜과 한 인터뷰다.

CHAPTER 8

1   Chandler Phillips, "Confessions of a Car Salesman," Edmunds.com, January 18,

2001, http://www.edmunds.com/car-buying/confessions-of-a-car-salesman.html.

2 　이 이야기는 다음을 참조했다. Andrew Hallam (2011), *Millionaire Teacher: The Nine Rules of Wealth You Should Have Learned in School* (New York: Wiley)(한국어판:《주식의 쓸모》, 시목, 2020). 자동차 구입 전략과 절약 팁은 1장 "규칙 1: 부자가 되고 싶은 사람처럼 소비하라Rule 1: Spend like you want to grow rich"에 나온다.

3 　Suzy Welch (2009), *10-10-10: A Fast and Powerful Way to Get Unstuck in Love, at Work, and with Your Family* (New York: Scribner)(한국어판:《10 10 10(텐 텐 텐) 인생이 달라지는 선택의 법칙》, 북하우스, 2009). 웰치는 세상에서 가장 영리하고 간단한 의사결정 팁 중 하나를 만들었다. 애니와 칼의 이야기 출처는 댄 히스가 애니와 2012년 5월에 나눈 대화 및 2012년 8월에 주고받은 이메일이다.

4 　칠판 실험에 관해서는 다음을 참조했다. Rick Crandall (1972), "Field Extension of the Frequency-Affect Findings," *Psychological Reports* 31: 371-74. 사회심리학 문헌에서 단순 노출 효과를 언급할 때 가장 많이 인용되는 로버트 자이언스의 논문은 다음이다. Robert Zajonc (1968), "Attitudinal Effects of Mere Exposure," *Journal of Personality and Social Psychology* 9: 1-27. 거울에 비친 얼굴에 관한 연구는 다음을 참조했다. Theodore H. Mita, Marshall Dermer, and Jeffrey Knight (1977), "Reversed Facial Images and the Mere Exposure Hypothesis," *Journal of Personality and Social Psychology* 35: 597-601. "반복이 신뢰를 유도한 것이다" 연구는 다음을 참조했다. Alice Dechêne, et al. (2010), "The Truth About the Truth: A Meta-analytic Review of the Truth Effect," *Personality and Social Psychology Review* 14: 238-57.

5 　손실 회피 편향이 처음으로 언급된 자료는 다음 논문이다. Daniel Kahneman and Amos Tversky (1979), "Prospect Theory: An Analysis of Decision Under Risk," *Econometrica* 47: 263-92. 두 학자가 쓴 이 논문은 기술경제학계에서 가장 권위 있는 학술지에 실렸으며, 이 논문에 실린 모든 논문 가운데 가장 많이 인용되었다. 이 논문은 카너먼이 노벨상을 받은 요인 중 하나다(안타깝게 아모스 트버스키는 그 몇 해 전에 사망했다). 동전 뒤집기 사례 역시 이 논문에 등장한다. 구매 물품 보상 보험 이야기는 다음에 나온다. David M. Cutler and Richard Zeckhauser (2004), "Extendingthe Theory to Meet the Practice of Insurance," Working paper, Harvard University. 머그잔 실험은 다음에 나온다. Daniel Kahneman, Jack L. Knetsch, and Richard Thaler (1990), "Experimental Tests of the Endowment Effect and the Coase Theorem," *Journal of Political Economy* 98: 1325-48.

6 　페이팔은 본래 코피니티Cofinity라는 이름으로 출발한 회사다. 페이팔은 코피니티가 만든 제품이었다. 코피니티는 나중에 다른 회사와 합병되면서 이름을 페이팔로 바꾸었다. 이 책에서는 내용을 간략히 전달하기 위해 페이팔이라는 이름을 썼다. 이 사례

연구는 제시카 리빙스턴의 흥미로운 저서에서 가져왔다. 이 책에서 리빙스턴은 30곳이 넘는 스타트업 기업의 설립자들을 인터뷰했는데 크레이그슬라이트, 어도브, 핫메일 등이 포함되었다. Jessica Livingston (2008), *Founders at Work: Stories of Startup's Early Days* (New York: Apress): 1 – 17(한국어판:《세상을 바꾼 32개의 통찰》, 크리에디트, 2007).

7 이 이론은 최근에 연구되기 시작한 탓에 일반인을 위한 자료가 거의 없다. 그나마 다음에 잘 설명되어 있다. Yaacove Trope and Nira Liberman (2010), "Construal Level Theory of Psychological Distance," *Psychological Review* 117: 440 – 63.

8 다음 자료의 '실험 1'을 참조했다. Laura Kray and Richard Gonzalez(1999), "Weighting in Choice Versus Advice: I'll Do This, You Do That," *Journal of Behavioral Decision Making* 12: 207 – 17.

9 Amy H. Beisswanger, et al. (2003), "Risk Taking in Relationships: Differences in Deciding for Oneself Versus for a Friend," *Basic and Applied Social Psychology* 25: 121 – 35.

CHAPTER 9

1 이 이야기의 출처는 2012년 2월 댄 히스가 킴 라미레스와 나눈 대화다. 킴 라미레스와 조시는 모두 가명이고 그 외 모든 내용은 실화다.

2 인터플라스트 이야기는 다음을 참조했다. Jim Phills (2006), "Interplast's Dilemma," Stanford Graduate School of Business, Case SI-14. "그 뒤로 모든 것이 달라졌습니다" 인용문과 그 외 내용의 출처는 2012년 3월 칩 히스가 수전 헤이스와 한 인터뷰다.

3 이 이야기의 출처는 2011년 11월과 2012년 7월 칩 히스가 웨인 로버츠와 한 인터뷰다.

4 파운즈의 말 인용문은 다음에 나온다. Morgan W. McCall and Robert E. Kaplan (1990), *Whatever It Takes: The Realities of Managerial Decision-Making* (Upper Saddle River, NJ: Prentice-Hall): 40.

5 Jim Collins, "Best New Year's Resolution? A 'Stop Doing' List," *USA Today*, December 30, 2003.

6 A목록 / B목록 이야기는 다음에 나온다. Captain D. Michael Abrashoff (2002), *It's Your Ship: Management Techniques from the Best Damn Ship in the Navy* (New York: Business Plus): 46-8(한국어판:《네 자신 속의 또 다른 너를 깨워라》, 홍익, 2002).

7 Daniel H. Pink, "The Power of an Hourly Beep," October 24, 2011, http://www.danpink.com/archives/2011/10/the – power-of-an-hourly-beep. 방해물을 제거하고 우선순위에 집중하는 법을 다룬 브레그먼의 저서에는 훌륭한 조언이 많다. Peter Bregman (2011), *Eighteen Minutes* (New York: Business Plus).

CHAPTER 10

1 펜스톡과 코인스타 이야기의 출처는 2011년 9월, 2012년 3월, 2012년 8월에 댄 히스가 바이런 펜스톡과 한 인터뷰다. 매출과 무인 대여기 숫자에 관해서는 다음 자료 63쪽과 35쪽에 각각 나온다. CSTR 2009 10K. RS인베스트먼츠의 매도 이후 코인스타의 주가는 급상승해 11월 24일 66.98달러로 정점을 찍은 뒤 이후 몇 달간 다시 하락세를 이어갔다. 물론 펜스톡은 10월이 아니라 11월에 주식을 매도했으면 좋았을 것이라 생각하지만 두 번째 상한가를 놓친 것을 크게 아쉬워하지는 않는다. 만일 코인스타 주식을 그대로 보유하고 있었더라면 그것은 주가가 고점 지지대와 맞닿으리라는 기대 때문이었을 테지만 안정적인 모험은 아니었을 것이다.

2 우리는 이 주제를 아주 심도 있게 다룬 적 있다. 무료로 이용할 수 있는 다음 자료를 참조하라. "The Horror of Mutual Funds", *The Myth of the Garage*, http://www.heathbrothers.com/the-myth-of-the-garage/. 인덱스펀드의 장점을 명확하고 이해하기 쉽게 다룬 글을 읽고 싶다면 백만장자 교사인 앤드루 할램의 저서를 참고하라. 할램은 단기 감정을 다룬 장에서 치사한 판매 기법의 희생양이 되지 않고 자동차 사는 법을 알려준다. Andrew Hallam (2011), *Millionaire Teacher: The Nine Rules of Wealth You Should Have Learned in School* (New York: Wiley)(한국어판: 《주식의 쓸모》, 시목, 2020). 투자에 관해서는 "규칙 3"을 참조한다. 여기서 그는 노벨 경제학상 수상자들의 인덱스펀드 투자 전략에 관한 조언을 소개하면서 일반적인 뮤추얼펀드가 운용되는 과정에서 겉으로 드러나지 않는 비용을 공개한다. 또한 그는 《저널오브 포트폴리오매니지먼트Journal of Portpolio Management》에 수록된 한 연구를 인용해 15년이란 기간을 놓고 보면 적극적으로 운용된 뮤추얼펀드의 96퍼센트가 인덱스펀드의 수익률을 따라가지 못했다고 밝힌다. 개인 투자자가 뮤추얼펀드 수익률을 따라가지 못할 때도 많았다. 특히 투자자의 과신으로 거래 횟수가 늘어날 때 이런 일이 생겼다. Brad M. Barber and Terrance Odean (2001), "Boys Will Be Boys: Gender, Overconfidence, and Common Stock Investment," *Quarterly Journal of Economics* 116: 261-92.

3 솔과 클레이먼의 연구는 다음을 참조했다. Jack B. Soll and Joshua Klayman (2004), "Overconfidence in Interval Estimates," *Journal of Experimental Psychology: Learning, Memory, and Cognition* 30, 299-314. 앤젤리나 졸리 영화의 박스오피스 통계는 다음을 참조했다. http://boxofficemojo.com/people/chart/?view=Actor&id=angelinajolie.htm.

4 미래 대통령 시나리오는 다음을 참고해 우리가 만들었다. Jay E. Russo and Paul J. H. Schoemaker (2002), *Winning Decisions* (New York: Currency/Doubleday): 111-12(한

국어판: 《이기는 결정》, 학지사, 2010). 신입 사원 시나리오 연구는 다음을 참조했다. Deborah J. Mitchell, J. Edward Russo, and Nancy Pennington (1989), "Back to the Future: Temporal Perspective in the Explanation of Events," *Journal of Behavioral Decision Making* 2: 25 – 38.

5   Gary Klein (2009), *Streetlights and Shadows: Searching for the Keys to Adaptive Decision Making* (Cambridge, MA: MIT Press): 63, 235 – 36(한국어판: 《이기는 결정의 제1원칙》, 21세기북스, 2010).

6   FMEA와 마이런의 이야기 출처는 다음 인터뷰다. 댄 히스와 크리스티나 건서-머피 (2011년 9월), 댄 히스와 베스 샌더스/제시카 베네가스(커뮤니티솔루션스)(2011년 9월), 댄 히스가 매티 로드(2012년 7월). 베키 케이니스(여러 차례)와 나눈 대화도 참고 자료로 활용했다. 이 캠페인이 시작된 날짜는 다음에서 확인할 수 있다. "100,000 Homes Campaign Launch Video," http://100khomes.org/blog/watch-100000-homes-campaign-launch-video. 건서-머피는 "10만 명에게 생명을 캠페인100,000 Lives Campaign"을 시작했던 의료개선연구소Institute for Healthcare Improvement, IHI에서 일하고 있다. 이 캠페인은 큰 성공을 거두었고, 많은 이들이 이 놀라운 이야기를 글로 소개했다(우리 역시 《스위치》의 첫 장에서 이 이야기를 소개했다. 참고하기 바란다).

7   펌핑 용기 독점 계약에 관한 이야기는 다음에 나온다. Hugh Courtney (2001), *20/20 Foresight: Crafting Strategy in an Uncertain World* (Boston: Harvard Business School Press):60-1(한국어판: 《20/20 예측 경영》, 세종, 2004). 이 이야기의 구체적인 사항들은 다음을 참고했다. Adam Brandenburger and Vijay Krishna (1995), "Minnetonka Corporation: From Softsoap to Eternity" (HBS case 9-795-163).

8   미국 독자들은 2009년 일어났던 US에어웨이스 1549편 항공기의 놀라운 불시착 사고 이야기를 기억할 것이다. http://en.wikipedia.org/wiki/US_airways_Flight_1549.

9   Wayne Hale, "Factors of Safety," Wayne Hale's Blog, http://blogs.nasa.gov/cm/blog/waynehalesblog/posts/post_1229459081779.html.

10   Michael A. Cusumano and Richard Selby (1995), *Microsoft Secrets* (New York: Free Press): 94(한국어판: 《마이크로소프트의 비밀》, 삼성경제연구소, 1997).

11   이 이야기의 출처는 칩 히스와 댄 히스가 2011년 8월과 9월 맥스 심코프와 한 인터뷰다.

12   Jean M. Phillips (1998), "Effects of Realistic Job Previews on Multiple Organizational Outcomes: a Metaanalysis," *Academy of Management Journal* 41: 673 – 90.

CHAPTER 11

1   신발을 빠뜨리고 여행 간 고객 이야기는 다음을 비롯한 여러 곳에 소개되었다. Jim

Ryan, "Outstanding Customer Service Beyond Zappos," *Interactive Depot*, May 15, 2012, http://talk2rep-call-centers-idea-depot.com/tag/zappos/. 백합과 장미 꽃다발을 받은 고객 이야기의 출처는 다음이다. Meg Marco, "Zappos Sends You Flowers," *The Consumerist*, October 16, 2007, http://con.st/311369. 칩 히스는 2011년 8월 존 올스키를 인터뷰했다.

2 다음 유튜브 영상을 참조하라. http://www.youtube.com/watch?v=nBJV56WUDng. (이 영상에서는 꼭지부터 까는 이 방법으로 원숭이가 바나나를 먹는다고 말한다. 그러나 유튜브에서 몇 가지 영상만 찾아보면 원숭이는 한가운데 쪽부터 바나나 껍질을 깐다는 사실을 알 수 있다.) 우리는 뉴스레터에서 "자동 조종" 성향에 관한 이야기를 다루기 위해 2012년 8월 커슈너에게 원고를 요청한 일이 있다. 그러자 그는 이메일로 답변을 주면서 "번뜩이는 깨달음"을 선사하는 영상이 하나 더 있다며 마사 스튜어트Martha Stewart의 티셔츠 접는 법 영상을 소개했다. "나는 빨래할 때 빨래 개는 일이 제일 힘들어요. 빨래 개는 시간을 줄이는 법을 찾아본다면 어떤 것이든 다 도움이 될 수 있어요." 마사 스튜어트의 시간 절약법은 다음을 참조하라. http://www .youtube.com/watch?v=Jvcuy4k17DI. 칩 히스의 가족은 저녁 식사 시간에 하는 대화의 질을 높이기 위해 육아 사이트 게시판에서 본 "슬펐어, 화났어, 기뻤어sad, mad, glad" 놀이를 사용한다. 가족들이 한 사람씩 식탁 주위를 돌면서 하루 동안 슬프고 화나고 기뻤던 일을 한 가지씩 말하는 놀이다. 지금까지 2~10세 아이들과 이 놀이를 해본 결과 훌륭하고 즐거운 대화를 하는 데 도움이 되었다. 그러나 사춘기 이후 아이들에게도 효과가 있을지는 모르겠다.

3 코닥 이야기 출처는 다음이다. Paul B. Carroll and Chunka Mui (2008), *Billion Dollar Lessons: What You Can Learn from the Most Inexcusable Business Failures of the Last Twenty-five Years* (New York: Portfolio): 88-100(한국어판: 《위험한 전략》, 흐름출판, 2009). 시기별 시가 총액은 다음을 참고했다. http://www.wolframalpha.com/input/?i=market+cap+eastman+kodak+history&dataset=(accessed on July 20, 2012).

4 Amos Tversky and Eldar Shafir (1992), "Choice Under Conflict: The Dynamics of Deferred Decision," *Psychological Science* 3: 358-61.

5 영국 경제사회연구원 이야기는 다음을 참고했다. Colin Camerer, et al. (2003), "Regulation for Conservatives: Behavioral Economics and the Case for 'Asymmetric Paternalism,'" *University of Pennsylvania Law Review* 151: 1211-54.

6 쿠키 시식 연구는 다음을 참고했다. Dilip Soman and Amar Cheema, "The Effects of Partitioning on Consumption," *Rotman*, Spring 2008: 20-4. 일용직 노동자 연구는 다음을 참고했다. Dilip Soman, "Earmarking Money," *Rotman*, Fall 2009: 96-8.

7 Chip Heath (1995), "Escalation and De-escalation of Commitment in Response to

Sunk Costs: The Role of Budgeting in Mental Accounting," *Organizational Behavior and Human Decision Processes* 62: 38 – 54.

8 이 부분 인용문의 출처는 2012년 3월 칩 히스가 킷 렁, 칼라 어니스트와 한 인터뷰다. 이들의 성과를 다룬 논문은 다음이다. Paul J. Sharek, et al. (2007), "Mortality and Code Rates Outside the ICU in a Children's Hospital," *Journal of the American Medical Association* 298: 2267 – 74.

9 드러커 인용문 출처는 다음이다. Drucker Institute, "We'll Accept It if You Like This Post for Reasons We Didn't Anticipate," *Drucker Exchange*, November 14, 2011, http://thedx.druckerinstitute.com/2011/11/well-accept-it-if-you-like-this-post-for-reasons-we-didnt-anticipate/. 탈모 치료제 로게인 이야기는 다음을 참조했다. http://en.wikipedia.org/wiki/Minoxidil. 비아그라 이야기는 다음을 참조했다. "Viagra: A Chronology," Viagra.md,http://www.about-ed.com/viagra-history. 기사의 결론은 다음을 참조했다. Simon Davies, "The Discovery of Viagra," *Biotech/ Pharmaceuticals@Suite101*, August 1, 2007, http://suite101.com/article/the-discovery-of-viagra-a27733.

10 "When You Learn a New Word and Then Suddenly Start Seeing It Everywhere," *1000 Awesome Things*, April 20, 2010, http://1000awesomethings. com/2010/04/20/523-when-you-learn-a-new-word-and-then-suddenly-start-seeing-it-everywhere/.

CHAPTER 12

1 Paul C. Nutt (2005), "Search During Decision Making," *European Journal of Operational Research* 160: 851 – 76. 의사결정의 질을 보면 개별 평가자들은 협상을 통한 의사결정을 "우수함" 또는 "훌륭함"으로 평가한 경우가 많았다. 시간의 측면에서도 협상이 유리하다. 너트가 연구한 2가지 의사결정 패턴인 "옹호"와 "협상"을 비교해보자. 옹호 패턴은 1가지 아이디어를 옹호하는 사람이 이 아이디어의 장점을 발견하고 조직을 설득하는 경우를 말한다.("랜즈엔드Lands' End에서 쓰는 주문 처리 시스템을 우리도 적용해야 합니다. 훨씬 효율적이에요!") 이런 식으로 아이디어 옹호자를 찾는 것은 대중 매체에서 자주 떠받드는 혁신의 패턴이다. 아이디어 옹호자는 당연히 이미 잘 포장해서 갖춰놓은 아이디어를 제시하기 때문에 이럴 때의 의사결정은 아주 빠르게 이루어진다. 너트의 자료에 따르면 일반적인 상황에서는 결정까지 9개월이 소요되지만 아이디어 옹호자가 있을 때는 평균 6개월이 걸렸다. 반면에 협상을 통한 의사결정에서는 7.5개월이 걸렸다(흥미롭게도 일반적인 상황보다는 빠르다). 그러나 옹호 패

턴의 경우 의사결정 단계에서는 속도가 빠르지만 적용 단계에서는 고전을 면치 못했다. 의사결정이 "확정"되더라도 초기 적용 성공률은 56퍼센트에 그치고 말았다. 반면에 협상 패턴에서는 적용 성공률이 79퍼센트까지 올라갔다. 또한 2년 뒤 경과를 살펴봤더니 옹호 패턴에서는 40퍼센트, 협상 패턴에서는 75퍼센트로 결정의 적용이 완료된 상태였다. 따라서 옹호 패턴을 사용하면 초기 의사결정 단계에서는 속도가 올라가지만 적용 기간에는 속도와 성공률이 모두 떨어진다는 사실을 알 수 있다.(너트는 아이디어 옹호를 "새로운 기회emergent opportunities"라고 부르지만 우리는 "옹호된 아이디어championed ideas"가 더 정확한 말이라고 생각한다.)

2   마이크, 카를로스, 젠의 상대적 만족도에 관한 결론은 다음에 언급된 탄탄한 통계적 상호작용 효과에 근거한다. Joel Brockner and Batia M. Wisenfeld (1996), "An Integrative Framework for Explaining Reactions to Decisions: Interactive Effects of Outcomes and Procedures," *Psychological Bulletin* 120: 189 – 208.

3   칩 히스가 기억하기로 누킨은 1989년경에 있었던 의사결정/협상 워크숍에서 이 말을 했다. 그 뒤로 잊어버린 적이 없을 만큼 놀라운 말이었다.

4   반대 의견 다루는 법에 관한 이 전략은 다음을 참고했다. Dave Hitz (2009), *How to Castrate a Bull: Unexpected Lessons on Risk, Growth, and Success in Business* (San Francisco: Jossey-Bass): 152. 통찰력이 빛나는 아주 재미있는 책으로 사업을 키우려고 힘쓰는 기업가라면 누구든 읽어봐야 한다.

5   이 이야기의 출처는 2010년 6월, 2010년 8월, 2012년 2월, 2012년 3월, 2012년 7월 칩 히스 또는 댄 히스가 매트 다리고와 나눈 대화다.

6   Nina Hattiangadi, Victoria Husted Medvec, and Thomas Gilovich (1995), "Failing to Act: Regrets of Terman's Geniuses," *International Journal of Aging and Human Development* 40: 175 – 85. 이 논문에서는 "터먼의 천재들Terman's geniuses"이 내놓은 답변을 사용했다. 스탠퍼드대학교 심리학자 루이스 터먼Lewis Terman은 1920년대에 천재 수준의 지능지수를 가진 어린이들을 대상으로 연구를 시작했다. 학자들은 세기말 무렵 이 천재들의 삶을 사망 시점까지 활발하게 추적했다. 그런데 이들처럼 큰 성공을 거두고 많은 업적을 이룬 사람들조차 한 일보다는 하지 않은 일을 후회하는 경우가 4배 이상 많았다. 이 논문에 따르면 사람들은 대개 단기간으로는 한 일을, 장기간으로는 하지 않은 일을 후회했다. 이 논문 176쪽에는 존 그린리프 위티어John Greenleaf Whittier의 다음 말이 인용되어 있다. "인간이 느끼는 가장 큰 슬픔을 말이나 글로 표현한다면 이런 문장일 것이다. '그때 그 일을 했어야 했는데.'"

클리닉

1 잡지 《잉크》의 사례 연구는 다음을 참고했다. Jennifer Alsever (January 24, 2012). "Case Study: To Sue or Not to Sue." *Inc.*, http://www.inc.com/magazine/201202/case-study-the-rival-mixed-chicks-sally-beauty.html.